TODOS
LOS
HOMBRES
DEBEN
MORIR

JAMES HIBBERD

TODOS LOS HOMBRES DEBEN MORIR

LA ÉPICA HISTORIA OFICIAL DE CÓMO
SE HIZO *JUEGO DE TRONOS*

TRADUCCIÓN DE
RICARD GIL, ANA ISABEL SÁNCHEZ Y MANU VICIANO

PLAZA JANÉS

Papel certificado por el Forest Stewardship Council*

Título original: *Fire Cannot Kill a Dragon:*
Game of Thrones and the Official Untold Story of the Epic Series
Primera edición: noviembre de 2020

Printed in Spain – Impreso en España

ISBN: 978-84-01-02557-0
Depósito legal: B-11.647-2020

Compuesto en Comptex & Ass., S.L.

Impreso en Egedsa
Sabadell (Barcelona)

L025570

Penguin
Random House
Grupo Editorial

Para mi madre,
que leyó las historias

ÍNDICE

ÍNDICE

ÍNDICE

LLEGADA A PONIENTE

Centenares de hombres gritan.

Los soldados con armadura se lanzan a la carga aullando de rabia y hacen entrechocar espadas y escudos mientras sus botas buscan agarre en el espeso fango. Poco a poco, atrozmente, algunos luchadores se ven obligados a retroceder contra una imponente torre de cadáveres. La pila de cuerpos es una mezcolanza de hombres y caballos masacrados, sus vísceras entretejidas como en una representación gótica del infierno. En la lejanía arden hombres desollados en crucifijos.

Es una visión de barbarie primigenia, como una leyenda de la historia medieval llevada a la vida con implacable salvajismo.

—¡Estáis muriendo! —brama un asistente de dirección—. ¡Eso es lo que más presente debéis tener, que estáis muriendo!

Es octubre de 2014. Seiscientos trabajadores, quinientos actores y setenta caballos están en un campo de Irlanda del Norte rodando la Batalla de los Bastardos.

En medio del tumulto se encuentra Kit Harington, que interpreta al reticente héroe Jon Nieve. Lleva días combatiendo contra soldados de la Casa Bolton, blandiendo con saña su aparatoso espadón frente a un atacante tras otro. Para una toma, realiza una compleja coreografía de una docena de golpes que ha practicado hasta inculcarla a la perfección en su memoria muscular.

Bueno, *casi* a la perfección. De pronto lo derriban a la pantanosa sopa de fango que es el suelo. Las semanas que llevan rodando la batalla han transformado el terreno en una fétida mezcla de tierra, estiércol de caballo, orina, nieve falsa, sudor, saliva y bichos.

La estrella se levanta con aire cansado.

—«Hazte actor», me decían —rezonga Harington—. «Piensa en la fama y la gloria», me decían...

Al contemplar este espectacular campo de batalla desde las gradas, me maravilló la épica osadía que era la producción de *Juego de tronos*.

Mi viaje con la dramática serie de HBO había empezado años antes, cuando acepté un encargo rutinario. En las novelas de George R. R. Martin, hasta la decisión más nimia en la vida de un personaje puede tener unas consecuencias apabullantes. Pero el 11 de noviembre de 2008 yo aún no había oído hablar del escritor.

Trabajaba como redactor en *The Hollywood Reporter* y cuando entrevisté a dos productores novatos que estaban creando su primera serie, David Benioff y Dan Weiss. HBO acababa de aprobar el episodio piloto que habían escrito basado en los libros de Martin, y la serie iba a ser... ¿un drama de fantasía para adultos? A ver, un momento, ¿se referían a algo como *El Señor de los Anillos*?

No era como *El Señor de los Anillos*, me explicaron Benioff y Weiss. No había magos ni elfos ni enanos. Bueno, un enano tal vez sí.

«No es una historia en la que salgan un millón de orcos a la carga en las llanuras», dijo Weiss, a lo que Benioff añadió: «Nunca se ha hecho alta fantasía para la televisión, y si alguien puede conseguirlo, es HBO. Han reinventado géneros que parecían agotados, como el de la mafia con *Los Soprano* o el wéstern con *Deadwood*».

El texto que redacté fue pura rutina. Su titular, «HBO conjura una serie de fantasía», ni siquiera mencionaba el nombre de la serie, *Juego de tronos*. La idea de que el canal de televisión más prestigioso del mundo, ganador de múltiples premios Emmy, hiciera una alocada apuesta por una carísima serie de fantasía para adultos se consideró el gancho más relevante para el artículo.

Y ahí debería haber terminado mi relación con *Juego de tronos*. Pero la intrigante descripción que Benioff y Weiss habían hecho de la historia de Martin se me quedó en la cabeza. Compré un ejemplar de la primera novela de «Canción de hielo y fuego», *Juego de tronos*. Y, como un sinfín de gente, caí de cabeza sin poder evitarlo en el original y atrevido mundo de Martin. Al cabo de unas semanas ya había terminado el tercer libro de la saga, *Tormenta de espadas*, que era la sucesión de giros argumentales más emocionante, adictiva y horripilante que había leído en mi vida.

Empecé a cubrir como un obseso los progresos del episodio piloto para HBO. Mis compañeros me preguntaban por qué escribía tanto sobre esa serie, a lo que yo les respondía: «Porque si consiguen adaptar bien los libros, cosa que no creo que pueda hacerse, cambiarán para siempre la televisión».

Cuando se estrenó la primera temporada de *Juego de tronos* en 2011, yo había pasado a trabajar en *Entertainment Weekly*, desde donde me embarqué en una serie de visitas anuales al rodaje de la serie. Estuve en el desierto cuando Daenerys se plantó ante las puertas de Qarth, fui testigo de la embarazosa boda de Sansa con Tyrion, presencié la merecida muerte de Joffrey, formé parte de la muchedumbre en el Paseo de la Vergüenza de Cersei, crucé un lago helado durante la expedición de Jon Nieve más allá del Muro y patrullé los adarves de Invernalia en el crucial episodio «La Larga Noche».

Con el paso de los años fui admirando cada vez más la dedicación de todo el equipo para crear la mejor serie posible, un compromiso que a veces conllevaba verdaderos suplicios. Estamos muy acostumbrados a que nos pinten la vida en las producciones de cine y televisión como fácil y cómoda: las estrellas se relajan entre toma y toma en sus lujosas caravanas, los directores van de un sitio a otro en carritos de golf por las soleadas extensiones de la trasera de los estudios, el reparto de héroes rueda ante un fondo verde para que luego los animadores informáticos puedan insertar su actuación en unos entornos hostiles simulados y unos peligros mortales de pega.

Es cierto que esa visión glamurosa y cómoda del mundo del

entretenimiento existe en las producciones hollywoodienses de alto presupuesto que ruedan los grandes estudios. Pero *Juego de tronos* nunca fue así. Esta serie no se parece en nada a ninguna otra producción, cinematográfica o televisiva, que haya visto antes ni después. Trabajar en *Juego de tronos* suponía pasar once horas mojado y helado, noche tras noche, semana tras semana, y aprender a aceptar que a veces lograr esa toma perfecta iba a suponer una agonía absoluta. *Juego de tronos* era ser Rory McCann, un actor de metro noventa y ocho al que el pesado traje y las botas de su personaje hacían incluso más voluminoso, y cuya única forma de descansar tras el rodaje de una agotadora escena de acción era acurrucarse en el duro suelo de un remolque diminuto con media cara cubierta de asfixiante látex, pasando calor o frío por culpa de un calefactor y las corrientes de aire de la caravana. Y aunque a veces la producción se apoyaba en pantallas verdes, lo más habitual era que los actores de *Juego de tronos* trabajaran en escenarios absolutamente realistas donde daba la impresión de que te habían transportado de verdad a otro mundo.

Cuando concluyó la emisión de *Juego de tronos* en 2019, yo había publicado centenares de artículos sobre la serie. Y sin embargo quedaba mucho por contar acerca de la creación de *Juego de tronos*. ¿Cómo fue de verdad la primera y trascendental reunión de Benioff y Weiss con Martin? ¿Qué pasó en el rodaje del episodio piloto original de la serie, que no llegó a emitirse? ¿Cómo se filmó la primera batalla importante de *Juego de tronos* en su segunda temporada? ¿Qué pasó con la trama de Dorne? ¿Por qué los responsables de la serie decidieron terminarla después de ocho temporadas? ¿Cómo fueron en realidad esas extenuantes cincuenta y cinco noches consecutivas que costó rodar «La Larga Noche»? Y ya puestos, ¿por qué no llegó a aparecer en la serie Lady Corazón de Piedra?

Esa lista que tenía de preguntas pendientes, añadida a mi deseo de redactar una historia unificada a partir de la década que pasé cubriendo la serie, es lo que motivó este libro. *Todos los hombres deben morir* incluye más de cincuenta entrevistas nuevas y exclusivas con los productores, ejecutivos, actores y técnicos de *Juego de tronos*, realizadas después de que se emitiera el final de la serie. También incluye muchas declaraciones que ya salieron publicadas en *Entertainment Weekly*, además de citas que aparecieron en otros medios (atribuidas a lo largo del texto).

Por supuesto, ningún libro puede reflejar en su totalidad un proceso de producción tan extenso y complejo como el de *Juego de tronos*. Pero confío en que los lectores encontrarán aquí algunas historias entre bastidores sobre sus escenas y sus personajes favoritos. También debo mencionar que *Juego de tronos* fue una producción bastante controvertida, literalmente desde el primer episodio hasta el último, y aquí reflejo las opiniones de los productores, los directores y el reparto de la serie sobre muchos temas (sin duda no satisfarán a todo el mundo, pero al menos el lector averiguará por qué se tomaron determinadas decisiones).

Sobre todo, este libro pretende ser una crónica del colosal esfuerzo que se invirtió en la creación de una serie extraordinaria. No hay nada más infrecuente en la cultura popular que construir un mundo alternativo tan adorado, sofisticado y atractivo que llegue a aceptarse en todo el planeta como un lugar casi igual de auténtico que el que habitamos. J. R. R. Tolkien lo consiguió con *El Señor de los Anillos*; George Lucas lo hizo con *Star Wars*; J. K. Rowling, con las novelas de Harry Potter, y Marvel, con su universo cinematográfico. *Juego de tronos* dio lugar a un mundo que vive y respira gracias a los apasionados e incansables esfuerzos de miles de personas.

Pero merece la pena recordar que todo empezó con un solo hombre...

CAPÍTULO I

UN SUEÑO DE DRAGONES

Antes de los Stark y los Lannister, antes de los dothrakis y los huargos, antes de que se formara el continente de Poniente y de que naciera el primer dragón, había un chico cuya imaginación no era fácil de contener.

George Raymond Richard Martin se crio en un proyecto federal de viviendas sociales en la New Jersey de los años cincuenta. Su padre era estibador y su madre trabajaba de gerente en una fábrica. No le permitían tener perros ni gatos, pero sí unos pequeños galápagos de Florida que vivían en una fortaleza de juguete. Su primer relato de fantasía, o al menos el primero que recuerda, se titulaba «Turtle Castle» (El Castillo Tortuga). En él imaginaba que sus diminutos reptiles competían por el poder y se disputaban un pequeño trono de plástico.

Un día, Martin hizo un descubrimiento impactante: sus tortugas se morían. Por mucho que se esforzara en mantenerlos con vida, los héroes de su historia fallecían. Fue un giro que no había visto venir. De modo que empezó a incorporar ese destino en sus fantasías. ¿Y si sus tortugas estuvieran matándose unas a otras en siniestras conspiraciones?

Con el paso de los años, Martin empezó a plasmar su imaginación sobre el papel. Escribía historias de monstruos y se las vendía a otros niños por diez centavos cada una. Se enamoró de los tebeos. Más adelante pasó a vender relatos a revistas *pulp* y luego empezó a escribir novelas de ciencia ficción y terror.

En 1984 se mudó a Hollywood y empezó a trabajar como

guionista para el relanzamiento de *Más allá de los límites de la realidad* que emitió la cadena CBS. El primer episodio escrito por Martin fue, como por obra del destino, una historia de fantasía sobre caballeros medievales y magia. «El último defensor de Camelot» era una adaptación del relato de Roger Zelazny sobre sir Lancelot viviendo en tiempos modernos. Su clímax transcurre en una versión sobrenatural de Stonehenge, donde Lancelot lucha contra una armadura encantada, un guerrero enorme como una montaña llamado el Caballero Hueco.

En el guion original de Martin, Lancelot y el caballero luchaban sobre caballos blindados, pero los directores de producción consideraron que la idea era inviable. «Me dijeron: "Puedes tener o Stonehenge o los caballos —recordaba Martin—, pero *no* las dos cosas". Llamé a mi amigo Roger Zelazny para plantearle la cuestión. Él pasó un minuto fumando su pipa y me dijo: "Stonehenge", y así lo hicimos. Tuvieron que combatir a pie.»

Incansable, Martin pasó a otra serie de fantasía de la CBS, *La bella y la bestia* (1987), en la que sus guiones siguieron topando con las limitaciones creativas de la cadena. «Contaban cuántas veces podíamos decir "maldito" o "demonios", nos decían que el maquillaje de un cadáver no podía ser "demasiado horroroso" o eliminaban los noticiarios que sonaban de fondo en una tele porque podían ser "muy controvertidos" —recuerda—. Eran todo gilipolleces, pura cobardía. Les daba miedo cualquier cosa que fuese demasiado fuerte, que pudiera "ofender" a alguien. Yo odiaba esas restricciones y no dejaba de despotricar.»

Martin se frustró, perdió la ilusión. En 1991 volvió a escribir novelas a tiempo completo, y un par de años después se le ocurrió una idea para una historia de fantasía, una «reacción», dijo una vez, a los años que había dedicado a redactar guiones televisivos. Era una gran historia épica como *El Señor de los Anillos* de J. R. R. Tolkien, saga que adoraba, solo que la suya estaría inspirada en acontecimientos de la historia europea como la Guerra de las Dos Rosas y reflejaría la auténtica brutalidad de los años oscuros de la Edad Media. La primera novela, *Juego de tronos*, se publicó en 1996. Sus ventas, como escribiría más adelante en su blog, no fueron «nada espectaculares».

No tardaron en salir los dos siguientes libros de la saga. Las novelas ganaron popularidad gracias al boca a boca y cautivaron a una afición siempre creciente con una historia compleja que destrozaba las normas establecidas del género fantástico. Los héroes más queridos tenían una muerte espantosa, los villanos más detestables despertaban una extraña empatía, los personajes más sabios y astutos caían por los más nimios errores de procedimiento, y el poder de la magia se consideraba, como mucho, poco fiable.

Y mientras tanto Martin introdujo en su narración tantos caballos, castillos, sexo y violencia como le vino en gana. Aquella no era la historia de un reino de fantasía, ¡sino de siete! Cada país tenía su propia historia diferenciada, sus propios líderes y su propia cultura. (Y para colmo había *otro* continente lleno de ciudades diversas al otro lado del mar Angosto.) En las novelas aparecían más de dos mil personajes con nombre, una cifra que duplica la cuenta de la saga de Tolkien. Además, había batallas masivas. En una de ellas participaban cuatro ejércitos, decenas de miles de soldados y centenares de barcos. Hasta las comidas de Poniente podían ser extravagantes, como un banquete compuesto de setenta y siete platos distintos. A menudo esos banquetes se describen profusamente: tajadas de alce con queso azul, serpiente asada con salsa picante de mostaza, lucio escalfado en leche de almendras... El contenido para adultos de los libros también era muy considerable, con estremecedores actos de tortura, violación e incesto. Algunos párrafos que Martin plasmó en el papel consumirían el presupuesto entero por temporada de una serie en un canal de televisión generalista, podrían provocar que cancelaran su emisión o ambas cosas a la vez.

Martin llamó a esta historia épica «Canción de hielo y fuego».

Hollywood empezó a prestar atención. En los primeros años del siglo XXI, la trilogía *El Señor de los Anillos* de Peter Jackson estaba reventando las taquillas. Entonces, en 2005, se publicó la cuarta entrega de la saga de Martin, *Festín de cuervos*, y debutó llegando al número uno en la lista de ventas del *New York Times*

(«Un reino de fantasía demasiado vil para los hobbits», según el periódico). Las novelas de Martin circularon entre agentes y productores. Su teléfono sonaba con promesas de dinero fácil y gloria cinematográfica.

Martin, que a sus cincuenta y siete años disfrutaba de una vida tranquila en Santa Fe, no las tenía todas consigo.

GEORGE R. R. MARTIN (autor, coproductor ejecutivo): Las películas de Peter Jackson estaban triunfando a lo grande. Todo el mundo buscaba una serie de fantasía que llevar al cine. Todo recibía opciones de compra. Yo empecé a escribir [«Canción de hielo y fuego»] con la premisa de que sería imposible de rodar. Pensaba: «¿Cómo vais a hacer a partir de esto una peli que dure dos horas y media? No puede entrar todo». Jackson dispuso de tres películas para adaptar los libros de Tolkien, pero es que su trilogía entera tenía la extensión de una sola de mis novelas. Así que siempre les preguntaba: «¿Cómo vais a hacerlo?».

Las respuestas que me llegaban no eran las que quería oír. Por ejemplo, me decían: «Jon Nieve [el bastardo de los Stark, adorado por los lectores] es el personaje principal, así que nos centraremos en él y recortaremos el resto». O proponían: «No cortaremos nada, lo incluiremos todo, pero de momento haremos solo la primera peli y, si es un gran éxito, seguiremos». Ya, pero ¿y si no es un gran éxito? Estáis diciéndome que será como *El Señor de los Anillos*, pero ¿y si se parece más a la [fracasada adaptación de «La materia oscura»] de Philip Pullman [*La brújula dorada*]? Si estrenas una película y se estrella, te quedas con algo roto. No. No me interesaba nada de eso.

El agente literario de Martin envió ejemplares de las novelas de «Canción de hielo y fuego» a David Benioff, un novelista y guionista de treinta y cinco años, y le sugirió que se planteara intentar adaptarlas para el cine. Benioff era un valor al alza en la industria después de haber escrito el aclamado *thriller* de delincuentes *La última noche* y los guiones adaptados de las películas *Troya* y *Cometas en el cielo*.

Al leer el octavo capítulo de *Juego de tronos*, Benioff se quedó atónito cuando Bran Stark, un niño de siete años que acababa de ser testigo de un acto de incesto entre la reina de Poniente y su hermano, fue arrojado sin piedad al vacío desde la ventana de una torre. Unos centenares de páginas más adelante, cuando Martin mató al honorable y heroico Ned Stark, protagonista de la novela, Benioff llamó por teléfono a su amigo y también escritor Dan Weiss.

Weiss, de treinta y cuatro años, había conocido a Benioff una década antes, cuando ambos estudiaban literatura en el Trinity College de Dublín. Los habían unido cosas como su afición por la literatura irlandesa e «intentar encontrar un gimnasio práctico en el Dublín de 1995», como contó Weiss a *Vanity Fair*. Este había publicado su primera novela, *Lucky Wander Boy*, en 2003. Benioff le pidió que leyera los libros de Martin «para que me confirmes que no he enloquecido».

«Los dos leíamos literatura fantástica desde pequeños y nunca habíamos encontrado nada tan bueno como lo que había escrito George», afirmó Benioff.

Weiss y Benioff, como otros antes que ellos, querían adaptar «Canción de hielo y fuego». Pero no tardaron en descartar la idea de convertir los libros en una película; decidieron que solo una serie de televisión podría capturar el alcance de la narrativa de Martin. O por lo menos eso era lo que esperaban, porque ninguno de los dos había trabajado antes en televisión.

Martin aceptó quedar con Benioff y Weiss para comer en el restaurante The Palm de Los Ángeles y que le contaran su idea. La reunión duró cuatro horas y acabaría dando como fruto un dragón de la cultura popular: el mayor fenómeno televisivo global del siglo XXI. Aunque todo podría haber acabado en agua de borrajas por culpa de una pregunta inesperada que les hizo Martin.

DAN WEISS (*showrunner*; creador y responsable de la serie): Estábamos nerviosos. Cuando empiezas a trabajar en Hollywood, en todas las reuniones estás con el corazón en un puño, porque piensas que o lo haces bien o esa será la última reunión que tendrás en la vida. Yo eso lo había superado hacía tiempo. Al final te acostumbras a las reuniones y a que casi nunca resulten en nada. Pero en aquella me sentía como en la primera reunión de mi vida: sabíamos que era una oportunidad de las que no se repiten, y, si no conseguíamos llevarnos el gato al agua, jamás tendríamos otra ocasión de trabajar en nada parecido, porque nunca nadie había visto nada parecido. Solo había un portero, y ese portero era George. Si George no nos decía que sí, nuestros sueños morirían casi antes de nacer. Así que teníamos mucha presión por hacerlo bien.

DAVID BENIOFF (*showrunner*; creador y responsable de la serie): Dedicamos una parte de la reunión a hablar de los orígenes de George y también de los escritores de ciencia ficción a los que conocía. Otra, a hablar de sus libros y de nuestra pasión por ellos, para que viese que de verdad los habíamos leído. Al haber trabajado en Hollywood, George estaba acostumbrado a tratar con gente que lee en diagonal [la sinopsis de una novela] y dice: «Mira, esto podría funcionar como imitación de *El Señor de los Anillos*». Creo que el hecho de que nosotros hubiéramos leído los libros y pudiéramos hablar de ellos con cierto nivel de conocimiento influyó algo en él.

DAN WEISS: Cuando te conviertes al judaísmo, el trabajo del rabino no es convencerte de que adoptes la religión sino de que no lo hagas. En cierto modo, hubo un poco de eso cuando George nos explicó que el motivo por el que había dejado la televisión para dedicarse por completo a la novela era que quería escribir cosas que *no* pudieran producirse. Nos contó lo de los caballos y Stonehenge. Y nos dijo: «Mi imaginación es más amplia que "los caballos y Stonehenge". Quiero Stonehenge, quiero los caballos y quiero otros veinte Stonehenge y otro millón de caballos». Había escrito los libros para poner en práctica la totalidad de su capacidad imaginativa, y lo hizo casi intencionadamente para que fuesen imposibles de filmar.

DAVID BENIOFF: George había creado un mundo tan rico que, cuando entras en la historia, el noventa y cinco por ciento de ella ha sucedido ya. Sus novelas tienen mucho del pasado, como la invasión Targaryen de Poniente, y esas cosas hay que comprenderlas para que el relato del presente tenga algún sentido. Los libros tienen formas elegantes de incluir ese trasfondo. Pero en televisión, o haces un *flashback* o metes un discurso aburrido. Así que una cosa que nos preguntó George fue: «¿Cómo vais a explicar al espectador todas estas cosas tan importantes?». No me acuerdo de qué respondimos. Supongo que se nos ocurrió alguna idiotez.

DAN WEISS: A medida que vas haciendo la serie, desarrollas tu propia manera de lidiar con esas cosas. Pero visto en perspectiva, la historia que construyó, incluso si quitas un noventa por ciento, es como el andamiaje de un edificio. Nadie lo ve hasta que lo quitas, pero el hecho de que lo hubiera es la razón por la que el edificio tiene buen aspecto. Puedes percibir ese noventa por ciento de la historia a través del diez por ciento que aparece en pantalla. Hay como una sensación envolvente de trasfondo, una conexión, una lógica que explica por qué los personajes se llevan como se llevan entre ellos. Nunca se trata de personas peleando solo porque es dramático.

GEORGE R. R. MARTIN: Fueron muy convincentes. Les encantaban los libros y querían adaptarlos a un medio distinto, no cambiarlos ni «hacerlos propios». Detesto cuando pasa eso en Hollywood, cuando vas a ofrecerles un libro y al reunirte con los guionistas te salen con: «Mira, esta es mi interpretación de la historia». ¡No quiero tu interpretación! No quiero que reimagines la historia ni que la hagas propia: adáptala y punto.

Les dije: «Quiero una adaptación fiel. No me interesa en absoluto eso de quedarte con el título y escribir una historia nueva». Además, quería formar parte de la serie. Quería ser productor y redactar algunos guiones. «Y no puede ser para una [cadena tradicional generalista]. No quiero que se censure ni el sexo ni la violencia. Y será una temporada por libro.» En eso estábamos de acuerdo.

La reunión iba bien. Los demás clientes se habían ido del restaurante hacía mucho, y el personal se preparaba ya para la cena. Y entonces Martin hizo a Benioff y Weiss una pregunta que podría haber fulminado allí mismo su incipiente asociación. Uno de los mayores misterios en las novelas de Martin es el secreto sobre la ascendencia de Jon Nieve. El bastardo Stark se presenta en los libros como el hijo que tuvo Ned Stark con una amante de la que solo se sabe que la conoció durante la rebelión de Robert Baratheon contra Aerys II Targaryen, el Rey Loco. A lo largo de los libros, Martin había ido dejando caer pistas que apuntaban a la verdadera identidad de Jon Nieve, y los aficionados defendían varias hipótesis.

GEORGE R. R. MARTIN: Es cierto que les hice la famosa pregunta: «¿Quién es la madre de Jon Nieve?». Decían que habían leído los libros. Yo quería comprobar si los habían leído *de verdad* y cuánta atención les habían prestado.

DAVID BENIOFF: Lo más curioso fue que estábamos preparados para esa pregunta. Habíamos hablado del tema el día anterior. Nos pusimos a comentarlo y se nos ocurrió nuestra propia teoría, que resultó ser la correcta.

GEORGE R. R. MARTIN: Sabían la respuesta, lo cual era bueno.

DAVID BENIOFF: Después de acertar la pregunta sobre la madre de Jon Nieve, George nos dio su respaldo para ponernos a hacer la ronda e intentar vender la adaptación.

GEORGE R. R. MARTIN: Era una situación extraña. Aunque ahora cueste recordarlo, cuando nos sentamos juntos yo tenía mucha más experiencia en televisión que David y Dan. Había trabajado diez años en el medio. Había ascendido de guionista de plantilla a supervisor de producción. Si el destino hubiera sido un poco distinto, podría haber acabado yo mismo como creador y responsable de una serie. Y tenía delante a dos tipos con mucho talento como escritores pero que nunca habían hecho nada en televisión. Así que una parte de mí quería ocuparse de la serie en persona, pero no había terminado de escribir los libros. De hecho, aún no los he terminado. Eso sí que no lo vi venir.

Ofrecer *Juego de tronos* como una serie televisiva fue la primera de las muchas arduas batallas que emprendieron los productores para lograr que se emitiera. Las películas de *El Señor de los Anillos* eran auténticos taquillazos y otras personas habían abordado a Martin con la posibilidad de rodar una película, pero en televisión la fantasía se asociaba con producciones de bajo presupuesto, emitidas en abierto y para todos los públicos, como *Xena: la princesa guerrera* o *Hércules: sus viajes legendarios*. Los libros de Martin eran imposibles de clasificar como juveniles, y la fantasía para adultos era en gran medida un mercado inexplorado. «Si les hablabas de dragones, te ponían sonrisitas burlonas», afirmaba Harry Lloyd, que interpretaba a Viserys Targaryen. E incluso una versión recortada de «Canción de hielo y fuego» resultaría prohibitivamente cara. En aquellos momentos solo había unas pocas cadenas que aceptaran contenido para adultos y que quizá pudieran permitirse financiar la serie.

Benioff y Weiss esbozaron una propuesta llena de confianza (y, como se vio más tarde, profética), que contenía párrafos como este: «La gente está hambrienta de *Juego de tronos*. Verán la serie, y seguirán viéndola, y les dirán a todos sus conocidos que la vean, y no pararán de hablar de ella durante la cena, en el trabajo, en casa. Cuando se la demos, perderán la puta cabeza». En su discurso, el dúo prometía que la serie no tendría «nada que pueda hacer que la fantasía dé una impresión chirriante, cursi o infantil».

Intentaron vender su adaptación a tres canales. Un posible comprador era DirecTV, que tenía intención de producir contenido original pero se consideraba una opción bastante poco emocionante y con una plataforma limitada. Benioff y Weiss también intentaron convencer a Showtime, que estaba interesada, pero la cadena por cable filial de la CBS era conocida por sus presupuestos exiguos. Benioff afirmó: «La intuición nos decía que ni siquiera la serie más cara que Showtime hubiera producido jamás se acercaría a llevar la nuestra donde debía estar».

Lo cual dejaba solo como alternativa a HBO, sobre la que Martin, Benioff y Weiss habían coincidido durante su almuerzo en que sería el hogar ideal para *Juego de tronos*. Y si querías que HBO comprara tu idea, había una persona en concreto a la que debías impresionar: la presidenta de programación, Carolyn Strauss, veterana con diecinueve años en la empresa. El poder que tenía la ejecutiva en el canal, combinado con su actitud inescrutable y su inclinación a vestir de negro, confería a Strauss la reputación de ser, en palabras de Benioff, «la persona más temible de Hollywood».

DAVID BENIOFF: Nos advirtieron: «Nada de lo que digáis le sacará una sonrisa, ni tampoco se reirá, así que más vale que estéis preparados para eso».

CAROLYN STRAUSS (productora ejecutiva y expresidenta de programación en HBO): La idea [de *Juego de tronos*] no era necesariamente algo que me resultara atractivo. Pero ser una ejecutiva consiste en no hacer solo las cosas que te gustan.

Benioff y Weiss concertaron una reunión con Strauss y otros ejecutivos.

GINA BALIAN (exvicepresidenta de producciones dramáticas en HBO): En la sala había una atmósfera muy silenciosa. Todos escuchábamos con atención. La propuesta que nos hicieron venía a ser una exposición de la trama del episodio piloto. Nos contaron aquella primera hora y terminaron con ese final de suspense. Yo me quedé boquiabierta. ¿De verdad tiraban al niño por una ventana?

DAVID BENIOFF: Les hablamos de que la fantasía es el género más popular que existe. En líneas generales, *Star Wars* es fantasía, Harry Potter es fantasía y hasta [las películas de superhéroes] son un tipo particular de fantasía.

CAROLYN STRAUSS: Teníamos bastantes motivos para negarnos a hacerlo. Una serie de fantasía puede torcerse de muchas maneras. Todo argumento basado en una mitología que no esté pensada hasta el más mínimo detalle puede descarrilar. A lo mejor haces una temporada o dos buenas, pero después de eso empiezas a chocar contra las paredes. Además, saltaba a la vista que aquello iba a ser caro.

DAVID BENIOFF: Les dijimos que la mayoría de las series empiezan teniendo una idea clara solo de su primera temporada. Gracias al trabajo que había hecho George, nosotros teníamos una idea relativamente certera de hacia dónde iría aquello durante muchas temporadas. Incluso entonces, aunque los libros de George aún no hubieran llegado a narrarlo, ya sabíamos que [la heroína exiliada Daenerys Targaryen] regresaría a

Poniente y lucharía por el trono. Visualizábamos bastante bien dónde estaría la serie cinco años más tarde, y ese es un privilegio muy poco frecuente en televisión.

CAROLYN STRAUSS: Su forma de explicar la trama en aquella reunión hacía que sonara mucho más enrevesada, compleja y centrada en los personajes que lo que suelen parecerme las historias de fantasía. No era una historia del bien contra el mal, sino de unos personajes que tenían elementos de ambos.

DAVID BENIOFF: En un momento dado, Carolyn soltó una carcajada y pensamos: «¡Madre mía, van a aceptar! ¡Hemos hecho reír a Carolyn Strauss!». Cuando acabó la reunión nos quedamos con la sensación de que estaban interesados.

GINA BALIAN: No era la típica serie de HBO. Así que después de la reunión fui corriendo al despacho de Carolyn y le dije: «Vamos a comprarla, ¿verdad?».

HBO aceptó llevar *Juego de tronos* al siguiente paso: negociar con Martin los derechos de «Canción de hielo y fuego». Solo eso terminó costando casi un año entero debido a ciertos impedimentos legales.

GEORGE R. R. MARTIN: El gran escollo fue el *merchandising*. Al principio no sabíamos que iba a ser un éxito, pero los abogados de HBO no querían sentar el precedente de renunciar a algo que nunca antes habían cedido. Yo les decía: «No puedo daros todo lo que queréis. Ya tengo un videojuego y un juego de rol en producción. Ya he cedido a un tío los derechos para hacer réplicas de las monedas». ¿Quién podía saber que las monedas de *Juego de tronos* iban a triunfar? Así que nos metimos en una negociación interminable analizando un objeto tras otro, en plan: «Vosotros os lleváis los muñequitos cabezones, yo me quedo los llaveros...».

Entonces toparon con otro atolladero. Strauss, que había pasado a ser una gran defensora de la serie entre bambalinas, dejó

HBO en 2008. Entró en *Juego de tronos* como productora ejecutiva, pero un cambio en el mando en una cadena suele condenar los títulos desarrollados bajo el régimen anterior. Benioff y Weiss se vieron obligados a convencer a una nueva estructura de gobierno, dirigida por el copresidente de HBO Richard Plepler y el presidente de programación Michael Lombardo, de que había que gastar como mínimo diez millones de dólares en un episodio piloto que era radicalmente distinto a cualquier cosa que HBO —o ninguna otra plataforma— hubiera producido jamás.

MICHAEL LOMBARDO (expresidente de programación de HBO): HBO aún estaba saliendo de *Los Soprano*, *The Wire* y *Deadwood*. La gente nos preguntaba: «¿Por qué no emitisteis vosotros *Mad Men*? ¿Cómo se os pudo escapar *Breaking Bad*?». Habíamos sido el canal de referencia para los dramas de calidad y queríamos recuperar esa posición. Pero *Juego de tronos* no parecía encajar en nuestra categoría. No era algo que a primera vista fuese a atraer a los votantes de los premios Emmy. No era un género bien acogido por las voces a las que HBO solía escuchar a la hora de escoger una serie dramática. Tenía muchos puntos en contra.

Pero Carolyn me dijo: «Es un guion buenísimo, deberías leerlo», y cuando lo hice me enganchó. La escritura era aguda y clara. Y luego llegabas a Jaime empujando a Bran desde la ventana y fue como: «Joder, esto no se parece a nada que haya leído». Pero aun así, *El Señor de los Anillos* estaba ahí fuera y le había ido de maravilla. ¿Cómo íbamos a competir con eso? Desde el punto de vista de la producción, ¿cómo podíamos darle tanta textura y credibilidad? Sabíamos que tenía que poder plantar cara a otros proyectos del mismo género que estaban haciéndose para la gran pantalla pero con un presupuesto más limitado.

Sobre *Juego de tronos* pendía la debacle de otro título de HBO, *Roma*, un ambicioso y cautivador drama de época estrenado en 2005, coproducido con la BBC, cuya primera temporada había costado la friolera de cien millones de dólares. HBO había cancelado *Roma* por los bajos índices de audiencia antes del estreno de su segunda temporada. En consecuencia, era comprensible que se resistieran a derrochar decenas de millones en otra serie con personajes disfrazados, espadas y escudos cuando acababan de embarcarse en una que no había funcionado.

Benioff y Weiss intentaron asegurar a los ejecutivos de HBO que *Juego de tronos* sería mucho más barata que *Roma*, lo que, por supuesto, ni siquiera se aproximaba a la verdad.

DAN WEISS: Nunca se había contado una historia de ese calibre en el entretenimiento audiovisual, que yo supiera. Hoy en día es viable económicamente producir una serie de televisión a esa escala. Pero en aquella época, sencillamente no se hacía. HBO lo había intentado con *Roma*, que era un paso en esa dirección. Pero creíamos tener algo a nuestro favor, y les dijimos: «*Juego de tronos* no es una sinfonía, sino un concierto de cámara».

DAVID BENIOFF: La mentira que les contamos era que la serie estaba «contenida», que se centraba solo en los personajes.

DAN WEISS: Sabíamos que quienes tomaban las decisiones no iban a leerse las cuatro mil páginas [de los libros de Martin] y, por tanto, no llegarían al crecimiento de los dragones ni a las [batallas más grandiosas]. En otras palabras, la serie iba a ser justo lo que les dijimos que no era. Estábamos apostando a que no lo descubrirían hasta que fuese demasiado tarde.

MICHAEL LOMBARDO: No estoy seguro de que me lo creyera del todo. Sabíamos que era un riesgo. Estábamos presupuestando y nos rascábamos la cabeza preguntándonos si deberíamos lanzarnos a la piscina y darle luz verde. Tratábamos de comprender a qué retos se enfrentaría la producción.

Había otra cosa en contra de *Juego de tronos*. Benioff y Weiss no habían trabajado nunca en una serie de televisión, o por lo menos en ninguna que superara la etapa de episodio piloto. Lo normal en una situación como esa era que la plataforma contratara a un guionista-productor veterano para liderar el proyecto. Pero, según fuentes internas de HBO, Benioff y Weiss no dejaban de impresionar a los ejecutivos con sus ideas durante el proceso de desarrollo de la serie.

CAROLYN STRAUSS: Yo había trabajado con algunos productores a los que habíamos obligado a contratar a otros guionistas. Pero Dan y David siempre se mostraban convencidos de poder hacerlo, y estaban muy abiertos a aprender las cosas que no sabían. Aprendían rapidísimo. Les llevábamos a productores y jefes de departamento que tenían más experiencia y que contaban con cierta sabiduría convencional, y una y otra vez Dan y David demostraban que su instinto era el que acertaba. Poco a poco se fueron ganando nuestra confianza.

En otoño de 2008, HBO tenía que decidir si encargaba o no el episodio piloto de *Juego de tronos*. Lombardo fue a su gimnasio, el Equinox de West Hollywood. Y resultó que Weiss iba al mismo gimnasio.

MICHAEL LOMBARDO: Vi a Dan en una bicicleta estática. Estaba leyendo un ejemplar hecho polvo del primer libro, [en cuyas páginas] había pasajes subrayados y marcados con fluorescente amarillo. Él no se dio cuenta de que lo había visto. Y pensé: «Hagámoslo. Estos tíos se desviven por la serie de una forma que no se ve todos los días». Capté esa pequeña revelación sobre Dan en aquel momento tranquilo, al comprender que eso era a lo que dedicaba su tiempo libre. Fue la confirmación de todo lo que ya sospechaba sobre ellos dos, e hizo que me decidiera a solucionar cualquier problema que tuviéramos.

RICHARD PLEPLER (excopresidente y exdirector ejecutivo de HBO): Veías que estaban muy implicados. Es esa implicación emocional que transmiten los grandes artistas cuando hablan sobre lo que los apasiona y están inmersos en algo. Como cuando [el creador de *The Wire*] David Simon intenta convencerte de comprar algo, o cuando Armando Iannucci nos vendió *Veep* o Mike Judge nos trajo *Silicon Valley*. Ellos me transmitieron esa misma implicación emocional.

En noviembre, Benioff y Weiss recibieron la noticia que llevaban tres años esperando. HBO había decidido aprobar el episodio piloto de *Juego de tronos*. Los dos se sintieron aliviados y eufóricos. Pero antes de que pudieran celebrarlo, querían asegurarse de un último detalle.

GINA BALIAN: David y Dan me dijeron: «No queremos que luego nos vengáis con que no podemos matar al protagonista porque de repente os encanta». Así que, cuando recibimos el visto bueno para rodar el episodio piloto, recuerdo correr hasta el despacho de Mike, entrar a lo loco y soltarle: «Solo para que lo tengamos del todo-todo-*todo* claro: vamos a matar al prota y hay dragones».

CAPÍTULO 2

RELATOS DE AUDICIONES

Nada fue fácil en la creación de *Juego de tronos*. Cuando se construye un mundo de fantasía nuevo con un presupuesto relativamente limitado, casi cualquier aspecto de la producción acarrea un nivel de dificultad inaudito, empezando por el reparto.

Para empezar, estaba la inmensa cantidad de personajes. La temporada inicial de *Juego de tronos* tenía docenas de papeles con frases y veinte miembros principales del reparto, llamados «fijos». Y para complicarlo más, muchos de esos papeles eran para niños. Encontrar a un niño actor excelente puede resultar bastante difícil, y *Juego de tronos* necesitaba a seis niños Stark con el aspecto adecuado y la capacidad de actuar como una familia cohesionada, además de manejar contenido para adultos y comprometerse durante años con la serie.

Aunque HBO había concedido a *Juego de tronos* un presupuesto generoso —se gastaron unos veinte millones en el episodio piloto y luego otros cincuenta y cuatro en el resto de la temporada—, el dinero tenía que invertirse en construir el nuevo universo de fantasía de Martin. Cuando se crean escenarios para un drama de época ambientado en tiempos medievales, o en el antiguo Egipto o la antigua Roma, siempre se dispone del recurso de reproducir los diseños a partir de registros históricos. Pero todos los escenarios, los trajes y el atrezo de los libros de Martin tenían que ser nuevos y distintivos. Por ejemplo, Martin describe el Trono de Hierro, símbolo del poder en Poniente, como una monstruosidad de hierro labrado con púas, bordes serrados y metales retorcidos, forjado a partir de mil espadas, un asiento tan cortante e incómodo que puede matar a una persona (y ya lo ha hecho). ¿Cómo adaptar esa descripción a un asiento de aspecto realista que se integre en su entorno y en el que puedan sentarse los actores durante horas y horas de rodaje?

Luego estaban los efectos especiales generados por ordenador, muchos menos que en las temporadas posteriores, pero casi con toda seguridad había más que en cualquier otra serie de televisión de la época.

Así pues, no quedaba mucho presupuesto para contratar a un puñado de estrellas conocidas. Los productores se verían obligados a hacer la mayor parte del casting de *Juego de tronos* por el camino largo, rebuscando entre miles de cintas de audiciones.

«Sobre el papel, *Juego de tronos* es la idea más estúpida del planeta en la que invertir —comentaba el actor Liam Cunningham, que se incorporó en la segunda temporada interpretando a Davos Seaworth—. Es una producción que depende de que unos niños de nueve años que salen en el episodio piloto te lleven hasta el final de la serie once años después.»

Por lo menos, asignar uno de los papeles principales parecía que sería fácil, porque el candidato perfecto era evidente, pero también fue estresante, porque al principio ese actor no estaba interesado. Tyrion Lannister, la astuta y sarcástica oveja negra de la poderosa familia Lannister, es uno de los personajes preferidos por los lectores de los libros de Martin. Se consideró que Peter Dinklage era la opción ideal para el papel, como evidenciaban su trabajo en *Vías cruzadas* y las interpretaciones con las que bordaba todas sus escenas en *Elf* y *Vivir rodando*.

Pero Dinklage acababa de interpretar a otro personaje del género fantástico en *El príncipe Caspian*, la secuela de *Las Crónicas de Narnia: El león, la bruja y el armario* que Disney estrenó en 2008 con una modesta recaudación en taquilla, y buscaba algo distinto. Además, Dinklage recelaba del uso estereotipado de la gente pequeña que solía hacerse en el género. En una ocasión se refirió a la infame broma de *El Señor de los Anillos* sobre lanzar enanos como particularmente ofensiva, y más adelante aprovecharía su primer discurso de aceptación de un Globo de Oro para llamar la atención sobre una víctima de lanzamiento de enanos en la vida real.

GEORGE R. R. MARTIN (autor, coproductor ejecutivo): Pensamos desde el principio que ese papel sería el más complicado. Todos estábamos de acuerdo en que queríamos a un verdadero enano para interpretar a Tyrion; no nos interesaba hacer como en *El Señor de los Anillos*, donde cogieron a John Rhys-Davies y lo redujeron para el papel de Gimli. Si Peter nos hubiera rechazado, habríamos estado bien jodidos.

PETER DINKLAGE (Tyrion Lannister): Yo no quería ni acercarme a nada que tuviera que ver con la fantasía. En el momento en que oí mencionar [*Juego de tronos*], dije: «Ni hablar». En el género fantástico todo el mundo habla a brochazos. No hay intimidad. Tienes dragones y grandes discursos, y nada en lo que apoyarte. Y para alguien de mi tamaño es la puta muerte, lo contrario [al activismo] en el que yo estaba implicado.

Pero Dinklage conocía y respetaba la obra escrita del responsable de la serie David Benioff, y también ayudó que fuese amigo de la esposa de Benioff, la actriz Amanda Peet. De modo que, cuando Dinklage leyó el guion del episodio piloto de *Juego de tronos*, cambió de opinión.

PETER DINKLAGE: David y Dan son incapaces de rebajarse [a los clichés de la fantasía]. Son demasiado buenos. Les dije que me encanta trastocar las expectativas de la gente. Los estereotipos se superan cuando la gente menos lo espera. Hay que hacerlo sin estridencias, no gritando por un megáfono. Y me pareció que eso era lo que estaban haciendo con Tyrion. En cualquier otra serie se habrían centrado en la gente sentada en el trono mirándome por encima del hombro.

Dinklage puso una condición: nada de barba, por eso Tyrion va bien afeitado a lo largo de los primeros años de la serie a pesar de que el personaje lleva barba en las novelas. Más adelante, después de que su personaje hubiera quedado bien establecido, el actor relajó esa exigencia y se dejó crecer una modesta barba. «Es solo que no quería una barba larga al estilo de los enanos de *El Señor de los Anillos*», explicó.

El actor también animó a su vieja amiga Lena Headey (*Terminator: Las crónicas de Sarah Connor*) para presentarse al papel de la ambiciosa y taimada hermana de Tyrion, Cersei. «Vimos también a otras muchas actrices, pero resultó evidente que ella era la más interesante y la mejor elección», afirmó Nina Gold, que fue directora de reparto en *Juego de tronos* junto a su socio Robert Sterne.

Aunque los productores buscaban distanciarse de *El Señor de los Anillos*, contrataron a Sean Bean para el papel del honorable patriarca de los Stark, Eddard, abreviado Ned. Bean ya había interpretado a otro guerrero fantástico de familia noble y aciago destino, Boromir en *La Comunidad del Anillo*. «Llevábamos hablando de Sean desde el mismo principio; parecía el prototipo perfecto para el personaje», declaró Gold.

Dinklage sería el único actor estadounidense durante la mayor parte de la serie. Gold y Sterne buscaron en Londres a los actores para todos los demás papeles. Poniente estaba basado en lo que ahora se conoce como Reino Unido, y existía una larga tradición de que en los dramas de estilo histórico los actores tuvieran acento británico. Benioff, Weiss y Martin se implicaron mucho en el proceso de selección, como también lo hizo el director del episodio piloto original de la serie, Tom McCarthy, que se incorporó al proyecto después de haber dirigido a Dinklage en *Vías cruzadas* y haber actuado con Amanda Peet en la película *2012*.

GEORGE R. R. MARTIN: En las primeras temporadas participé mucho en el casting. Todos los días me enviaban un enlace con veintitrés personas distintas que habían hecho la prueba para varios papeles. Veía todos los vídeos y luego enviaba a David y Dan unas evaluaciones muy detalladas, de seis páginas.

En el proceso de selección también tenían cierto peso, extraoficial, los lectores de Martin. Los seguidores de «Canción de hielo y fuego» apoyaban en internet que se tuviera en cuenta a varios actores para distintos papeles importantes, en ocasiones con bastante éxito. Los lectores también se apresuraban a airear su descontento cuando alguna decisión en el reparto no cumplía sus expectativas, por ejemplo cuando el famoso actor danés Nikolaj Coster-Waldau se hizo con el papel del hermano de Cersei, el arrogante caballero de legendaria belleza Jaime Lannister.

NIKOLAJ COSTER-WALDAU (Jaime Lannister): Tuve una reunión con Dan, David y Carolyn Strauss. Me contaron la historia entera y sonaba asombrosa. Luego, cuando llevábamos media hora hablando, me soltaron: «Ah, sí, y tiene una relación un poco especial con su hermana: son amantes». Aquello me interesó. Luego hubo cierto revuelo [entre los fans] por mi nariz; decían que no encajaba.

DAVID BENIOFF (*showrunner*; creador y responsable de la serie): Aprendimos que debíamos escoger al mejor actor para cada papel, no al que su cara coincidiera con la de los libros. Eso llevó a que recibiéramos ciertas quejas por parte de la comunidad de lectores. La gente protestaba porque Peter era demasiado alto y Nikolaj tenía la nariz demasiado grande. [Alfie Allen en su papel de Theon Greyjoy] no se parece en nada al personaje del libro, pero su audición arrasó con las de todos los demás.

Allen tampoco pensaba al principio que fuese a ser un gran Theon. El actor inglés hizo una primera prueba para interpretar a Jon Nieve, pero los productores tuvieron la inspiración de pedirle que volviera y probara el papel del traicionero pupilo de los Stark. (Tampoco es que fuese algo muy inusual: un gran número de actores de *Juego de tronos* hicieron pruebas para varios personajes de la serie.)

Sin embargo, los fans de Martin dieron en el blanco al sugerir a Jason Momoa, un actor estadounidense conocido sobre todo por la serie *Stargate Atlantis*, para el papel del temible guerrero dothraki Khal Drogo.

Momoa llegó a su audición vestido con una camisa negra desabrochada que le dejaba el pecho a la vista y un collar de aspecto tribal. Dado el escaso diálogo que tenía Khal Drogo, Momoa preguntó a los productores si, antes de leer sus líneas, podía hacer una danza *haka* de los guerreros maoríes para demostrar visualmente parte de la amenaza física que era capaz de transmitir. El actor empezó a dar furiosos pisotones, a entonar cánticos y a aporrearse el pecho mientras ponía la característica mirada amenazadora de Drogo.

JASON MOMOA (Khal Drogo): Nací para interpretar ese personaje. Cuando leí que buscaban a alguien para hacer de Khal Drogo, no me lo podía creer. Tenía que conseguir el papel. Nunca antes me había lanzado a por algo con tantas ganas, en plan: «Esto no me lo quita nadie». Me obsesioné bastante con el tema. Recuerdo que puse toda la carne en el asador y que al marcharme pensé: «Buena suerte si buscáis a otro para hacer de Drogo».

El nordirlandés Conleth Hill, veterano de la televisión y el teatro, hizo la prueba para interpretar a Varys, el consejero real eunuco y calvo, a pesar de que al principio tenía sus reticencias.

CONLETH HILL (Varys): Me resistí muchísimo tiempo. Recuerdo decirle a mi agente que no me interesaba. Creía que sería algo tipo *Dragones y mazmorras*. Pero Belfast me quedaba a solo una hora de distancia y las películas de Tom McCarthy me encantaban, así que decidí ir a hablar con ellos. Probé para el rey Robert, pero al salir vi que Mark Addy también se presentaba para ese papel. Sabía que él era la opción perfecta, así que supuse que ahí acababa todo.

Los productores me dijeron: «Te llamaremos». Pensé que era mentira, una mentira amable, pero mentira. Y entonces me hicieron volver otro día para dar el gran soliloquio de Varys en el que habla de su pasado. Pensé: «Menudo recorrido tiene este personaje». Ellos me preguntaron: «¿Te importaría afeitarte la cabeza?». No me la había afeitado nunca y [al principio] me deprimió mucho.

Para el actor escocés Rory McCann, hacerse con el papel de Sandor Clegane, «el Perro», el aterrador guardaespaldas del príncipe Joffrey Baratheon, no era solo otro bolo como actor, sino cuestión de auténtica supervivencia. El actor contó a *The Inde-*

pendent en 2019 que, antes de empezar a trabajar en *Juego de tronos*, no tenía hogar, vivía en una tienda de campaña y robaba comida.

DAVID BENIOFF: Estaba costándonos encontrar a alguien que interpretara al Perro. Es un papel complicado. Debía ser alguien que intimidara de verdad pero de quien también pudieras creer que tiene un alma. Nina y su equipo subieron un montón de vídeos y centenares de entrevistas para el papel. Y entonces nos llegó un e-mail de George diciendo: «¿Habéis visto el de Rory McCann?». Pulsamos en ese. Era una escena en la que grita a Sansa diciéndole: «¡Mírame!». La forma en que rugió a la cámara hizo que los dos [nos echáramos hacia atrás]. Rory es una persona muy maja y amable, pero desde luego tiene ira en su interior.

El actor nordirlandés Kristian Nairn recibió una propuesta para interpretar al corpulento pero dulce siervo de la Casa Stark, el pronunciador de una sola palabra Hodor.

KRISTIAN NAIRN (Hodor): Yo estaba dedicándome a mis cosas y recibí una llamada de un tío que había sido mi agente diciendo: «Tenemos una audición para ti. Necesitarás a un niño». Por supuesto, yo no tenía ningún niño a mano. Pero él me habló de una fiesta de cumpleaños donde podría encontrar uno.

GEORGE R. R. MARTIN: Luego nos llegó un vídeo de Kristian Nairn. Estaba en un patio trasero, se tambaleaba de aquí para allá llevando a un niño a caballito y gritando: «¡Hodor!».

La actriz alemana Sibel Kekilli pagó de su bolsillo un vuelo a Londres para presentarse en persona a la audición de la taimada prostituta amante de Tyrion, Shae. Sin embargo, después de la prueba, Kekilli cambió de opinión sobre el personaje. Las páginas del guion que había leído en la escena eran una versión previa más próxima al libro, que retrata a Shae como una oportunista desalmada, y Kekilli no estaba cómoda con la idea de interpretar a ese personaje con Dinklage.

SIBEL KEKILLI (Shae): Cuando me dieron el papel, mi primera reacción fue negarme a hacerlo. Les dije: «¡No, gracias!». Sabía que Peter Dinklage era un gran actor, pero me pareció [por el guion de la prueba] que querían reírse de la gente pequeña, bromear con la situación. David y Dan me enviaron una carta preciosa que decía: «Por favor, por favor, por favor, eres nuestra Shae. Hiciste una audición maravillosa y vamos a cambiar un poco al personaje. Lo haremos distinto al de los libros», y me convencieron.

El actor escocés Iain Glen ya tenía algo de experiencia en películas hollywoodienses de género, gracias a papeles importantes en cintas como *Resident Evil: Apocalipsis* y *Lara Croft: Tomb Raider*, cuando se presentó a la prueba para interpretar al caballero ponienti exiliado Ser Jorah Mormont.

IAIN GLEN (Jorah Mormont): En realidad nadie sabía nada del asunto, salvo que era de HBO y que muchos [actores británicos] estaban presentándose. Me reuní con la gente de la serie, salí con una impresión bastante buena y luego se hizo el silencio. Dije a mi esposa una cosa que no suelo decir nunca: «Me gustaría un montón conseguir este trabajo». Ella me preguntó por qué. «La verdad, ni idea —respondí—, porque no sé nada. Es solo que sentí algo especial.»

Para el papel fundamental de la princesa exiliada Daenerys Targaryen, al principio los productores habían seleccionado a la actriz inglesa Tamzin Merchant, que había terminado hacía poco el drama de época *Los Tudor* para Showtime. Daenerys formaba parte del grupo de personajes jóvenes que se habían modificado un poco respecto a los libros para adaptarlos al actor escogido.

GEORGE R. R. MARTIN: Las novelas están inspiradas en la Edad Media, una época en que las chicas se casaban a los trece años. El concepto de la adolescencia no existía: o eras niño o eras adulto. El caso es que Dany en los libros tiene trece años. Pero la ley británica prohibía que nadie por debajo de los diecisiete años interpretara situaciones sexuales. Ni siquiera se podía poner a alguien de diecisiete años interpretando a alguien de trece en una escena con carga sexual. Así que terminamos con una chica de veintitrés años en el papel de una de diecisiete y tuvimos que hacer ajustes en la línea temporal.

Para Joffrey, el príncipe abusón adolescente, los productores hicieron audiciones a muchos actores jóvenes que leyeron sus diálogos con un evidente aire de «progenie del demonio», de villano infantil al estilo de *La profecía*.

DAVID BENIOFF: Estábamos haciendo pruebas para Joffrey y encontramos a un chaval que nos parecía perfecto, así que pensamos que ya teníamos cerrado ese papel. Entonces nos trasladamos a Dublín para hacer audiciones de otros personajes, y allí había un chico con el que teníamos cita para una prueba de Joffrey. No quisimos cancelarla, así que, más que nada por cortesía, aceptamos ver a Jack Gleeson. Empezó a hablar y cambió el concepto que teníamos del personaje. No habíamos planeado dedicar tanto tiempo en pantalla a Joffrey hasta que Jack se hizo con el papel. [Su actuación] tenía algo muy detestable pero al mismo tiempo muy convincente. No es sobrenatural, no es un siervo de la oscuridad, no es más que un ser humano cuya enorme mezquindad resulta creíble.

Gleeson, de diecisiete años, había tenido un pequeño aunque destacable papel en *Batman Begins*. El joven actor declaró que había buscado inspiración en otros villanos de la gran pantalla.

JACK GLEESON (Joffrey Baratheon): Mi caracterización procedía de esos primeros personajes secundarios que había interpretado y de los distintos villanos en los que me había fijado con los años. El Cómodo de Joaquin Phoenix en *Gladiator* me impactó mucho, sobre todo por su sonrisita. Y también el monstruo Hexxus de *FernGully*. Esas serían las mayores influencias. Joffrey es producto de su entorno y su contexto. Todo el mundo ha conocido a algún tipo de Joffrey en su vida.

El personaje más difícil de reflejar en *Juego de tronos* fue Arya Stark, la joven heroína hábil y tenaz que desafía los estereotipos de género y soporta unas adversidades monumentales a lo largo de la serie.

GEORGE R. R. MARTIN: Durante un tiempo me desesperé porque no lográbamos encontrar una Arya. Hicimos más pruebas para Arya que para ningún otro personaje. En una comedia de situación, la mayoría de los actores infantiles solo tienen que ser monos y soltar comentarios ingeniosos. Pero este papel implicaba lidiar con una violencia, un dolor y un miedo muy reales. Tres cuartas partes de las chicas a las que vimos se limitaban a recitar sus líneas sin que allí dentro se viese que pasara nada más. Para alguien de diez años, recitar esas líneas ya es mucho, pero el caso es que no veíamos actuaciones dignas de ese nombre. Las demás eran chicas que saltaba a la vista que habían ido a clases de interpretación y algún profesor les había dicho que debían mostrar emociones, así que desparramaban emoción por todas partes. Eran todo muecas y ojos en blanco. Yo veía aquello y pensaba: «Estamos perdidos».

Entonces la actriz inglesa de doce años Maisie Williams, en la segunda audición para un papel que hacía en su vida, aprovechó la hora de la comida en su colegio para grabar un vídeo interpretando a Arya.

GEORGE R. R. MARTIN: ¡Vaya! Sus rasgos faciales no se parecían en nada a los que yo había descrito en los libros, pero era perfecta. ¡Era Arya! ¡Estaba viva!

Para la remilgada e idealista hermana de Arya, Sansa Stark, Sophie Turner hizo caso a su profesora de interpretación y envió un vídeo al casting. Más adelante declararía que grabó su prueba porque le pareció «una tontería, algo divertido que hacer». Ni siquiera habló a sus padres del papel hasta que quedó entre las últimas siete candidatas.

NINA GOLD (directora de reparto): A Sophie le gusta decir que la encontramos en un campo perdido de Warwickshire, lo que no es del todo cierto pero se le acerca bastante.

ROBERT STERNE (director de reparto): Fuimos a su colegio y saltó a la vista desde el principio que tenía cierta conexión con el material.

Williams y Turner se conocieron en una audición conjunta, cuando las emparejaron para hacer una prueba de química.

MAISIE WILLIAMS (Arya Stark): Salí de allí pensando: «Aunque no me den el papel de Arya, quiero que Sophie se lleve el de Sansa».

DAVID BENIOFF: Maisie y Sophie hicieron buenas migas desde el primer momento. Había verdadera química entre ellas, aunque se supone que al principio sus personajes no se llevan bien. A partir de entonces estaban siempre haciendo el tonto y riendo juntas, pero en el instante en que decías «acción», se echaban cada una al cuello de la otra de una forma completamente creíble. Cuando los actores son amigos, les resulta más fácil interpretar una hostilidad entre ellos. Pasaba lo mismo con Peter y Lena.

NINA GOLD: Desde la primera lectura completa de guion se volvieron inseparables.

Más adelante Williams y Turner se hicieron tatuajes a juego con la fecha «07.08.09», 8 de julio de 2009, para conmemorar su entrada en el elenco de la serie.

SOPHIE TURNER (Sansa Stark): Esa fecha significó mucho para nosotras, siempre decíamos que nos los haríamos. Un día, cuando llevábamos una semana rodando [la séptima temporada], estábamos pasándolo de maravilla juntas y dijimos: «¡A la mierda, hagámoslo y punto!».

El actor inglés Isaac Hempstead Wright no se había interesado por la interpretación hasta que se unió a un club de teatro en el colegio. Tenía solo diez años cuando le dieron el papel de Bran Stark, el chico que acaba discapacitado pero con un destino místico.

ISAAC HEMPSTEAD WRIGHT (Bran Stark): Hice tres audiciones, pero luego llegó el verano y me olvidé de todo. Me dedicaba a jugar al fútbol o lo que fuera. Luego, un día salí del colegio, subí al coche de mi madre y me dijo: «Enhorabuena, Bran Stark». Anda. ¡Qué guay!

El actor escocés Richard Madden tenía veintidós años cuando lo eligieron para hacer del hijo mayor de los Stark, Robb. (Cambió su acento para acercarlo al de Sean Bean, oriundo de Yorkshire.) Al igual que Joffrey, el de Robb fue un personaje que los responsables de la serie ampliaron respecto a los libros debido a la fuerza de la interpretación de su actor. «Al principio, nos gustaba Richard para el papel porque era el favorito en todas las apuestas para ganar el premio al hombre mejor vestido de Escocia en 2009 —afirmó Weiss en *El libro oficial de Juego de tronos*—. De hecho, lo ganó; no obstante, además de vestir muy bien, tiene un talento asombroso.» Más adelante, Madden contó en el programa *Jimmy Kimmel Live!* que estaba tan arruinado cuando se presentó a la prueba que el papel lo salvó de tener que mudarse otra vez con sus padres. (¿Quizá gastaba demasiado dinero en ropa?).

El actor inglés Kit Harington también tenía solo veintidós años y ninguna producción audiovisual en su haber cuando hizo la audición para el papel de Jon Nieve, el bastardo Stark. Pero gozaba de cierta fama en la comunidad teatral londinense por su papel protagonista en una producción de *Caballo de batalla* en el West End.

KIT HARINGTON (Jon Nieve): Todos los actores jóvenes del Reino Unido querían ese papel. Yo me entusiasmé a lo loco. Recuerdo que pensaba: «Este personaje podría ser perfecto para mí». Los actores solemos ser receptivos a la energía que hay en una sala. David y Dan llevaban todo el día allí sentados buscando a alguien que les gustara, y los noté como... [*Se inclina hacia delante.*] Después de la segunda audición, supuse que tenía posibilidades y pensé que si perdía me llevaría un disgusto.

Para ayudar en la selección de las cintas de audiciones, los productores contrataron a Bryan Cogman, guionista y actor adiestrado en la escuela Juilliard, y cuya esposa trabajaba de niñera para Benioff y Peet. Cogman devoró las novelas de Martin y se convirtió en un experto en la mitología de «Canción de hielo y fuego». Aunque entró como asistente de Benioff, fue ascendiendo a distintos cargos dentro de la serie: escribió episodios, fue supervisor de rodaje y acabó como coproductor ejecutivo.

«Al principio me dieron demasiada responsabilidad para la poca experiencia que tenía —dijo Cogman—. Pero ¿sabes qué? ¡Ellos tampoco tenían! Creo que valoraron que era actor y contaba con cierta formación.»

BRYAN COGMAN (coproductor ejecutivo): Esto me da un poco de vergüenza. Estábamos haciendo audiciones a mujeres para el personaje que luego se convertiría en Ros. Por aquel entonces, el personaje era solo «fulana y pelirroja». Un día no estaban disponibles ni David ni Dan ni Tom McCarthy, así que me encargaron a mí hacer la prueba a las actrices para ese papel. Entró una actriz nordirlandesa. Yo estaba aterrorizado porque era una escena bastante lasciva y ¿qué leches sabía yo de esas cosas? El guion estaba repleto de dobles sentidos y la joven lo hizo bien, pero no dejaba de mirarme raro y yo no sabía por qué.

Le dije: «Vale, hagamos una más». Porque..., yo qué sé, di por hecho que teníamos que darle más de una pasada al texto, ¿no? Ella volvió a leerlo y luego exclamé: «¡Muy bien, estupendo!». Se quedó allí de pie un minuto y añadió: «Bueno, pues supongo que ya me marcho...». Al día siguiente me llamó Nina Gold diciendo: «¡No hiciste que se quedara en ropa interior!». La actriz estaba esperando a que le pidiera que se quitase la ropa. Imagino que es lo normal en las audiciones para ese tipo de papeles. Me sentí fatal. Más adelante llegó Esmé Bianco y se quedó el papel.

NINA GOLD: Debo aclarar que nosotros no *hacemos* que los actores se quiten la ropa en una audición. Aunque algunos se la quitan por iniciativa propia.

ESMÉ BIANCO (Ros): Por aquel entonces, el personaje se llamaba La Fulana Pelirroja y solo iba a salir en el episodio piloto. Pasé la prueba en ropa interior. Lo hacen así porque hay actrices que en la audición dicen que les parece bien rodar desnudas pero luego, a la hora de la verdad, resulta que no les parece tan bien. En aquella época yo hacía cabaret y era modelo de lencería, así que para mí era solo un día más de trabajo. Cuando la serie se aprobó, los productores me telefonearon: «¿Te interesaría hacer más escenas?». Y fue George R. R. Martin quien dijo: «A lo mejor deberíais ponerle nombre y no pasaros toda la temporada llamándola La Fulana Pelirroja».

El actor inglés Joe Dempsie acababa de salir de *Skins*, una provocadora serie que triunfó en el Reino Unido, cuando obtuvo el papel de Gendry, el hijo bastardo abandonado de Robert Baratheon.

JOE DEMPSIE (Gendry): Hice las pruebas para dos o tres papeles antes de que me dieran el de Gendry. Al principio, cuando no conseguí esos personajes, creí que me consideraban un actor horrible. Visto con perspectiva, estaban identificando a la gente con la que querían trabajar para luego decidir qué pieza del puzle era cada cual. No fue casualidad que termináramos siendo un grupo de actores que nos llevábamos tan bien y teníamos tanta ética laboral y tanta profesionalidad. David y Dan crearon esa atmósfera. Nadie es más importante que la serie. Había muy poco ego.

DAVID BENIOFF: Tenemos muchos amigos que [escriben para series de televisión], y los problemas de mal comportamiento en el reparto con los que nos tocó lidiar a lo largo de los años fueron minúsculos comparados con los que tiene que afrontar casi todo el mundo. No sé si fue por estar en el Reino Unido o qué, pero tuvimos una suerte increíble dado el tamaño del elenco. Solo hubo que soportar a uno o dos capullos en papeles secundarios.

NINA GOLD: Una actriz, que consiguió el papel pero cuyo nombre no revelaré, estaba haciendo la prueba con Robert [Sterne] y, para gran sorpresa de todo el mundo, de pronto se sentó a horcajadas encima de él y empezó a intentar quitarle la camisa. Robert, que es todo un profesional, no dijo: «Para, corta, ¿cómo te atreves?», sino que le siguió la corriente. Vi que se le ponían los pelillos de punta, como si estuviera pensando: «¿Cómo voy a salir de esta?». Y por cierto, ¿no intentó besarte?

ROBERT STERNE: Sí. Es todo cuestión de compromiso, y a veces los actores necesitan alguien a quien aferrarse cuando hacen este tipo de escenas.

Pero la mejor historia de audiciones para el episodio piloto corresponde al actor británico John Bradley, que acababa de graduarse en la academia de interpretación cuando le llegó la oportunidad de hacer la prueba para el papel de Samwell Tarly, el adorable pero torpe recluta de la Guardia de la Noche.

JOHN BRADLEY (Samwell Tarly): Ese día no pensaba que iba a ser uno de los más importantes de mi vida. Fue después cuando empecé a verlo de ese modo. Tuve que ir a Londres desde Manchester, que es donde vivo. Así que me planifiqué cuatro horas de margen para hacer el trayecto de dos horas, pero entonces resultó que habían cancelado el tren directo a Londres y tuve que dar un rodeo enorme.

DAN WEISS: Debíamos de haber visto en persona a siete u ocho candidatos para el papel de Samwell a lo largo de cuatro días seguidos. Habíamos encontrado a un tío que era genial, y no era John Bradley. Nina nos dijo: «Hay uno más que está viniendo para aquí pero se le ha retrasado el tren. ¿Os importaría esperar?». Nosotros pensamos: «Aquí arriba hace calor y tenemos bastante hambre. Pero si ha cogido el tren desde Manchester, no podemos largarnos sin verlo».

JOHN BRADLEY: Siempre pienso demasiado y planifico demasiado. Si hubiera tenido tiempo en el tren, seguro que me habría puesto en plan obsesivo y me habría subido por las paredes con la audición. Pero iba tan apurado que ni siquiera tuve tiempo de pensar.

DAN WEISS: Llegó desde la estación corriendo. Y entonces se dio cuenta de que el ascensor no funcionaba.

JOHN BRADLEY: Así que subí tres pisos a la carrera e irrumpí en el despacho. Estaba muy agradecido de que no hubieran decidido dejarlo estar por ese día. Debí de entrar desfallecido, sin aliento y lleno de energía nerviosa, que volqué en mi interpretación de Sam.

DAN WEISS: Parecía a punto de desmayarse. Estaba empapado en sudor. Y a los treinta segundos nos dimos cuenta de que John acababa de quitarle el trabajo a aquel otro tío, porque era absolutamente perfecto.

CAPÍTULO 3

«TÍOS, TENÉIS UN PROBLEMÓN»

El episodio piloto de *Juego de tronos* empezó a rodarse el 24 de octubre de 2009 y el proceso duró veintiséis días. Pero antes de eso los productores tuvieron que tomar una decisión: ¿dónde estaba Poniente, exactamente?

Aunque la serie terminaría rodándose en muchos países y localizaciones, el equipo necesitaba un núcleo principal de producción como base de operaciones. Lo más razonable era elegir algún lugar de las islas británicas, ya que la serie estaba inspirada en las guerras históricas que tuvieron lugar en lo que ahora es ese territorio. Rodar en Inglaterra y Gales salía bastante caro, con lo que quedaban Irlanda, Escocia e Irlanda del Norte. David Benioff y Dan Weiss conocían Irlanda porque habían estudiado en Dublín. Pero su vecina del norte ofrecía lucrativas exenciones fiscales que compensarían los costes de producción de la serie. Además, la capital de Irlanda del Norte, Belfast, contaba con infraestructura y personal para estudios cinematográficos, y en la campiña que la rodeaba había multitud de localizaciones y ruinas medievales en las que filmar.

«Irlanda del Norte ofrece un amplio abanico de localizaciones que se encuentran bastante cerca si uno viaja en coche —explicaba Benioff en *El libro oficial de Juego de tronos*—. Cimas barridas por el viento, playas pedregosas, prados frondosos, acantilados altos y arroyos bucólicos... podemos rodar durante el día en cualquiera de esos lugares y dormir por la noche en Belfast.» Pero, por otra parte, la opción de Irlanda del Norte se con-

51

sideraba arriesgada, ya que hacía poco tiempo que el país había superado un período de violencia urbana conocido como *The Troubles* [Los Problemas]. Sin embargo, elegir Belfast fue una decisión que terminaría definiendo la apariencia de la serie, ayudaría a transformar la economía del país y proporcionaría a *Juego de tronos* un equipo de trabajadores locales conocidos por su vigorosa fortaleza.

La producción se instaló en torno al espacioso hangar del estudio The Paint Hall, en Belfast. El estudio ocupa los terrenos del astillero abandonado donde en su momento se construyó el *Titanic* y de las instalaciones donde se pintaban los barcos de la naviera White Star Line. El hangar está ubicado en un rincón ventoso y gris del mundo, con un mar frío y oscuro que baña la costa de piedra. De un enorme bloque de hormigón contiguo emerge una serie de altos postes que delimitan el contorno del *Titanic*, a modo de inquietante homenaje.

Era difícil superar una sede como aquella, no solo por pragmatismo sino también como metáfora afortunada. El lugar de nacimiento de lo que una vez fue el barco más grande y fastuoso del mundo estaba a punto de crear la serie de televisión más grande y fastuosa del mundo. Y sin embargo el episodio piloto —su viaje inaugural, por así decirlo— estuvo a punto de hundir la serie.

DAN WEISS (*showrunner*; creador y responsable de la serie): Fue una época aterradora porque era la primera vez que dirigíamos una producción a cualquier escala. Y en toda producción, sobre todo en una de este tamaño, existen muchas muchas partes móviles, sean humanas o no.

Al igual que la saga de Martin, el episodio piloto arrancaba con tres exploradores de la Guardia de la Noche aventurándose más allá del Muro, una fortificación de más de doscientos metros de altura inspirada en la Muralla de Adriano, una construcción defensiva inglesa que delimitaba una provincia del Imperio romano. Los exploradores tienen un fatídico encuentro con los sobrenaturales caminantes blancos, una antiquísima raza de demonios invernales. Solo que, tal y como se concibió la escena en un principio, los caminantes blancos hablaban en su propio idioma ficticio, llamado skroth, y además el diseño de su vestuario no estaba terminado cuando empezó el rodaje.

DAVID BENIOFF (*showrunner*; creador y responsable de la serie): Los caminantes blancos originales eran espantosos. Pero decidimos huir hacia delante.

DAN WEISS: Para el primer caminante blanco, pusimos a un tío con un traje verde y pensamos que ya decidiríamos más tarde su aspecto y lo añadiríamos por ordenador. Nadie nos dijo: «Eso es una solución carísima». Lo que deberíamos haber hecho es decidirnos [por un traje], aunque no fuese acertado al cien por cien, y más adelante arreglarlo por ordenador, en vez de diseñarlo desde cero en digital. Eso se habría comido la mitad del presupuesto para el episodio piloto.

Pero el vestuario definitivo de otros personajes también tenía sus problemas. «Todos los trajes parecían recién estrenados —dijo Benioff a *Vanity Fair*—. Era como si los hubieran cosido el día anterior... y tenían que dar sensación de usados. En esa época la gente no iba a la tintorería. Con la posible excepción de la reina, la ropa de todo el mundo debería parecer sucia y sudada.»

Como localización para Invernalia, el asentamiento de la Casa Stark, utilizaron el castillo de Doune. En términos económicos no tenía sentido construir de la nada un escenario de Invernalia cuando el proyecto aún no estaba aprobado como serie. Pero Doune tenía un aspecto demasiado conocido, y el episodio piloto se apoyaba mucho en planos del castillo.

GEORGE R. R. MARTIN (autor, coproductor ejecutivo): El castillo de Doune fue donde rodaron *Los caballeros de la mesa cuadrada y sus locos seguidores*. En su tienda de regalos vendían cocos de plástico.

BRYAN COGMAN (coproductor ejecutivo): En el primer piloto sucedía todo en Invernalia. Para ahorrar presupuesto cortaron todas las escenas de Desembarco del Rey, como la de Jaime y Cersei con el cadáver de Jon Arryn. Así que no conocíamos a los Lannister hasta que llegaban a Invernalia.

Y un Stark estuvo a punto de sucumbir a los recortes.

GEORGE R. R. MARTIN: La adaptación que estaban haciendo era fiel, pero yo sabía que tendrían que quitar algunas cosas. La más relevante fue cuando Dan y David me llamaron diciendo que se les había ocurrido eliminar a Rickon, el niño más pequeño de los Stark, porque no hacía gran cosa en el primer libro. Les expliqué que tenía grandes planes para él, así que lo dejaron en su sitio.

Para los actores más jóvenes, estar en el episodio piloto fue una aventura emocionante.

ISAAC HEMPSTEAD WRIGHT (Bran Stark): Fue como un campamento de verano. Yo tenía diez años y podía saltarme el colegio, ir a un lugar donde no había estado nunca, dormir en un hotel y jugar con espadas. Solo que nuestro hotel apestaba a alcantarilla. A algunos, como Sean o Nikolaj, los instalaron en un hotel de lujo, pero los niños estábamos en ese otro.

Los actores veteranos, sin embargo, percibían preocupantes señales de que aquel asunto de *Juego de tronos* quizá no tuviera unos cimientos muy sólidos.

NIKOLAJ COSTER-WALDAU (Jaime Lannister): Nadie sabía lo que estaba haciendo ni qué narices era todo aquello. Recuerdo que durante la llegada del rey Robert pensé que todo era muy ridículo. Que era un poco absurdo crear un universo paralelo lleno de aquellos personajes tan nobles. Hay un equilibrio muy precario entre tomártelo en serio, creértelo, y simplemente ir por ahí disfrazado. Lo que desde luego no teníamos es la sensación de que aquello fuera a convertirse en un punto de inflexión para nadie. Pero nos divertimos mucho.

MARK ADDY (Robert Baratheon): Intentábamos establecer las normas y el orden de ese mundo nuevo. En aquel primer episodio piloto, la escena del patio de Invernalia transcurría sin que nadie se arrodillara cuando llegaba el rey. Así es imposible interpretar a un monarca. No se puede transmitir la sensación de: «Mirad qué poderoso soy». Eso tiene que otorgártelo la gente mostrando sumisión. Tienen que concedértelo otras personas. Cuando volvimos a rodarlo, todo el mundo se arrodilló. Eso supone una gran diferencia a la hora de establecer quién está al mando.

LENA HEADY (Cersei Lannister): En el piloto parezco una corista de Las Vegas, con un montón de pieles y un pelucón enorme, como una Dolly Parton medieval. Pero no es una queja, me encantaba.

BRYAN COGMAN: Cuando rodamos por primera vez la escena en que los Stark encuentran a los lobos huargos, y me refiero a la versión que no se llegó a ver, no lográbamos transmitir la sensación de maravilla por lo que era un lobo huargo. Los personajes no le daban la suficiente importancia. Yo era un humilde asistente que corría por el escenario y gritaba a quien quisiera escucharme: «¡Son *huargos*! ¡Nadie había visto ninguno en un millón de años! ¡Es como encontrar dinosaurios, no como encontrar unos cachorritos!». Y la gente se reía.

ESMÉ BIANCO (Ros): Yo creía que la serie iba destinada a un público muy específico porque me la describieron como fantasía. Así que simplemente pasé un día de rodaje divertidísimo con Peter Dinklage, que es un actor generoso, encantador y amable. Creo que la nuestra fue la única escena del episodio piloto que no volvieron a rodar. Nadie preveía en absoluto la magnitud de lo que estaba por llegar.

CHRISTOPHER NEWMAN (productor): Joffrey llevaba un corte de pelo distinto. En el piloto original, era más estilo paje, así como pelo casco, en plan Enrique V. No es que no encajara con su personalidad de cabroncete, pero la suavizaba un poco. El peinado más moderno que llevaba en la versión que se emitió lo hacía más malévolo.

DAVID BENIOFF: Al principio nos pareció que todo estaba yendo bien, pero eso era porque nos faltaba experiencia.

DAN WEISS: A medida que avanzábamos, las muescas se hicieron grietas y las grietas se convirtieron en fisuras. Empezamos a pensar que aquello se desmoronaba cuando llegamos a Marruecos.

En Marruecos se rodó la trama en la que el engreído sociópata Viserys Targaryen vende a su hermana Daenerys —por aquel entonces interpretada por Tamzin Merchant— en un matrimonio concertado con el amenazador guerrero dothraki Khal Drogo. Solo que en esa versión la boda de Daenerys se rodó de noche, entre otros cambios.

GEORGE R. R. MARTIN: Fui a Marruecos para la boda de Dany en el primer piloto. Interpreté a un noble pentoshi con extensiones en la barba y un sombrero enorme. Parecía idiota, pero fue divertido.

HARRY LLOYD (Viserys Targaryen): Me pusieron una peluca diferente. Era de color titanio y plata, más corta, así como media melena. Ahora está claro que fue un error. Tuve que hacer consultas: «No soy Draco Malfoy, no soy Legolas, así que ¿cómo hacemos esto?».

IAIN GLEN (Jorah Mormont): Era todo un poco precario y había algunos aspectos mal planificados, y además nadie tenía mucha convicción. Rodar la boda de noche supuso que se gastaran un buen montón de dinero para que luego no se viese ni tres en un burro.

GEORGE R. R. MARTIN: Hay un par de historias. Como regalo de bodas, Khal Drogo entrega a Daenerys una yegua plateada y ella sale cabalgando. Por un momento piensas que huirá. Entonces Dany da la vuelta y hace que la yegua salte una hoguera enorme. Drogo se queda muy impresionado, y con eso la relación entre ellos empieza con buen pie. Intentamos rodar esa escena. Contratamos a una doble amazona de primera categoría y teníamos una yegua joven plateada buenísima, pero la potrilla se negaba a saltar la hoguera. Se acercaba y era como si pensara: «¡Eh, ahí hay fuego!», y daba media vuelta. Intentamos que lo hiciera de mil maneras distintas. Al final el director dijo: «Apagad el fuego y ya lo añadiremos luego por ordenador». Lo apagaron, pero la yegua seguía negándose a saltar. Era un animal listo. Sabía que ya no estaba ardiendo, pero que aquello eran llamas hacía muy poco tiempo. Así que tuvieron que eliminar esa escena, lo cual fue una lástima porque era un momento de vínculo entre Dany y Khal Drogo.

Luego llegó la noche de bodas. En la versión con Emilia Clarke, es una violación. En mi libro no lo es, ni tampoco en la escena que filmaron con Tamzin Merchant. Es una seducción. Dany y Drogo no hablan el mismo idioma. Dany está un poco asustada pero también un poco excitada, y Drogo se muestra más considerado. Las únicas palabras que sabe decir son «sí» y «no». La versión original era bastante fiel al libro.

Total, que estábamos en la orilla de un riachuelo. Ataron los caballos a los árboles y empezó una escena de seducción junto al arroyo. Jason Momoa y Tamzin estaban desnudos fingiendo el acto sexual. Y de repente el tipo del vídeo se echa a reír. Resultó que la potrilla plateada no era una yegua. Era un potro. Y ver a aquellos dos humanos lo había excitado a ojos vistas. Así que teníamos de fondo a un caballo con su enorme tranca de caballo. Aquello tampoco salió muy bien.

El rodaje concluyó y Benioff y Weiss enseñaron un montaje previo del episodio piloto a familiares y amigos para hacerse una idea de qué recepción tendría. La experiencia fue, por decirlo con suavidad, desagradable.

DAVID BENIOFF: Se lo puse a mi cuñado y mi cuñada y observé sus reacciones. Se les notaba en la cara que se aburrían. No fue por nada que dijeran. Intentaron ser majos.

DAN WEISS: Tienes que fijarte en cuánto suben el tono de voz para decirte que es bueno: «¡Es *bueno*!». Cómo de aguda suena la palabra «bueno» por encima de su tesitura normal. Así puedes evaluar lo jodido que estás. Nuestro «bueno» llegaba al rango de silbato para perros. Pero también había gente que no intentaba ser simpática, sino ayudar de verdad. [El veterano productor televisivo] Craig Mazin nos dijo: «Tíos, tenéis un problemón».

GINA BALIAN (exvicepresidenta de producciones dramáticas en HBO): La proyección fue lo que terminó de confirmarles que estábamos en apuros.

Una cuestión a la que suelen referirse las fuentes de HBO es que al episodio piloto le faltaba «amplitud». Se suponía que *Juego de tronos* era fantasía épica, pero la producción daba la impresión de ser muy modesta, sobre todo teniendo en cuenta su alto presupuesto y sus localizaciones exóticas.

MICHAEL LOMBARDO (expresidente de programación de HBO): Había cierta preocupación sobre si teníamos o no los suficientes planos amplios. ¿Contamos con la cobertura que necesitamos? Habíamos contratado a los mejores en diseño de vestuario y dirección de arte, y habíamos rodado en Irlanda del Norte y Marruecos, pero aun así había muy poca amplitud. La cita que recuerdo es: «Esto podríamos haberlo filmado en Burbank».

IAIN GLEN: Algún peso pesado de HBO dijo: «¿Por qué coño vamos a Marruecos? Si no se ve una mierda, ¡podríamos haber rodado en un aparcamiento!».

GINA BALIAN: Alguien soltó: «Parece que lo hayan rodado en mi patio trasero».

El tono tampoco era acertado; parecía una serie ambientada en el universo de *Downton Abbey* o el de una película de la Merchant Ivory, no en Poniente y Essos.

MICHAEL LOMBARDO: Había algunas escenas fantásticas, sobre todo en Invernalia con la familia. Arya, Sansa, Tyrion. Pero el episodio tenía algo que recordaba un poco a los dramas de época británicos. Los continuos debates acerca de los elementos fantásticos del proyecto eran otra fuente de preocupación. «Canción de hielo y fuego» es un drama de un realismo intenso con momentos de magia sobrenatural. Pero nadie tenía del todo claro cuánto de cada género debía tener *Juego de tronos*, y se notaba.

BRYAN COGMAN: ¿Es fantasía con toques dramáticos? ¿Es un drama con toques fantásticos? Había cierto nerviosismo porque el piloto se inclinaba demasiado hacia la fantasía, al final en exceso. El planteamiento fundamental se cortó para hacer que el diálogo pareciera más «real» y el resultado fue que el piloto terminó teniendo poco sentido. La intuición de no pasarnos con lo shakesperiano y tolkeniano era correcta, intentamos hacerlo lo más realista posible, pero no por eso deja de ser una fantasía épica, y si ignoras ese hecho, va en detrimento de tu historia.

Para colmo, el episodio piloto resultaba confuso. No fue del todo culpa de los productores, que por ejemplo no pudieron permitirse rodar ninguna escena en Desembarco del Rey como las que luego, en la versión que se emitió, establecerían mejor a la familia Lannister. Pero los diálogos tampoco ayudaron. El impacto de que Jaime empujara a Bran desde la ventana perdía todo el sentido si los espectadores no se habían dado cuenta de que Jaime y Cersei eran amantes incestuosos que trataban de proteger su traicionero secreto. Los productores intentaron ayudar a explicar el trasfondo de la serie añadiendo un *flashback* (del Rey Loco matando al padre y al hermano de Ned Stark), pero la idea terminó descartada al considerarse que solo servía para incrementar la confusión narrativa.

GEORGE R. R. MARTIN: A mí el piloto me gustó. Más adelante caí en la cuenta de que era muy mal juez porque estaba demasiado cerca del material. Había quienes no sabían que Jaime y Cersei eran hermanos. Pero, claro, ¡yo no tenía ese problema! La enorme familiaridad que tenía con el texto me dificultaba mucho evaluar el episodio de manera objetiva. Me gustó que mantuvieran un nivel de complejidad relativamente elevado. Estoy amenazado de muerte si alguna vez enseño ese vídeo a alguien.

DAVID BENIOFF: HBO estaba muy indecisa. En todos los estudios lo tradicional es que los proyectos de la directiva anterior atraigan menos a los mandamases actuales. Y aquel era un proyecto muy caro.

DAN WEISS: Parecía que Mike se inclinaba por no contratar la serie. No estaba nada satisfecho, y con motivo. Decidió que quizá lo mejor sería asumir las pérdidas y dejarlo estar.

MICHAEL LOMBARDO: Estábamos en la sala de juntas y convoqué a los productores para una reunión de emergencia. La pregunta era si los responsables del episodio piloto creían que lo habían clavado. Porque si tu concepto es distinto al de ellos, ya puedes preocuparte de verdad. ¿Cómo enseñamos este piloto al director ejecutivo y lo convencemos de que apruebe la serie? ¿Cómo le hacemos ver que es una apuesta que merece la pena? Nos pusimos todos en modo «a ver cómo arreglamos esto».

Los productores sabían que estaban con el agua al cuello. «Observaba la expresión de Mike y era como una peli de terror —recordaba Weiss en declaraciones a *Vanity Fair*—. Él no quería hacerme sentir mal e intentaba permanecer impasible.»

Benioff y Weiss hicieron una lista de las cosas que sabían que no funcionaban y la forma de solucionar cada una de ellas.

DAN WEISS: Habíamos hecho mucha introspección. Creo que lo único que hicimos bien fue responsabilizarnos de todos los errores. No señalamos a nadie más. Dijimos: «Sabemos que esto no es bueno, de modo que aquí tenéis lo que salió mal y de qué manera lo haríamos la próxima vez». Fuimos recorriendo la lista. Creo que se llevaron la impresión, acertada, de que no estábamos intentando convencerlos de que los fallos eran características buscadas. Estábamos todos de acuerdo en que el nivel al que queríamos llegar quedaba muchos escalones por encima de aquello.

CAROLYN STRAUSS (productora ejecutiva y expresidenta de programación en HBO): Hubo muchos ruegos y súplicas. Creo que lo que resultó evidente fue que allí había una serie. Para eso se rueda el episodio piloto, porque se quiere estudiar qué funciona y qué no, averiguar si lo que estás proponiendo tiene recorrido. Cuando se arreglaran ciertas cosas, sería una historia que podría narrarse a lo largo de muchos episodios sin que dejara de avanzar, con personajes en continua evolución, pero no tan deprisa como para quedarnos sin trama.

El episodio piloto sin pulir y el plan de revisiones llegaron al entonces copresidente de HBO Richard Plepler, que era quien debía tomar la decisión definitiva. La empresa ya había invertido diez millones de dólares en aquel drama con dragones. ¿Querrían subir la apuesta?

DAVID BENIOFF: Cuando hicieron la proyección, sabíamos que la decisión de Richard nos llevaría a triunfar o a hundirnos. Pasamos una hora muy tensa esperando la llamada telefónica de Gina.

DAN WEISS: Es cierto eso de que del dolor se aprende. Era muy desagradable que nos hubieran dado la oportunidad de crear algo como aquello, una oportunidad que teníamos casi la total certeza de que no se repetiría nunca, y pensar que había una probabilidad del 52 por ciento de haberla jodido pero bien. Es una de las sensaciones más horribles que recuerdo.

DAVID BENIOFF: Entonces salió Richard y dijo: «¿Sabéis qué? Hagámoslo».

RICHARD PLEPLER (excopresidente y exdirector ejecutivo de HBO): Estaba claro que una parte del reparto y de la narrativa no funcionaban. Había que arreglarlo; había que rodarlo otra vez. Pero en general la reacción emocional fue que se intuía lo atractiva que podía ser la serie. Es decir, igual que veías que había muchos problemas que era necesario afrontar, también veías que allí había magia.

DAN WEISS: Hay que reconocerle a Richard que supo ver más allá de los errores, que intuyó lo que podría ser aquello si esos errores se solucionaban.

HBO encargó diez episodios de *Juego de tronos*, incluida la filmación de un nuevo piloto. No solo se hicieron cambios en el guion y el plan de producción, sino también en el reparto y en el equipo técnico. McCarthy, director sin experiencia en televisión, fue reemplazado para el inicio de la serie por un veterano puntero en HBO, Tim Van Patten, que había dirigido muchos episodios aplaudidos de dramas en la plataforma. Entretanto, la actriz británica-estadounidense Jennifer Ehle, que interpretó a Catelyn Stark en el episodio piloto original, había cambiado de opinión respecto a la serie. En declaraciones a *The Daily Beast*, dijo que quería pasar más tiempo con su hija recién nacida.

MICHAEL LOMBARDO: La actriz que hacía de Catelyn decidió que no quería mudarse a Irlanda del Norte. Yo no me lo podía creer. Y en esos casos tienes una conversación contigo mismo sobre si quieres obligarla a cumplir su contrato o no. Visto en retrospectiva, fue lo mejor que podía haber ocurrido. Michelle Fairley se quedó con el papel y estuvo fantástica.

Benioff se había fijado en Fairley en una producción londinense de *Otelo* en la que interpretaba a Emilia, cuyas últimas y trágicas escenas de desmoronamiento y asesinato no difieren mucho del destino final de Catelyn Stark. «Emilia no suele ser un personaje en el que me fije normalmente en *Otelo* —relataba Benioff en *El libro oficial de Juego de tronos*—. ¿A quién le importa la esposa de Yago? Pero la interpretación de Michelle fue tan brillante que me fui del teatro pensando: "¿Quién demonios era esa actriz? ¿Tendrá un hueco en su agenda?"».

Pero la decisión más dura que tuvo que tomar el equipo fue reemplazar a la actriz que interpretaba a Daenerys Targaryen. Según una fuente, dar la noticia de su cese a Tamzin Merchant fue «la llamada telefónica más difícil que [los productores] habían tenido que hacer en la vida».

MICHAEL LOMBARDO: Había una integrante del reparto que tuvimos que replantearnos, [un papel] que ponía en riesgo la producción. Todos sabíamos que el trayecto de Daenerys era crucial para la serie. Y sus escenas con Jason no funcionaban.

JASON MOMOA (Khal Drogo): [Merchant] era magnífica. No sé muy bien por qué se hizo aquello. Pero con la llegada de Emilia todo encajó para mí. No me sentí «allí» de verdad hasta que llegó ella.

BRYAN COGMAN: Todas las personas involucradas en el piloto original acertaron de lleno con muchísimos de nuestros actores. A mí me pareció que Tamzin había hecho un trabajo excelente. Es difícil señalar qué aspectos no funcionaron. Pero al final es evidente que Emilia Clarke había nacido para interpretar ese papel.

CAPÍTULO 4

«MI LIBRO LLEVADO A LA VIDA»

Las segundas oportunidades son raras en Hollywood. Si intentas dar un gran golpe y fallas, se acabó ese proyecto, desde luego, y a veces se acabó toda tu carrera. A *Juego de tronos* se le concedió una segunda oportunidad nada habitual. Los productores, el reparto y el equipo estaban decididos a no echarla a perder. El rodaje se retomó en julio de 2010 con una meticulosidad y una urgencia recién descubiertas. «Tuvimos suerte de que nos financiaran un ensayo de diez millones de dólares —declaró Harry Lloyd (Viserys Targaryen)—. Pero es que el segundo rodaje fue más grande. Hubo una inversión a mayor escala.»

En The Paint Hall se crearon unos nuevos escenarios inmensos, obra de la diseñadora de producción británica Gemma Jackson, entre ellos la Fortaleza Roja de Desembarco del Rey con su emblemático Trono de Hierro y el Nido de Águilas en el Valle de Arryn con su peligrosa Puerta de la Luna. Jackson también construyó una nueva Invernalia en el histórico castillo de Ward, un paso adelante respecto a las ruinas del castillo de Doune, y un costoso patio para el Castillo Negro en la cantera de Magheramorne, escenario que incluía un ascensor a torno completamente operativo. Y la diseñadora de vestuario Michele Clapton llevó los atuendos del reparto, que ya eran impresionantes, a un nuevo nivel de autenticidad por su aspecto usado. Los preparativos del equipo técnico dejaron atónitos a los actores cuando fueron llegando a los escenarios para entablar vínculos y meterse en sus papeles.

KRISTIAN NAIRN (Hodor): Recuerdo el primer día que llegué a The Paint Hall y vi que habían construido un castillo dentro de aquel hangar inmenso. Soy un fanático de la literatura fantástica, y aquello me dejó flipado. No había nada que pareciera falso; todo era acertado y real.

KIT HARINGTON (Jon Nieve): Todo aquello me deslumbró. Desde entonces me doy cuenta de que la mayoría de los escenarios de las películas no son tan magníficos como el de *Juego de tronos*, pero en ese momento supuse que todos los escenarios serían así. Ahora es cuando soy consciente de lo especiales que eran.

MARK ADDY (Robert Baratheon): Me sorprendió lo gigantescos que eran los escenarios. Te daban la sensación de estar en ese mundo. Tanto los disfraces como los escenarios facilitaban mucho nuestro trabajo. Usábamos muy poca pantalla verde.

PETER DINKLAGE (Tyrion Lannister): Era genial no llevar un traje con velcros.

Richard Madden describió en una ocasión su pesado traje de múltiples capas a *Westeros.org*: «Me costaba cuarenta minutos ponérmelo. Necesitaba ayuda porque tenía un montón de correas y hebillas. Me encantaba porque influía de verdad en mi interpretación y me ayudaba como actor. Cambiaba mi forma de andar, de respirar, de erguirme y mantener la postura. Vestirme a las cuatro de la madrugada podía ser un incordio, pero me fue muy útil a la hora de construir el personaje de Robb».

JOHN BRADLEY (Samwell Tarly): Cuando llegué por primera vez al escenario del Castillo Negro fue cuando asumí del todo que aquello era real. Y saberlo añadió una cantidad considerable de presión. Hasta entonces tenía la satisfacción de haber conseguido el trabajo y las palmaditas en la espalda de mi familia y amigos en Manchester. Pero entonces llegué a ese escenario y comprendí cuánta gente había tenido que trabajar para construirlo, además de verme rodeado por actores de un nivel en el que yo nunca había estado. Kit ya tenía muy buena reputación en los círculos teatrales; lo veneraba un montón de gente con la que fui a la escuela de interpretación. Y había actores como Owen Teale [Ser Alliser Thorne] o James Cosmo [el comandante Jeor Mormont], entre otros, que habían llegado a lo más alto.

El escenario te rodeaba en trescientos sesenta grados. No había nada que te distrajera. El humo, el olor de las antorchas ardiendo... quizá no fuese muy agradable, pero realmente te sumergía. Sentías lo que sentiría tu personaje y olías lo que olería tu personaje. Si eras capaz de renunciar a un poco de comodidad, ayudaba en el proceso.

El primer día me dieron mi espada y me dijeron: «Tienes que ser un inútil con ella». En la vida real soy un inútil con una espada, así que el hecho de que apenas supiera ni cómo cogerla ni lo que estaba haciendo fue perfecto.

KIT HARINGTON: Alfie, Richard y yo, los chicos jóvenes, nos caímos bien nada más conocernos. Los tres acabábamos de salir de escuelas de interpretación, así que, ya puestos, podíamos hacernos buenos amigos, y eso es lo que pasamos a ser. Y después, claro, Maisie, Sophie e Isaac se convirtieron en los hermanitos pequeños. Nos sentíamos protectores con ellos. Y creo que ellos nos admiraban un poco, en plan los chicos mayores. Enseguida fuimos como una familia.

Harington filmó una de sus escenas más importantes de toda la serie muy al principio, aunque en ese momento el actor no sabía lo significativa que era. Se trataba de la despedida de Jon Nieve y su padre, que le hacía la críptica aseveración: «No llevarás mi apellido, pero llevas mi sangre».

KIT HARINGTON: Recuerdo ese día mejor que la mayoría de los demás. Era mi gran escena y la única en la que estábamos solo Sean y yo. Pensé: «Esto sí que indica que Jon tiene un secreto». Si hubiera sabido lo que significaba, me habría esforzado mucho en esa escena.

TIM VAN PATTEN (director): No quería que esa escena quedara demasiado sentimental. Decidimos rodarla en una encrucijada para resaltar el hecho de que jamás volverían a verse.

ISAAC HEMPSTEAD WRIGHT (Bran Stark): Kit, Richard y Alfie se convirtieron como en mis hermanos mayores. Yo pensaba: «¡Pero cómo molan!». Salí y me compré una chaqueta parecida a la que llevaba Kit Harington. Nos juntábamos todos en la sala verde y nos enseñábamos juegos de cartas unos a otros.

MARK ADDY: Los chicos, Kit, Richard y Alfie, eran unos jovenzuelos que estaban muy emocionados porque podían llevar espada y armadura.

Maisie Williams decidió en la primera temporada aprender a manejar la espada con la mano izquierda, igual que Arya en los libros, a pesar de que ella es diestra. Mantener la continuidad de Arya como persona zurda terminaría siendo una pequeña pesadilla. «Han pasado ocho años y aún estoy pagando ese error —declaró Williams a la edición británica de *Vogue* en 2019—. Al principio solo tenía unas pocas escenas de entrenamiento. Pero ahora estoy haciendo secuencias enteras de combate con la mano mala, y siempre pienso: "¿Por qué diablos me pareció que era buena idea?"».

MAISIE WILLIAMS (Arya Stark): Si echo la mirada a cuando tenía doce años, [viendo las escenas] se nota si estaba agotada en el rodaje. Recuerdo que pensaba: «Qué hambre tengo, qué cansada estoy», todas esas tonterías de los doce años.

DAVID BENIOFF (*showrunner*; creador y responsable de la serie): Recuerdo que una vez cenamos con Sophie y con su madre y era la primera vez en su vida que Sophie comía gambas.

SOPHIE TURNER (Sansa Stark): Mi madre leyó los libros. A mí no me dejaban leer muchas partes porque salían cosas explícitas. Pero sí que leí capítulos [narrados desde el punto de vista de Sansa] para saber qué tenía mi personaje en la cabeza.

Wright sí que tuvo que enterarse de las «cosas explícitas» para comprender su escena del episodio piloto en la que Bran sorprende a Jaime y Cersei. «Me contaron lo que estaba pasando, pero para eso mi madre tuvo que darme un poco pronto la charla sobre sexo y añadirle algunos temas que supongo que no cubren las charlas sobre sexo normales y corrientes», afirmó Wright en *Jimmy Kimmel Live!*.

Pero en la mayoría de sus escenas, Bran aparecía junto al Hodor de Kristian Nairn.

ISAAC HEMPSTEAD WRIGHT: Para romper un poco el hielo cuando nos conocimos, Kristian me dejó su iPhone. Yo jugaba al *Harry Potter: Spells*. Kristian me dijo: «Sobre todo, que no se te caiga mi teléfono». Entonces se me escapó de las manos y reventó en mil pedazos. Desde ese momento tuvimos una relación muy divertida.

KRISTIAN NAIRN: Uno de mis mejores recuerdos es de cuando Joffrey y los Lannister llegan a Invernalia. Debió de ser una de las reuniones más numerosas del reparto. Los Stark aún seguían todos vivos, y estaban Robert Baratheon y los Lannister. Aparte de Daenerys, casi todos los actores estaban allí. Ese día me di cuenta de lo enorme que iba a ser la producción y en qué me había metido. Fue un día fantástico, todos juntos casi por primera y última vez.

MARK ADDY: Un día Lena Headey estaba partiéndose de risa porque había descubierto que Sean Bean tenía un cepillo de uñas en su cuarto de baño. Estábamos rodando una escena de las más serias y, entre toma y toma, nos entreteníamos comentando que era muy posible que Sean tuviera en casa una pastilla de jabón con cordelito.

GETHIN ANTHONY (Renly Baratheon): En mi primer día rodábamos una escena del Consejo Privado y fue aterrador. Yo era bastante novato y tenía delante a personas a las que había admirado de más joven. Eso y que siempre te preocupa que alguien pueda despedirte en cualquier momento. Solo tenía una frase: «Si no podéis mantener la paz del rey, quizá otro debería mandar la Guardia de la Ciudad», y aun así me las ingenié para fastidiarla. El director, Brian Kirk, se acercó y me dijo: «Eh, ¿cómo lo llevas, colega?». Y yo: «¡Estoy bien! Todo bien». Y entonces me dijo que no me preocupara, que él también estaba nervioso. Eso me tranquilizó. Brian sabía interpretar cómo estaba el ambiente.

Más adelante fue mi primera vez rodando a solas con Sean. Para mí, esas escenas son en las que demuestras que te sabes tus diálogos. Empezó el ensayo y hubo como un silencio tenso. Miré a Sean. Sean me miró a mí. Y no pasó nada. Yo pensaba: «Pero ¿va a hablar o qué?» Fue un poco incómodo. Entonces el primer ayudante de dirección me mira y suelta: «No os preocupéis, vamos otra vez». Nos quedamos allí de nuevo mirándonos durante lo que se me hizo una eternidad insoportable. Cortaron otra vez y dijeron: «Vale, chicos, esto no parece que... hum...». Y Sean me miraba. Me preguntó: «¿Estás bien?», y yo: «¡Sí, sí, muy bien!», pero pensaba: «Dios, Dios, Dios, ¿qué estoy haciendo mal? ¿Tengo que indicarle que empiece con alguna seña o algo? ¿Qué pasa aquí?». Sentí puro terror. Al rato, un asistente de guion se acercó a Sean y le preguntó: «¿Va todo bien? Tu primera línea es esta». Y Sean exclamó: «¡Anda, estamos en *esa* escena!». Él creía que estábamos haciendo la siguiente, en la que empezaba hablando yo. El pobre trabajaba muchísimo y tenía como cincuenta escenas en la cabeza.

AIDAN GILLEN (Petyr Baelish, «Meñique»): Una de mis primeras escenas tenía como objetivo evidente establecer el personaje de Meñique. En ella decía: «Desconfiar de mí ha sido lo más sabio que habéis hecho desde que desmontasteis del caballo», y me alegré de que cayera en su sitio con tanta facilidad, de que pudiéramos habitar aquel mundo fantástico pero en el que todo parecía bien cimentado en la verdad. Yo admiraba a Sean como actor desde hacía mucho tiempo, desde la película *Lunes tormentoso* de 1988, para ser exactos, y era tal como esperaba: magnético y sólido, pero aun así vulnerable y bastante callado. Sean no es de los que creen que tienen que hablar sin parar entre tomas, y yo tampoco. No diría que llegué a conocerlo de maravilla, pero sí conocí a Ned Stark de maravilla.

GETHIN ANTHONY: Una vez cruzaba el aparcamiento bajo la lluvia vestido con un traje de cuero alucinante y sosteniendo un paraguas para que no se mojara. Sean hizo que su chófer diera un volantazo para que pisase un charco y me salpicara. Levanté la mirada y vi que Sean bajaba del coche riéndose: «¡Sí, sí, le he dicho yo que lo haga!».

ESMÉ BIANCO (Ros): Aquella época fue divertida porque nadie sabía lo que iba a pasar ni lo enorme que iba a ser la serie. Nadie cargaba a sus espaldas con el peso de tantos aficionados ni con las expectativas de todo el mundo. Fue un tiempo de mucha libertad. Lo pasábamos todos muy bien y..., bueno, bebíamos mucho. Esa temporada fue toda una fiesta.

Pero esa primera temporada no fue tan divertida para los productores y los directores. El equipo estaba pasándolas canutas para sacar adelante diez episodios de lo más ambiciosos con un presupuesto relativamente limitado y cierta falta de experiencia colectiva, sobre todo en el campo de la fantasía épica. Además, los episodios de *Juego de tronos* se rodaban desordenados, lo cual no era nada habitual en un drama televisivo, sino algo más propio de una producción para la gran pantalla.

Se decidió que el director irlandés Brian Kirk se encargaría de los episodios tres, cuatro y cinco, que serían los primeros en filmarse, y luego un trío de veteranos muy bien considerados en HBO rodaría el resto de la temporada: Tim Van Patten dirigió el segundo episodio y la recreación del primero; a Daniel Minahan le asignaron el sexto, el séptimo y el octavo, y Alan Taylor se encargó de los dos últimos. La producción se dividió en dos unidades que a menudo rodaban escenas al mismo tiempo en distintas localizaciones. Una se llamaba Dragón y la otra Lobo.

Y sobre todo ello pendía el doloroso conocimiento de que la producción ya había fracasado una vez y la confianza en no volver a pifiarla. Los creativos estaban decididos a evitar los viejos errores, pero había un límite en lo que podían planear por adelantado cuando cada día se les planteaban problemas inesperados: desde las lluvias torrenciales hasta descubrir, por ejemplo, que no se deben poner cuervos y comida en el escenario al mismo tiempo o las aves se apresurarán a salir de plano para zampársela.

BRYAN COGMAN (coproductor ejecutivo): Aquello era el salvaje oeste. No sabíamos lo que hacíamos y, dado que rodábamos el material desordenado, era difícil saber durante el proceso si la cosa estaba funcionando. Para HBO era territorio desconocido, por el género. Para David y Dan también lo era, porque nunca habían hecho una serie de televisión.

Yo había estado cinco meses en la sala de guionistas de una serie fallida de la NBC. Pero es que ni siquiera los directores, los diseñadores y todos los demás que tenían una hoja de servicios increíble habían hecho nunca una serie como aquella. En Irlanda del Norte se habían filmado películas, pero *Juego de tronos* era con mucho la operación más grande que habían albergado. Todos estábamos aprendiendo cómo hacer una serie de televisión. HBO nos daba libertad para probar cosas aunque saliéramos trasquilados. Creo que además los muy inocentes estaban concentrados en sacar adelante *Boardwalk Empire* y *Luck* mientras nosotros nos encontrábamos lejos, en Belfast, así que había cierta sensación de que nos dejaban a la nuestra.

TIM VAN PATTEN: Necio de mí, al principio fui muy reacio a meterme en esto. Acababa de hacer *Los Soprano* y *Boardwalk Empire*. No me va mucho la fantasía, y además estaba agotadísimo [de *Boardwalk Empire*] y en período sabático. HBO me envió el libro, pero era tan denso que no pude digerirlo. Me preguntaban: «¿Qué hacemos con esto?», y yo les decía: «No lo entiendo, no sé por qué queréis hacerlo». Les dije que no una y otra vez. Les costó un mes desgastarme hasta que acepté. [Me incorporé a la producción] por mi lealtad total a la empresa, porque se habían portado muy bien conmigo. Lo único a favor de *Juego de tronos* era que tenía un guion tan compacto que lo «veías», ¿me entiendes? Pero cuando me metí, no tenía ni la menor idea de cuál iba a ser el resultado. Y fue muy extenuante porque ya habían rodado un episodio piloto y necesitaban que aquello funcionara, así que había mucha presión.

DANIEL MINAHAN (director): Llegué a Belfast y empecé a ocuparme de tres episodios a la vez. Entré en el salón del trono y fue como: «Me cago en la leche». ¡El salón del trono era solo una estancia enorme y vacía! ¿Cómo encuadras algo ahí dentro? Yo pensaba: «Esta gente quiere matarme. Si salimos ya hacia el aeropuerto, cuando se den cuenta de que no estamos será demasiado tarde». Así que al final pusimos a personas en primer plano y de fondo. Se convirtieron en una especie de pared. Utilizamos a todos los personajes como atrezo.

BRYAN COGMAN: Ni siquiera habíamos decidido qué aspecto iba a tener la serie. Por ejemplo, ¿cómo iba a ser la iluminación? En esos tiempos se ponía mucho énfasis en que los entornos se iluminaran de una forma muy concreta para que cada uno fuera distinto, de modo que el espectador supiera que estaba en Desembarco del Rey y no en Invernalia. Poníamos mucho ahínco en tratar de orientar al espectador, y aprendíamos de todos los errores cometidos en el episodio piloto.

Una inspiración fueron las películas del legendario director japonés Akira Kurosawa, algunas de cuyas cintas, como *Los siete samuráis*, *Yojimbo* o la afortunadamente titulada *Trono de sangre*, definieron el cine épico e inspiraron a toda una generación de directores modernos. Benioff y Weiss devoraron sus películas antes de empezar la producción y animaron a sus directores y al director de fotografía Alik Sakharov a que intentaran capturar el estilo clásico de Kurosawa. Esa influencia resulta muy notoria cuando los tres exploradores de la Guardia de la Noche cabalgan más allá del Muro en el primer episodio. Sin embargo, incluso al rodarla de nuevo, no daba la sensación de que la escena inicial de la serie fuese a resultar muy impresionante cuando estuviera terminada.

TIM VAN PATTEN: Teníamos de visita a un ejecutivo del estudio cuando rodamos la primera escena en una cantera a las afueras de Belfast. Se veía la pared de la cantera, que ya estaba allí, y nada de lo que mirases te decía lo que iba a salir en plano [una muralla de hielo de más de doscientos metros de altura]. Durante todo el día, eran solo tres tipos a caballo. Recuerdo que percibí esas primeras dudas alrededor de los monitores. Cosas como: «¿Qué estamos haciendo aquí? ¿Qué es esto exactamente?». Comprendía el nerviosismo general porque hasta yo mismo pensaba: «Dios mío, ojalá funcione». Pero hay que tener confianza. Y aunque no la tengas, hay que fingirla, porque la gente bebe de esa confianza.

Por supuesto, la incipiente producción no tuvo un parto sin dolor.

DANIEL MINAHAN: En The Paint Hall hacía un frío que pelaba, pero se suponía que era [el clima mediterráneo de Desembarco del Rey]. Estábamos rodando una escena de Cersei. Las doncellas que tenía detrás iban vestidas solo con unas túnicas vaporosas. Y una de ellas se cayó de cara, desmayada, helada hasta los huesos. Al principio pensé que era broma, pero luego corrimos a ayudarla.

KRISTIAN NAIRN: Esa temporada me hice una lesión en la espalda que creo que arrastraré toda la vida. Mi primer día de rodaje fue la escena en la que Tyrion le da a Bran el diseño para la silla de montar. Me hicieron cargar con Isaac salón arriba y salón abajo setenta y cuatro veces. Creo que más o menos hacia la mitad, mi espalda ya se había rendido. Pero me daba miedo decir que no. Era mi primer día de rodaje, así que no podía negarme. La culpa fue mía por no haber sido sincero, pero en esa situación quieres dar la impresión de que eres de hierro.

ISAAC HEMPSTEAD WRIGHT: Kristian Nairn aún me envía las facturas de su quiropráctico.

PETER DINKLAGE: Rodamos una escena a caballo junto a un acantilado un día de vendaval. Los caballos estaban muy nerviosos. A un tipo lo tiró un caballo a solo medio metro del precipicio, y no exagero.

Michelle Fairley también recordaba ese incidente. «Peter, a quien las piernas le llegaban solo al borde de la silla de montar, no tenía mucha experiencia como jinete —contó la actriz que interpretaba a Catelyn Stark en el festival cinematográfico australiano Popcorn Taxi—. El caballo se puso hecho un basilisco. Otro [actor] que llevaba coraza completa iba dando saltos de lado a lado y estábamos todos alucinando. Entonces el caballo hizo un último corcoveo y el actor salió volando por los aires. Fue como verlo a cámara lenta hasta que la armadura dio con la espalda contra el suelo. Todos pensamos: "¡Dios mío, se ha matado! ¡Está muerto!". El hombre no se movía. Los caballos también se habían quedado pasmados. No se oía ni una mosca. Hasta el viento se detuvo. Entonces el actor movió dos dedos y todos corrieron hacia él. Y Peter preguntaba: "¿Los caballos están entrenados? ¿Estos caballos están bien entrenados?"».

PETER DINKLAGE: Fue un poquito peliagudo, en plan cuestión de vida o muerte.

DANIEL MINAHAN: Había una escena en la que había que abrir el estómago de un venado [cuando los Stark encuentran los huargos en la versión definitiva del primer episodio]. Lo hicieron de verdad, y de ahí salió una peste nauseabunda. Todos los actores, los chicos, vomitaron.

TIM VAN PATTEN: Ya lo creo que sí. En vez de usar un ciervo disecado y luego enseñar unas entrañas, lo que teníamos era un ciervo muerto de verdad. Estaba inflado y lleno de gas. Preparamos la escena sin problemas hasta el momento de abrir la tripa del ciervo. Y entonces hubo que clavarle el cuchillo. Nadie esperaba aquello. Las entrañas se desparramaron y el hedor hizo que todo el equipo saliera corriendo a vomitar.

BRYAN COGMAN: No había olido nunca nada tan espantoso, y eso que yo ni siquiera lo tenía cerca. Estaba al otro lado del arroyo, en la tienda de lona de algún productor. Solo de recordarlo, puedo olerlo ahora mismo.

TIM VAN PATTEN: Yo vomitaba, tenía arcadas y lloraba de la risa.

DAVID BENIOFF: En la primera temporada ni siquiera teníamos un equipo de seguridad. Rodamos una escena en la que Ned busca la armería donde va a encontrarse con Gendry y pasa por delante de unos soportes llenos de espadas y dagas. Pues resulta que había unos turistas alemanes que no hacían más que acercarse y coger cosas. Yo corrí y les dije: «¡No, no, dejad eso!». Y ellos me miraban como pensando: «¿Quién será este idiota estadounidense que me grita y me dice que no puedo coger esta espada?».

Volver a rodar el episodio piloto también significó que los actores tuvieron que rehacer escenas que creían ya terminadas, lo cual resultó incómodo en algunos casos. La escena de sexo entre Jaime y Cersei tuvo que..., bueno, resituarse.

TIM VAN PATTEN: Decir a los actores que volvieran para filmar otra vez ciertas cosas era pedirles mucho. Para Lena, regresar a esa escena tuvo que ser dificilísimo. De hecho, sé que lo fue, porque tuvimos conversaciones al respecto. Y lo comprendo perfectamente. La escena no funcionaba en el piloto [original]. No puedo dar detalles concretos. Era cuestión de buen gusto. En el guion, la escena era la misma, pero teníamos que grabarla desde otra perspectiva, y Lena tenía que estar protegida.

Luego estuvo la cuestión de llevar adelante la temporada con el presupuesto que tenía asignado. HBO estaba siendo generosa, pero la producción no alcanzaba ni por asomo a reflejar el alcance de la novela de Martin.

GEORGE R. R. MARTIN (autor, coproductor ejecutivo): Nos dijeron que tendríamos un buen presupuesto pero no tan alto como el de *Roma*. «No queremos que nos costéis tanto como *Roma*.» Así que hubo ciertas cosas en las que tuvimos que recortar. El torneo de justas fue una de ellas. En la Edad Media, un torneo celebrado por el rey en la capital era algo grandioso. Y Bryan escribió una versión fiel. Había docenas de caballeros, veíamos ocho justas distintas y daba mucha sensación de pompa, con los competidores alzándose y cayendo, con los plebeyos apostando. Deberíamos haber llegado al menos a algo con el nivel de *Destino de caballero*, pero no pudimos lograr ni siquiera eso. Las únicas justas que vimos eran las esenciales para el argumento. Aun así, creo que quedó bastante bien.

DAN WEISS (*showrunner*; creador y responsable de la serie): El grueso de la secuencia del torneo funcionó muy muy bien. A lo mejor podríamos haber metido a un poco más de gente. A lo largo de una serie tienes que tomar miles y miles de decisiones, y en algunas no vas a acertar de lleno. En realidad, el truco está en mantener un buen promedio.

GEORGE R. R. MARTIN: Donde de verdad fallamos en términos de presupuesto fue en la escena que menos me gusta de toda la serie, de sus ocho temporadas: la cacería del rey Robert. Cuatro tíos a pie por el bosque, con lanzas, mientras Robert abronca a Renly. En el libro, Robert se va de caza, nos enteramos de que lo ha destrozado un jabalí, lo traen de vuelta y muere. Es decir, yo no escribí [una escena de cacería]. Pero sí sabía cómo eran las partidas de caza reales. Serían unos cien tíos. Habría pabellones. Habría monteros. Habría perros. Habría cuernos sonando. ¡Así es como un rey va de cacería! No lo verías paseando por el bosque con tres amigotes que llevan lanzas y confiando en encontrar un jabalí. Pero llegados a ese punto no podíamos permitirnos caballos, ni perros ni pabellones.

Ni batallas. En el primer libro de «Canción de hielo y fuego» de Martin había dos enfrentamientos entre los ejércitos Stark y Lannister. En el primero, la Batalla del Forca Verde, se describe a Tyrion y a su ejército Lannister cabalgando para combatir a una hueste que les han hecho creer que es el ejército completo de Robb Stark, cuando en realidad es una fuerza relativamente pequeña de solo dos mil hombres que Robb envía como señuelo.

DAVID BENIOFF: Teníamos planeado mostrar a Tyrion marchando a la batalla detrás de la Montaña. Queríamos rodarlo todo desde el nivel de los ojos de Tyrion mientras la Montaña se dedicaba a [masacrar soldados]. Pero al final tuvimos que tomar algunas decisiones muy difíciles. Nos quedamos sin tiempo para rodarlo como debía ser, y optamos sin dudarlo por tener una escena magnífica con nuestros personajes en vez de una versión cutre de una batalla.

DAN WEISS: No queríamos que las batallas quedaran como en un juego de la PlayStation 2. Queríamos que tuvieran el mismo nivel [de calidad] que el resto de la serie.

ALAN TAYLOR (director): Acordamos que dejaríamos inconsciente a Tyrion. A mí me encantaba lo que ofrecía esa idea. Mis estructuras dramáticas favoritas son aquellas en las que vas desarrollando algo y luego das un tirón y le quitas la alfombra de debajo. Así que fue divertido que Tyrion diera un discurso emocionante, preparar al espectador para lo que cree que será una batalla grandiosa y luego hacer que se la pierda. También me gustó mucho la imaginería con la que me permití jugar para devolverle la consciencia. Está flotando por encima del terreno de la batalla, un plano que fusilé sin ninguna vergüenza de *Gladiator*.

El otro gran enfrentamiento del libro es la Batalla del Bosque Susurrante, en la que el grueso de las tropas de Robb ataca por sorpresa al ejército de Jaime Lannister gracias a la distracción de la Batalla del Forca Verde y a que los Stark han fraguado una alianza con la Casa Frey. Los productores sabían desde el principio que no iban a contar con recursos suficientes para mostrar el enfrentamiento en el Bosque Susurrante —que, de todos modos, tampoco se narra en los libros—, así que en vez de eso rodaron una tensa escena en la que Catelyn espera ansiosa para ver cuál de los dos ejércitos emerge victorioso de entre los árboles. Al final, Robb cabalga triunfal llevando a Jaime capturado como rehén.

ALAN TAYLOR: Recuerdo que leí: «Cuarenta mil jinetes salen cabalgando del bosque». Nosotros hicimos salir a cuarenta jinetes. Pero funcionó bien. Siempre que el espectador crea que hay muchos más caballos en el bosque, cuela. Suena pobre y casi adorable teniendo en cuenta cómo sería la serie más adelante, pero en esos momentos tenías que echarle inventiva y dejar que los espectadores rellenaran los huecos.

El equipo de *Juego de tronos* también conoció en esa época a quien sería su peor archienemigo a lo largo de la serie: el temperamental clima de Irlanda del Norte. La producción terminaría desarrollando estrategias para sobrellevarlo y cumplir los plazos incluso durante los aguaceros prolongados, pero en la primera temporada la gélida lluvia y el viento hicieron descarrilar muchos planes.

BRYAN COGMAN: La meteorología nos machacó durante esos primeros meses. No parábamos de tachar páginas de guion a diestro y siniestro para cumplir los plazos. Había una escena de cinco páginas que tuvimos que reducir a una porque no nos daba tiempo y la lluvia no remitía. Era una secuencia enorme en un banquete celebrado en el pabellón del torneo, en la que Robert se emborracha y pega a Cersei sin querer y se lía todo el asunto. Entonces el Perro se ofrece a acompañar a Sansa de vuelta a la Fortaleza Roja. Pero, como tuvimos que cortar toda esa secuencia que sentaba las bases para que el Perro escoltara a Sansa, acabamos no pudiendo usar una escena del libro que ya habíamos rodado, en la que el Perro cuenta a Sansa su historia. Así que en el último momento dimos la historia del Perro a Meñique para que se la contara a Sansa. Aidan Gillen [el actor que interpreta a Meñique] recibió las páginas ese mismo día. Las cosas eran así en la primera temporada; más adelante ya casi no hicimos eso de entregar páginas el mismo día de su rodaje.

Para Gillen, el cambio supuso que de repente tenía que presentar en cámara la relación de Meñique con Sansa, una compleja lealtad que se extiende a lo largo de la mayoría de la serie, casi sin previo aviso. Aunque el monólogo que dio versaba por completo sobre el Perro, la actuación de Gillen hace que el espectador piense en Baelish, cuya actitud conspiratoria insinúa que su interés por la joven Stark no es inocente del todo.

AIDAN GILLEN: Siempre me ha gustado que me pasen material en el último momento. Sirve para hacer añicos cualquier ansiedad que pudieras tener por otras escenas de esa jornada y convertirlas en alivio, ya que ahora tienes que aprenderte ese texto nuevo y perfeccionarlo tanto como puedas en veinte minutos o lo que sea. Además, actuar para la cámara me emocionaba incluso antes de que lo hubiera hecho nunca. Sabía que François Truffaut, Woody Allen y Federico Fellini acostumbraban a entregar diálogo a los actores el mismo día en que iban a rodarlo. Eso te mantiene alerta.

Esa escena funcionaba muy bien para Baelish y su actitud ambigua, ya que le permitía hablar de una cosa a la vez que pensaba en otra, mostrándose encantador y obsequioso mientras buscaba pistas. [Su monólogo] en realidad iba dirigido a las dos hermanas Stark, no solo a Sansa. Mucho tiempo después, estaba hablando con [Rory McCann, que interpretaba al Perro] y me dijo que esas líneas tendría que haberlas hecho él pero al final acabaron en boca de mi personaje. Me sentí mal porque, de haberlo sabido, le habría dicho algo antes de rodar la escena. Pero tal y como fueron las cosas, pareció encajar bien. Ese diálogo estableció con bastante solidez un aspecto importante de mi personaje e hizo arrancar esa dinámica furtiva que hay entre Sansa y Baelish.

Mientras se rodaba la boda de Daenerys en Malta, que reemplazó a Marruecos como localización desértica para la temporada, la producción también tuvo mala suerte con la meteorología.

CHRISTOPHER NEWMAN (productor): El primer día de rodaje llegó una tormenta enorme que nos destrozó el escenario. En menos de tres horas, el escenario quedó sumergido y luego se lo llevó el viento. Así que perdimos días de filmación y tuvimos que recuperarnos como pudimos.

Arrancar páginas de los guiones, ya fuese por estrecheces presupuestarias, por el clima o por falta de tiempo, tuvo una consecuencia involuntaria: los supuestos metrajes de una hora que debía tener la épica y dramática serie de HBO estaban quedando reducidos a la longitud de episodios de comedia de situación.

BRYAN COGMAN: Descubrimos que, cuando cortas una página de un guion, reduces en un minuto el metraje. Por tanto, si eliminas las suficientes páginas, acabas teniendo episodios de treinta minutos. Los episodios tres, cuatro y cinco estaban quedándose solo en media hora.

GINA BALIAN (exvicepresidenta de producciones dramáticas en HBO): Esto ocurrió bastante tarde en el proceso. Cuando creíamos que ya casi lo teníamos terminado, reparamos en que los episodios eran muy cortos. Y por la forma en que teníamos organizado al reparto, a aquellas alturas ya no estaban todos presentes. Además, tampoco teníamos todos los escenarios a nuestra disposición. Así que el equipo de producción se lo planteó así: «Tenemos estos actores y estos escenarios. ¿Qué podemos hacer con ellos?».

BRYAN COGMAN: El resultado fue que escribimos un montón de escenas nuevas que terminaron definiendo el estilo de la serie. Eran unas maravillosas y largas [conversaciones entre dos personajes, o «escenas mano a mano»], porque necesitábamos rellenar el tiempo, usar a los actores fijos de la serie y aprovechar los escenarios existentes sin que costara dinero ni tardáramos demasiado tiempo en rodar. Por eso podemos disfrutar de escenas como la de Robert y Cersei. Si ese problema no hubiera tenido lugar, no creo que la serie hubiera acabado siendo tan rica ni triunfando tanto.

La tranquila escena del quinto episodio entre Robert y Cersei fue una brillante actuación de seis minutos que retrataba un matrimonio real en ruinas. La escena no procedía de la novela de Martin, ya que sus libros emplean una estructura en la que cada capítulo se narra desde el punto de vista de un personaje concreto y ni Cersei ni Robert eran «personajes de punto de vista» (aunque Cersei pasó a serlo en libros posteriores).

—Sentí algo por ti y lo sabes —decía Cersei a Robert—. ¿Alguna vez fue posible para nosotros? ¿Ha habido alguna época, algún momento?

—No —respondía Robert—. ¿Eso te hace sentirte mejor o peor?

—Me es indiferente.

Esa escena fue de las primeras en demostrar que *Juego de tronos* podía presentar momentos íntimos y de personajes a la altura de cualquier drama considerado «serio».

DAVID BENIOFF: Hay muchas escenas a lo largo de la temporada que salieron de ese proceso de «¿Y si...?». George creó un mundo tan sustancioso y real que te permite pensar qué están haciendo sus personajes cuando no intervienen en la línea principal del argumento. Quizá Robert y Cersei se odien, pero no pueden evitarse mutuamente el cien por cien del tiempo. De vez en cuando no tendrán más remedio que estar juntos y solos, y ¿qué se dirán en esos momentos?

MARK ADDY (Robert Baratheon): La escena fue fantástica sobre todo gracias a Lena. Mi recuerdo de cuando la rodamos es de puro terror. Me entregaron esa escena la misma mañana en la que rodábamos la cacería de jabalíes. Así que yo estaba allí fuera haciendo la cacería mientras intentaba a la desesperada memorizar aquella otra escena de diecisiete páginas. Me habían prometido que la partirían en trocitos pequeños, pero luego no fue así. Había que filmarla de cabo a rabo, y una y otra vez. Lena estuvo brillante y yo me limitaba a recordar las palabras. Quedó una escena encantadora. Ojalá hubiera tenido más tiempo para aprendérmela bien.

LENA HEADY (Cersei Lannister): La escena tenía poca energía, una melancolía relacionada con el hecho de que esas dos personas están hartas de todo, de su matrimonio. Además la rodamos al final de un día muy largo y estábamos hechos polvo.

BRYAN COGMAN: Fue ahí donde Cersei cobró vida de verdad. Hasta ese momento era solo Cersei, Reina del Hielo, a ojos de nuestros héroes. Renunciar a la marcada estructura de puntos de vista que había en los libros fue muy liberador y nos permitió explorar a los personajes y divertirnos emparejándolos. En cierto modo, esos diálogos incumplen todas las reglas de la escritura de guiones. Se supone que cada escena debe impulsar la narrativa hacia delante, y la mayoría de esas no lo hacían. Pero eh, a la mierda, esa regla está mal.

ALAN TAYLOR: Lo que más me sorprendió fue lo largas que eran algunas de esas escenas. Recuerdo que me enfurruñé con Dave y Dan porque había escenas que eran diálogos de ocho páginas, o trece páginas de personajes caminando y hablando. Les suplicaba que las redujeran, y ellos siempre se negaban, y luego las rodábamos y quedaban bien. Pero cuando las leías por primera vez eran sofocantes.

Otra escena que engendró aquel revoltijo de última hora fue una charla de tres minutos y medio entre el taimado consejero de la moneda Petyr Baelish y el enigmático consejero de los rumores, Varys, en el salón del trono.

DAN WEISS: Tenías a esos dos maestros de la conspiración, que además eran los dos tipos más listos de toda la serie, con la posible excepción de Tyrion. Fue como hacer que el jefe del KGB y el de la CIA quedaran para tomar un café.

CONLETH HILL (Varys): Varys se mostraba siempre muy enigmático. Eso es fácil de interpretar: te limitas a vivir el momento y dejas que la gente se haga preguntas. Es un personaje muy cerebral. Nunca me peleo con nadie. Nunca tengo relaciones sexuales con nadie. Varys tenía una forma de hablar en la corte y en las reuniones del consejo que presentaba diferencias muy marcadas respecto a cuando hablaba con alguien de su confianza. Al principio se planteó la idea de que Varys fuese un maestro del disfraz, pero después no lo hicimos así. Yo pensaba que iba a ser un personaje más a lo Alec Guinness o Peter Sellers, algo por el estilo.

GEORGE R. R. MARTIN: Conleth Hill fue un Varys maravilloso. Si te encuentras con Conleth, no se parece en nada a Varys. Ni siquiera lo reconoces. Era como si desapareciera al transformarse en Varys.

DAN WEISS: Aidan casi transformó a Meñique en una personificación mística del ansia de poder y la capacidad de medrar en el caos. Hay algo tan inescrutable en todo lo que hace que es como a una cebolla a la que no dejas de quitarle capas y nunca se terminan.

A lo largo del rodaje hubo discusiones constantes acerca de cómo mostrar hasta los elementos más nimios de aquel nuevo mundo. Un ejemplo fue el debate entre Benioff y Weiss sobre una escena en la que el ciego maestre Aemon hacía un trabajo manual mientras charlaba con Jon Nieve en el Castillo Negro.

DAVID BENIOFF: Vemos [al maestre] Aemon cortando carne...

DAN WEISS: Bueno, pues está cortando carne. ¿Por qué no va a poder cortar carne un ciego?

DAVID BENIOFF: Por supuesto que puede. Pero creo que lo más lógico sería pedirle a un mayordomo que lo hiciera. Estaba viendo las tomas del día y llamé a Dan para preguntarle: «¿Qué hace un hombre ciego de cien años cortando carne?».

DAN WEISS: El actor que cortaba carne, Peter Vaughan, tenía ceguera legal diagnosticada. Así que, hiciera lo que hiciese, era una persona ciega quien lo hacía. Me reafirmo en la decisión.

Los primeros cinco episodios de la primera temporada establecieron con solidez el mundo de la serie y sus personajes. Pero fue el sexto episodio, «Una corona dorada», escrito por Jane Espenson, el que hizo que *Juego de tronos* empezara a despegar. De pronto, los componentes individuales de la serie funcionaban juntos como un todo, el ritmo narrativo se aceleró y en los guiones empezó a colarse un poco de humor negro.

Una secuencia muy notable transcurría en el castillo de las montañas llamado el Nido de Águilas, y fue en ella cuando Tyrion destacó por primera vez entre el abarrotado reparto de la serie como un personaje particularmente empático y compasivo. Prisionero de Lysa Arryn (Kate Dickie), Tyrion se lanza a un discurso profano y desafiante antes de recurrir al mercenario canalla Bronn (Jerome Flynn) para que lo represente en un juicio por combate. El contraste entre el práctico e inmoral Bronn y su adversario, un caballero «honorable» lastrado por una aparatosa armadura, fue un ejemplo espléndido del brutal pragmatismo de *Juego de tronos*, que subvertía la narrativa tradicional del heroísmo artúrico.

DANIEL MINAHAN: Jerome hizo casi todo el trabajo en persona, porque no llevaba yelmo. Tomó él la decisión de hacerlo así y apartarse de su enemigo como un boxeador durante el combate.

DAVID BENIOFF: Gemma Jackson, nuestra diseñadora de producción, hizo un trabajo estupendo [en el escenario del Nido de Águilas] con un tiempo y un presupuesto muy limitados. La Puerta de la Luna tiene un gran nivel de detalle. Cuando vemos un plano en el que dos hombres giran una rueda y la puerta se abre, damos por sentado que es la magia de la fotografía la que hace que ocurra. Pero Gemma diseñó la puerta para que de verdad se abriese al girar la rueda.

DAN WEISS: La Puerta de la Luna era lo bastante realista como para que Jerome Flynn pudiera haber caído por ella y casi matarse.

Al final de esa secuencia, Tyrion entrega de mil amores una bolsa de monedas a su bruto carcelero, Mord. Ese momento es la primera vez que se muestra a los espectadores, en vez de solo decírselo, que «un Lannister siempre paga sus deudas».

PETER DINKLAGE: Madre mía, de eso hace ya toda una vida. Me encantó el combate entre Bronn el mercenario y el Hombre de Hojalata. ¿Y recuerdas cuando lancé el dinero al carcelero, para saldar la deuda? Ahí fue cuando de verdad entré [en el personaje]. Al principio me preguntaba: «¿Quién es este tío? Se rodea de putas y tiene mucho dinero...». Pero cuando da la propina a Mord el carcelero y el actor pone esa cara..., ese es Tyrion de verdad. Es como un gran director que piensa en todo y acaba siempre lo que empieza.

Esa hora de metraje contenía también una de las mejores frases de la serie, un resumen en dos palabras de cómo el relato se centra en la supervivencia y la afirmación de la vida. El instructor braavosi de Arya, Syrio Forel, interpretado por el actor británico Miltos Yerolemou, le preguntaba a la joven si rezaba a los dioses. Arya contestaba que por supuesto que sí, y Forel afirmaba: «Solo existe un dios y se llama Muerte, y solo hay una cosa que decirle a la Muerte: "Hoy no"».

DANIEL MINAHAN: Cuando vi la audición de Miltos como Syrio Forel me preocupé porque me resultó demasiado florido en su actuación. Luego comprendí que era un personaje que se dramatizaba a sí mismo. Es teatral, le gusta dar espectáculo. Creo que [Williams y él] tenían mucha química juntos.

DAVID BENIOFF: Hace poco estaba cenando con mi esposa y mis padres, y mi madre, que tiene ochenta y dos años, preguntó: «¿Quién escribió [eso de "Hoy no"]?». Me quedé un minuto pensando y respondí algo como: «Ah, creo que estaba en los libros», pero al decirlo no acabó de cuadrarme.

DAN WEISS: Atribúyete el mérito, sobre todo con tu madre. Esa línea no venía en el primer borrador que escribió Jane Espenson de la escena.

DAVID BENIOFF: Luego Dan hizo una reescritura muy buena, pero terminaba de otra manera. Y yo dije: «Espera, se me ha ocurrido una idea». Recuerdo pensar: «Más vale que Dan no me critique esto o me cabrearé». Y tú dijiste: «Tío, creo que es bastante bueno».

DAN WEISS: Es mejor que bastante bueno.

DAVID BENIOFF: No recuerdo qué impulso religioso, o casi religioso, me llevó a esa frase. En fin, supongo que es triste que lo que más me enorgullece haber escrito sea de la primera temporada.

En el siguiente episodio también había una escena muy destacable, la que presentaba al arrogante Tywin Lannister. El actor, Charles Dance, aparece desollando un venado (que casualmente es el emblema de la Casa Baratheon) y al mismo tiempo despellejando verbalmente a su hijo Jaime.

DANIEL MINAHAN: No íbamos a cometer el mismo error que cuando abrieron la tripa del ciervo en el primer episodio. Los productores nos trajeron dos venados que ya venían limpios del carnicero y les metieron dentro unas entrañas de goma. Así que lo que Charles tenía que hacer era repetir el proceso. Le pregunté si quería que le presentáramos al carnicero y me dijo: «No, esto ya lo he hecho antes». Vale, caramba. Le enseñaron una vez cómo se hacía y estuvo impecable.

LIAM CUNNINGHAM: Desde el punto de vista de la actuación, estás dando un discurso de dos o tres páginas que expone la razón completa de que salgas en la serie, mientras al mismo tiempo comunicas a tu hijo, una persona increíblemente arrogante, que no hace bien su trabajo. Explicarlo todo sobre tu personaje mientras despellejas un venado sería algo complicadísimo para casi cualquier actor. Charles lo hizo con un estilo y una elegancia que te llevan a comprender sin ninguna duda las motivaciones de todos sus actos.

DANIEL MINAHAN: Estaba escrito de maravilla para que el espectador comprendiera a Tywin desde el principio, pero no de un modo declaratorio. Además, la escena también servía para humanizar a Jaime. Lo veíamos como un niño pequeño al que ese otro tipo había hecho daño. Fue una de esas escenas en las que pensabas: «Muy bien, aquí estamos funcionando a plena potencia».

Los productores montaron unas versiones previas de los primeros episodios y las hicieron circular entre los guionistas y los ejecutivos de HBO.

DAVID BENIOFF: Estás trabajando mucho y no sabes si el resultado terminará hundiéndose en el mar sin dejar rastro.

MICHAEL LOMBARDO (expresidente de programación de HBO): Nos pusimos a ver aquellos primeros montajes. En el viaje a Desembarco del Rey, las escenas de Sansa y Joffrey eran muy emotivas. Sentí algo que no había sentido antes. El valor de la producción empezaba a notarse. No parecía algo que tuviera menos presupuesto que una película de cien millones. Empezaba a verse que el equipo ganaba confianza. Empezaba a dar la impresión de que aquello funcionaría.

TIM VAN PATTEN: Para mí, la escena que definió la serie, la que me resultó más informativa, fue en la que Ned ejecuta a un desertor. Te daba muchos datos muy valiosos sobre quiénes eran los Stark, su código de honor, obligar a que Bran lo viera todo... Eso y que pillamos un día precioso en la ladera de la colina.

BRYAN COGMAN: Supe que la cosa iba bien cuando recibimos un montaje previo del segundo episodio. Jon se despide de Arya y le regala Aguja. Jon dice adiós a Robb. Catelyn dedica a Jon esa mirada de aborrecimiento. Y todo culmina con la escena en la que Ned dice a Jon: «La próxima vez que nos veamos, hablaremos de tu madre». Al terminar, yo estaba llorando y lo vi claro: «Vale, tenemos una serie». Porque ya entonces sabía que la serie, en el fondo, trataba de esa familia, una familia obligada a separarse y a buscar la forma de volver a unirlo todo. Para mí, ese fue siempre el núcleo de la trama. Y sientes que son una familia con su historia aunque solo los hayas visto a todos juntos durante un episodio y medio. Con eso basta para que lo tengas en mente y, cuando llegas a la sexta temporada y Sansa y Jon corren uno hacia el otro para darse un abrazo, se te escapen las lágrimas... ¡aunque Sansa y Jon nunca antes hayan tenido una escena juntos! Y eso es porque los Stark de Invernalia quedaron muy bien establecidos durante esos primeros episodios.

Hasta el crítico más duro de la serie se quedó impresionado. Craig Mazin, el productor que dijo a los creadores de la serie la famosa frase de que tenían «un problemón» después de ver el episodio piloto original, luego recordaba en el podcast *Scriptnotes*: «Le dije [a Benioff]: "Este es el mayor rescate en la historia de Hollywood". Porque no era solo que hubieran salvado algo malo para convertirlo en algo muy bueno. Habían salvado un pedazo de mierda enorme y lo habían convertido en algo excelente. Eso no pasa nunca».

GEORGE R. R. MARTIN: La primera escena terminada que vi era de Arya y Ned. Él le dice: «Tú te casarás con un gran señor y regirás su castillo, y tus hijos serán caballeros, príncipes y señores». Y ella responde: «No. No es lo mío». Era tal y como lo imaginaba, y quedó perfecto. El diálogo era maravilloso. No es una escena que tenga una importancia crucial, pero la tenía para mí en términos emocionales. Ese día pensé que podía relajarme, que iban a hacer un trabajo estupendo. Era mi libro llevado a la vida.

CAPÍTULO 5

ENTRA EL DRAGÓN

Juego de tronos necesitaba a una nueva Daenerys Targaryen. Al principio HBO pensó en sustituir a Tamzin Merchant por otra actriz famosa, de modo que contactaron con algunas estrellas conocidas (como la actriz de *28 semanas después* Imogen Poots) antes de hacer una convocatoria general abierta a relativas principiantes.

Emilia Clarke, que por entonces tenía veintidós años, se había graduado hacía poco en la escuela de interpretación y solo había interpretado unos pocos papeles menores cuando la llamó su agente y le planteó la oportunidad. «El papel requería a una mujer etérea, teñida de rubio y misteriosa —declaró la actriz inglesa a *The New Yorker*—. Yo soy una británica bajita, morena y con curvas. Pero en fin.»

Durante su última audición, Clarke preguntó a los productores si querían que hiciera alguna cosa más. Benioff le respondió que podía hacer una danza. A fin de cuentas, Momoa había hecho la *haka* cuando probaba para Drogo y a le había ido bastante bien. Clarke se puso a bailar el Funky Chicken y el robot. «Podría haberlo echado todo a perder —afirmó Clarke—. No se me da muy bien bailar.» Pero cuando ya se iba, los productores fueron tras ella y le dijeron: «¡Enhorabuena, princesa!».

EMILIA CLARKE (Daenerys Targaryen): Yo estaba sin trabajo cuando me dieron el papel, pero procedía de tres años de formación muy intensa en la academia de interpretación. Teníamos doce horas al día de clase y luego yo misma me puntuaba; no había nadie más cruel conmigo que yo. Nos entrenaban para montar a caballo y para luchar y, bueno, puede que no para la desnudez, pero sí que hacíamos cosas muy potentes.

Cuando empecé en *Juego de tronos*, lo primero que recuerdo como si fuese ayer es que [los asistentes de dirección] siempre querían saber dónde estabas. Por supuesto, tú eres el producto. Si no apareces, no pueden rodar ese día y acabas de dilapidar millones de dólares y el tiempo de todo el mundo. Estaban siempre diciendo: «Emilia va al lavabo», o «Emilia está comiéndose una cereza», y yo pensaba: «Pero ¿qué co...?».

Otro asunto era que en la escuela de interpretación tienes tiempo para prepararte antes de cada escena. Yo estaba acostumbrada a tomar notas en un cuaderno y a meditar mi proceso. No sabía cómo preparar una escena mientras conversas con un director. Ahora sí sé hacerlo, pero entonces no. Así que me escondía por ahí para prepararme. Me agachaba entre dos coches y entonces oía a los asistentes gritar: «¡No sabemos dónde está Emilia! ¿Alguien ha visto a Emilia?». No quería que nadie supiese dónde estaba porque entonces no me dejarían hacer mis raros preparativos, que yo creía necesitar. Era como: «No la jodas, no la jodas, no la jodas».

Por si no fuese suficiente presión recibir sin previo aviso, y recién salida de la academia, el papel protagonista de una producción enorme, Clarke tenía la carga adicional de saber que la primera actriz a la que habían dado su papel no había cumplido las expectativas, así que temía que terminaran reemplazándola a ella también.

EMILIA CLARKE: Desde el primer día tuve claro que no podía quedar como una boba. Y la única manera de no quedar como una boba es entregarte a tope y darlo todo. Porque pensaba que, si algo iba a terminar quedando estúpido, iba a ser por mi culpa, no a mi pesar. Era tan ingenua que ni se me pasaba por la cabeza [que otros pudieran fastidiarla].

Clarke recibió ánimos y apoyo de sus compañeros de escena más expertos, Iain Glen y Jason Momoa.

IAIN GLEN (Jorah Mormont): Una de las mejores cualidades de Emilia es que no tiene ni idea de lo buena que es, pero eso también hace que dude de su capacidad y le provoca neurosis. Se preocupa. Así que yo intentaba reconfortarla. Emilia siempre quería hablar de todas las posibilidades que planteaba una escena.

JASON MOMOA (Khal Drogo): Emilia y yo nos llevamos bien desde el primer momento, de maravilla. Cuando llegó, corrí hacia ella, le di un gran abrazo y la levanté en volandas.

EMILIA CLARKE: Jason me hizo un placaje, me tiró al suelo y gritó: «¡Esposa mía!».

Las escenas de exteriores en las que intervino el grupo durante la primera temporada se rodaron sobre todo en Malta, que servía de ambientación para Essos, el continente creado por Martin con influencias mediterráneas y asiáticas que está al otro lado del mar Angosto desde Poniente, inspirado en Europa. Allí Momoa también vivió un rodaje lleno de retos, ya que su papel requería una actuación sutil y muy poco verbal, la imponente encarnación de una masculinidad primitiva.

JASON MOMOA: Era todo muy extremo. O te congelabas o sudabas. Yo llevaba unos pantalones de cuero y poco más. Sudar en pantalones de cuero no tiene ninguna gracia. Helarte en pantalones de cuero no tiene ninguna gracia. La gente decía que [mi papel] era fácil: «¡Si solo estás ahí sentado!». Pero es muy difícil ser intimidante y decirlo todo sin decir nada.

Una de mis primeras escenas fue cuando llego cabalgando y miro a Daenerys desde arriba. La veo allí, me acerco a caballo, doy como un gruñido y me marcho. Recuerdo que me inundó una sensación que no había tenido nunca en mi carrera como actor. Recuerdo sentirme muy muy poderoso. Fue un buen momento para sumergirme en algo de tanta magnitud.

El forzado enlace de Daenerys con Drogo acababa transformándose en una relación más equitativa en la que Daenerys se refería a Drogo como su «sol y estrellas».

Sin embargo, la primera noche que pasan juntos Daenerys y Drogo fue una de las escenas más tristemente célebres de toda la serie. En el libro de Martin *Juego de tronos*, y también en el episodio piloto original, Daenerys tiene una relación sexual consentida con Drogo en su noche de bodas. En la versión que se emitió, en cambio, Daenerys es víctima de violación conyugal.

GEORGE R. R. MARTIN (autor, coproductor ejecutivo): ¿Por qué la escena de la noche de bodas dejó de ser una seducción consensuada que excitó hasta a un caballo y pasó a ser la brutal violación de Emilia Clarke? Nunca llegamos a hablar del tema. El cambio fue a peor, no a mejor.

Benioff y Weiss señalan que rodaron la versión del libro pero que el resultado no se adaptaba bien a la pantalla. Un detalle argumental de la novela que suele pasarse por alto es que, tras su noche de bodas, Drogo abusa violentamente de Daenerys hasta que ella toma el control de su vida sexual. Así, en los guiones originales de la primera temporada, Daenerys se ve obligada a tener una relación con un desconocido que desde su primer encuentro progresa a toda velocidad al sexo consentido, luego al sexo abusivo y luego vuelve otra vez al consentido.

DAVID BENIOFF (*showrunner*; creador y responsable de la serie): El guion original era bastante calcado al libro, y fue como lo rodamos para el episodio piloto. En la novela funcionaba, pero en pantalla ves a una chica que tiene un miedo atroz al caudillo bárbaro con quien la casan, aquello es lo último que quiere en el mundo y, sin embargo, en la noche de bodas parece estar en una relación sexual completa y gozosa con él. No nos parecía que acabara de encajar.

DAN WEISS (*showrunner*; creador y responsable de la serie): Además, en el segundo episodio Daenerys tiene que volver a esa relación menos consensual, más ruda. En el libro queda bien, pero nosotros no teníamos ni tanto tiempo ni tanto acceso a la mente del personaje. La situación cambiaba demasiado deprisa. Era algo que hasta los mismos actores sentían que no funcionaba. No encontraban un asidero emocional.

DAVID BENIOFF: Si Emilia Clarke o Jason Momoa vienen a comentarnos algo como esto, nos ponemos a darle muchas vueltas. No siempre significa que vayamos a cambiarlo, pero Emilia nos mencionó la noche de bodas y los problemas que tenía con ella, y sus dudas encajaban mucho con las nuestras.

Las escenas también requerían desnudez por parte de los actores, algo sobre lo que Clarke ha expresado sentimientos encontrados a lo largo de los años. En nuestras entrevistas tras los rodajes, la actriz defendía a capa y espada sus escenas con desnudos. «Esta soy toda yo, toda orgullosa, toda fuerte —dijo después de rodar una escena de la sexta temporada en la que una desnuda Daenerys emerge triunfal de la ardiente destrucción de Vaes Dothrak—. Me alegro mucho de haber aceptado [rodar así la escena]. No es ninguna doble.» Pero también hablaba de sentirse incómoda en el escenario, sobre todo durante la primera temporada de la serie, cuando el equipo aún no tenía claro cómo debía rodar las escenas con eficacia, no digamos ya con sensibilidad. «Fueron días duros —declaró al podcast *Armchair Expert*—. He tenido discusiones en las que decía: "De eso ni hablar, la sábana se queda"», y alabó que Momoa y Glen siempre la ayudaran y la protegieran.

IAIN GLEN: En los momentos del rodaje en los que se sentía expuesta por las cosas que tenía que hacer, yo siempre era muy protector con ella, me aseguraba de que se cumplieran los protocolos y de que todo el mundo la tratara con respeto.

EMILIA CLARKE: Estaba desesperada por ser una actriz lo más profesional posible, hasta tal punto que casi decía que sí a cualquier cosa que me propusieran. Ya lloraría después en el cuarto de baño o lo que fuese, y ellos nunca se enterarían.

Clarke también señaló que los actores varones de la serie no se veían sometidos ni por asomo al mismo escrutinio público por sus escenas con desnudos que ella.

EMILIA CLARKE: ¿Cuántas veces preguntan a Michiel Huisman [que interpretaba a Daario Naharis] por el hecho de que se quitara la ropa muchas veces? ¿Se ha comentado siquiera?

Es cierto que a los actores varones también se los animaba a desnudarse, como pueden atestiguar Jason Momoa, Eugene Michael Simon y Kristian Nairn.

DAVID BENIOFF: La primera toma sexual que rodamos [en la versión emitida del primer episodio] fue entre Khal Drogo y Emilia. Es la escena en la que ella se pone encima de él y asume el control, la escena bonita y romántica. Estábamos muy nerviosos porque nunca antes habíamos dirigido nada con sustancia. Nos pareció que había salido bien y, al terminar, Jason se me acercó y me dijo: «Eh, muy buen trabajo». Me estrechó la mano, bajé la mirada y me había puesto el...

DAN WEISS: Se llama calcetín.

DAVID BENIOFF: Viene a ser como un condón pero un poco más grande. Me lo puso en la mano después de haberlo llevado en el rabo durante toda la escena.

JASON MOMOA: Fue porque David se había puesto en plan: «¡Momoa, quítatelo y ya está!». Ya sabes, dándome por saco. «¡Sacrifícate! ¡Hazlo por tu arte!». Y yo decía: «Que te den. Mi esposa se cabrearía. Esto es solo para una mujer, colega». A David y a mí nos encantaba picarnos.
Así que al terminar, me quité aquella cosa pero me la guardé en la mano, y le di un buen abrazo y un apretón de manos, y fue como: «Eh, ahora tienes un poquito de mí en ti, colega».

Y luego estuvo el día en que, sin que nadie lo esperara, Hodor se metió corriendo desnudo en una escena.

KRISTIAN NAIRN (Hodor): David y Dan querían saber si estaría dispuesto a hacer una escena desnudo. Lo primero que pregunté era si había algún niño en la escena, y lo había, así que pregunté si podía llevar una prótesis, y aceptaron. Estaba acojonado, pero lo hice por todo eso del positivismo corporal: en *Juego de tronos* había mucha gente de distintas formas y tallas, probablemente más que en ninguna otra serie de la historia. Era un día de rodaje muy ajetreado, justo lo contrario de lo que me habían prometido. ¡Nunca había visto a tanta gente deambulando por allí! Tuvieron que ponerme la prótesis entretejida con mi propio vello corporal. Fue una experiencia a la vez liberadora y humillante. Hubo muchas risas ese día.

DAVID BENIOFF: Igualdad de oportunidades en la desnudez. En el libro se menciona que Hodor tiene sangre de gigantes y es necesario verlo con tus propios ojos para que funcione. Y no queríamos hacer la broma remilgada de *Austin Powers* tapándolo con una barra de pan ni nada por el estilo.

El equipo de *Juego de tronos* tendrá más que decir sobre el contenido sexual de la serie en estas páginas, pero Daenerys, la princesa Targaryen, se quedó embarazada de Drogo, mientras su despreciable hermano Viserys se sentía cada vez más frustrado y marginado. Una noche Viserys se emborrachó y amenazó a Daenerys, por lo que el *khal* le vertió un caldero lleno de hirviente oro líquido en la cabeza. Fue un momento decisivo para Daenerys, ya que por fin plantó cara a su tiránico hermano mayor, pero también fue el primer atisbo de un propósito férreo y oscuro que captamos en el personaje. «No era un dragón —entonaba Daenerys mientras contemplaba impasible a su hermano recién muerto—. El fuego no mata a un dragón.»

EMILIA CLARKE: ¿Que queréis que haga *qué*? Vale, veo que estamos en la jugada definitiva. Muy bien. Tendré que buscar unos coches, esconderme entre ellos y sentarme un momento para comprender qué es todo esto. A ver, ahora mi lealtad está con mi marido. Pero Viserys es mi hermano. Es de mi sangre, es familia. ¿Podrá mi joven cerebro asumir la dicotomía de que un miembro de mi familia está manipulándome? ¿Qué siente una chica de la que han abusado durante toda su vida? ¿Cómo narices puede tener los recursos para alzarse por encima de lo único que ha conocido jamás? ¿Cómo da una bocanada de aire fresco y piensa: «Anda, pero si mi vida entera se sustenta en una mentira»? Aquello fue un primer paso para entender lo que Daenerys podía acabar sintiendo más adelante.

PETER DINKLAGE (Tyrion Lannister): Lo que hizo Emilia ahí quedó impresionante porque *no fue* a mala sangre. Fue más bien que él ya no existía para ella. Si hubiera sido a mala sangre, no habría quedado tan efectivo. Él ya no era nada para ella y Daenerys tenía a una persona nueva en su vida de la que, por algún motivo demencial, estaba empezando a enamorarse. Eso es justo lo que mola tanto de esta serie. Las relaciones pueden empezar de forma horrible y acabar siendo de amor, o viceversa. Emilia está genial porque esa escena es muy difícil de hacer, porque podrías [actuar con la actitud de]: «Jódete, hermano, te lo mereces», o bien de: «No se lo merecía», pero ella no hace ninguna de las dos cosas. Está en ese lugar intermedio que es tan aterrador. La transformación que experimentó en la primera temporada fue increíble.

EMILIA CLARKE: Fue una situación en la que los gritos no habrían funcionado. La furia no habría funcionado. La ira puede mover montañas, pero en una mujer se percibe como irracional e histérica, exagerada, y se descarta como ruido de fondo. Así que la única opción que queda es convertirte en la persona más poderosa de la sala. Y la persona más poderosa de una sala siempre es la más callada. Y de ahí la dureza de Daenerys. Recuerdo que pensé: «Así es más difícil, pero parece lo acertado». Porque [Khal Drogo] no podía dejar de mirarme. No podía apartar los ojos del hecho de que soy perfectamente capaz de ver cómo un pariente muere delante de mí sin parpadear siquiera.

La escena también fue un desafío técnico, ya que la muerte de Viserys se rodó en su mayor parte empleando efectos visuales prácticos y no generados por ordenador. Al actor Harry Lloyd le pusieron unos conductos ocultos que hacían salir vapor burbujeante de unos diminutos agujeros en su peluca.

DANIEL MINAHAN (director): No fue fácil encontrar la forma de verter oro fundido en la cabeza de alguien. Y la peluca era muy cara. Solo podíamos [permitirnos] hacer una toma.

HARRY LLOYD (Viserys Targaryen): A mí lo que me preocupaba era que la borrachera quedara ridícula. La noche anterior me puse a mirar vídeos de borrachos en YouTube y a vagar por el pasillo del hotel intentando pulir los trompicones. Cuando llegó el momento de rodar, estaba esperando fuera de la tienda, con el frío que hacía en Belfast, bebiendo una taza caliente de *toddy*, té con miel, con un chorrito de whisky que me había traído del hotel. La vulnerabilidad que muestro en esa escena me salió natural, porque daba un miedo que te cagas.

DANIEL MINAHAN: Lo que me sorprendió fue lo nervioso que estaba Jason Momoa, que siempre parecía muy sereno y lanzado. Antes de empezar a rodar, Jason cruzó la mirada conmigo y levantó la mano... Le temblaba.

JASON MOMOA: Estaba nerviosísimo. No quería fastidiarla.

DANIEL MINAHAN: Las alhajas de oro que lleva Drogo estaban hechas de cera. Las tiramos en el caldero y empezaron a fundirse. Luego cambiamos el caldero por otro que contenía un fluido viscoso y burbujeante. Y entonces Jason dijo a Harry: «¿Estás preparado? Voy a hacerlo».

JASON MOMOA: Al actuar, hay momentos en los que de verdad eres libre, sales de tu propia cabeza y te metes del todo en el personaje. No tienes ninguna ansiedad por nada, sino que escuchas y sientes y estás en tu elemento. En esa escena me pasó justo eso. Recuerdo extender el brazo y tocar la barriga de Emilia, dando la espalda a Harry, y decir una palabra para que [los dothraki] lo agarraran, todo eso intentando mantenerme frío, calmado, contenido. Drogo no se anda con tonterías. Ha hecho lo mismo otras mil veces.

HARRY LLOYD: Recuerdo que un tiempo antes hablé con un médico. Me dijo que Viserys muere por el oro que le perfora el cerebro y que solo podría salirle un único chillido. Luego, el día del rodaje, me dijeron que me echara a gritar y lo hiciera un poco más demente. Fue un puto subidón.

JASON MOMOA: Mientras le derramaba aquello en la cabeza me emocioné mucho. Me quedé observándolo. Creo que Drogo disfrutaría viendo las expresiones de la gente…, mirándolo chillar mientras le caía oro por la boca. Entonces intenté olerlo, porque subía humo. Fue una cosa como muy enfermiza. Recuerdo que salí de allí pensando: «Aquí ha habido una mierda muy ancestral». Porque la verdad es que disfruté.

DANIEL MINAHAN: Y salió todo bien en una sola toma.

Un momento insólito en el rodaje de la trama de Daenerys y Drogo fue el sangriento combate entre el *khal* y un jinete dothraki llamado Mago. Ese combate no solo no aparecía en la novela de Martin, sino que tampoco figuraba en el guion.

JASON MOMOA: Comenté a David y a Dan que lo que más echaba de menos en el libro era ver pelear a Drogo. Todo su desarrollo y su mito son asombrosos, y George es un escritor fenomenal. Pero yo quería ver al personaje repartiendo hostias. Por eso les bailé la *haka* en la audición, para que vieran cómo sería Drogo si fuese a la batalla. Les dije: «Voy a hacerlo sencillo. Me inclinaré y me meceré para que podáis ver su velocidad».

DAVID BENIOFF: Entre las ideas con las que nos venía Jason, había una proporción muy alta que nos gustaban y terminábamos poniendo en práctica. Una cosa que nos dijo casi desde el principio fue: «Se supone que soy el tipo más malo de todo el planeta, llevo esta trenza tan larga porque nunca he perdido un combate y todo el mundo me tiene miedo. Pero nadie me ve luchar. ¿Eso no es un poco cutre?». Nosotros le respondíamos: «No, así está bien, porque eres tan cañero que ya ni tienes que demostrarlo. Eres el vencedor de mil batallas, Jason, así que anda, vuelve a tu caravana». Pero sí que era un poco raro no ver a ese tío haciendo lo que mejor se le daba.

A pesar del presupuesto limitado de la primera temporada y la constante presión del tiempo, concibieron una escena de combate sobre la marcha. El planteamiento original era que Mago insultaría a Daenerys, los dos hombres lucharían y al final Drogo decapitaría a Mago.

El Muro en la escena inicial de la versión emitida del episodio piloto, «Se acerca el invierno».

Los Stark encuentran cachorros de lobo huargo.

La familia Stark saluda al rey Robert Baratheon (Mark Addy) en Invernalia.

El escenario del Castillo Negro.

Khal Drogo (Jason Momoa) y Daenerys Targaryen (Emilia Clarke)
reciben un trascendental regalo de boda.

Arya Stark (Maisie Williams)
entrena con Syrio Forel (Miltos
Yerolemou) ante la mirada de su
padre, Ned Stark (Sean Bean).

Varys (Conleth Hill) y Meñique (Aidan Gillen) conspiran en la Fortaleza Roja.

Petyr Baelish, alias «Meñique», en su burdel.

El rey Robert Baratheon y Cersei Lannister (Lena Headey)
en el torneo de justas de «El lobo y el león».

Tyrion Lannister (Peter Dinklage) exige el juicio por combate en el Nido de Águilas.

El mercenario Bronn (Jerome Flynn) preparado para luchar.

Un rarísimo ejemplo de Joffrey Baratheon (Jack Gleeson)
mostrando sensibilidad mientras su padre, el rey Robert, yace herido
de muerte en el episodio «Ganas o mueres» de la primera temporada.

Los últimos momentos de Ned Stark.

Arya presencia la ejecución de su padre en el Septo de Baelor.

Yoren (Francis Magee), miembro de la Guardia de la Noche, se lleva a Arya.

Nace la Madre de Dragones.

Una concentrada Emilia Clarke se prepara para salir a escena.

Melisandre (Carice van Houten) persuade a Stannis Baratheon (Stephen Dillane).

Jon Nieve (Kit Harington) cruza un lago helado como
prisionero de Ygritte (Rose Leslie) y otros salvajes en Islandia.

Un equipo reducido rodando exteriores en un lago helado de Islandia.

Los responsables de la serie, Dan Weiss y David Benioff, en el escenario de Islandia.

Kit Harington combate contra Simon Armstrong
(en el papel de Qhorin Mediamano) en Islandia.

El equipo de *Juego de tronos* congregado en torno a un monitor en Islandia.

El escenario del barco, que se redecoró y utilizó para todos los barcos que aparecen en la serie.

«Luz de luna» sobre la Batalla del Aguasnegras.

Desembarco del Rey se prepara para la batalla en «Aguasnegras».

JASON MOMOA: Entonces tuve un sueño en el que alguien hablaba mal de mi mujer y yo le arrancaba la lengua de la garganta.

DANIEL MINAHAN: Jason nos dijo: «No creo que deba cortarle la cabeza, ya hemos decapitado a mucha gente. Creo que debería rajarle el cuello y arrancarle la lengua por la garganta». Y yo: «Vale, déjame que encargue una lengua».

JASON MOMOA: El tío contra el que lucho [Ivailo Dimitrov] era búlgaro. Era mi doble para las escenas a caballo. No teníamos a nadie más porque lo organizamos todo en el último momento. Pero él no hablaba inglés y tenía que dar un discurso en dothraki. Los productores me dijeron: «¡Lo contrataste tú, cabrón, así que enséñale tú!». Total, que tuve que enseñar a un búlgaro a hablar en dothraki cuando ni siquiera sabía inglés. Y lo hizo genial. Aún tengo esa lengua en mi escritorio.

Un rasguño de esa pelea provocaría el fallecimiento de Drogo (originalmente Drogo se haría la herida en una incursión que no veríamos en pantalla). Daenerys convenció a su marido de que se dejara tratar por una esclava hechicera, lo cual lo llevó a la infección y la muerte. Es el giro argumental de Martin por antonomasia: un guerrero invicto derrotado por un leve error de cálculo, un destino sellado por permitir que la emoción se impusiera a la cautela.

JASON MOMOA: Es asombroso lo que creó George. Ahí tienes a los protagonistas, y supuestamente deberías pensar en ellos de una sola manera, pero tú los odias, y luego los adoras, y luego los matan y es todo un remolino de emociones. Y todos los niños pequeños, y hasta los personajes más secundarios, crecen y crecen sin parar. Construyó un mundo muy hermoso. Interpretar a Khal Drogo fue una maravilla, y ojalá hubiera podido hacer más cosas.

Khal Drogo fue una interpretación crucial para la carrera de Momoa, aunque durante un tiempo *Juego de tronos* le supuso un impedimento. El actor había quedado tan convincente como guerrero dothraki que le costaba encontrar papeles después de que se emitiera la primera temporada. Los productores de Hollywood daban por sentado que el actor hawaiano o bien no era capaz de interpretar diálogos o bien solo sabía hacer el papel de guerrero fuerte y callado. Con el paso de los años, Drogo se convirtió en un favorito de los aficionados y Momoa se elevó al estrellato con películas como *Aquaman*.

JASON MOMOA: Durante un tiempo después de la serie, mucha gente me criticó. Eso me dolió mucho. La gente creía que no sabía hablar inglés. No se daban cuenta de que estaba interpretando un papel. Yo no me parezco en nada a Drogo. Soy como Drogo cuando me pongo amoroso y majo con la mujer a la que amo, pero su otra mitad no soy yo. Pero después, al ver de nuevo la primera temporada, todo el mundo se enamoró de Drogo. Han pasado diez años desde que salí en la serie y sigue siendo una locura. Ahora la gente se me acerca y me habla sin parar de Drogo.

CAPÍTULO 6

APRENDER A MORIR

La ejecución de Ned Stark supuso la traumática pérdida del protagonista heroico más tradicional de *Juego de tronos*. Ned era el patriarca acerado y honorable escogido para un puesto de inusitado poder que descubría una conspiración contra su amigo de toda la vida, el rey Robert Baratheon. Hasta ese momento, las convenciones narrativas indicaban al espectador que Ned sería el protagonista de la serie. El primer cartel de *Juego de tronos* mostraba a Ned en el Trono de Hierro, como garantía de que era el personaje principal y de que quizá estuviera destinado a gobernar Poniente. George R. R. Martin hasta aseguró a los espectadores, en un vídeo publicitario emitido antes de la temporada, que «Ned Stark es el centro de la serie».

Entre la astuta publicidad de HBO y la extremada cautela con que se maneja casi toda la narrativa en televisión, podría afirmarse que la muerte de Ned fue más impactante y rompedora en la serie que en los libros de Martin. Se habían emitido miles de series televisivas a lo largo de las anteriores seis décadas, pero nunca antes una serie de primera línea había empezado con un protagonista tan evidente para luego deshacerse de él a propósito en su primera temporada por motivos estrictamente creativos.

O, como podríamos afirmar recurriendo al famoso meme de Boromir, no se mata «así como así» a tu protagonista en el noveno episodio.

ALAN TAYLOR (director): [«Baelor»] fue mi primer episodio, y sabía que lo que íbamos a hacer eran palabras mayores. Mucha gente, sobre todo quienes no conocían los libros, supondría que las próximas temporadas seguirían la historia de Ned Stark. Sabíamos que estábamos haciendo algo radical en términos televisivos.

GEORGE R. R. MARTIN (autor, coproductor ejecutivo): La muerte de Gandalf tuvo un impacto enorme en mí cuando leía *La Comunidad del Anillo* a mis doce años. «¡Huid, insensatos!», grita Gandalf, y cae al abismo. «¡Joder, [J. R. R. Tolkien] se ha cargado al mago! ¡Pero si es el que lo sabía todo! ¿Cómo van a [destruir el Anillo de Poder] sin él?». Así que los «niños» tuvieron que crecer porque «papi» había muerto. Y si Gandalf podía morir, cualquiera podía morir. Luego, solo unos capítulos más tarde, Boromir cae también.

Esas dos muertes despertaron en mí el gusto por ese concepto de que «cualquiera puede morir». A partir de entonces, esperaba que Tolkien fuese cargándose a la Comunidad entera, uno tras otro. Pero después, claro, resucita a Gandalf. El mago está un poco raro al principio, pero luego viene a ser el mismo Gandalf de siempre. Lo que me gustó fue el impacto que nos provocaba su muerte.

DAVID BENIOFF (*showrunner*; creador y responsable de la serie): Al haber visto tantas películas y leído tantos libros, estás entrenado para saber que tu héroe va a salvarse. ¿Lo conseguirá Arya? ¿La reina tendrá algún truco que sacarse de la manga? Seguro que alguien tiene algo planeado, porque no van a cortarle la cabeza *de verdad*... hasta el momento en que le cortan la cabeza de verdad.

DAN WEISS (*showrunner*; creador y responsable de la serie): La prosa tan directa que tiene George lo hacía incluso más brutal, sin ningún sentimentalismo ni nada azucarado. Era solo: él está ahí arriba y [la espada] Hielo desciende hacia su cuello y se acabó. Nosotros trasladamos eso a la pantalla con fidelidad, pero aun así es algo muy distinto porque tienes a actores reales, vivos, y a la pequeña Maisie Williams mirando y la preciosa banda sonora de Ramin Djawadi. En esa primera temporada hubo muchas cosas que nos pusieron nerviosos, pero sabíamos que con los episodios nueve y diez íbamos a terminar bien arriba.

SEAN BEAN (Ned Stark): Me pareció que era una jugada muy atrevida para una cadena de televisión. Sabía que HBO tenía su historial de apuestas fuertes, pero aun así pensé: «Será bastante alucinante si les sale bien».

Aunque los lectores de la novela de Martin sabían que Ned moriría y la información estaba disponible para cualquiera que entrase en la página de Wikipedia del libro, el giro argumental cogió por sorpresa a la inmensa mayoría de los espectadores de la serie. El episodio, titulado «Baelor», consiguió mantener al público pendiente del destino de Ned Stark hasta el último segundo.

En la primera escena del episodio, en las celdas negras, Varys aseguraba a Ned que si confesaba una falsa traición, se les perdonaría la vida a él y a su familia. Taylor iluminó la escena únicamente con unas antorchas encendidas y atadas entre sí que daban la luz justa con la que poder rodar.

—¿Creéis que mi vida es tan preciosa para mí? —preguntaba Ned a Varys—. ¿Que trocaría mi honor por unos años más de...? ¿De *qué*? Os criasteis con actores. Aprendisteis su oficio, y muy bien. Yo me crie con soldados. Aprendí a morir hace mucho tiempo.

A lo que Varys respondía:

—Qué pena. Es una pena. ¿Y la vida de vuestra hija, mi señor? ¿Eso sí es precioso para vos?

Ned confiaba en que los Lannister cumplieran su parte del trato porque era muy probable que su ejecución provocara un levantamiento en el Norte, con lo que el acuerdo beneficiaría a ambos bandos. Solo que nadie contaba con que Joffrey, coronado rey tras la muerte de su padre, lo trastocara todo.

Llevaron a Ned al estrado del Septo de Baelor para ser juzgado y él pronunció su vacilante confesión, como había prometido. Entonces un jubiloso Joffrey dio un discurso: «Mi madre desea que lord Eddard entre en la Guardia de la Noche. Despojado de sus títulos y poderes, serviría al reino en exilio permanente. Y mi señora Sansa ha suplicado clemencia para su padre. Pero tienen el corazón blando de las mujeres. Mientras yo sea vuestro rey, la traición jamás quedará impune. ¡Ser Ilyn, traedme su cabeza!».

Una oleada de conmoción y horror embargó a Sansa, que miraba desde el estrado, y a Arya, que observaba en secreto entre la multitud... Y también a los espectadores.

ALAN TAYLOR: El principio por el que nos guiábamos era ceñirnos mucho a los puntos de vista y tratar de evitar los planos generales. En este caso, queríamos ver el acontecimiento a través de los ojos de Arya, de Sansa y de Ned Stark, los tres personajes a los que más cariño tenemos. Esta es una escena que trata de un padre y dos hijas.

En la versión de Martin, el hermano Yoren de la Guardia de la Noche veía por casualidad a Arya y se la llevaba después de la ejecución. Los productores decidieron que Ned reparara en que Arya se había subido a la estatua de Baelor y se lo dijera a Yoren al pasar por delante de él. La importancia del momento se resalta mediante el raro uso de un plano con zum para que la cámara se acerque con dramatismo a una estupefacta Arya.

ALAN TAYLOR: No es nada propio de mí hacer cosas tan llamativas. Pero como habíamos decidido que la escena se centraba en las dos hijas, hay otro plano equivalente a ese con Sansa. Me sentó bien declarar: «Esto trata de ellas dos».

Como señala Kim Renfro en su libro *The Unofficial Guide to Game of Thrones*, toda la vida de Ned se centró en proteger a los niños: desde el bebé Jon Nieve con su peligrosa herencia hasta la joven Daenerys a quien el rey Robert quería asesinar, pasando incluso por los hijos de Cersei cuando Ned comete el error de advertirle que se los lleve de la capital.

Ned logra proteger a una niña, Arya, como su último acto en el mundo de los vivos.

DAVID BENIOFF: Para nosotros era importante que fuese Ned quien la viera y quien dijera una palabra [a Yoren]: «Baelor». Teníamos la estatua en el centro [del escenario] y el nombre de Baelor tallado en ella, y pensamos que estábamos siendo unos tíos muy listos. No caímos en la cuenta de que la muchedumbre taparía las letras cuando rodáramos. Por suerte, el público pareció entenderlo de todos modos. Es lo último y lo único que puede hacer Ned para proteger a esa chica a la que tanto quiere. Luego mira otra vez, ve la estatua sin nadie encima y confía en que Arya esté a salvo. Pero entonces lo único que le queda es todo un mar de caras furiosas. Sean Bean logró transmitir mucho en esa escena sin tener ninguna frase en absoluto.

ALAN TAYLOR: Dirigía [a Maisie y Sophie] como niñas. Era todo bastante directo: «Ahí está tu padre, y lo que está pasando es malo». Arya saca a la guerrera que lleva dentro. Sansa al principio es todo sonrisas, cree que aquello terminará bien y que su padre está haciendo lo correcto, pero se hunde por completo cuando sale a la luz el horror. Tienen unas personalidades muy diferentes.

MAISIE WILLIAMS (Arya Stark): Muchos actores y actrices utilizan sus experiencias pasadas. A mí se me dio muy bien convencerme a mí misma de que alguien había matado a mi padre. Eso es lo más divertido de actuar, que puedes fingir todo el día que eres otra persona.

JACK GLEESON (Joffrey Baratheon): No voy a mentir: fue un rodaje muy largo. Esa escena nos llevó tres días. Así que a veces era difícil mantener la pasión teniendo a doscientos actores delante de ti, subido en aquel estrado, sabiéndote los diálogos, con esos actores espectaculares detrás. Pero me lo pasé de maravilla y me alegro de haber quedado como quedé.

El ejecutor, Ser Ilyn Payne, decapitó a Ned con el espadón del mismo patriarca de los Stark, Hielo. Es la misma espada que Ned había utilizado para ajusticiar al desertor en el primer episodio. (Más adelante el ejecutor se ganaría un puesto en la lista de muertes de Arya, pero el actor que lo interpretaba, Wilko Johnson, dejó la serie después de la segunda temporada porque debía recibir tratamiento para el cáncer.)

ALAN TAYLOR: Sean estaba susurrando entre dientes [cuando la espada cayó]. Había preguntado a alguien cuál sería la oración adecuada para alguien de su fe. Los espectadores han intentado adivinar sus palabras, pero es algo privado que Sean creó a partir de lo que le dijeron.

SEAN BEAN: Te limitas a interpretar lo que viene en la página. Ned es un buen hombre que intenta hacerlo lo mejor que puede en medio de toda esa corrupción. Es un pez fuera del agua, está acostumbrado a vivir en el norte, en Invernalia, donde la gente es muy directa y pragmática, y baja a un lugar donde todos se traicionan mutuamente y se dan puñaladas por la espalda. Me encanta el personaje, que sea un hombre con principios intentando que las cosas no se vengan abajo. Emprende un viaje en el que su lealtad terminará siendo su perdición. Pero me pareció una obra de arte.

DAVID BENIOFF: Existe un paralelismo con el primer episodio, en el que Ned decapita a un desertor y lo vemos desde la perspectiva de Bran. A Bran le dicen muy a las claras: «No apartes la vista», y entonces lo vemos todo. En el episodio nueve, pasamos de Ned a Arya, y a ella le dicen: «No mires, no mires», y Yoren le impide verlo. Le quedarán cicatrices de todos modos, pero Yoren no quiere que tenga esa imagen en la mente. Así que nosotros tampoco vemos lo que Arya no ve.

ALAN TAYLOR: Intenté realizar la subjetividad de Ned. Se oye su respiración; eliminamos casi todo el resto del sonido y entramos en su punto de vista. Luego pasé a Arya, así que tenemos su perspectiva cuando ve volar los pájaros y la oímos respirar a ella como heredera de la Casa Stark.

DAN WEISS: No queríamos un géiser de sangre a lo Monty Python, pero sí necesitábamos ver que la hoja hendía su cuello y cortar en el fotograma en que llegara a la mitad. No podía haber ninguna ambigüedad. Fue la discusión más larga que tuvimos sobre por dónde cortar un plano. Hubo peleas a grito pelado sobre si añadir o no otro doceavo de segundo. Fueron dos horas de discusión sobre si [debíamos] cortar en el fotograma seis, en el siete o en el ocho.

ALAN TAYLOR: Para el final de la escena habíamos diseñado un elaborado plano con grúa que revelara la arquitectura que coronaba el Septo de Baelor. Pero no había arquitectura que revelar porque no podíamos permitirnos añadir ningún [efecto digital] posterior. Por desgracia, el plano salió en la serie, y tenemos una gloriosa cámara ascendente que, por algún motivo, sube al cielo y luego vuelve a descender. Se suponía que pasaría un arco por encima, pero lo que parece es que a la cámara se le ha ido la cabeza un momento, le ha dado un vahído y luego ha vuelto a lo suyo. Eso me da un poco de vergüenza.

Otro descuido leve, del que con toda probabilidad tuvo la culpa que la producción estuviera quedándose sin recursos, acabó provocando un dolor de cabeza mucho mayor al equipo. En el último episodio de la temporada hay un plano de la cabeza cercenada de Ned Stark en una pica, junto a varias otras. En los comentarios del director del DVD de la primera temporada, Taylor mencionó que una de las cabezas falsas era la de George W. Bush, expresidente de Estados Unidos.

GEORGE R. R. MARTIN: Yo quería que pusieran mi cabeza cercenada en la muralla cuando Joffrey hace que Sansa mire la de Ned y las otras cabezas cortadas. Y luego quería quedarme con mi cabeza. A David y a Dan les encantó la idea, pero no les llegaba el presupuesto. ¿Sabes cuánto cuesta una cabeza cortada?

BERNADETTE CAULFIELD (productora ejecutiva): Una buena cabeza cortada puede costar hasta cinco mil dólares, sobre todo si la quieres con ojos y con cabello humano.

GEORGE R. R. MARTIN: Son muy caras. Pero al final les habría salido rentable. Porque, en vez de eso, lo que hicieron fue comprar una caja de cabezas de segunda mano en alguna parte. Se ven en pantalla solo unos tres segundos. Nadie se fijó en nada hasta que hicimos el Blu-ray y el director dijo en su pista de comentario: «Fijaos, ¡la segunda antes de Ned es la cabeza de George W. Bush en una pica!». Eso provocó que Rush Limbaugh se pusiera en plan: «¡Hay que cancelar la serie! ¡Han cortado la cabeza al presidente! ¡Qué falta de respeto!». Fue como si el mundo entero explotara.

GINA BALIAN (exvicepresidenta de producciones dramáticas en HBO): Sí, incluidos nosotros. Llamamos a David y Dan en plena noche para decirles: «Tenemos un problema». Se llevaron un buen disgusto, porque no había sido a propósito. No pretendían hacer ningún tipo de declaración.

HBO publicó su propia declaración, sin embargo, censurando abiertamente el hecho como «inaceptable, irrespetuoso y de muy mal gusto».

ALAN TAYLOR: No iba a sacar el tema porque me metí en un buen lío la última vez que lo mencioné. Nos faltaban cabezas. Nos vimos obligados a usar todas las que teníamos. [La cabeza de Bush] la habían hecho para no sé qué comedia. Total, que tuvimos que usarla. Recuerdo que en el momento hice un chiste poco acertado, del tipo: «Vas a producción con las cabezas que tienes, no con las cabezas que quieres», parafraseando a Donald Rumsfeld [secretario de defensa de Bush], porque en esa época estaba bastante cabreado con Bush y Rumsfeld. A mí me pareció gracioso. Pero desde entonces he comprendido que, si alguien hiciera un chiste como ese sobre un presidente al que yo apoyara, también me ofendería. Supongo que con el tiempo me he ablandado un poco, aunque si me dieras la oportunidad de usar una cabeza [de Trump], lo más seguro es que aceptara al instante.

Por lo demás, la defunción de Ned Stark tuvo el impacto esperado por el equipo de *Juego de tronos*. De pronto pareció que todos los demás dramas televisivos iban a lo seguro, cumplían unas normas tácitas que solo *Juego de tronos* se atrevía a saltarse. En términos narrativos, la ejecución subió todas las apuestas al poner en más peligro a todos los demás héroes, sobre todo a los niños Stark, arrojados a un mar lleno de depredadores y obligados a tomar decisiones cruciales para su supervivencia. «La ejecución de la ejecución fue tan impecable que al final no importó qué yo ya supiera qué iba a suceder —escribió Alan Sepinwall en *Uproxx*—. Esa escena final se rodó con virtuosismo, y el agotamiento que expresa la interpretación de Bean y el horror que vemos en la de Maisie Williams transmitían a la perfección sus emociones, incluso en un entorno de apariencia tan caótica.»

AIDAN GILLEN (Petyr Baelish, «Meñique»): Lo que le ocurre a Ned al final de la primera temporada en realidad sentó las bases de todo lo que pasaría después y fue el gancho que vendió la serie y las novelas a un nivel humano. Era necesario que el personaje te importara, y si lo hubiera interpretado alguien que no fuese Sean, ¿quién sabe cómo habría salido?

GINA BALIAN: Estaba viendo [la muerte de Ned] en la mesa de montaje y derramé una lágrima pensando: «Hemos llegado hasta aquí». Aquello desde luego no daba la impresión de estar rodado en Burbank. Sentí un gran orgullo porque eran muchas cosas las que podrían haberse torcido.

GEORGE R. R. MARTIN: Yo tengo mi ego. En general me gusta que las cosas se rueden tal y como las escribí. Pero David y Dan mejoraron esa escena. En el libro, Ned no dice nada, ni tampoco ve a Arya, y es pura casualidad que Yoren la encuentre. Es un momento precioso, y ojalá lo hubiera hecho así yo también. La muerte de Ned Stark no podría haberse plasmado mejor.

DAN WEISS: Matar a Ned era contar una dura verdad sobre el precio del honor y la ética en un mundo en el que no todos tienen los mismos valores que tú. No es un mensaje de redención simplista, en el que tu sacrificio salva la situación. Muchas veces los sacrificios resultan en vano.

DAVID BENIOFF: Queríamos provocar una reacción intensa, y la conseguimos. Creo que la apatía es lo peor cuando haces una serie como esta. Si la gente está furiosa, te alegras de que ese mundo ficticio tenga tanto impacto. Es duro construir un personaje, convertirlo en alguien tan memorable e impresionante como Ned y entonces cargártelo. Pero a la vez eso nos lleva a una historia con mucho más suspense, porque de verdad no tienes ni idea de lo que va a ocurrir ni de quién sobrevivirá. Te aferras más a los personajes cuando sabes que puedes perderlos en cualquier momento.

PETER DINKLAGE (Tyrion Lannister): Es algo que dice mucho de George. Le encantan los parias. Ned Stark es genial, es un héroe, pero a George no le interesan tanto los héroes como la gente que está detrás de esos héroes. Sigue asombrándome lo estremecedor que fue para la gente [que mataran a Ned], y es porque no se había hecho nunca antes. Y tampoco se ha vuelto a hacer desde entonces.

La muerte de Ned Stark vino seguida por la pérdida de otro personaje importante, Khal Drogo. Si matar a Ned empujó a Arya y Sansa a mayores peligros, el fallecimiento de Drogo dio pie a que Daenerys se apoderara de su destino.

En el último episodio de la primera temporada, «Fuego y sangre», Daenerys quemaba el cadáver de Drogo junto con sus tres huevos de dragón «petrificados» y sacrificaba en la hoguera a Mirri Maz Duur, la «bruja» que traicionó a Drogo después de que él encabezara un ataque contra su pueblo. Entonces Dany se internaba en las llamas de la pira, llevando a cabo lo que parecía un suicidio. «Daenerys comprende que debe entregarse a algo mayor que ella misma sin saber muy bien lo que pasará —explicó Weiss a *Making Game of Thrones*, el blog de HBO sobre la producción entre bambalinas—. Pero cuando entra en esa pira que sabe que no va a arder.»

Al alba, Ser Jorah encontró a su *khaleesi* indemne y con tres crías de dragón vivas. En el plano más impresionante del primer año de *Juego de tronos*, Daenerys se alzaba de las cenizas, Ser Jorah caía de rodillas y nacía la Madre de Dragones.

ALAN TAYLOR: En la pira entró una doble en vez de Emilia. Yo creí que no funcionaría, porque la mujer llevaba un vestido de gasa igual que el de Emilia y tuvieron que echarle encima tanto fluido ignífugo que parecía que acabara de salir de una cuba de vaselina. Pensé: «No quedará bien ni de milagro», pero parece que me equivocaba.

Las emociones reales de Clarke sobre interpretar desnuda el renacimiento de Daenerys quedaron imbuidas en su representación del emblemático momento, y la actriz detalló sus pensamientos durante cada fase de la revelación.

EMILIA CLARKE: Por una parte, era una escena increíblemente poderosa. Por otra, yo estaba en pelotas delante de un montón de desconocidos. Alan me vio el miedo en la cara y dijo: «Vayamos por ahí, pues». Y por eso está ese primer plano mío alzando la mirada hacia Jorah, que me contempla desde arriba. Porque justo eso era lo que estaba experimentando: «No sé de qué va esto. No sé qué se supone que debo sentir. No sé qué se espera que haga. Y soy muy consciente de que no podría estar más... expuesta».

Y en la toma paso de estar sentada con miedo a empezar a levantarme como pensando: «Ya está todo ahí fuera, así que más me vale asumir esta mierda». Y luego: «Muy bien, lo peor ya está hecho. Te has levantado. No tienes a nadie detrás. Nadie te ha visto el ojete, así que ya puestos enderézate del todo». Y de pronto notas que esa postura te da mucha más confianza que cuando estabas sentada con las piernas cruzadas en el suelo, en pelotas delante de un montón de gente. Sentí que los hombros se me iban para atrás por iniciativa propia.

ALAN TAYLOR: Emilia estaba preocupada por la desnudez gratuita, y con razón, pero comprendió que era importante para el personaje renacer en las llamas. No había forma de evitarlo. [Que no situáramos a extras detrás de Clarke] fue en parte para protegerla y en parte porque no teníamos a los extras suficientes. Estaban todos delante de ella, para que la cámara los captara. Y también hicimos trampa reciclando a los pocos extras que teníamos de un plano al siguiente.

EMILIA CLARKE: Fue una sensación gloriosa, mitad adrenalina y mitad miedo atroz. Esas dos cosas juntas podrían describir mi trayecto entero en la serie. En todas las temporadas hubo una escena como esa en la que pensé: «Beyoncé estaría aquí en plan: "¿Qué problema hay?", dominando la situación, pero Emilia no es así».

IAIN GLEN (Jorah Mormont): Mientras rodábamos, los dragones eran solo puntos en el cuerpo desnudo de Emilia. Pero su forma de mirar y de levantarse de la pira fue increíble, y tras las cámaras había esa vibración como de estar creando algo mágico.

EMILIA CLARKE: Me decían: «Pero ¿y los dragones?». Yo decidí que no iba a pasarme la escena pensando que tenía dragones encima por todas partes. Es un ejemplo tonto, pero si hubiera tenido a mi perra allí conmigo, no habría cambiado de postura por su presencia. La perra existiría sin más y haría lo que quisiera.

ALAN TAYLOR: Su actuación en esa escena es muy rica, tiene muchas capas. Y luego está la de Iain Glen. Es uno de esos momentos cinemato-gráficos en los que transmites la maravilla en parte mostrándola, pero sobre todo recurriendo al viejo truco de Spielberg de observar las reac-ciones de otra persona ante ello. Cuando Jorah ve a Daenerys y a los dragones e hinca la rodilla es un momento precioso.

MICHAEL LOMBARDO (expresidente de programación de HBO): Nues-tro mayor temor era que los dragones no resultaran creíbles. Si queda-ban como de dibujos animados o cutres, estábamos jodidos. Pero fun-cionaron, y la gente tuvo una reacción emocional hacia ellos. Así que la buena noticia fue que salieron bien. La mala fue que tendríamos que mantener ese nivel.

ALAN TAYLOR: Creo que de lo que más orgulloso estoy es de lo que vie-ne después. En la novela, [la revelación de los dragones] tiene lugar de noche. Yo quería rodarla al amanecer y discutí con David y Dan al res-pecto. Quería abrir el plano y mostrar el paisaje, pero no podíamos per-mitirnos iluminar tanto terreno de noche. Al final me dejaron hacerlo. Estoy muy satisfecho con los planos en los que Jorah se acerca, con la revelación lenta y la magia de los dragones, con cómo la gente despierta en ese mundo nuevo, y después, al final, me alegra mucho haber podido culminar con un paisaje amplio de verdad. Y me encanta lo que hizo [el compositor] Ramin Djawadi con la música, que lo último que se oiga sea el grito de los dragones.

La última frase de la primera novela es: «Y, por primera vez en cientos de años, la noche cobró vida con la música de los dra-gones». Así que ese grito fue una manera maravillosa de concluir la primera temporada. Habíamos conocido ese mundo, que aho-ra se veía lanzado a un territorio absolutamente inexplorado, y nos moríamos de ganas de que empezara la próxima temporada.

CAPÍTULO 7

SANGRE FRESCA

Juego de tronos debutó con 2,2 millones de espectadores el 17 de abril de 2011. Se consideró una audiencia modesta para una serie tan costosa, sobre todo teniendo en cuenta que la efímera *Roma*, también de HBO, había arrancado con 3,8 millones de espectadores.

Las primeras críticas fueron bastante diversas. Los dos periódicos más prestigiosos de Estados Unidos echaron pestes de la serie después de recibir los primeros seis episodios por adelantado. *The New York Times* despreció *Juego de tronos* al describirla mordazmente como «demasiada confusión en nombre de unas ideas que no tienen mayor calado ni relevancia real que unas bosquejadas nociones de lo horrible que es la guerra, lo traicioneras que son las familias y lo atractivo que es el poder» y dudaba mucho que aquella «ficción para chicos» pudiera tener espectadoras femeninas, mientras *The Washington Post* consideraba la serie «un esfuerzo torpe».

Otros críticos vieron futuro a *Juego de tronos* desde el principio, como Brian Lowry en *Variety* («Atrapa al espectador por el cuello como el más leal de los lobos»), Alan Sepinwall en *Uproxx* («Me ha dejado caer en un mundo que jamás esperé visitar pero sin hacerme sentir encallado ni a la deriva, sino ansioso por sumergirme en él») o Tim Goodman en *The Hollywood Reporter* («Su ambición es inmensa, su mundo de fantasía está excepcionalmente bien concebido y el guion y las actuaciones engrandecen la serie en su conjunto... Llega la afortunada combinación de una aclamada saga de novelas de fantasía con una serie de televisión que ilumina y expande el contenido de sus páginas»).

Y entonces, el segundo episodio de la serie volvió a tener 2,2 millones de espectadores.

GEORGE R. R. MARTIN (autor, coproductor ejecutivo): Tuvimos un índice de audiencia decente. Pero la segunda semana la cifra no subió. Yo estaba en Nueva York y quedé para comer con [el director ejecutivo de HBO] Richard Plepler en su club. Me dijo: «Esta serie durará diez años». Yo le pregunté: «Solo habéis emitido dos episodios y los índices son buenos pero tampoco nada del otro mundo, así que ¿cómo lo sabes?». Y él respondió: «No ha bajado. El segundo episodio *siempre* cae respecto al primero; la única cuestión es por cuánto. El nuestro se ha quedado al mismo nivel, así que empezará a subir». Y justo eso fue lo que pasó.

HBO se apresuró a aprobar otra temporada de diez episodios basada en la segunda novela de «Canción de hielo y fuego» de Martin, *Choque de reyes*. El libro narra el caos que se desata en Poniente cuando los aspirantes al Trono de Hierro compiten por el poder mientras, al otro lado del mar Angosto, una Daenerys nómada lucha por ganar apoyos. La nueva temporada exigió añadir una cantidad bastante enorme de personajes principales al ya numeroso reparto de la serie, como por ejemplo la noble caballera Brienne de Tarth, el intransigente Stannis (hermano del rey Robert), el honrado contrabandista Ser Davos, la hechicera asesina Melisandre, los guerreros salvajes Ygritte y Tormund Matagigantes, Roose Bolton (señor vasallo de los Stark), la salvaje cautiva Gilly, el traicionero lord Walder Frey, la astuta pero bondadosa arribista Margaery Tyrell, y la taimada abuela de Margaery, Olenna Tyrell.

Tras las cámaras también se incorporaron nuevos miembros al equipo, entre quienes destacaba la productora Bernadette Caulfield, «Bernie», que antes había trabajado en series como *Expediente X* y *Big Love*. Aunque Caulfield no solía ser objeto de atención por parte de los medios —y desde luego nunca lo buscaba—, Benioff y Weiss a menudo les atribuían a ella y al productor Christopher Newman el mérito de mantener el tren de la serie en sus raíles y en sus plazos y de resolver toda una serie de problemas logísticos en apariencia interminables.

La segunda temporada añadió asimismo una nueva localización de rodaje, Croacia, que redefiniría el aspecto de Desembarco del Rey y Essos. En la práctica, Croacia reemplazó a Marruecos y Malta como la ambientación mediterránea de la serie. Al igual que cuando eligieron Irlanda del Norte, los productores optaron por un país rentable con un pasado bélico relativamente reciente y que no estuviera ya sobreexpuesto en otras producciones hollywoodienses.

En concreto, se utilizaría mucho el casco antiguo de Dubrovnik. Considerada una de las ciudades medievales mejor preservadas del mundo, su turística zona costera sirvió como escenario ideal para Poniente. Su construcción data del siglo XVII, y sus murallas de piedra de dos metros y medio se construyeron en el siglo X. Desde el aire, los techos de tejas rojas del casco antiguo junto al mar Adriático recuerdan mucho a Desembarco del Rey (salvo por ciertos lugares de referencia de la serie como la imperial Fortaleza Roja o el imponente Septo de Baelor).

Mientras daba comienzo la preproducción y el casting de la segunda temporada, los índices de audiencia de *Juego de tronos* siguieron creciendo y llegaron a los tres millones de espectadores con el episodio final. Si añadimos a esa cifra las reemisiones y los visionados en diferido, la primera temporada tuvo un promedio de ocho millones de espectadores por episodio. Con la serie rayando la categoría de gran éxito, los nuevos miembros del reparto se enfrentaban a una clase de presión que los actores de la primera temporada habían podido evitar.

LIAM CUNNINGHAM (Davos Seaworth): Había conocido a Dan y David un año antes, [en las audiciones] para otro personaje. Nunca había contado esto a nadie, pero me presenté para interpretar a Ser Jorah. Al cabo de cinco páginas ya sabes si un guion es carne de papelera o no, y el de esta serie no podía dejar de leerlo. Para un actor es como encontrar por fin lo que estabas buscando. Dijeron a mi agente que «iban a tomar otra dirección», que es la forma amable de rechazarte para un papel. Añadieron algo como: «Entrarán más personajes en la próxima temporada», y yo pensé: «Sí, claro: "No nos llames, ya te llamaremos nosotros"». Pero me pusieron en la lista de convocatorias para el año siguiente. A esas alturas, todo el mundo en Reino Unido quería añadir *Juego de tronos* a su currículum. Era como una medalla de honor, una misión en la que todos queríamos participar.

CARICE VAN HOUTEN (Melisandre): Nunca había interpretado a un personaje como ese. En [los Países Bajos] había hecho comedia ligera y papeles graciosos. Pero aquello era de lo más serio. En la audición la cagué a base de bien con mi diálogo. Estaba demasiado preocupada e intimidada por todo el conjunto. La serie ya había triunfado bastante, y yo estaba con cinco hombres en una sala en la que no se respiraba nada de creatividad. Tuve que dar el discurso de la quema de dioses en la playa, que es una escena enorme y épica, y cuesta transmitir eso en un diminuto despacho de Belfast. Pero luego me pidieron otra escena con Davos en una barca que era mucho más sutil. Creo que eso fue lo que me salvó.

LIAM CUNNINGHAM: Carice y yo habíamos hecho una película juntos en Sudáfrica, *Black Butterflies*, poco antes de presentarnos para nuestros papeles en la serie. Ambos recomendamos al otro para su personaje y los dos lo conseguimos. Lo más estrambótico es que en esa película interpretábamos a dos amantes y era una cosa bastante liberal. Había mucho baile horizontal; dejaré el resto a la imaginación. Carice es una compañera de trabajo maravillosa, y en ese rodaje nos cuidamos mucho mutuamente.

NATALIE DORMER (Margaery Tyrell): Esto no lo había contado nunca: al principio no hice la prueba para Margaery Tyrell. La hice para Melisandre. Luego me llamaron mis agentes diciendo: «Les has encantado, pero quieren que hagas una audición para otro papel». Y yo pensé: «¡Joder, con lo chulo que era el papel de Melisandre!». Dan y David me dijeron: «Tenemos a un personaje, Margaery, y aún estamos explorando lo que vamos a hacer con ella». Si lo piensas ahora, te das cuenta de que Melisandre no podía haber sido nadie más. Carice hizo un trabajo de primera, pero siempre me entraba una risita en el sofá cuando salía Melisandre.

Margaery aportó una especie de perspectiva como de relaciones públicas moderna [al reparto]. Siempre evaluaba el sentir del pueblo llano. Intenté considerarla un híbrido de Michelle Obama, Kate Middleton y la princesa Diana.

ROSE LESLIE (Ygritte): Me puse eufórica. Estaba en el centro de Londres y mi agente me llamó para darme la buena noticia. Empecé a dar brincos como una loca, me daba igual estar chillando en una plaza abarrotada.

GEMMA WHELAN (Yara Greyjoy): Yo estaba haciendo mucha comedia, pero siempre había querido actuar en un drama serio. Cuando trabajas en comedia, es bastante difícil que te inviten siquiera a una audición para drama. Entré en *Juego de tronos* porque me presenté a un casting de comedia [que tenía la misma] directora de reparto. Fue un caso literal de estar en el momento adecuado en el lugar adecuado, aunque ese lugar fuese una audición para comedia. Pensé: «Ni de milagro va a ser este mi primer drama, es imposible que me lo den». Así que hice la prueba bastante relajada porque no creía que tuviera ninguna oportunidad.

KRISTOFER HIVJU (Tormund Matagigantes): Busqué al personaje en Google y me metí en todas las páginas de fans y los blogs que encontré, para enterarme de lo que decían de él. Gracias a los lectores de los libros pude hacerme una imagen muy clara del personaje.

DAN WEISS (*showrunner*; creador y responsable de la serie): Kristofer ya tenía la barba, por algún motivo. Y se trajo a la audición una zanahoria enorme sin pelar, cosa que no tiene sentido porque Tormund vive en un páramo helado. Pero se sentó allí y empezó a dar bocados a la zanahoria como un animal. Hubo algo en eso que rayaba lo perfecto, aunque la idea fuese absurda. Recuerdo que pensé: «Me gusta lo que hace este tío con la zanahoria».

DAVID BRADLEY (Walder Frey): Yo no tuve que hacer pruebas porque fue una oferta directa, cosa que siempre está bien. A veces tengo papeles para los que me cuesta averiguar cómo sería esa persona, cómo hablaría y cómo se movería. A Walder supe cómo debía interpretarlo en el instante en que lo leí.

MICHAEL McELHATTON (Roose Bolton): Me presenté a varios papeles [de *Juego de tronos*] y no me dieron ninguno. Luego, como salida de la nada, me llegó la oferta de interpretar a Roose Bolton. No sabía nada sobre el personaje y al día siguiente ya estaba con la diseñadora de vestuario tomándome medidas para las botas.

MICHELLE MacLAREN (directora): Cuando me dieron el trabajo, llamé a otro director que trabajaba en la serie, David Nutter, y le dije: «Voy a hacer *Juego de tronos*. ¿Podría invitarte a comer y que me des algún consejo?». Y él me dijo: «Michelle, es un Porsche. Sube y condúcelo». Era una serie tan gigantesca, con tanto potencial y tanto alcance, que tenías que lanzarte y aspirar a lo imposible, plantearte los mayores retos que pudieras. Querían que forzaras los límites.

BRYAN COGMAN (coproductor ejecutivo): Recuerdo que cuando llegamos al personaje de Brienne pensé: «¿Cómo vamos a encontrar a alguien que pueda interpretarla?». Me preocupaba mucho que ocurriera lo típico de Hollywood, que dieran el papel a alguna chica esbelta y dijeran: «Bueno, es la mejor actriz», en vez de buscar lo que de verdad requería el personaje. George fue el primero en ver el vídeo de Gwen y dijo: «Madre mía, ahí la tenemos». Yo escribí el guion de la escena de presentación de Brienne y no recuerdo cómo era escribir para el personaje antes de que se lo dieran a Gwen. Era la perfección absoluta para ese papel.

ROBERT STERNE (director de reparto): Al empezar había muchas cosas de Gwen que no se parecían en nada a Brienne de Tarth. La descripción del personaje ponía énfasis en la musculatura, la forma física y la altura, que eran puntos clave. Habíamos visto a Gwen en un papel muy distinto y nos pusimos en contacto con ella, dado que es raro tener un personaje de la altura de Gwen. Cuando llegó, se había leído todos los libros, se había cortado el pelo y estaba metidísima en el papel.

GWENDOLINE CHRISTIE (Brienne de Tarth): Los fans habían visto fotos mías en internet [después de que me dieran el papel] y había algunas espantosas. Me encantó que dijeran: «¿Quién es esta modelo?». Siempre había querido ser modelo. Siempre había deseado que la gente dijera que soy guapa, pero... ¿*demasiado* guapa? Asombroso. Nunca me ha costado hacer cambios radicales de aspecto, así que trabajé con un entrenador y fui al gimnasio. Pero aun así tenía unos nervios increíbles. Antes no había filmado gran cosa, solo pedacitos aquí y allá. Estuve entrenando unos cuatro meses para preparar el personaje. Luego me vistieron y fue entonces cuando empecé a tener la primera sensación de que me transformaba. El traje me hacía muchísimo daño, pero justo eso era lo que debía sentir Brienne al ponérselo.

Y entonces llegó Diana Rigg, dama del Imperio británico y leyenda cinematográfica de setenta y tres años, que era la elección ideal para interpretar a la matriarca de la Casa Tyrell, Olenna, conocida como la Reina de Espinas por su incisivo ingenio. Rigg era una veterana de la Royal Shakespeare Company entre cuyos personajes figuraban una chica Bond en *Al servicio de su majestad* y la tremenda Emma Peel en la serie *Los vengadores*, emitida en los años sesenta del siglo xx. El equipo de *Juego de tronos* estaba eufórico por contar con un miembro de la verdadera nobleza británica para interpretar a un personaje de alta cuna en Poniente.

DAVID BENIOFF (*showrunner*; creador y responsable de la serie): Para contratar a Diana Rigg, quedamos con ella para tomar el té. Las damas no hacen audiciones para ti, las haces tú para ellas. Nos encantó. Era graciosa, era grosera, era todo lo que queríamos para ese personaje.

DAN WEISS: Puso una sonrisa enorme y nos dijo: «Sale mucho folleteo, ¿verdad?». Cuando llegó a la primera lectura de guion tenía memorizado su papel entero para toda la temporada.

DANIEL MINAHAN (director): Como ya tengo una edad y me crie viendo reposiciones de *Los vengadores*, me puse en plan: «¡Madre mía, Emma Peel!». La mayoría de los jóvenes del rodaje no tenían ni idea de quién era. Decían: «Esa mujer mayor». Y yo les respondía: «Esa "mujer mayor" era diez veces más salvaje de lo que puedas imaginar».

Fuimos juntos a la primera lectura de guion, y Diana dijo: «Estoy pensando que llevaré toca». Busqué a toda prisa la palabra y vi que era algo parecido a eso que se ponen las monjas, así que dije: «Entonces, ¿no quiere usted llevar peluca?». Y no, no le apetecía pasarse el día encasquetándose una peluca cuando ponerse una toca cuesta como la cuarta parte que ponerse una peluca. Luego en verano llegamos a Dubrovnik y creo que lamentó mucho su decisión, porque estábamos a unos treinta grados y ella llevaba un hábito de monja.

Cuando arrancó el rodaje de la segunda temporada, los nuevos miembros del reparto se esmeraron en comprender sus papeles y el mundo de *Juego de tronos*, mientras los actores que repetían procuraban mejorar sus actuaciones de la primera temporada.

KRISTIAN NAIRN (Hodor): El ambiente cambió entre temporadas. En la primera había una atmósfera de esperanza y expectativas. La segunda fue más del rollo: «Mierda, ha salido de maravilla. Tenemos que volver a hacerlo, solo que mejor».

JOHN BRADLEY (Samwell Tarly): En la primera temporada habíamos hecho mucha piña, así que solo quedaba esperar que el ambiente siguiera igual después de separarte de tu grupo más íntimo.

HANNAH MURRAY (Gilly): Yo no había visto la serie. Ni siquiera tenía televisor. La vi después de que me dieran el papel, y fue como si estuviera haciéndole yo una audición a John Bradley, porque sabía que íbamos a trabajar muy unidos. Deseaba que fuese buenísimo. Entonces salió en pantalla y a los tres segundos ya pensé: «Esto va a ser genial». Aporta tanta calidez a su personaje, que empieza a importarte en el instante en que lo ves.

JOHN BRADLEY: Hannah y yo éramos conscientes de que la nuestra sería una relación que iba a tener un relativo futuro a largo plazo. Así que, claro, había cierta inquietud. Queríamos llevarnos bien en persona además de tener una buena relación profesional. Cuando nos conocimos, desde luego hubo una conexión. Teníamos actitudes parecidas sobre cómo interpretar esa relación, y los dos desconfiábamos de cualquier cosa demasiado dulzona o manipuladora.

GWENDOLINE CHRISTIE: En mi primer día de rodaje hubo un huracán. Fue muy dramático. Estábamos todos refugiados en un hotelito con chimeneas encendidas y vistas a la costa y al paisaje. Todos eran muy afectuosos y abiertos, y nos emocionaba mucho estar en la serie. Ahí establecimos buenos lazos.

GETHIN ANTHONY (Renly Baratheon): Gwen es alucinante. Se empeñó en organizarme una fiesta de cumpleaños en el mundo real argumentando que eso era lo que Brienne haría por Renly, y me dejó flipado. Recuerdo verla en el gimnasio y lo mucho que se preparó físicamente para interpretar ese papel, y era de verdad impresionante.

PETER DINKLAGE (Tyrion Lannister): Cuando salíamos por la noche, no hablábamos del tiempo que hacía. Hablábamos de la serie. Salíamos a cenar y seguíamos hablando de ella, lo que dice mucho en su favor.

GEMMA WHELAN: Me costó librarme del síndrome del impostor. La esencia de las comedias de situación está en el humor y la ligereza, y eso me salía natural. Mi escena de presentación fue con Alfie a caballo. Teníamos un caballo bastante flatulento, y a mí eso me parecía graciosísimo. Alfie, con mucha delicadeza, me dijo: «Oye, no puedes salirte del personaje y soltar una risita. Ahora estás en una serie grande. Guarda las formas». Me lo dijo con toda la amabilidad que pudo. Estábamos en la costa de Antrim, a caballo y con el tiempo justo, así que no era plan de ponerse a hacer el gilipollas. Eso me hizo pensar: «Vale, compórtate». Fue un consejo bienintencionado y tuve la suerte de recibirlo pronto y así no quedar como una idiota.

Más adelante hubo una escena en la que Yara tenía que zamparse un muslo de pollo. Yo no como carne, pero era demasiado tímida y estaba demasiado nerviosa para decírselo a nadie. Así que pasé un día entero comiendo pollo y me puse como excusa que ese día estaba siendo actriz de método.

HANNAH MURRAY: Una noche, serían las tres de la madrugada, estábamos todos sentados y Kit dijo de pronto: «Esto que hacemos es un trabajo muy ridículo, ¿no creéis? Sentados en el bosque en plena noche y vestidos con capas». Y James Cosmo [que interpretaba a Jeor Mormont, comandante de la Guardia de la Noche] respondió: «Sí que es ridículo, sí, y cuanto más en serio nos lo tomamos, más ridículo es».

Ese comentario me caló hondo. Fue un consejo magnífico sobre cómo afrontar la actuación, porque realmente es una tontería, y es importante reconocerlo. A mis veintidós años, eso hizo que dejara de tomarme tan en serio a mí misma y al trabajo, y a partir de entonces me divertí mucho más.

El cuarteto formado por Liam Cunningham, Carice van Houten, Stephen Dillane (Stannis Baratheon) y Tara Fitzgerald (Selyse Baratheon) pasó a ser el núcleo de una nueva trama con sede en el castillo de Rocadragón, desde donde el hermano mayor del rey Robert conspira para arrebatar el Trono de Hierro al rey Joffrey con la ayuda de su consejero Ser Davos y la misteriosa fanática religiosa Melisandre. Su primera escena juntos, en la que Melisandre quema unas estatuas de los Siete Dioses en la playa, tiene lugar en el primer episodio de la segunda temporada.

DAN WEISS: Stannis no quiere el trono por avaricia ni por ansia de poder, sino porque es un hombre que siempre ha cumplido las normas, y ahora las normas dicen: «Deberías ser rey». Considera que es el legítimo heredero y que cualquiera que intente impedirle llegar al trono está incumpliendo la ley.

LIAM CUNNINGHAM: Me encantó que Davos tuviera un origen humilde y fuese un delincuente de poca monta pero tuviera más humanidad que cualquier Lannister y que la mayoría de los Stark. Nunca lo ves indeciso por sus principios, simplemente forman parte de su ADN. El poder no le interesa. Es una persona muy leal y decente. A veces me daba la impresión de que hablaba en nombre del espectador. Pero en cualquier caso tuvimos que arrancar fuerte desde el inicio porque [en la historia] las relaciones entre los personajes ya estaban establecidas.

CARICE VAN HOUTEN: Para mí no fue un papel nada fácil. En mi primer día de rodaje tuve que hacer la quema de los dioses delante de un montón de actores buenísimos. Mostrarme tan segura no es nada propio de mí. Estaba nerviosa, me sentía tímida e insegura, pero no podía apoyarme en ninguno de esos sentimientos. Tenía que estar entregada por completo al Señor de Luz. Además, el vestido era tan ajustado que no podía llevar nada debajo. En mi vida había pasado tanto frío.

LIAM CUNNINGHAM: Carice tendría frío aunque la echaras a un volcán. Llevaba siempre una bolsa de agua caliente pegada al cuerpo. Odia el frío.

CARICE VAN HOUTEN: Es verdad, hasta en verano paso frío. Soy la persona más friolera del mundo, lo cual no convenía mucho para este papel. Se supone que mi personaje jamás tiene frío. En eso me falló la suerte.

Dillane se labró la reputación de ser la persona más adversa a la prensa de toda la serie. Una vez declaró al periódico francés *Libération* que no tenía nada que decir sobre *Juego de tronos* porque «no comprendía ni la serie ni su éxito», y reconoció llanamente que había aceptado el papel por, «entre otras cosas, el dinero».

CARICE VAN HOUTEN: Stannis era un personaje nada complaciente, y observarlo tenía algo muy interesante. A lo mejor es que el actor intentaba averiguar qué estaba haciendo y eso lo volvía impredecible. Nunca entendí del todo la relación que había entre todos ellos.

LIAM CUNNINGHAM: Tengo que romper una lanza en defensa de Stephen. Es un actor fantástico y con muy buena reputación, pero se le dan fatal las entrevistas. Stephen siempre habla con el corazón en la mano, así que dice cosas que es muy fácil sacar de contexto. Se lo ha calumniado mucho y por motivos casi siempre erróneos. Es una de las personas más dedicadas y estupendas con las que he trabajado; no tiene ningún ego que se interponga en su actuación.

Voy a darte un ejemplo. Al principio de la tercera temporada, yo entro en una sala donde todos dan por hecho que Davos murió en la Batalla del Aguasnegras. Stannis está sentado contemplando Rocadragón. Cuando entro, un actor menos diestro se levantaría al instante, se tomaría un momento y diría su frase: «Oí que habíais muerto». Stephen, en cambio, gira la cabeza lo justo para mirarme y la dice sin el menor atisbo de emoción. Él no actúa como si todo fuese para un tráiler. No elige la opción fácil.

Gethin Anthony tenía una escena con Dillane, un tenso parlamento en la cima de una colina entre Renly y Stannis, en el que también estaba presente Catelyn Stark. Los dos hermanos se niegan a renunciar a su autoproclamado derecho al Trono de Hierro. Aunque Anthony no hizo ningún comentario sobre Dillane, describió enigmáticamente el rodaje de su escena juntos como «educativo».

GETHIN ANTHONY: Aún estoy confundido con esa escena. Aprendí mucho ese día. Espero que quedara lo bastante bien, aunque no estoy seguro de ello. Fue una experiencia extraña. Creo que en parte se debió a que me volqué tanto en ella que luego me costó despegarme de un punto tan crucial en el trayecto de mi personaje.

Al final de la escena digo: «¿Os podéis creer que en tiempos lo quise?», que es una frase suelta estupenda, y luego se supone que pongo el caballo al galope ladera arriba y me marcho. Pero resulta que Michelle Fairley monta a caballo como los ángeles. Creció en esa misma zona y solía montar a pelo. Se le da de maravilla. Pero en teoría ella tenía que seguirme a mí, lo cual es un poco embarazoso para un jinete novato. Me las apañé, pero con mucha menos confianza que ella y con bastante más lentitud.

La gótica relación entre los miembros del grupo de Rocadragón tiene su escena más extraña —y la más estrambótica de toda la serie, en realidad— cuando una desnuda y embarazada Melisandre da a luz a un demonio de sombra que luego asesinará a Renly.

GETHIN ANTHONY: La gente suele criticar a Renly por ser un pardillo como estratega. Pero yo siempre digo: «Qué va, no lo era, es solo que no vio venir la magia». Vive en un mundo donde nadie cree en la magia, y me parece justo tenerlo en cuenta.

La escena del parto se filmó en las cuevas de Cushendun, en la costa nordirlandesa, a primerísima hora de la mañana. El «bebé» se creó más adelante mediante efectos digitales.

LIAM CUNNINGHAM: Fue una locura. Parecía una cueva, pero era como un embudo por el que pasaba todo el aire frío. La pobre Carice estaba completamente desnuda salvo por una prótesis de barriga de embarazada. Y había tres tíos operando unas tuberías que tenía entre las piernas para que salieran burbujas y la prótesis se moviera. Era todo muy indigno. Carice está espectacular en esa escena, que rodó bajo unas circunstancias difíciles de verdad.

CARICE VAN HOUTEN: Allí estaba yo con Liam a mi lado, fingiendo dar a luz a esa cosa generada por ordenador. Gracias a Dios que estaba Liam, porque fue quien tiró de mí en esa escena. Era todo muy surrealista. Yo estaba emocionada porque algo así no suele caerte en un guion, pero también se me hacía muy raro dar a luz a algo que iba a ser un efecto digital, así que no tenía ni idea del aspecto que tendría. Además, hacía frío.

LIAM CUNNINGHAM: Tienes delante a una preciosa mujer holandesa y tu trabajo es mirar justo entre sus piernas e intentar hacerlo solo entre el «acción» y el «corten». ¿De qué debería horrorizarme? Entonces llega el «bebé». Trajeron una cosa que se parecía al muñeco Poppy Fresco puesto en un palo para que representara al bebé sombrío y que nos ayudara a fijar los ojos donde debíamos. Pero cuando miré los monitores, comenté al director: «[Esta escena] parece sacada de un cuadro de Caravaggio», y él respondió: «Eso es precisamente lo que pretendemos».

CARICE VAN HOUTEN: Pensándolo desde la distancia, ¿de verdad hacía falta que estuviera desnuda para esa escena? ¿Acaso dar a luz a un monstruo no era suficiente? ¿En el libro se menciona que Melisandre estuviera desnuda?* Puedo vivir con ello, tampoco pasa nada. No soy de las que

* Lo está.

se arrepienten de las cosas, pero, visto con perspectiva, me pregunto si era de verdad necesario. Con el tiempo me he vuelto más sensible al respecto. Siempre he defendido la desnudez de Melisandre porque la utiliza como arma, es un hecho. Pero digamos que utiliza esa arma bastante a menudo.

La segunda temporada fue frustrante para algunos de los actores que retomaron sus papeles. Por ejemplo, el actor que interpretaba a Jaime Lannister, Nikolaj Coster-Waldau, se pasó todo el año encadenado en el fango en exteriores para casi la totalidad de sus escenas.

NIKOLAJ COSTER-WALDAU (Jaime Lannister): Como actor, fue espantoso. «¡Eh, no podéis dejarme en el banquillo! ¿Qué es esto?». Pero lo cierto es que tenía sentido para el recorrido del personaje. Y él mismo dice que no está muy bien capacitado para la reclusión. A veces tienen que obligarte a que no te muevas.

Los actores que interpretaban a Robb y Catelyn Stark, Richard Madden y Michelle Fairley, pasaron buena parte de la temporada en tiendas de lona mientras el Joven Lobo guerreaba fuera de plano contra los Lannister. «Yo siempre decía: "Otra puñetera tienda no, por Dios" —contó Michelle Fairley en el festival de cine Popcorn Taxi—. Lo hacían por la sencilla razón de que no había presupuesto para rodar los viajes. Cada vez que salía un plano de trayecto, era cuando llegaban y entraban en la tienda. Así que por eso pasé tanto tiempo de la segunda temporada metida en una tienda.»

En cambio, Madden comentó que agradecía esas oportunidades de aportar matices a un Robb que se esforzaba por convertirse en líder militar a pesar de su juventud y su inexperiencia. «Controla muy poco su propia vida para tratarse de alguien a quien han coronado rey —explicó Madden al *Tribune* de las Bahamas—. Él no quería reinar, pero sabía que nadie más iba a hacerlo como era debido, como lo habría hecho su padre, así que tenía que intentarlo. Robb se ponía una máscara a todas horas y, si hice bien lo de la máscara, lo veías como un enemigo amenazador para Jaime Lannister, por ejemplo, o como un hombre capaz de dirigir un ejército. Pero luego estaban las escenas con su madre o con Theon en las que la máscara caía por un momento y quedaba solo un tío normal, solo un niño.»

Peter Dinklage, por su parte, no estaba atrapado en tiendas, encadenado ni en una cueva. Con la ausencia de Sean Bean, Dinklage ascendió a la cabecera de los títulos de la serie (posición que mantendría hasta el final), y pudo disfrutar junto con su personaje del nombramiento de Tyrion como Mano del Rey.

PETER DINKLAGE: Tyrion procedía de una familia muy rica, pero lo habían tratado muy mal. En ese momento descubre que goza de un nuevo respeto. Piensa: «Vaya, vaya, parece que podré vengarme de esos chicos del instituto que se burlaban de mí». Salta a la vista que Tyrion disfruta de esa faceta de sí mismo e intenta conservarla con todas sus fuerzas.

Entre las intrigas palaciegas de la Fortaleza Roja destacaban las maniobras de Tyrion contra Cersei, su conspiradora hermana.

EUGENE MICHAEL SIMON (Lancel Lannister): Hay una escena en la que Lancel le ruega a Tyrion que no revele lo que ha estado haciendo con Cersei. Recuerdo intentar averiguar hasta qué punto debía humillarse Lancel, porque, a ver, tiene una espada. Nos inclinamos por que suplicara con todas las de la ley [arrodillado]. Supe que funcionaba cuando Peter dijo: «Me está encantando este momento porque Lancel está en el suelo, literalmente por debajo de mí». No sé si en *Juego de tronos* hubo algún otro momento en que alguien suplicara tanto a Tyrion. Lo que más me sorprendió es que es posible que Tyrion fuera capaz de hacerle eso a más de uno. Tiene ese poder.

LENA HEADEY (Cersei Lannister): Una característica de Cersei es que siempre oculta sus sentimientos reales. Tiene mucho de reptil. Yo nunca me la creía del todo cuando la interpretaba. Pero hubo un momento en esa temporada en que mostraba a Tyrion su verdadero yo. Él se convertía casi en su confidente. Me encantaba hacer esas escenas con Pete. Es un tío estupendo y nos conocemos desde hace mucho, así que nos resultaban cómodas.

DAVID BENIOFF: Nadie comprende a Cersei tan bien como Tyrion, con la posible excepción de Jaime. Comparten en cierto grado una misma visión del mundo, aunque Cersei es más cínica. Es evidente que los crio el mismo padre, pero a ella la experiencia la vuelve un poco más amarga-da que a Tyrion, quien aún conserva una brizna de optimismo.

SIBEL KEKILLI (Shae): Incluso cuando la cámara me enfocaba a mí, Peter me escuchaba y actuaba conmigo. No es nada habitual encontrar actores que hagan eso. Es cierto que al principio Peter bromeaba mucho sobre lo mal que yo hablaba inglés, y encima yo no entendía esas bro-mas. Luego mejoré y Peter dijo: «¡Ya no puedo hacer chistes porque es-tás empezando a entenderlos!».

SOPHIE TURNER (Sansa Stark): Peter era el actor del que más apren-días observándolo. Era capaz de decirle al director: «Esto no queda bien, Tyrion debería ponerse aquí». Yo no habría tenido el valor de hacerlo.

Una Sansa afligida por el duelo empezaba a creer cínicamente que «la verdad siempre es terrible o aburrida» y a confiar en su doncella, Shae, que era en secreto la amante de Tyrion.

SOPHIE TURNER: Las cabezas en picas representan un punto de in-flexión para Sansa, el momento en que comprende que tiene que ser in-dependiente y fuerte y no confiar en nadie. Así que [en la segunda tem-porada] solo piensa en sobrevivir. Sufre a manos de Joffrey y no tiene literalmente a nadie más. Vuelve a sus raíces de Invernalia a través de la ropa y el pelo porque echa de menos su hogar. Me costaba mucho mo-verme con esos vestidos; tenía que caminar como una estatua.

SIBEL KEKILLI: Recuerdo que en una escena Sophie tenía que llorar. Llo-ró y lloró, ¡y luego no podía parar! Sentí que debía protegerla, aunque es más alta que yo. Y como yo estaba soltera por aquel entonces, ella me de-cía: «Sibel, tengo un amigo soltero al que a lo mejor le interesarías». Y yo: «¡Sophie, tienes quince años y yo treinta! ¡No puedo salir con tus amigos!».

Una localización recurrente en Desembarco del Rey, que se utilizó para todo tipo de escenas de reuniones —la «tienda» de la ciudad, por así decirlo—, era el burdel de Meñique. En Poniente la mayoría de las relaciones no familiares son transaccionales, y a los personajes se los considera ingenuos, a veces literalmente de remate, si toman decisiones por amor. Las escenas de burdel, tanto en las novelas de Martin como en la serie, ilustraban otra manera más en que los poderosos dominaban a los desvalidos.

No obstante, existe otro motivo más pragmático por el que la serie presentaba escenas de burdel: en un drama para una televisión por cable de pago, sobre todo en la época de las primeras temporadas de *Juego de tronos*, los suscriptores esperaban sexo, procacidad y violencia a un nivel que no podían emitir sus rivales financiados por anuncios. Al principio de la serie, *Juego de tronos* a veces empaquetaba los diálogos explicativos en escenas con desnudos, una práctica que el bloguero Myles McNutt bautizó con el célebre término «sexplicación».

DAVE HILL (coproductor): La gente cree que las escenas de burdel tienen que ser divertidas de rodar porque hay personas guapas desnudas por ahí simulando actos sexuales. Pero en realidad son estresantes, porque tienen un fuerte componente técnico y detallista. El sexo en cámara es increíblemente incómodo, porque por supuesto es todo falso y tienes que parar y empezar otra vez y ajustar los ángulos. No es como estar en un club de striptease. Es como estar en el vestuario de un club de striptease.

Además, esos días pasas mucho tiempo fijándote en los extras. Estás siempre comprobando que todos los extras salgan bien y estén haciendo lo que deben. Y es que a veces los extras se pasan un poco de la raya. Entonces les dices: «No, no, no puedes robar la atención a los protagonistas».

INDIRA VARMA (Ellaria Arena): A mí me encantó rodar mi escena de burdel. Fue todo muy decadente. Trabajamos con una chica magnífica que no tenía ningún problema por enseñar su cuerpo y lo hacía de una forma muy liberadora y espléndida, no pornográfica pero sí elocuente. Y yo pensaba que ojalá pudiéramos ser todos así y estar tan cómodos con nosotros mismos. Así que hicimos una escena de burdel en la que ella me lamía mientras yo besuqueaba a otra chica y estaban las dos desnudas y fue todo tonto y divertido.

GEMMA WHELAN: Yo estaba muy nerviosa por mi escena en un burdel. Es muy raro que te junten con alguien a quien no conoces y de pronto todo tenga que ser tan íntimo. Yo interactué con un pecho y un culo y fue bastante abrumador. Ella era una chica muy maja, nos echamos unas risas y luego ya me relajé más. Si funcionó fue porque ella era muy amable y me hizo sentir cómoda y capaz de echar mano al cuerpo de alguien de ese modo. Lo que quieres transmitir es que tienes permiso, pero también que no vacilas y eres auténtica, y eso es un equilibrio difícil de navegar.

ESMÉ BIANCO (Ros): Dieta de choque y ejercicio riguroso. Había mucho de ambas cosas en esas escenas.

La escena de burdel más infame de la serie tenía lugar en la primera temporada, cuando Meñique daba un monólogo amenazador mientras ordenaba a Ros y a otra empleada del burdel llamada Armeca (Sahara Knite) que llevaran a cabo un acto sexual bastante enérgico.

ESMÉ BIANCO: Fue físicamente agotador. En el escenario hacía un calor de mil demonios y yo estaba empapada en sudor. La coreografía de la escena era más bien básica, pero había mucha, ejem, *acción* en marcha. Yo intentaba acordarme de cosas como: «Vale, ¿en qué momento tiene que estar ahí el culo de Sahara y donde debería estar mi pierna entonces?».

DANIEL MINAHAN: Teníamos a mucho personal italiano cuando rodamos aquello en Malta. Me acuerdo de que tuve que espantar a gente que se escondía detrás del escenario para mirar a Sahara y Esmé en plena faena.

ESMÉ BIANCO: Se suponía que era un escenario cerrado. Miré hacia atrás y vi que había tres tíos sosteniendo una pantalla encima de una luz. Yo estaba en pelotas y dije: «Vale, un momento. ¿Desde cuándo hacen falta tres personas para aguantar eso? ¡Que se larguen de aquí!».

Meñique desvelaba en el discurso su pasado con Catelyn Stark y presagiaba su posterior traición a Ned Stark. «¿Sabes qué aprendí perdiendo aquel duelo? —preguntaba retórico Meñique—. Aprendí que nunca ganaré. No de ese modo. Es su juego. Sus reglas. No voy a combatirlos. Los voy a joder. Eso es lo que sé. Eso es lo que soy. Y solo reconociendo lo que somos obtenemos lo que queremos.»

DANIEL MINAHAN: Creo que el discurso de Meñique engrandeció la escena. Queríamos que fuese impactante, pero tal y como lo hizo fue también una gran oportunidad de conocer al personaje de Meñique. La escena opera a muchos niveles distintos: es pornográfica, es humorística, es conmovedora, es amenazante y no deja de serpentear entre una cosa y la otra. Me recordó a la escena de *American Psycho* con Patrick Bateman y las dos prostitutas; para mí, fue un homenaje a ella. [Aidan Gillen, que interpretaba a Meñique] estaba imperturbable, centrado en lo que hacía. Y Esmé se enrolló muchísimo, pero, por desgracia, si ahora buscas «lesbianas puño» te sale su nombre.

DAN WEISS: Una ventaja que tenía George es que en los libros podía narrar lo que pensaba un personaje. Nosotros teníamos que buscar otras maneras. [Los empleados del burdel] eran las únicas personas con las que Meñique podía hablar de quién era y por qué hacía lo que hacía; tenían tan poco poder, que podía permitirse bajar la guardia el tiempo suficiente para decir esas cosas.

AIDAN GILLEN (Petyr Baelish, «Meñique»): El monólogo y la acción [de fondo] eran en realidad la misma cosa. Fue una de esas escenas en las que desearía haber insistido un poco en una idea que se me ocurrió relacionada con la simple distancia física, peso no lo hice. Teníamos la agenda apretada y poco tiempo para experimentos, y de todos modos las ideas no siempre son buenas. Recuerdo aprenderme ese discurso mientras paseaba por la avenida Eglantine en Belfast y rumiar un montón de ideas, y darme cuenta por primera vez de que absolutamente todo giraba en torno a Catelyn. Así que, fuera lo que fuese que Esmé y Sahara hacían siguiendo mis instrucciones, mi mente estaba a veinte años de distancia, melancólica, resentida. Al haber interpretado muchas escenas en las que enseñaba la misma cantidad de piel, todo eso lo veo como algo pragmático que no me altera en lo personal... y desde luego tampoco perturbaría a Meñique.

ESMÉ BIANCO: Era la primera vez que trabajaba con Aidan y la única en que la presencia de una estrella me deslumbró tan por completo que no era capaz de componer ni una frase coherente. No sé por qué me pasó con Aidan. Tiene un aura calmada, misteriosa, impactante, y yo tenía que hacer una escena desnuda y a todo trapo estando él presente. Al final mi maquilladora me dijo: «Esmé, es un tío muy majo, deja de estar tan rara y dile hola». Creo que Aidan se dio cuenta de que pasaba algo, porque se acercó y me dijo: «Hola, Esmé, ¿qué tal?», así como muy a propósito.

Gillen respondió más adelante a una pregunta de *Collider* sobre el atractivo sexual de Meñique. «No era consciente de ser un símbolo sexual —dijo—. Me sorprende un poco. Es interesante, porque algunos aspectos de su historia son algo sórdidos o podrían interpretarse como tales, y la relación de Meñique con Sansa Stark es muy poco ortodoxa.»

En 2018 HBO fue el primer canal de televisión que impuso la presencia de un nuevo tipo de miembro del equipo para todas las escenas que incluyeran sexo y/o desnudez: el coordinador de intimidad, una persona encargada de garantizar el bienestar del reparto en el rodaje de escenas delicadas. Pero durante los primeros años de *Juego de tronos*, en general los actores que interpretaban escenas desnudos para series de televisión tenían que defenderse solos.

ESMÉ BIANCO: En esos tiempos no solía haber conversaciones sobre estos asuntos. Pero Daniel Minahan había trabajado con nosotras el día anterior al rodaje para preparar una coreografía y definir exactamente cómo íbamos a hacer la escena y que así estuviéramos más cómodas, que viene a ser lo que hace ahora un coordinador de intimidad. Me parece importante que se tengan esas conversaciones previas en vez de echar a los actores a los lobos y dejar que se las ingenien solos durante el rodaje.

Pero las escenas de burdel no siempre eran incómodas o extenuantes. También había momentos de humor, como cuando Diana Rigg entró en la casa de citas de Meñique.

DAVE HILL: Estábamos preparando una escena en la que Olenna se reunía con Meñique en el burdel. Y la dama Diana Rigg miró a su alrededor y soltó: «¿No debería haber más juguetitos sexuales? ¿No tendrían que verse por ahí condones de piel de cordero?». Y yo: «¡Tiene usted toda la razón del mundo, dama Diana!». Le agradecimos mucho que compartiera con nosotros su conocimiento sobre artilugios sexuales antiguos.

CAPÍTULO 8

---◇---

LA BATALLA DE
LA BATALLA DEL AGUASNEGRAS

La primera temporada de *Roma*, la serie de HBO, se centraba en dos líderes militares legendarios, Julio César y Pompeyo el Grande, y en su transición de aliados a enemigos en guerra. Justo antes de su batalla culminante, César, con una intuición que nos resultaba familiar, afirmaba: «Nosotros vencemos o morimos». Lo que seguía a continuación eran unos segundos de primeros planos borrosos, entre ellos el de una espada que golpeaba un escudo a cámara lenta. En la siguiente escena, César volvía a su tienda con aire cansado. «Mensaje para Roma —anunciaba—. Diles que César ha ganado».

Y entonces se echaba una siesta, agotado tras librar el gran combate que los espectadores no habíamos visto.

Antes de *Juego de tronos*, esta solución alternativa empleada en *Roma* era una manera bastante típica de mostrar las batallas en televisión: mucha emoción anticipada y después, quizá, algún fragmento suelto del conflicto mayor.

El clímax de *Choque de reyes*, por el contrario, era exactamente lo que sugería el título de la novela de Martin: una campaña monumental, detallada a lo largo de cinco capítulos, en la que el autoproclamado rey Stannis Baratheon encabezaba la invasión de Desembarco del Rey desde el mar, mientras que Tyrion se encargaba de la defensa de la capital del rey Joffrey. Como muchos de los enfrentamientos de Martin, la batalla estaba equilibrada de tal manera que había motivos para apoyar a ambos bandos. El lector deseaba que Tyrion demostrara su valía como líder y sobreviviese, pero al mismo tiempo quería que el ilegítimo y psicopático rey Joffrey perdiera. Stannis no caía bien, pero desde luego su reivindicación del Trono de Hierro era legítima y su flota contaba con el honrado Davos Seaworth.

Tanto en la novela de Martin como en la serie, cuando las naves de Stannis se aproximaban, Tyrion hacía que estallaran en llamas sirviéndose de un alijo de fuego valyrio similar al napalm. Pero en el libro, Tyrion también construía una cadena enorme que se alzaba a lo largo de la Bahía Aguasnegras, de manera que cuando... Bueno, dejemos que lo cuente Martin.

«Hay una cadena gigantesca extendida sobre la bahía, así que Stannis no puede escapar y quedan atrapados entre las llamas —explicó el autor, con los ojos brillantes de entusiasmo—. Los barcos chocan entre sí y se bloquean unos a otros, de modo que forman un puente provisional por encima del agua. Stannis tiene un gran ejército en la orilla sur del río y está intentando que cruce. Por eso, cuando se crea el puente de barcos, sus hombres empiezan a atravesarlo a toda prisa. Y los defensores han construido tres trabuquetes enormes que les lanzan fuego valyrio. Entonces Joffrey se pone a arrojar los cuerpos de los traidores que planeaban vender la ciudad».

Y Tyrion protegía la ciudad encabezando una columna hacia la Puerta del Rey, mientras Cersei y Sansa se refugiaban en el castillo aguardando su destino.

Todo era sumamente épico, complejísimo, y justo el tipo de secuencia que Martin pensaba que solo podría reproducirse en la imaginación del lector.

Hasta ese momento, *Juego de tronos* había evitado filmar batallas. Rodar la Batalla del Forca Verde y la del Bosque Susurrante no se había considerado fundamental para la historia de la primera temporada. «Hay batallas que funcionan bien quedándose fuera de pantalla —comentó David Benioff, uno de los responsables de la serie—. Pero la segunda temporada se centraba tanto en un país en guerra que nos dio la sensación de que, si no mostrábamos en pantalla la batalla más importante de toda esa guerra, estaríamos timando a los espectadores».

Solo había un problema. En realidad, había muchos problemas, pero uno de ellos era especialmente enorme: era imposible rodar la secuencia de una batalla grandiosa con el presupuesto de la segunda temporada de la serie. Además, sus responsables habían prometido a HBO que la producción no requeriría de grandes secuencias bélicas, e incluso habían dejado constancia de ese compromiso en público: «No es una historia en la que salgan un millón de orcos a la carga en las llanuras —declaró Dan Weiss a *The Hollywood Reporter* cuando les encargaron el episodio piloto en 2008—. Los efectos especiales más caros son los de las criaturas, y tampoco van a ser muchos».

«Tampoco van a ser muchos»... salvo mostrar miles de barcos en llamas y ejércitos que se enfrentaban por mar y por tierra en una secuencia que, si ya reventaría el presupuesto de un largometraje, no digamos el de una serie de televisión.

Juego de tronos había llegado a un momento crucial, y eso había sucedido antes de que la producción estuviera verdaderamente preparada. El resultado de aquel desafío definiría el resto de la serie. Sus creadores sabían que Aguasnegras no era más que el primero de los varios espectáculos cada vez más formidables que se describían en los libros de Martin. O *Juego de tronos* continuaba siendo un drama centrado en los personajes en el que de vez en cuando aparecían luchas de espadas y algún que otro huargo o, por el contrario, evolucionaba hacia un híbrido entre la televisión y el cine distinto a cualquier otra cosa que se hubiera visto en Hollywood hasta entonces. En aquella época, el rodaje de un episodio de *Juego de tronos* duraba alrededor de dos semanas, pero incluso la versión recortada de Aguasnegras necesitaría un mínimo de tres, y fondos adicionales para disponer la acción sobre el terreno, para los extras y para los efectos especiales. Los productores necesitaban una partida de varios millones de dólares y, no menos importante, establecer un precedente claro tanto con el canal de televisión como con los fans que haría que las batallas futuras no solo fueran posibles sino esperadas. El equipo de *Juego de tronos* no quería a Julio César echándose una siesta.

DAN WEISS (*showrunner*; creador y responsable de la serie): Cuando nos metimos en la segunda temporada, estábamos nerviosos, *muy* nerviosos, por este episodio. Se hablaba de convertir Aguasnegras en una batalla terrestre, y eso habría sido un desastre.

DAVID BENIOFF (*showrunner*; creador y responsable de la serie): O de dejarla fuera de pantalla.

DAN WEISS: «Mi señor, ¿os habéis enterado? ¡Están en la bahía!».

DAVID BENIOFF: Nos pusimos de rodillas: «Solo esta vez. Por favor».

DAN WEISS: Se lo imploramos a Mike Lombardo. Negociamos. Mantuvimos una conversación muy importante acerca de cuántos barcos podríamos hacer.

MICHAEL LOMBARDO (expresidente de programación de HBO): La pregunta era: ¿podíamos crear un drama sofisticado, sensato, [con] motivos de fantasía y tener también batallas épicas? ¿Podía hacerse todo a la vez?

Tras un considerable tira y afloja, Lombardo accedió a conceder a *Juego de tronos* dos millones de dólares adicionales para filmar una versión de la batalla que añadiría una semana al tiempo de rodaje. Pero la batalla seguía siendo inviable sobre el papel. El guionista del episodio era el propio Martin, así que se le encargó la penosa tarea de recortar su visión intentando mantener los aspectos más relevantes del enfrentamiento: que conservara a la vez los caballos *y* Stonehenge, por así decirlo.

GEORGE R. R. MARTIN (autor, coproductor ejecutivo): Teníamos que reducir considerablemente las dimensiones de Aguasnegras con relación al libro. Me dijeron desde el comienzo que el puente de barcos sería imposible.

CHRISTOPHER NEWMAN (productor): Lo que se ve en la pantalla es diez veces menos de lo que hay no solo en el libro, sino también en el primer borrador del guion. El acuerdo se estableció bastante al principio.

Un ajuste sencillo fue ambientar la batalla durante la noche en lugar de durante el día. Rodar por la noche significaba que la producción podía ahorrarse los efectos especiales que se habrían necesitado para crear unos fondos detallados, y además contribuía a la narrativa visual de la batalla (dicho de otro modo, hacía que las flechas llameantes y los barcos explosivos quedaran más molones).

Los productores también tomaron la decisión de hacer la batalla tan subjetiva como pudieran. Redactar las escenas en torno a la perspectiva de un único personaje conocido ayudaría a mantener al público metido en la historia y, a la vez, reduciría el número de carísimos planos generales de la batalla, en los que habría que mostrar numerosos barcos y soldados. Aunque ese estilo de filmación surgió de la necesidad de solucionar un problema de presupuesto, se convertiría en un elemento unificador a lo largo de todas las batallas de *Juego de tronos*.

DAVID BENIOFF: Hay una manera grandiosa, épica, de rodar una batalla: cuando ves un ejército de cien mil soldados y otro ejército atacante de doscientos mil. También existe una perspectiva más a ras de suelo en la que eres un soldado de infantería y vas por ahí corriendo con un hacha o una espada en la mano. Es como si solo vieras lo que tienes justo delante. Y esta última puede ser una forma muy visceral de filmarlas. Intentábamos transmitir una sensación lo más real, descarnada y sucia posible.

DAN WEISS: Cuando lees cualquier relato militar de las experiencias de un soldado auténtico durante la batalla, ya sea en la antigua Roma o en Vietnam e incluso más tarde, nunca es: «Y entonces este flanco se desplazó hacia allá». Siempre es: «Aquello era un caos de la leche, no sabía por dónde andaba y la mitad del tiempo no tenía claro si estaba disparando contra los míos».

Y sin embargo, con la Batalla del Aguasnegras reducida a sus necesidades más básicas, el plan seguía sin encajar en la programación.

GEORGE R. R. MARTIN: Teníamos a un director que no paraba de decir: «¡Corta esto! ¡Corta eso! No llego a tiempo». Yo no hacía más que eliminar elementos, y aquello estaba llegando al punto de volverse tan espantoso como lo del torneo de justas.

Y entonces, solo unas semanas antes de rodar el capítulo, el director tuvo una inesperada emergencia médica familiar y se vio obligado a abandonarlo. «Había trabajado mucho preparando ese episodio —declaró el director—. Por desgracia, un pariente se puso enfermo y tuve que marcharme. En circunstancias normales no me habría ido de ninguna de las maneras. Todos los miembros de la familia de *Juego de tronos* se mostraron muy sensibles con la situación. Sabía que los estaba dejando en un momento difícil, pero fue inevitable».

En consecuencia, la producción se enfrentaba a un nuevo problema. Después de tanto suplicar y negociar con HBO para conseguir el dinero y la libertad de representar una batalla culminante, les faltaba menos de un mes para rodar y no tenían ni plan definitivo ni director.

BERNADETTE CAULFIELD (productora ejecutiva): Aquel era mi primer año en la serie, y puede que fuese mi primera pelea con David y Dan. Ellos estaban en plan: «Eh, traigamos a Fulanito». Y yo les decía: «El noventa por ciento de esto es acción. Necesitamos a alguien que conozca muy bien la acción. No es tan fácil. Tendríamos que plantearnos traer a Neil Marshall».

DAVID BENIOFF: Neil dirigió *Centurión* y *Dog Soldiers*, películas en las que rueda una cantidad increíble de acción impresionante con un presupuesto muy escaso.

BERNADETTE CAULFIELD: Pero no paraban de hablar de otros directores, y yo venga a insistir: «Os lo estoy diciendo, ¡necesitamos un director de acción!». Entonces me llamó David. En aquel entonces no nos conocíamos tan bien. Y me suelta: «Vale, Bernie, vamos a optar por tu idea de contratar a Neil».

Te juro que se me revolvió el estómago. Le dije: «Espera, ¿*mi* idea?

¡Esto es una decisión comunitaria!». Colgué el teléfono y pensé: «Mierda, ahora resulta que es *mi* idea. Soy la responsable de que este tío haga nuestra primera batalla».

NEIL MARSHALL (director): Fui consciente de que existía *Juego de tronos* en algún momento de su primera temporada. Pensé: «Esto es muy de mi rollo», y pedí a mi agente que me pusiera en contacto con HBO para decirles: «Si surge la oportunidad, me gustaría dirigir algún capítulo». Su respuesta fue más o menos: «Ya tenemos a nuestros directores, muchas gracias».

Luego, alrededor de un año más tarde, un sábado por la mañana, recibo una llamada urgente de Bernie para que fuera a solucionarles una situación que, por lo que deduje, se les había descontrolado un poco. Me preguntó si me gustaría dirigir un episodio, y yo: «¡Por supuesto!». Pensé que sería al cabo de unos meses, pero Bernie me dijo: «Es el lunes por la mañana, y tienes una semana para planificarlo».

DAVID BENIOFF: Neil no había visto nunca la serie. Le dimos un curso intensivo sobre la primera temporada y hablamos con él sin parar sobre la historia. Pero aprendía muy rápido, mostraba un gran entusiasmo y enseguida se enamoró de ella. Al final resultó ser una gran elección, porque tiene mucha experiencia en hacer que las batallas queden bien sin gastarse cien millones de dólares en ellas.

NEIL MARSHALL: Dan y David no eran de los que decían: «Esto es lo que hay y tienes que hacerlo así». Querían ideas. Yo soy muy aficionado a la historia militar, así que aporté cierta sensación de estrategia a la batalla. Porque en el guion, cuarenta mil personas desembarcaban en una playa y se quedaban paradas ante una puerta. Había un montón de cosas que pasaban en el mar, el fuego verde y demás, pero una vez llegaban a la playa no estaba del todo claro quién intentaba conseguir qué. A grandes rasgos, Stannis dirigía casi toda la batalla desde la playa. Me dio la impresión de que no encajaba mucho con el personaje ni resultaba interesante. Les dije: «No pueden quedarse ahí plantados; deberían estar haciendo otras cosas, y tenemos que meter a Stannis en la acción».

GEORGE R. R. MARTIN: Neil Marshall dio la vuelta a todo lo que había dicho el director anterior. Su lema era: «Metamos más». Volvió a incorporar mucho de lo que yo había tenido que eliminar antes, e incluso añadió cosas que a mí no se me habían ocurrido. Fue el héroe de aquel episodio.

NEIL MARSHALL: Me inventé lo de que llegara una barca, le dieran la vuelta y se metieran debajo con un ariete para golpear la puerta. Al añadir las escaleras y los arpeos, la escena ganó en sensación de intencionalidad. Y también hicimos que Stannis trepara por la muralla, tuviera un combate guapo allí arriba y decapitara a alguien.

DAVID BENIOFF: En cierto sentido, debió de ser una perspectiva aterradora para Neil. Pero, por otro lado, era como un niño con una caja de ceras gigante con sacapuntas incluido. Se divirtió usando un montón de juguetes alucinantes y construyó un escenario de batalla de veinticinco metros en medio de una cantera con un castillo perfectamente operativo.

Una vez comenzó el rodaje, los desafíos no les dieron tregua. El episodio marcó el inicio de una serie de agotadores rodajes de batallas nocturnas para el equipo de *Juego de tronos*. Esas secuencias pondrían a prueba la resistencia tanto física como mental del elenco y del equipo, así como su capacidad de dar lo mejor de sí mismos en un entorno que todos describían como de tortura.

NEIL MARSHALL: Salvo la acción que se desarrollaba en el barco, todo lo demás se rodó en la cantera de Magheramorne. Era octubre y llovía a mares, hacía un frío terrible y el barro nos llegaba hasta las rodillas. Había un factor añadido de agotamiento general para todos los implicados, sobre todo para los extras, que tenían que quedarse plantados bajo la lluvia sin hacer nada. Me preocupaba que diera la sensación de que estábamos filmando el cliché de una batalla en pleno diluvio, pero era lluvia de verdad, y no podíamos hacer nada al respecto. Aun así, quedó sensacional.

CHRISTOPHER NEWMAN: Aquello iba como una locomotora. No había manera de parar. Lo que no termináramos a tiempo no aparecería en el capítulo. Y las condiciones eran horrorosas.

EUGENE MICHAEL SIMON: Estuvo tres días lloviendo. Al cuarto, paró de llover. De pronto todo el mundo se puso en plan: «Mierda, ¿qué vamos a hacer?». Porque no habría continuidad y teníamos un montón de cosas que hacer. Lo que se decidió fue el ejemplo de adaptación más complejo que he visto en un plató de rodaje: a los pies de la cantera había un lago salado, el agua estaba por debajo de la temperatura de congelación pero no se helaba porque era salada. Tiraron una manguera desde el fondo de ese lago helado y pusieron a un hombre sujetando una boca de incendios en lo alto del muro durante la escena en la que Tyrion ofrece su discurso: «Dicen que soy medio hombre, ¿en qué os convierte esto a vosotros?». Dispararon el agua helada del lago hacia el cielo para que cayera sobre nosotros como si fuera lluvia mientras Peter pronunciaba ese discurso como todo un profesional. Se ve la condensación de nuestro aliento porque estábamos helados, y parece que estamos en el Norte.

DAN WEISS: En esas escenas, Peter Dinklage no tuvo que actuar para aparentar cansancio, porque eran las cuatro de la madrugada y llevaba ocho horas seguidas bajo la lluvia. Estaba somnoliento, harto y exhausto. Fue terrible.

NEIL MARSHALL: Pero a Peter le hacía bastante ilusión salir y liarse a hachazos. Estaba entusiasmado con liderar un ejército, cortarle las piernas a un hombre y cosas así. Era un buen cambio para el personaje, en lugar de, ya sabes, estar todo el rato bebiendo, de putas y esas cosas.

PETER DINKLAGE (Tyrion Lannister): A algunos les gustaba solo el Tyrion borracho y divertido. Pero llega un momento en que las borracheras y la diversión ya no dan más de sí.

GEORGE R. R. MARTIN: El discurso de Tyrion en la escalera está prácticamente calcado de los libros: «Son hombres valientes los que llaman a nuestras puertas. ¡Vamos a matarlos!». Me encanta esa escena.

PETER DINKLAGE: Hay que tener cierta confianza en uno mismo para sacar adelante ese tipo de escenas. No me refiero a mi confianza, sino a la del personaje. No sé, puede que parezca que yo soy una persona segura, ¿no? En realidad es que el personaje, Tyrion, está bastante seguro de sí mismo. Supongo.

Las escenas de la batalla se intercalaban con las de Cersei esperando su destino en el Torreón de Maegor, cuando la reina regente se emborrachaba y se burlaba de Sansa.

LENA HEADEY (Cersei Lannister): Es una de las primeras veces que vemos a Cersei hablar con tanto descaro. Suele ser bastante taimada, pero estando borracha y convencida de que podría morir, se lo suelta todo a la cara a Sansa. Es como una relación de tutoría masoquista en la que Cersei es incapaz de evitar torturar a Sansa. Y creo que se debe a la envidia y a la frustración de que, como mujeres, estamos encerradas sin poder hacer nada. No sé si me explico. Ella *cree* que la está ayudando. Pero sí, Cersei es una persona terrible.

NEIL MARSHALL: Recuerdo hablar con Lena y decirle: «Cersei se comporta básicamente como la pariente que se emborracha en una boda. Es como si se hubiera tomado unas copas de más y no pudiera mantener la boca cerrada». Y ella me dijo: «Sé muy bien a qué te refieres».

Headey comprendía la envidia de Cersei. Su personaje le decía a Sansa: «Prefiero enfrentarme a mil espadas a estar aquí encerrada con este hatajo de gallinas asustadas», y la propia actriz también ansiaba escenas de acción auténticas.

LENA HEADEY: No paraba de suplicarles que me dieran una espada y un caballo.

Para las escenas en la Bahía Aguasnegras, el equipo construyó un barco en un aparcamiento de coches de lo más corriente. El mar se añadió después mediante efectos digitales. Ese barco es, con toda probabilidad, el truco de efectos visuales más importante y más utilizado de la serie. Todos los veleros que se ven en

Juego de tronos, ya sean Baratheon, Targaryen, Lannister o Greyjoy, son en realidad el mismo barco (excepto la proa del *Silencio* de Euron Greyjoy). Así que, mientras la mayor parte del elenco de Aguasnegras rodaba en una cantera, Cunningham estaba en un aparcamiento observando el avance de una «barcaza» llena de letal fuego valyrio.

LIAM CUNNINGHAM (Davos Seaworth): En realidad esa barcaza no era más que un cacharro pequeño [de unos dos metros de largo] con dos tuberías de las que salía un líquido verde mientras dos hombres la empujaban por el aparcamiento. En mi cabeza, yo intentaba fingir que era una barcaza moviéndose.

En el episodio, Bronn disparaba una flecha ardiendo para encender la trampa de fuego valyrio de Tyrion. La explosión resultante, gigantesca y verdosa, abrasaba el grueso de la flota de Stannis y dejaba pasmados a los espectadores. Acabar los efectos a tiempo para la fecha de emisión del episodio ocupó hasta el último minuto.

DAVID BENIOFF: Faltaba una semana para el estreno y todavía estábamos entregando las tomas de efectos visuales de «Aguasnegras». El control de calidad de HBO recibió las cintas veinte minutos antes [del plazo límite].

GEORGE R. R. MARTIN: Cuando el fuego valyrio explota, es espectacular. Es uno de mis episodios favoritos de la serie. Sin duda, mi favorito de los cuatro que escribí [en total].

CHRISTOPHER NEWMAN: «Aguasnegras» fue una prueba de fuego para ver si éramos capaces de sacar las cosas adelante. Habíamos conseguido algo que no creíamos que fuera posible. La confianza que obtuvimos de ello marcó el tono de las temporadas siguientes.

LIAM CUNNINGHAM: Neil me envió una reseña de la *Rolling Stone* que decía: «Es posible que esta sea la mejor hora de televisión que se haya creado en la historia». Y Neil, que no había hecho televisión en su vida, me escribió: «No está mal para un novato».

CAPÍTULO 9

FUEGO Y HIELO

Daenerys, con la ropa hecha jirones, se encontraba ante las imponentes puertas de Qarth. La Madre de Dragones había sobrevivido a una larga travesía a través de la vastedad del desierto rojo en busca de un refugio para los exhaustos restos de su *khalasar*. Pero los consentidos líderes de la ciudad se negaban a dejarla entrar. La actitud de Emilia Clarke era firme y desafiante, y su voz resonaba en el desierto: «Cuando mis dragones crezcan, recuperaremos todo lo que me arrebataron y destruiré a quienes me maltrataron. Devastaré ejércitos enteros y abrasaré ciudades hasta los cimientos. ¡Rechazadnos y os quemaremos los primeros!».

El responsable de la serie Dan Weiss estudiaba a Clarke en un monitor cercano y se maravillaba de su capacidad para canalizar el poder de una aterradora líder dothraki. «Parece una tía durísima —comentó Weiss de la menuda actriz de menos de metro sesenta—. Yo soy un hombre de metro ochenta, y si intento hacerme el duro, parezco imbécil. Tenemos que vender muy bien que, como no entre en la ciudad, está jodida de verdad».

Era septiembre de 2011 y el tercer día de Clarke actuando en una cantera abrasada por el sol en Croacia. El pelo largo y oscuro de la actriz quedaba aplastado bajo una peluca calva que le habían pegado a la cabeza y, adherida encima de ella, otra peluca rubia bien ceñida. De pie a pleno sol, una hora tras otra, Clarke tenía la sensación de que se le estaba asando el cuero cabelludo. Tras rodar la escena, la actriz se excusó de acudir a una entrevista que tenía concertada a causa de un «golpe de calor». Según la propia Clarke explicó risueña aquella misma semana: «Ah, ¿lo del otro día? Solo fue que me entró un momento de "no aguanto más este calor"».

Tardó ocho años en revelar el verdadero motivo de su agotamiento. Después de rodar la primera temporada de *Juego de tronos*, había sufrido una hemorragia cerebral en un gimnasio de Londres. «De repente me sentí como si una goma elástica me estrujara el cerebro», declaró Clarke a *The New Yorker*. Mientras la trasladaban al hospital a toda prisa, se puso a repasar las frases de Daenerys Targaryen para intentar calmarse. Sometieron a la actriz a una operación de urgencia, y durante varios días ni siquiera fue capaz de recordar su propio nombre, así que mucho menos ningún discurso en dothraki.

Aun así, volvió a trabajar en *Juego de tronos* tan solo unas semanas más tarde, a pesar de que todavía tenía un segundo bulto en el cerebro del que un médico le había dicho que —en teoría, aunque era poco probable— podía «estallar en cualquier momento». En el escenario, día tras día, la interpretación de Clarke nunca dejó traslucir su fatiga, miedo y dolor.

EMILIA CLARKE (Daenerys Targaryen): Fue muy intenso. Estamos en el desierto, en una cantera, con un calor de más de treinta grados, y yo sentía un miedo constante a sufrir otra hemorragia cerebral. Pasaba un montón de tiempo pensando cosas como: «¿Me voy a morir? ¿Va a ocurrir mientras rodamos? Porque sería de lo más inoportuno». Y cualquier tipo de lesión cerebral te deja con una fatiga indescriptible. Estaba haciendo un esfuerzo enorme por mantenerla en secreto.

BRYAN COGMAN (coproductor ejecutivo): Solo estaban al corriente unas cuantas personas muy concretas. Yo no tenía ni la menor idea. Me habían comentado algo de que había tenido problemas entre una temporada y otra, pero no hasta ese punto. Y no me enteré de nada mientras rodábamos.

ALAN TAYLOR (director): Temíamos por ella. Es muy valiente, porque nunca afectó a su compromiso con el trabajo.

EMILIA CLARKE: Si hubiera llamado a mi médico, me habría dicho: «Tía, tienes que tranquilizarte un poco». Pero yo seguía teniendo un miedo atroz, y el miedo estaba haciendo que me dejara arrastrar por el pánico, y el pánico me llevaba a pensar que iba a caer redonda en el desierto. Así que llevaron para mí un coche con aire acondicionado. Lo siento, planeta.

DAN WEISS (*showrunner*; creador y responsable de la serie): Era terrorífico, porque un ser humano increíble, dulce y maravilloso, una persona a la que habíamos cogido muchísimo cariño después de un año, había estado a punto de no volver a estar a nuestro lado. Está claro que tienes que hacer la serie, pero lo más importante era asegurarnos de que ella estaba en circunstancias seguras. Te preguntas: ¿haciendo esta serie está tan segura como si no la hiciera, como si estuviera en su casa sentada en el sofá? Su entrega era tal que lo principal para nosotros era garantizar que no se metiera [en situaciones peligrosas]. Emilia te decía: «Sí, acaban de operarme el cerebro, pero si tengo que bajar una montaña montando un caballo al galope, lo haré». Eras tú quien tenía que decirle que no, ella nunca lo decía.

EMILIA CLARKE: En todos los años que participé en la serie, nunca puse mi salud por delante, e imagino que esa era la razón por la que todos los demás se preocupaban tanto, porque se daban cuenta. No querían hacerme trabajar demasiado. Y yo: «No penséis que soy una fracasada, no penséis que no soy capaz de hacer el trabajo para el que me habéis contratado. Por favor, no penséis que voy a cagarla en cualquier momento». Me había tocado el billete dorado de Willy Wonka y no tenía ninguna intención de desperdiciarlo.

Cuando empezó a rodar la tercera temporada, Clarke se encontraba bastante mejor... y también estaba más satisfecha con su línea argumental.

EMILIA CLARKE: En la segunda temporada, la línea argumental de Daenerys era un poco chunga; «el complicado segundo disco», me gusta llamarla. Luego, en la tercera temporada, el personaje empieza a asumir su poder y yo me sentía como si empezara a asumir el mío. Así que en la primera temporada era algo como: «No sé qué estoy haciendo», y en la tercera ya era: «Sé *exactamente* lo que estoy haciendo».

La tercera temporada incluía uno de los momentos más críticos para su personaje: cuando Daenerys se hace con un ejército de Inmaculados. En *Tormenta de espadas*, la novela de Martin, la secuencia es un clímax emocional y un inteligente giro de los acontecimientos. Tras navegar desde Qarth hasta la ciudad de Astapor, en la Bahía de los Esclavos, con la esperanza de hacerse con un ejército, Daenerys negociaba pacientemente con el sádico traficante de esclavos Kraznys (Dan Hildebrand). Este daba por hecho que la Madre de Dragones no entendía los insultos que le dedicaba en valyrio, mientras la intérprete de Kraznys, Missandei (Nathalie Emmanuel), ocultaba la rudeza de su amo con astucia en un intento de mantener la paz.

Daenerys accedía a entregar a Kraznys uno de sus dragones, Drogon, a cambio de un ejército. Pero durante el intercambio, Daenerys revelaba al traficante de esclavos que, por supuesto, dominaba la lengua materna de sus propios antepasados. Daenerys ordenaba a sus soldados, comprados apenas unos segundos antes, que masacraran a los traficantes de esclavos de la ciudad y hacía que Drogon achicharrara a Kraznys. «Un dragón no es un esclavo», proclamaba Daenerys. El momento no guardaba relación solo con el engaño, el espectáculo o la hazaña, sino también con el hecho de que Daenerys confiase en su instinto y jugara al juego de tronos por primera vez.

EMILIA CLARKE: Hasta ese momento Dany dependía de la opinión de todos los demás para formarse la suya, porque le faltaba experiencia. Está ante el riesgo más importante que ha corrido en su vida, y todos los que la rodean dan por sentado que entregará a Drogon, algo ridículo para la madre de un hijo. Hay un momento de «no sé si esto va a funcionar o no», de no tener claro si los Inmaculados van a respetarla, y todo pende de un hilo. Es el instante en que se convierte en quien siempre ha estado destinada a ser. La línea que separa la valentía de la locura es muy fina, y ella hace equilibrios sobre esa línea.

DAVID BENIOFF (*showrunner*; creador y responsable de la serie): Las mejores sorpresas no son las que surgen de la nada, sino aquellas que, después de suceder, hacen que te preguntes: «¿Por qué no lo he visto venir?». Recuerdo que leí [que Daenerys iba a entregar a Drogon] y pensé: «Vaya, me decepciona un poco que vaya a hacerlo». Cuando se descubrió su verdadero plan llamé a Dan. Fue una de esas veces en las que ambos dijimos: «Tenemos que hacer esta puta serie». Es un sello distintivo de varias escenas de este libro, en las que, a toro pasado, debería haberlo visto venir, porque George había mostrado todas las cartas, te había dado las pistas.

La secuencia, que suponía una carga para el presupuesto, la rodó en Marruecos el director Alex Graves, que tenía que mostrar una revuelta de esclavos y el primer ataque importante de un dragón valiéndose solo de unas cuantas tomas concisas.

ALEX GRAVES (director): Fue una de esas ocasiones de: «No hay dinero para esto, pero si la sacas adelante, es una de las mejores secuencias de todos los tiempos».

EMILIA CLARKE: Me moría de ganas de darle su merecido a aquel tío. Llevaba semanas ensayando ese discurso en mi habitación.

DAN WEISS: Cuando le prendimos fuego a Kraznys con el dragón, [Stuart Brisdon, supervisor de efectos especiales] montó un lanzallamas en un poste levantado en el aire. Dispararon a un doble de acción con un lanzallamas en toda la cara. Verlo fue impactante, muy potente, incluso para una escena de riesgo.

La escena terminaba con una Daenerys de expresión triunfal mientras a su espalda se producían una serie de explosiones provocadas por el ataque de Drogon.

ALEX GRAVES: Se me ocurrió lo que se ha denominado «la toma *Apocalypse Now*». Pero rodábamos en Marruecos durante la Primavera Árabe, cuando estaba prohibido transportar explosivos a África del Norte. No renuncié porque tenía esa imagen de Emilia grabada a fuego en el cerebro. Así que entramos los explosivos en el país de contrabando. Emilia se alzaba ante varias bolas de fuego, podías notar el calor y la onda expansiva de las explosiones, pero ella ni se inmutó.

EMILIA CLARKE: Iain Glen, que me hacía siempre de mentor, me dijo algo así como: «Cielo, ven aquí. Mira qué bien te cuidan. Lo único que tienes que hacer es plantarte ahí delante y mientras pasarán todas esas movidas». Me di cuenta de que era cierto que no tenía que hacer nada más. Y me sentí muy bien. Me sentí como electrificada. Era como si hubieran puesto en fila a todo el que me hubiera hecho alguna putada en la vida.

La secuencia también le granjeaba a Daenerys dos aliados que la acompañarían hasta la última temporada y que desarrollarían líneas argumentales propias: Missandei, la perspicaz traductora convertida en consejera, y Gusano Gris (Jacob Anderson), el estoico líder de los Inmaculados.

NATHALIE EMMANUEL (Missandei): Yo era muy muy fan de la serie, y había llamado varias veces a mi agente de Londres para decirle que me gustaría muchísimo aparecer en ella. Entonces vi un perfil para un personaje en el que se detallaba que Missandei debía ser de color y tener entre dieciocho y veintitrés años, y dije: «¡Oye, esa soy yo!». Llamé a mi agente y me contestó: «Ya lo he visto, tienes una audición».

Investigué un montón sobre el personaje y me puse a leer los libros porque quería estar lo más preparada posible. Como Missandei era de las Islas del Verano, pensé que a lo mejor hablaba la lengua común con acento, así que me inventé un acento para ella, una especie de [inglés de la reina o acento «pijo»].* Mi agente me dijo «No, no, no imites un acento».

Hice la prueba una vez, y el director de reparto Robert Sterne comentó: «Aún no han decidido si Missandei tendrá acento o no». Así que

---

* Hay siete acentos diferentes circulando por *Juego de tronos*, según Chris Taylor, que los analizó todos para un artículo publicado en *Mashable* en 2017. Sean Bean tenía acento de Yorkshire (que, como hecho a propósito, está en el norte de Inglaterra), y todos los chicos Stark y la mayor parte de los salvajes también lo utilizan. Sansa, Arya, Bran y Rickon se expresan con el acento afectado de su madre, que es también el que tiene Daenerys.

me pilló lista y la hice con acento. Es una demostración de que te has preparado. Luego pasaron cinco semanas sin saber nada de ellos. Cuando recibí la llamada, volvía a casa de comprar comida. Solté un grito, dejé caer la compra, rompí un bote de mermelada y lloré mucho.

JACOB ANDERSON (Gusano Gris): Fue una de las peores audiciones que he hecho en mi vida. La única indicación que me dieron era que ocultara cualquier tipo de sentimiento. Pero era el discurso en el que Gusano Gris habla de cómo recibió su nombre y, de manera inconsciente, intensifiqué mis emociones porque eso era justo lo que me habían dicho que no hiciera. No pude evitar conmoverme por lo que estaba diciendo. Además, me sentía cohibido por mi acento. Me dijeron: «No te preocupes, no hablarás en inglés». Y yo: «¿*Cómo*?». Supuse que no me darían el papel. Aún hoy sigo sin tener ni idea de cómo conseguí el trabajo.

NATHALIE EMMANUEL: Asistí a una lectura [de los guiones de la tercera temporada] en Belfast y estaba aterrorizada. Estaba de pie en una sala mientras iba entrando todo el reparto de una serie de la que había sido espectadora. Entonces Finn Jones [el actor de Loras Tyrell] —a quien conocía de antes porque había participado en *Hollyoaks*, una serie en la que trabajé— me vio ahí de pie en un rincón, sin moverme, y me preguntó si estaba bien. «No lo sé, un poco sobrepasada.» Se portó muy bien conmigo, me ayudó a encontrar mi asiento y me presentó a la gente.

JACOB ANDERSON: Durante la primera semana pensaba: «Esto de interpretar a un personaje estoico que ni piensa ni siente nada va a ser bastante aburrido». Pero luego Dan me dijo: «Gusano Gris es un trauma andante. Si te imaginas un robot construido a partir de traumas, ese es él». Me resultó una indicación útil para el resto de la serie. Si eres una persona que se ha enfrentado a muchos traumas, lo último que deseas es estar presente, porque eso puede volver a traumatizarte. Además, el diseño de mi vestuario era precioso, pero de práctico no tenía nada. Apenas podía caminar, por eso en la serie tengo unos andares un poco extraños; no me dejaba la más mínima holgura.

NATHALIE EMMANUEL: Mi primera escena fue la de Missandei demostrando su valentía cuando Daenerys le dice: «Puede que pases hambre, puede que enfermes, que mueras». Y termina conmigo diciendo: «Todos los hombres deben morir», a lo que Daenerys responde: «Sí, pero no somos hombres». Es un momento feminista muy simbólico del guion, con Missandei esbozando esa sonrisilla. Para el personaje, era el instante preciso en que se daba cuenta de que con Daenerys estaba en manos más seguras y de que aquella mujer era una fuerza a tener en cuenta.

Tras esa toma, David Benioff se acercó a mí y me dijo: «Ya formas parte de *Juego de tronos* oficialmente», y fue lo mejor que podría haberme dicho nadie. Mi corazoncito explotó.

JACOB ANDERSON: Más tarde alguien me contó que, cuando me seleccionaron para el papel, Benioff había dicho que yo estaba «bien pero demasiado delgado». ¡Pero a mí nunca me lo comentó! Si me lo hubieran dicho, me habría musculado.

NATHALIE EMMANUEL: Conocía el trabajo de Jacob en la película *Adulthood* y me hacía ilusión actuar con él. Somos los dos únicos personajes de color de la serie, y siempre está bien tener cerca a alguien con quien has compartido ciertas experiencias.

La primera escena de Jacob fue en la que los oficiales del ejército de los Inmaculados lo eligen como líder y Daenerys le dice que puede escoger su nombre libre. Pero todo el diálogo es en valyrio. Recuerdo que en la primera toma Jacob hizo una interpretación increíble y que Emilia y yo nos miramos como pensando: «Vaya, esto es alucinante». Pronunció el discurso con una genialidad y una convicción tremendas, a pesar de que estaba diciendo palabras inventadas. «Da igual lo que salga de tu boca, ¡te creemos!».

JACOB ANDERSON: Recuerdo sentirme impresionado por tener a Emilia y Nathalie dándome la réplica en esa escena. No conocía a nadie, pero las dos me apoyaron mucho y fueron muy amables, y eso era justo lo que necesitaba. Pensé: «Si este papel consiste en trabajar con estas dos, voy a estar a gusto».

NATHALIE EMMANUEL: Jacob, Emilia y yo formamos nuestro grupito y nos lo pasábamos muy bien juntos. Jacob siempre tenía muy presente que nosotras dos éramos las únicas mujeres que había por allí, y lo adorábamos por ello.

El trío de actores se convirtió en una pandilla muy unida durante el resto de la serie, y Clarke solía improvisar juegos para que ninguno de ellos se aburriera durante los tiempos muertos en el rodaje (por ejemplo, todo el mundo tenía que dibujar un animal en quince segundos y luego comparaban los resultados; «A veces somos como críos de cuatro años», declaró Clarke).

Un compañero de Daenerys en la tercera temporada cambió de manera notable: en dicha temporada, Ed Skrein interpretaba a Daario Naharis, el atractivo mercenario de los Segundos Hijos, y lo cambiaron por Michiel Huisman para las temporadas cuatro a seis. Skrein había declarado anteriormente que la razón era «política». Fuentes del rodaje sostienen que la voz de Skrein no encajaba del todo con el personaje y tenían que doblar sus intervenciones.

MICHELLE MacLAREN (directora): El chico era encantador y tenía talento, pero no era la combinación adecuada, y esas cosas a veces ocurren. Me impresionó que [los productores] afrontaran la situación sin explicar nada. Fue como: «Bueno, pues ahora hay otro actor pero es el mismo personaje, así que adelante».

Mientras Daenerys ganaba aliados en el desierto, el ejército de los salvajes capturaba a Jon Nieve en el páramo helado de más allá del Muro.

En una línea narrativa que se extendió a lo largo de las temporadas segunda y tercera de la serie, Jon Nieve se infiltraba en el pueblo libre y fingía ser un desertor de la Guardia de la Noche con el objetivo de averiguar los planes de los salvajes para invadir el sur. Allí conocía a la salvaje Ygritte y, desafiando sus votos, se enamoraba de ella.

Harington recordó el momento en que conoció a Leslie, con la que siete años más tarde se casaría en la vida real.

KIT HARINGTON (Jon Nieve): Busqué a Rose en Google cuando me enteré de que iba a interpretar el papel. Luego la conocí en una prueba de vestuario, así que la primera vez que la vi en mi vida Rose iba vestida de Ygritte. Me ofreció una galleta de jengibre, un detalle muy tierno. Me encandiló por completo. También me impresionó su representación del personaje, que me pareció una genialidad.

DAVID NUTTER (director): Yo era el director el día en que se conocieron. La primera escena que rodamos fue el ataque de la Guardia de la Noche a los salvajes, cuando él le pone una espada en el cuello a Ygritte y está a punto de matarla. Kit me dijo que había sido el día más feliz de su vida. Se notaba que había chispa de verdad.

ALEX GRAVES: Compartían escenas preciosas, románticas, en las que no se mataba a nadie... Y en *Juego de tronos* eso es raro. Creo que no me di cuenta de que eran pareja hasta más tarde. Se los veía muy felices juntos. Todos pensábamos: «¿Salen juntos? Si no, deberían».

KIT HARINGTON: Creo que empecé a sentir quién era Jon Nieve en la segunda temporada. Cuando Jon conoce a Ygritte, ella lo pone a prueba y le trastoca todo su mundo. Él tiene que tratar con un ser luchador y diferente, y ella no para de putearlo, y es así como llegas a ver quién es Jon en realidad. No creo que haya mucha gente que señale la segunda temporada como muy destacable, pero para mí fue la más especial.

Para las secuencias ambientadas al norte del Muro, los productores querían un paisaje más desolado y convincentemente invernal que lo que podía lograrse adornando una localización de Irlanda del Norte con nieve falsa y una capa de efectos por ordenador. La solución sería la primera de las varias excursiones del equipo a Islandia, un país que proporcionó algunos de los elementos visuales más imponentes de la serie, además de varios de sus días más duros.

BERNADETTE CAULFIELD (productora ejecutiva): [El productor] Chris Newman, cuya esposa es islandesa, me envió una foto antes de la segunda temporada: «Sé que el año que viene nos vamos al norte del Muro y he pensado en Islandia, ¿qué te parece esto?». Y yo: «¡Es justo lo que necesitamos!». Así que hablé con David y Dan y me preguntaron: «¿Crees que podemos hacerlo?» y, como siempre, no me hizo falta oír más. «¡Pues claro que podemos!» Luego salí del despacho pensando «¿Cómo cojones lo hacemos?».

El caso es que diseñamos todo un plan para desplazar a Islandia un equipo más pequeño con el poquísimo dinero que teníamos en aquel momento. Y cuando empezó a acercarse el momento del rodaje, cómo no, resultó que en Islandia no nevaba. Todos los días preguntaba a Chris: «¿Cae algo?». «Todavía no.» Como productora, te sientes responsable incluso por las cosas que escapan a tu control.

CHRISTOPHER NEWMAN (productor): Para mí fue un poco estresante, porque era yo el que había convencido a todo el mundo de desplazarse hasta allí.

BERNADETTE CAULFIELD: Al final Chris suelta: «Voy a pedirles que metan una bolsa de nieve [falsa] con el resto del equipo». Y yo: «¡Chris, una bolsa de nieve no va a solucionarnos nada!». Y él: «¡Ya lo sé, pero algo tengo que hacer!».

Justo tres días antes del inicio del rodaje, comenzó a nevar en Islandia.

Pero luego no paraba.

DAVID BENIOFF: Llegamos y había una tormenta de nieve. Por la mañana iba conduciendo hacia el escenario por una carreterilla minúscula que subía por las montañas. Tuvimos que apartar nuestro Land Cruiser hacia la cuneta para dejar que pasara otro coche. Intentamos volver a la carretera, pero nuestro coche se había quedado atascado en un banco de nieve inmenso. Estábamos inmovilizados por completo. Tratamos de quitar la nieve con palas, pero no podíamos salir. Así que tuvo que venir a buscarnos una furgoneta de producción y avanzamos alrededor de un kilómetro más, pero entonces la furgoneta se quedó atascada en una zanja. Después vino un camión y sacó la furgoneta, pero la cuerda se rompió. *Así* de difícil era llegar al escenario.

DAVID NUTTER: Estábamos buscando una localización y teníamos que ir conduciendo el Jeep con más de un metro de nieve. Nos salimos de la carretera. Por suerte, nos salimos por el lado de la montaña, no por el lado del acantilado, pero el coche volcó y yo me bajé de un salto. Fue en plan: «Vale, utilizaremos esa otra localización que está al pie de la montaña».

CHRISTOPHER NEWMAN: Llegó un momento en que la nieve caía con tal fuerza que nos quedamos atrapados en el hotel y no podíamos ir a ningún sitio salvo caminando. Así que dijimos a Alan Taylor, el director, «Tú sal del hotel». Cogimos la única cámara que teníamos y rodó la escena en la que Samwell oye los tres cuernos que señalan el ataque en el Puño de los Primeros Hombres. La hicieron justo en la puerta, a la vista desde el comedor del hotel. Aun así, es extraordinaria porque el hotel estaba justo debajo de una montaña. A veces terminas rodando mejor una escena cuando algo no va bien.

DAVID BENIOFF: El viento soplaba con muchísima fuerza. Había una toma en la que Samwell hablaba con Jon. Estábamos enfocando a Samwell, que hablaba y parecía más o menos normal. Entonces cortamos hacia Jon, y cuando volvimos a cortar para un plano de Samwell, parecía el Padre Tiempo, con nieve y hielo que se le habían congelado en la cara en cuestión de segundos.

BERNADETTE CAULFIELD: Y además había un montón de rumores de que el volcán de Islandia iba a volver a estallar, lo cual habría sido un desastre. Chris y yo nos dijimos: «Mejor no se lo contamos a nadie, que quede entre nosotros».

KIT HARINGTON: Era como hacer cine de guerrilla. Un día estuvimos a menos treinta y siete grados, con una ventisca helada. Hubo un momento en que tuve que gritar: «¡Para!», porque Rose iba caminando de espaldas hacia una caída de ciento cincuenta metros. Hubo otra vez en que estábamos todos en un lago helado cuando oímos un crujido enorme bajo la superficie y tuvimos que salir corriendo.

ALAN TAYLOR: Los ingleses echamos todos a correr hacia la orilla, pero los islandeses siguieron caminando como si nada.

ROSE LESLIE (Ygritte): Caminas como puedes por la nieve e intentas que el esfuerzo no se note en cámara, porque es un terreno bastante accidentado. Es el hogar de Ygritte, se siente de lo más cómoda en este entorno concreto, así que no puede dar la sensación de que le está costando una barbaridad subir una montaña, pero yo iba como jadeando por dentro.

JOHN BRADLEY (Samwell Tarly): Decíamos: «No volveremos a quejarnos nunca más del mes de noviembre en Belfast», aunque claro que volvimos a quejarnos. También fue algo muy especial. Es un lugar de una belleza extraordinaria. Estás en un glaciar y miras en cierta dirección y no ves ni rastro del mundo moderno por ningún sitio. Está igual que hace un millón de años. Yo estaba allí, contemplando aquella vista y acompañado de mis amigos y colegas, a los que quiero y respeto, y me di cuenta de lo afortunado que era.

DAN WEISS: En su segundo día de rodaje, me acerqué a Kit y era como si estuviera en éxtasis. Me dijo: «Nunca había tenido un día de rodaje que me gustara tanto como este». Estaba tan entusiasmado y tan feliz que resultaba contagioso.

Cuando el equipo de *Juego de tronos* volvió a Islandia para la tercera temporada, el rodaje se complicó debido a que Harington se lesionó antes del primer día. «Una noche me dejé las llaves dentro de la casa, así que después de volver de borrachera intenté trepar hasta la... ventana, pero caí de espaldas y me rompí el tobillo por cuatro sitios —declaró Harington al periódico británico *The Daily Mail* en aquella época—. Los médicos me preguntaron si me habían pillado con la esposa de otro y había tenido que saltar por la ventana. Tuve que contestar que no, pero esa historia habría sido mucho más emocionante.»

Harington parecía despreocupado, pero por dentro se sentía fatal por el accidente y le inquietaba el impacto que su lesión pudiera tener en la serie.

KIT HARINGTON: Eso fue lo que ocurrió. No me pareció que tuviera por qué mentir a nadie. Me comporté como un idiota. La invencibilidad de la juventud. El director de producción tuvo que reajustar la programación de todo el mundo en torno a la mía, así que le regalé una buena botella de whisky porque me sentía muy culpable. Estoy seguro de que hablaban pestes de mí a mis espaldas.

Se cambió la programación entera para retrasar dos meses todas las escenas de Jon Nieve. De cara al público, la producción restó importancia a la lesión de Harington y dio a entender que el actor solo tenía una leve cojera. Pero se utilizó un doble de cuerpo en parte del metraje de Jon Nieve y se redujeron los momentos de acción de Harington.

ALEX GRAVES: ¡No podía andar! En aquel momento se decidió mantenerlo en secreto. No queríamos que la gente viera las escenas pensando: «¿Ese es él o no?». Diseñé una manera de rodar y montar las escenas de forma que Kit echaba a andar, luego cortábamos hacia Ygritte y al final él terminaba a su lado. Después hicimos todos los planos generales con un doble de cuerpo.

KIT HARINGTON: Aunque no fuera más que una persona caminando, me costaba muchísimo no acercarme al tío que me doblaba y decirle que hiciera las cosas de otra manera. Nunca piensas que hayas creado unos andares concretos para un personaje, pero hubo un par de tomas en las que me fijé en cómo se movía y pensé: «No, así no está bien».

Entre la operación intracraneal de Clarke y el tobillo de Harington, los productores empezaron a plantearse la facilidad con que la serie podría irse al traste para siempre debido a una desgracia fortuita e imprevisible. *Juego de tronos* tenía una larga lista de personajes considerados esenciales para la historia. Que a uno de los actores principales le ocurriera una desgracia, o que un intérprete que estuviera alcanzando el estrellato abandonase la producción para aceptar un papel codiciado en una película, provocó una especie de ansiedad de fondo que duró hasta la última toma de la serie.

DAN WEISS: Los accidentes ocurren. Pero si la caída de Kit hubiera tenido otras consecuencias, habría dejado de aparecer en la serie. Teníamos a mucha gente, y las probabilidades de que a alguien le sucediera algo que le imposibilitara seguir adelante empezaron a parecernos bastante altas.

Durante la tercera temporada, Harington volvió a Belfast para rodar el resto de su trama, que incluía una escena en la que Jon Nieve e Ygritte hacían el amor en un manantial oculto en una cueva. «[Harington] fue, como siempre, un caballero —dijo Leslie a unos periodistas acerca de la escena en la cueva—. Se aseguró de que me sintiera cómoda con dónde iba a estar colocado y siempre se daba la vuelta cuando gritaban «¡Corten!» y las encantadoras señoras de vestuario entraban con una bata y me tapaban. Hizo todo lo posible para que no me sintiera abochornada por estar delante de todo el mundo con las tetas al aire. A ver, nunca va a ser un día agradable, siempre va a ser incómodo, pero tanto él como el resto del equipo se mostraron muy considerados».

KIT HARINGTON: [La escena de la cueva] fue increíble. En un mundo nefasto, oscuro, donde no sucede nada bueno y hay muy poca alegría, esa escena es uno de los escasísimos momentos felices en los que puedes escapar de las sombras y el horror de Poniente. En los rodajes siempre te prometen que el agua estará caliente. Y una mierda: tú sabes que estará fría. Pero esa vez sí que nos prepararon un baño calentito.

ALEX GRAVES: Kit dijo que quería saltar al estanque con Ygritte. Y yo venga a decirle: «¿Estás seguro de que puedes con el tobillo así?». Pero me contestó que usaría la otra pierna. Así que se desnudó y se metió dentro de un salto.

Más tarde, el dúo escalaba el Muro con sus compañeros salvajes Tormund (Kristofer Hivju) y Orell (Mackenzie Crook). En realidad el Muro era una superficie «helada» de yeso y poliestireno que medía quince metros de altura y se había construido dentro de un estudio. Como si fuera de hielo de verdad, los actores podían utilizar hachas para trepar por él.

KIT HARINGTON: Cada vez que entrabas en un escenario nuevo de *Juego de tronos* era como: «Joder, han vuelto a superarse». Recuerdo que intentamos trepar el muro uno por uno [antes de rodar]. Mackenzie y yo llegamos un poco más arriba que Rose, pero muy poquito, clavando una piqueta tras otra hasta que ya no pudimos seguir cargando con nuestro propio peso con el traje y demás. Kristofer escaló el muro entero a la primera y estuvo a punto de destrozarlo. Nunca he conocido a nadie que se parezca tanto a su personaje.

El ascenso concluye con la toma más romántica de la serie: los amantes condenados, Jon e Ygritte, se besan en la cima del mundo, un momento de felicidad antes de la inevitable oscuridad que está por venir.

KIT HARINGTON: La toma en lo alto del Muro es una de mis favoritas de todo *Juego de tronos*. Yo diría que es el mejor lugar en el que Jon llega a encontrarse en la serie. Por ahí circula una grabación interna en la que se ve que hay gente apuntándonos con ventiladores y que estamos rodeados por el asistente de dirección, los del departamento de arte y el director. Creo que para mí ese es el resumen de *Juego de tronos*. Porque, quitando todo el asunto de las pantallas verdes, lo que queda es un momento precioso en el que estaba besando a mi futura esposa. Recuerdo que no quería que cortaran. Pensaba: «Por favor, no cortéis, esto es perfecto».

Poco después, Ygritte descubriría que Jon Nieve seguía siendo leal a la Guardia de la Noche... y le disparaba tres flechas para mostrar su descontento. La relación entre ambos personajes alcanza su trágico final durante el ataque de los salvajes contra el Castillo Negro, cuya dirección volvió a estar a cargo de Neil Marshall. Fue otro rodaje extenuante bajo una lluvia implacable. Durante un inesperado momento culminante, el abusivo Ser Alliser Thorne se convierte, para variar, en el héroe que blande la espada encabezando una incursión contra los salvajes.

OWEN TEALE (Alliser Thorne): Ese fue mi momento Enrique V. Aquella noche llovía tanto que era como *Blade Runner*. Colocaron unos cuantos tablones que bajaban como una pasarela para que pudiéramos entrar en el patio, porque caía muchísima agua en una zona muy pequeña. Pero en los pocos minutos que transcurrieron hasta que empezamos a grabar, había caído tanta agua que los tablones se habían ido flotando. Nos dijeron: «¡Seguid como si nada!». Fue de lo más vigorizante.

Cuando Jon Nieve volvía a encontrarse cara a cara con Ygritte, esta tenía una flecha cargada y preparada para disparársela al corazón. Jon no pudo contenerse. Sonrió, encantado de volver a verla.

NEIL MARSHALL (director): Le comenté a Kit: «Da igual lo que haya sucedido entre vosotros. Tú la amas». Y entonces se da ese breve instante de la sonrisa, que enseguida queda aniquilado por la tragedia que lo sigue, lo cual contribuyó muchísimo a ese momento decisivo.

ROSE LESLIE: Ygritte no disparaba para matarlo [en escenas previas de la temporada]. No disparaba para detenerlo. Creo que lo hacía para herirlo, para que no pudiera levantarse y marcharse sin ninguna consecuencia. Quería que Jon pagara por sus actos. Está enamorada de él y no es capaz de obligarse a matarlo. Si hubiera querido, podría haberlo hecho con un solo movimiento, clavándole una flecha en el corazón. Al final lo mira [en el Castillo Negro] y no consigue hacerlo, vacila. Esa vacilación es su ruina. Es maravilloso que estuviera en brazos de Jon Nieve.

En *Tormenta de espadas*, la novela de Martin, Jon encontraba el cadáver de Ygritte después de la batalla, al parecer víctima de la flecha aleatoria de un hombre de la Guardia de la Noche. En *Juego de tronos*, al principio los guionistas escribieron una escena en la que Jon se dirige hacia Ygritte y ella recibe el disparo por la espalda de un tirador anónimo. Luego se dieron cuenta de que el asesino de Ygritte podía ser Olly (Brenock O'Connor), el huérfano resentido cuyos padres habían muerto a manos de los salvajes.

NEIL MARSHALL: Olly era un personaje que en principio no iba a tener un papel tan extenso en la serie. Se suponía que mataban a sus padres, corría hacia el Muro y se acabó. Es un ejemplo de cuando los guionistas empiezan a pensar: «Un segundo, aquí hay una historia mejor», y entonces termina siendo el asesino de Ygritte.

Cuando Jon acuna a Ygritte en sus brazos, otra cosa que quise hacer fue que la batalla siguiera bramando a su alrededor a cámara lenta. Si seguíamos en plena contienda, se habría comido el momento. Necesitaba separarlos de la batalla en la mente del espectador de alguna manera. Pero en aquel momento la cámara lenta no formaba parte del lenguaje visual de *Juego de tronos*, así que tuve que discutirlo con Dan y David. Estoy muy orgulloso de esa toma.

DAVID BENIOFF: Los segundos que pasan desde que Jon la ve hasta que Ygritte muere son algunos de los más potentes que hemos plasmado en la pantalla. La gente habla de química. La química entre Kit y Rose era algo que no podía fingirse por muy buenos que fueran los actores o el director.

ROSE LESLIE: Me hicieron una despedida maravillosa. Después de mi última toma, me regalaron mi arco y mi flecha. En la parte que se sujeta con la mano izquierda, sustituyeron el mugriento forro de los salvajes por cuero blanco y grabaron el emblema de una rosa. Fue precioso. Ygritte es un personaje tremendamente independiente, y me encantó interpretarla.

CAPÍTULO 10

———◆———

«ESTO VA A ESTAR BIEN»

Una lluvia gélida aguijoneaba una exuberante cumbre verde mientras Nikolaj Coster-Waldau, cubierto de barro, se tomaba un descanso del rodaje. Era una de esas deprimentes noches nordirlandesas en las que los miembros del equipo de *Juego de tronos* anhelaban los escasos momentos en que podían acurrucarse junto a un radiador o tomar una taza de té caliente. Y sin embargo, ahí estaba Coster-Waldau, todo sonrisas a pesar de que la lluvia le corría por la barba entrecana. «En realidad me gusta mucho —dijo con bastante convencimiento el actor que encarnaba a Jaime Lannister—. No me importa tener obstáculos físicos porque así es más fácil olvidar que estás actuando. No te conviene pensar en las frases, sino estar en el momento. Las escenas más difíciles son esas en las que tienes que hablar sentado en torno a una mesa».

Corría octubre de 2012 y Coster-Waldau se había visto encadenado en el barro una vez más. Al menos en esa ocasión tenía compañía, ya que estaba con Gwendoline Christie, que interpretaba a Brienne de Tarth, la captora de Jaime que terminaba transformada en su camarada cautiva. Christie mostró las muñecas atadas y levantó la mirada hacia un visitante dedicándole una gran sonrisa. «¡Solo puedo estrechar la mano con los ojos!», exclamó.

Aunque Jaime había aparecido por primera vez en el capítulo inaugural de la serie y Brienne se sumó a *Juego de tronos* a principios de la segunda temporada, no fue hasta la tercera cuando sus dos personajes ganaron profundidad. De la misma manera que

Ygritte ayudó a desvelar nuevas facetas de Jon Nieve, Jaime y Brienne se sacaron mutuamente de sus respectivas armaduras emocionales.

Entre bambalinas, la relación de Coster-Waldau y Christie era un reflejo tal de la de Jaime y Brienne que presenciarlo resultaba surrealista y graciosísimo. El dúo intercambiaba insultos cáusticos mezclados con esporádicos y en apariencia reticentes reconocimientos de profundo respeto. Pero el día que se conocieron empezaron con mal pie.

GWENDOLINE CHRISTIE (Brienne de Tarth): Yo estaba más que cohibida, y me había enamorado de mi personaje. Además había visto la serie, y nunca había participado en una producción que ya hubiera visto, así que todo aquello era una experiencia nueva para mí. Había visto a Nikolaj y lo imponente que estaba en la primera temporada. Me sentía muy intimidada.

En uno de mis primeros días de rodaje, me dijeron que Nikolaj estaba en la caravana de maquillaje y que debería ir a saludarlo. No quería, me daba demasiada vergüenza. Me dijeron: «No te preocupes, seguro que es majo contigo». Así que entré y dije: «Hola, me llamo Gwen —y añadí—: hago de Brienne».

Él se limitó a mirarme de arriba abajo como si fuera un alienígena de otro planeta, tal vez una montaña de estiércol, y luego me dijo: «Ah, o sea que eres *tú*, ¿eh?».

Me sentí muy incómoda. Contesté: «Sí». Y él me dijo: «Vale», y se volvió para seguir mirándose en el espejo. Me sentí fatal.

NIKOLAJ COSTER-WALDAU (Jaime Lannister): No para de contar esa historia de que fui muy maleducado con ella cuando nos conocimos. Yo no lo recuerdo para nada.

GWENDOLINE CHRISTIE: ¡Lo ha negado! ¡Lo ha negado en público! Me lo ha negado a la cara en privado. Pero cuando lo niega en privado, se ríe. A veces Nikolaj tiene una memoria muy muy selectiva.

NIKOLAJ COSTER-WALDAU: Lo que sí recuerdo es que se había llevado un disgusto por tener que cortarse el pelo para el papel. Yo soy un tío muy insensible. Seguro que no comprendí lo disgustada que estaba por perder su pelo e hice alguna broma tonta que sin duda le ha dejado una cicatriz interna, porque no para de sacar el tema una y otra vez.

GWENDOLINE CHRISTIE: Así que al día siguiente estábamos rodando y lo primero que me dice es: «¿Te sabes tus frases?». Y yo contesté: «¡Buenos días!». Y él: «¿Te sabes tus frases». Y le solté: «Sí, me sé *mis* frases. ¿Te sabes tú las *tuyas*?».

Después subimos en la furgoneta para ir al escenario y empezamos a discutir. Nos fastidiábamos mutuamente, pero también nos reíamos. Oscilaba entre lo bastante brutal y lo muy divertido.

Así que le pregunté: «¿Eres de método?», y él respondió: «No, no soy de método. ¿Y tú? Porque si lo eres, esto va a ser agotador». Y le dije: «Yo hago lo que quiero».

Me estaba tocando las narices de verdad. Y entonces él dijo: «Esto va a estar bien». Vi algo en él que hizo que me diera cuenta de que no hablaba en serio. Y aquello marcó el tono.

NIKOLAJ COSTER-WALDAU: Ambos acordamos enseguida, para fastidio de todos los que nos rodeaban, que continuaríamos representando esos dos personajes. Había una continuación constante del parloteo entre Jaime y Brienne tanto dentro como fuera del rodaje.

GWENDOLINE CHRISTIE: Nikolaj me atormentaba y torturaba. Lo hacía por las noches. Lo hacía en los acontecimientos sociales. Lo hacía a primera hora de la mañana. Lo hacía cuando yo estaba en la puerta de mi caravana.

NIKOLAJ COSTER-WALDAU: Gwen es muy aguda y graciosísima. Me daba unos cortes tremendos, y yo intentaba devolvérselos en vano.

GWENDOLINE CHRISTIE: Un día que estábamos en la caravana para que nos peinaran —un momento que lo hace parecer muy poco listo, en el que se decepciona a sí mismo—, me dijo: «Te pareces a un perro que sale en *Un chihuahua de Beverly Hills*, una peli que he visto con mis hijos». Y yo: «Todas y cada una de las personas involucradas en esta producción piensan que eres idiota».

Pero cuando se trataba de su interpretación, ambos actores se ponían serios. Una de sus primeras escenas destacadas transcurría en un puente, cuando Jaime se hacía con una espada e intentaba matar a Brienne. La pelea fue particularmente significativa para Christie, que había entrenado durante meses como preparación para su primera escena de combate.

GWENDOLINE CHRISTIE: Nikolaj ya era todo un experto en esgrima. Se aprendió la batalla muy rápido, puede que en una hora, y se marchó a Dinamarca. Yo tardé mucho más. Obviamente, se supone que Brienne posee una destreza, una resistencia y una energía tremendas. Así que me quedaba mucho trabajo por delante. Entrené durante meses; me chuté proteínas.

DAN WEISS (*showrunner*; creador y responsable de la serie): Mantuvimos una charla de veinticinco minutos sobre la creatina y si debería usarse o no.

Como muchas de las peleas de *Juego de tronos*, la secuencia no iba solo de ganar o sobrevivir, sino también de proporcionar a los espectadores una nueva perspectiva acerca de los personajes.

GWENDOLINE CHRISTIE: En el libro, la lucha con espadas era sensacional porque contaba la historia del inicio de esta relación, que es muchas cosas distintas. Brienne lucha porque no tiene otro remedio. No quiere matarlo. Me pareció interesante, porque estamos muy acostumbrados a ver enfrentamientos motivados por la emoción o el ansia de poder. En el caso de Brienne, las peleas siempre tienen que ver con impartir justicia. Para Jaime Lannister, se trataba de establecer el estatus, y Brienne de Tarth lo está desplazando de esa posición. Le está explicando quién es la jefa.

El enfrentamiento también mostraba sus personalidades. Se veía que Brienne era directa y más estable, además de muy fuerte. El estilo de Jaime era rápido, voluble y taimado. Era una representación del carácter y la naturaleza de cada personaje, y de su forma de tantearse el uno al otro.

NIKOLAJ COSTER-WALDAU: Para sorpresa de Jaime, Brienne no lucha por su vida. Es una mujer honrada y ha hecho la promesa de llevarlo a Desembarco del Rey. También fue un combate muy distinto porque yo seguía teniendo las manos atadas.

DANIEL MINAHAN (director): Llevaba días sin parar de llover, y el precioso puente antiguo en el que estábamos rodando —y que el departamento de arte había cubierto de hierbajos— pasó a ser como caminar sobre mantequilla de cacahuete. Estaba increíblemente viscoso y resbaladizo. Así que los actores tenían que enfrentarse también a ello, como si combatieran sobre una piel de plátano.

GWENDOLINE CHRISTIE: Lo disfruté hasta el último segundo. Durante esa pelea encontré mi vigor interior, mi fuerza como mujer, que me hizo más grande y potente. Sentí una especie de fuerza en la mandíbula, así que la proyecté hacia delante, y eso me hizo experimentar cierto poder. Me gustó mucho actuar de una forma física y no tratar de parecer delicada o sexual, solo mostrarme abiertamente fuerte y volver a reducir a ese hombre difícil e irritante al nivel de prisionero. Nikolaj y yo nos conocimos de verdad durante aquella secuencia. Me dijo: «Dios, has trabajado un montón en esto».

DAVID BENIOFF (*showrunner*; creador y responsable de la serie): Gwen se alegró muchísimo cuando Nikolaj le dijo: «¿Puedes golpearme un diez por ciento menos fuerte?».

Más adelante, Locke, el sádico cazador de Roose Bolton, captura al dúo. En una de las escenas más estremecedoras de la serie, Locke amputa la mano a Jaime como castigo por intentar sobornarlo con la riqueza y el poder de la familia Lannister. El día del rodaje, Coster-Waldau tenía la gripe y se encontraba fatal, lo cual contribuyó a la fatiga de su personaje.

NIKOLAJ COSTER-WALDAU: Solo podía quedarme tumbado. Al final logré llegar al escenario. No recuerdo mucho de esa escena, aparte de gritar cuando me cortaban la mano. Tenía un aspecto horrible, y me sentía así. Fue uno de mis escasos momentos de actuación de método.

DAVID NUTTER (director): Nikolaj me causó una impresión de narices. Se lanzó a hacerlo a lo bruto y como debía ser, metiéndose en el barro y yendo a por todas.

¿Tal vez demasiado a lo bruto? Cuando filmaban una escena en la que Locke patea a Jaime mientras este está retorciéndose en el suelo, uno de los golpes impactó con tal fuerza contra Coster-Waldau que le partió una costilla. Cuando le preguntaron por el incidente, el actor le restó importancia.

NIKOLAJ COSTER-WALDAU: Locke no veía dónde caían las patadas y calculó mal.

Locke llevaba a Jaime y Brienne a Harrenhal, donde Roose Bolton (Michael McElhatton) concedía a los prisioneros un descanso de su calvario. En la sala de baños, Jaime incomodaba a Brienne metiéndose con ella en una bañera humeante, desnudo y sin que lo invitaran. Era una escena fundamental en *Tormenta de espadas*, la tercera novela de Martin, y Coster-Waldau llevaba años deseando rodarla.

NIKOLAJ COSTER-WALDAU: Durante las dos primeras temporadas, Jaime se está preparando para la escena de la bañera. Yo sabía que iba a ser importante para que se convirtiera en algo más que un personaje inmoral, precavido y unidimensional; así es como sobrevive, recurriendo a su arrogancia y sus habilidades para la lucha, y al hecho de que es un Lannister.

BRYAN COGMAN (coproductor ejecutivo): La rodamos bien entrada la noche. Resulta que filmar en una bañera es un poco complicado. Y los actores estaban en una posición muy vulnerable: ninguno de los dos llevaba ni una sola prenda encima, y tenían que recurrir a registros muy emocionales durante una escena larga que requería mucha cobertura.

NIKOLAJ COSTER-WALDAU: Fue uno de los mejores días en *Juego de tronos*, tanto para mí como para Gwen. Fue una jornada muy larga, y estás en el agua y hay un montón de obstáculos.

ALEX GRAVES (director): En aquel momento dije a David y a Dan: «Jaime y Brienne se están enamorando, ¿verdad?». Siempre te daban la menor cantidad de información posible. Me contestaron: «Sí, pero ellos no lo saben».

Al principio de la escena, Jaime se mostraba tan irrespetuoso con Brienne como siempre, pero, tras una ofensa que se pasaba de la raya, ella se ponía en pie en la bañera para plantarle cara y su cuerpo quedaba expuesto.

GWENDOLINE CHRISTIE: Cuando Brienne se pone de pie desnuda ante él, es un acto de desafío. No es en absoluto gratuito. Está enfadada, quiere largarse de allí, pero Jaime está en medio. En ese momento, ella cobra conciencia del poder de su feminidad sin la armadura, sin las peleas, sin matar a nadie; está frente a ese hombre con el que mantiene una relación muy complicada. Él la ha salvado de una violación brutal, y ella todavía no alcanza a entender a Jaime. Y él la lleva al límite en ese momento.

Son muchas partes de mi vida con las que he tenido que lidiar, con las que muchos millones de personas han tenido que lidiar: ser una marginada, sentirte fea, tener que superar que tu aspecto es diferente al de los demás. Brienne supera los problemas relacionados con su feminidad, su vulnerabilidad y su género, y encuentra el poder no solo de lo que significa ser mujer, sino también de quién es ella como mujer. Después de eso, nada vuelve a ser igual.

ALEX GRAVES: Jaime y Brienne tienen todas las razones del mundo para odiarse mutuamente, pero no pueden evitar sentir respeto uno por el otro. Es una gran historia asexuada acerca de quiénes son las personas. Jaime siente algo por una mujer que se parece a él en lugar de parecerse a Cersei, la única mujer que ha conocido en su vida. Así que el personaje que se queda abrumado en esa escena no es Brienne, sino Jaime.

NIKOLAJ COSTER-WALDAU: Jaime nunca había conocido a nadie como ella. Se veía reflejado en Brienne. Toda su vida estaba basada en secretos y en no poder confiar en nadie.

La reacción de Brienne provocaba que Jaime hiciera algo que no lo habíamos visto hacer nunca: disculparse. Entonces le confesaba a una Brienne estupefacta y sin palabras el verdadero trasfondo de su acto más infame —el asesinato del Rey Loco— y que al traicionar su juramento de la Guardia Real había salvado a los habitantes de Desembarco del Rey. Ambos personajes estaban haciendo lo que les resultaba lo más difícil del mundo: en el caso de Brienne, mostrarse vulnerable a nivel físico; y en el de Jaime, mostrarse vulnerable a nivel emocional.

NIKOLAJ COSTER-WALDAU: El orgullo de Jaime es lo que le impide hablar de aquello que él considera la inmensa injusticia de lo que le sucedió con el Rey Loco. Su orgullo le había impedido decir «Por cierto...». Por fin lo vemos abrirse.

ALEX GRAVES: Grabamos un acercamiento muy largo y lento a él durante ese discurso, pero la grúa de la cámara empezó a hacer una especie de resuello horrible más o menos cada diez segundos mientras se movía. En el ensayo no había pasado eso; tuvimos muy mala suerte. Nadie era capaz de conseguir que se callara. Nikolaj dijo: «No quiero pasar esta escena a más adelante, así que sigamos». Se aprendió el patrón del ruido y actuó evitándolo. Ahí sí que había un actor declarando: «Voy a hacer esto, y nada conseguirá detenerme».

BRYAN COGMAN: Recuerdo sobre todo la toma en la que grita: «¿Con qué derecho puede el lobo juzgar al león?». Fue uno de esos momentos trascendentales en los que el actor sencillamente desaparece.

GWENDOLINE CHRISTIE: Cuando pienso en ello ahora, me doy cuenta de la gran suerte que tuve de trabajar con Nikolaj. Me fortaleció como actriz, y nunca me hizo sentir insegura ni insignificante por mi falta de experiencia, y desde luego tampoco por mi género. Me trató como a una igual a pesar de que él era el actor más experto y tenía un papel más importante. Reconocía que me esforzaba, y eso hacía que no me diera miedo forzarlo también a él. Lo disfruté todo muchísimo porque —y aquí tengo que tragar saliva porque me acaba de venir un mal sabor de boca— la verdad es que Nikolaj tiene mucho talento.

CAPÍTULO 11

LA BODA ROJA

Cuántos horrores viscerales y existenciales se comprimían en los últimos instantes del episodio de la tercera temporada al que pusieron el discreto título de «Las lluvias de Castamere».

Entre ellos estaba la muerte de Robb Stark, el héroe que caía bien, el hijo vengador de Ned Stark. Robb era un líder atractivo que ganaba todas las batallas pero que, aun así, perdió la vida por lo que parecía un error perdonable (incumplir su promesa de casarse con la hija de Walder Frey). También estaba la muerte de la madre de Robb, Catelyn, la cautelosa matriarca de la familia Stark, que todavía lloraba la muerte de su marido (además de la de sus hijos Bran y Rickon, según creía ella erróneamente). Catelyn se veía obligada a presenciar el asesinato de Robb y la rabia y la angustia se apoderaban de ella antes de que acabaran también con su vida. Estaba la muerte de Talisa Stark, la esposa curandera de Robb, a la que apuñalaban con saña en su vientre de embarazada. Estaba el hecho de que la secuencia tenía lugar durante lo que por tradición se considera el refugio seguro de una boda, una ocasión que asociamos con nuestra familia, amigos y recuerdos alegres. Y además era una traición. A los Stark no los mataban sus enemigos, sino sus supuestos aliados. También estaba el lobo huargo de Robb, Viento Gris, al que acuchillaban mientras gemía indefenso en su jaula. Y estaba la tragedia de Arya, quien, después de viajar desde tan lejos, descubría justo a las puertas del castillo de los Frey que habían muerto más miembros de su familia.

La Boda Roja ya era horripilante por todos esos motivos, pero además el guion, las interpretaciones y la inquietante dirección a cargo de David Nutter maximizaron su impacto. Desde que los músicos de los Frey comenzaban a tocar con sus instrumentos de cuerda los ominosos acordes de «Las lluvias de Castamere», el himno de los Lannister, hasta el momento en que a Catelyn le rajaban la garganta, transcurrían solo unos seis minutos, y sin embargo se quedan grabados en la memoria para siempre. «Es espantosa y horrible y todo lo que la secuencia tenía que ser —escribió Emily Todd VanDerWerff en *The A.V. Club* después de la emisión del episodio—, y marca una nueva cota de altura en la serie».

GEORGE R. R. MARTIN (autor, coproductor ejecutivo): Lo sabía [que mataría a Robb Stark] casi desde el principio [de la escritura del primer libro]. No el primer día, pero sí muy pronto. Me gusta que mi ficción sea impredecible. Me gusta que haya mucho suspense. Maté a Ned porque todo el mundo creía que era el héroe y que, por supuesto, se metería en líos pero de alguna manera terminaría saliendo de ellos. La siguiente trama predecible era que su primogénito se alzara para vengarlo. Todo el mundo esperaría eso. Así que [matar a Robb] se convirtió en lo siguiente que tenía que hacer.

La Boda Roja se basaba en un par de sucesos reales de la historia de Escocia. Uno fue lo que llamaron la Cena Negra. El rey de Escocia estaba en guerra contra el clan Black Douglas. Se puso en contacto con ellos para hacer las paces y ofreció salvoconducto al joven conde de Douglas. Este se dirigió al castillo de Edimburgo y celebraron un gran banquete. Luego, al final del banquete, [los hombres del rey] empezaron a aporrear un solo tambor. Sacaron una bandeja cubierta, la dejaron delante del conde y desvelaron que contenía la cabeza de un jabalí negro, el símbolo de la muerte. En cuanto la vio, el conde supo qué significaba. Lo ejecutaron en el patio.

El otro suceso, más importante, fue la Masacre de Glencoe. El clan MacDonald y el clan Campbell pernoctaban juntos, y se suponía que se respetarían las leyes de hospitalidad. Pero los Campbell se levantaron y empezaron a masacrar a todo MacDonald al que pudieron echar mano.

Da igual lo que me invente, en la historia hay cosas igual de malas o peores.

DAVID BENIOFF (*showrunner*; creador y responsable de la serie): En el libro, cuando la orquesta empezaba a tocar «Las lluvias de Castamere», sabías que iba a ocurrir algo malo. Es la reacción física más fuerte que he tenido en mi vida a algo que estaba leyendo. No quería pasar la página.

DAN WEISS (*showrunner*; creador y responsable de la serie): Siempre nos decíamos que si llegábamos hasta el momento de la Boda Roja, y si lo hacíamos bien, si le hacíamos justicia, entonces [la serie] estaría en un punto bastante bueno. La energía que inyectaba en la historia bastaría para llevarnos hasta el final de la serie.

GEORGE R. R. MARTIN: La esposa de Robb en la serie tal vez sea la primera desviación importante respecto a los libros. David y Dan cambiaron su historia anterior por completo. En la serie, Talisa es una curandera de Volantis y tiene mucha personalidad. En los libros, Robb se casa con Jeyne Westerling, una hija de una casa lacaya de los Lannister a la que conocía mientras batallaba en el oeste. Es una cosa al estilo Florence Nightingale: a él lo hieren y ella lo cuida hasta que recobra la salud.

Además, Jeyne sigue viva en los libros. Mi versión de Robb era: «Sí, va a ser peligroso asistir a la boda, así que creo que no llevaré a mi esposa. La odiarán porque es la mujer con la que me casé en vez de hacerlo con una de sus hijas. La dejaré en Aguasdulces bajo la protección de mi tío».

RICHARD MADDEN (Robb Stark): Iba leyendo [los libros] temporada a temporada. No quería saber por adelantado hacia dónde iba Robb. Pero un millón de personas me lo fastidiaron antes de que tuviera la oportunidad de empezar el tercer libro. También cometí el error fatal de meterme en Google. Eso confirmó lo que la gente insinuaba; decían que iba a pasar algo terrible y soltaban una risita.

MICHELLE FAIRLEY (Catelyn Stark): Yo sabía lo que se nos venía encima. Es algo que cualquiera que haya leído los libros comentaría, así que la gente disfrutaba mucho sabiéndolo. La Boda Roja tiene algo increíblemente dramático y brutal, muy impactante. Conocí a alguien que la leyó durante un vuelo y se llevó tal disgusto que abandonó el libro en el avión. Si a un actor le dan ese papel, quiere cogerlo y lanzarse de cabeza a interpretarlo.

OONA CHAPLIN (Talisa Stark): Yo sabía que mi papel iba a apartarse de las novelas. También sabía que iba a terminar en fallecimiento al final de la tercera temporada. Rezaba por tener una muerte guay, y cuando lo leí [el guion], fue como: «¡Joder, la palma todo el mundo!». Pero lo que se veía sobre el papel no era nada en comparación con lo que fue el día del rodaje.

MICHAEL McELHATTON (Roose Bolton): En los libros, Roose es un tipo malo mucho más obvio. En la serie jugaba sus bazas con mucho disimulo, así que los espectadores no lo tenían del todo claro. Era una especie de orientador para Robb en sus batallas. Pero Robb no aceptaba los consejos de Roose, y las cosas no iban muy bien para su familia ni para los Lannister, así que decidió librarse de él.

DAVID NUTTER (director): Lo más importante era el elemento sorpresa y asegurarse de que el público estaba implicado con la historia. Y los marcajes también eran importantes. Me pasé varias semanas preparando la secuencia con una hoja de papel en blanco, haciendo esquemas, tratando de dar con las posiciones de todo el mundo. Un sábado por la mañana, me pareció que las había resuelto y las apunté en una pizarra blanca, como haría un entrenador de fútbol para explicar cosas a su equipo. Les dije [a los productores]: «Así es como creo que deberían estar las mesas, aquí es donde deberíamos colocar a nuestros héroes...».

MICHAEL McELHATTON: Cuando vi la sala, me quedé alucinado. Parecía un cuadro de Vermeer. Era más pequeña de lo que había esperado, y el techo, más bajo, pero la iluminación era extraordinaria. La Boda Roja transmitía una sensación que la hacía única en comparación con cualquier otra escena de toda la serie.

La secuencia en Los Gemelos —el encuentro de los Stark con

Walder Frey, la boda de Edmure Tully y la fatídica cena— se rodó a lo largo de una semana en Belfast.

MICHELLE FAIRLEY: Tuvimos mucha suerte. Contamos con una semana para filmar toda la secuencia de la boda, y además lo hicimos de manera cronológica, así que cada día nos acercábamos un poco más a la masacre.

DAVID NUTTER: De manera *casi* cronológica; es imposible hacerlo cronológico del todo, pero me aseguré de que los momentos más potentes quedaran cerca del final del rodaje. Eran personajes queridos y a todo el mundo le encantaba estar con ellos. Te conviene ir cebando el viaje emocional de la secuencia.

OONA CHAPLIN: Nos habíamos convertido en una familia. Yo no había asumido que el final estaba cerca. Me pasé todas las escenas que conducían hasta él sumida en una incredulidad bastante feliz.

RICHARD MADDEN: Lo habíamos apartado por completo de nuestra mente. Y entonces me marcho a Croacia y [un miembro del equipo] me dice: «Vaya, esta es la última vez que te veré en esta serie».

DAN WEISS: Cuando llegó la hora de rodar había muchísima presión. Habíamos llegado hasta allí, y eso era genial, pero dado el punto en que se encontraba la serie en esos momentos [en cuanto a presupuesto], era algo muy complejo de filmar y que quedara bien.

DAVID BRADLEY (Walder Frey): Me gustaba el guion no solo porque era aterrador, sino también porque tenía una veta de humor negro. Estaba el discurso de bienvenida que Walder daba con el pan y la sal. Se mostraba muy simpático y hacía que todo el mundo se sintiera como en casa. Pero yo sabía que, debajo de todo eso, se moría de ganas de obtener su venganza.

RICHARD MADDEN: Fue todo un reto no dejar traslucir nada [en mi interpretación] a pesar de que sabía lo que iba a suceder, sobre todo porque Catelyn sabía cómo eran los Frey en realidad. Teníamos que dar a entender que los Frey no eran de los buenos pero, con suerte, conservar el elemento sorpresa.

MICHELLE FAIRLEY: Hacia el final de la semana empecé a notarme sensible. Sabes que se acerca, y que no pasa nada, y que es una boda, pero a medida que avanzaba la semana me iba poniendo nerviosa y tenía que seguir concentrada. Pero también tenía que seguir [pareciendo] engañada.

MICHAEL McELHATTON: Yo estaba en la caravana de maquillaje, y allí había un tío que pensé que era un extra. Se presentó como Will. Le pregunté a quién interpretaba y respondió que era uno de los músicos, el del tambor. Me dije: «¿Por qué habrán traído a un músico inglés cuando en la zona hay irlandeses de sobra para tocar ese tipo de tambor, el bodhrán?». Entonces le pregunté «¿Tocas en algún grupo?». Y me contestó: «Sí, toco en un grupo». «¿Y os va bien?». «Sí, no nos va mal». Ya sabéis cómo acaba el chiste. Le pregunté cómo se llamaba el grupo. Me dijo: «Nos llamamos Coldplay», y me sentí como un imbécil.

Una manera tradicional de dirigir la secuencia de la cena sería ir aumentando gradualmente la sensación de suspense y peligro. Nutter optó por el enfoque opuesto. Al principio se provocaba en el espectador una serenidad relajada. Edmure Tully se sentía aliviado al descubrir que su misteriosa novia Frey era guapa y agradable. La ceremonia de su boda era bonita, y luego se celebraba el tradicional «encamamiento» procaz, cuando se llevaban a los recién casados a consumar su matrimonio. Robb y Catelyn, que habían chocado a lo largo de la temporada, por fin empezaban a llevarse bien. Catelyn incluso se acercaba un poco a Talisa, que se ofrecía a llamar Eddard a su bebé. Robb, Catelyn y Talisa estaban uniéndose como una nueva generación de la familia Stark, se sentían felices juntos por primera... y última vez.

DAVID BENIOFF: Robb y Catelyn habían sufrido mucho. Ambos habían sufrido la muerte de Ned. Habían tenido una bronca de las gordas después de que ella liberara a Jaime. Estaban logrando superarlo y establecer de nuevo una relación de cariño, con mucho esfuerzo, y entonces les arrebatan todo eso.

MICHAEL McELHATTON: Había un barrido, mirando a los invitados, y David Nutter me dijo: «¡Sonríeme un poco!». Yo le contesté: «Este tío no sonríe». Y él: «Es mejor no desvelarlo, llevémonos a los espectadores a otro sitio antes de sorprenderlos», y tenía toda la razón del mundo.

DAVID NUTTER: Quería lograr el momento de mayor unión de nuestros héroes antes de que aquello comenzara, y también transmitir al público una sensación de calma, de que era un final feliz, darles la esperanza de que todo iba a salir bien. No quería que los espectadores sintieran que iba a pasar algo malo hasta el gran cambio.

Entonces un hijo de Walder Frey cerraba despacio la enorme puerta de madera del salón del banquete. De repente sentías que algo no encajaba del todo.

DAVID NUTTER: Todo se basaba en toques suaves, no muy fuertes, para que la tensión fuera creciendo.

La orquesta empezaba a tocar los inquietantes acordes del himno de los Lannister, «Las lluvias de Castamere». La canción, que se presentaba por primera vez a principios de la segunda temporada, narra la historia de cuando Tywin Lannister se puso a la cabeza de su ejército para asesinar a todos los miembros de la rebelde Casa Reyne. En la serie se habían hecho hasta entonces cinco referencias a la canción, ya fuese interpretándola con o sin letra en pantalla o mencionándola en los diálogos. Por tanto, la idea era que cuando Catelyn reparara en lo alarmante e inapropiado que era que los músicos de los Frey tocaran «Las lluvias de Castamere», el espectador también se diera cuenta.

A continuación Catelyn se volvía hacia Bolton, que esbozaba una expresión arrogante como de: «Sí, exacto». Catelyn seguía la mirada de Bolton hacia su manga, se la levantaba y veía que llevaba puesta una cota de malla protectora oculta bajo la ropa.

CHRISTOPHER NEWMAN (productor): Me fijé en que había algo animal en la manera en que Michael miraba a Catelyn durante el ensayo. Me recordaba a eso que dice Robert Shaw en *Tiburón* de que al tiburón se le ponen los ojos en blanco antes de morderte. Así que se lo señalé a David Nutter y él habló con Michael para que lo repitiera en el rodaje.

MICHAEL McELHATTON: David tuvo que forzarme a adoptar esa expresión. Porque es bastante teatral, esa media sonrisa combinada con la mirada de furia hacia ella. David me dijo: «Aquí no quiero sutileza, quiero melodrama».

DAVID BENIOFF: La secuencia se centra por completo en Catelyn desde el momento en que levanta la manga de Roose Bolton hasta el momento en que muere.

Mientras Catelyn y Roose intercambiaban miradas, Walder Frey daba un discurso en el que anunciaba que tenía un «regalo de bodas» para Talisa. Lo que venía a continuación ocurría muy rápido: Lothar Frey (Tom Brooke) se acercaba a toda prisa a Talisa por la espalda y la acuchillaba una y otra vez.

OONA CHAPLIN: Pam, pam, pam, pam..., y yo me sorprendía. Me sorprendía todas las veces, con litros de sangre saliéndome de la barriga. Es algo bastante violento que alguien se te acerque a hurtadillas por la espalda y empiece a apuñalarte. Era horrendo, requería muy poca interpretación.

Robb parecía profundamente anonadado, incapaz de comprender lo que acababa de pasar. Las ballestas disparaban desde la galería y herían de muerte al Joven Lobo, que aun así reptaba hasta Talisa y veía apagarse su vida.

OONA CHAPLIN: Fue tan triste... Yo estaba desolada. Eché un vistazo a mi alrededor, hacia Richard, Michelle y el batería de Coldplay, y pensé: «Se acabó, esta es nuestra última escena». Mi intención era comprometerme con el amor de Richard... de Robb Stark, pero en realidad de Richard, seamos sinceros.

DAVID NUTTER: Respecto al momento en que Robb se arrastra hasta Talisa, recuerdo hablar con Richard sobre el amor, las relaciones y la sinceridad, y sobre lo mucho que ella significa para él, y Richard se metió mucho en la escena. Es un actor formidable, y lo bordó. Me acuerdo de oír a gente llorando, y eran los de peluquería y maquillaje. Estoy convencido de que si una escena no te remueve emocionalmente mientras la haces, ¿cómo vas a esperar que el público sienta lo mismo? Pensé: «Si conseguimos que nosotros sintamos algo, eso se trasladará al espectador».

DAVID BENIOFF: Me volví hacia la continuista tras una toma en la que Richard moría y le dije: «Qué toma más buena», y ella estaba llorando a mares. Fue algo agridulce. Estabas poniendo triste a un montón de gente, pero, por otro lado, esa era la idea.

OONA CHAPLIN: De hecho, yo me eché a llorar cuando ya estaba muerta. Tuvo que acercarse el director: «Oona, deja de llorar, los muertos no lloran. Estás muerta, limítate a estar muerta».

CHRISTOPHER NEWMAN: No es una escena sutil. Es todo rabia y angustia. No hay manera de que nadie sobreactúe en esa escena.

RICHARD MADDEN: Que Arya estuviera tan cerca de llegar hasta Robb me afectó todavía más. Con cada episodio, Robb se alejaba más y más de la gente a la que quería. Que Arya estuviera tan cerca creo que fue lo que dolía de verdad, porque eso era lo que todos queríamos, volver a unir a la familia, aunque fuera solo una de nosotros quien volviera. Eso fue lo que más me impactó.

DAVID BRADLEY: El hecho de que Walder lo orquestara todo, con los músicos, el discurso y las ballestas... Es un actor consumado asegurándose de que nadie averiguara lo que estaba tramando. Para él, aquello era la realización de todo lo que había planeado con tanta meticulosidad. Mi labor era conseguir que lo disfrutara al máximo, que se deleitara.

DAVID BENIOFF: Cuando en los libros y en las películas muere un personaje importante estamos acostumbrados a que haya un momento final agridulce. El discurso de la muerte. Aquí no lo tienes. No hay ninguna redención. Solo hay horror y matanza. Al instante deseas venganza, y te ves privado de esa satisfacción.

Desesperada, Catelyn intentaba rescatar algo de la masacre. Suplicaba por la vida de Robb, agarraba a una de las jóvenes esposas de Frey y le ponía un cuchillo en la garganta.

MICHELLE FAIRLEY: En ese momento llevas tres años viviendo [un personaje]. Sabes qué motivaciones tiene y eres muy consciente de que sus entrañas quedarán hechas trizas al presenciar el asesinato de su hijo. La mujer estaba destrozada por el dolor. Pero no perdía el control. Sabía que iban a matarla, y en su mente quería estar muerta y a la vez quería venganza. La escena está rodada de una manera que hacía que te sintieras muy estática, y eso es poderosísimo, el hecho de que permanezca clavada en su sitio. Su dolor tenía que expresarse de alguna manera, y se hizo vocalmente y por medio de su cara. Es valiente y tiene agallas y no le importa una puta mierda lo que vaya a ocurrirle a ella.

GEORGE R. R. MARTIN: Catelyn tiene ahí ese momento para suplicar. También está su asesinato de la rehén. [No es una esposa a la que] Frey valore mucho. Así que al final su farol es un gesto vacío.

Bolton decía: «Los Lannister os mandan recuerdos» y hundía un puñal en el corazón de Robb.

DAN WEISS: George dio [a los lectores] una muerte épica, en plan «que te jodan»... ¡pero era la muerte de Robb Stark! Roose es quien pronuncia la frase ingeniosa antes de clavarle el puñal en el corazón. Tiene todos los elementos de una muerte triunfante, pero está justo al revés, del lado malo y ocurriéndole a alguien a quien tienes cariño.

Catelyn podría haber liberado a la esposa de Frey, pero cumple su amenaza y la mata.

MICHELLE FAIRLEY: Había perdido a todos mis hijos y a mi marido. Por tanto, ¿qué más razones tenía para vivir? Catelyn procedía de una familia muy honorable. Toda su vida había girado en torno al honor y a hacer lo correcto. En cierto sentido, se había visto lastrada por su sentido del honor y del deber. Se cuestionaba sus motivos y sus acciones a todas horas. En esa ocasión no iba a hacerlo. «No me lo voy a cuestionar, voy a hacerlo y punto». Creo que eso es increíblemente liberador. Y después estaba ahí plantada como si ya no le quedara nada. Ya estaba muerta. Lo deseaba. No podía seguir adelante.

DAVID NUTTER: Lo organizamos de tal manera que la escena de Catelyn perdiendo el control al final fuera la última que rodáramos. Y hablamos de cuánto tiempo permanecería allí de pie antes de que el hombre se acercara y le abriera la garganta con un cuchillo. Dije a David Benioff: «Empezaré con que Catelyn mata a la mujer de Frey, y después permanece en ese momento de pura desesperación. Aguantaré ahí y esperaré hasta que me hagas un gesto con la cabeza, y entonces indicaré al hombre que se acerque y le raje el cuello».

Así que grité «acción». Se carga a la chica y no para de llorar y llorar. Miro hacia David Benioff. Y ella sigue llorando y perdiendo la cabeza. De repente David asintió y el actor se acercó y le rajó la garganta. El corte del cuchillo no fue del todo a la altura exacta, no era el centímetro justo, pero quedó muy bien.

RICHARD MADDEN: Estábamos mentalmente agotados. Lloré como una magdalena, de verdad, como muchos miembros del equipo y otros actores. Fue muy emotivo. La fiesta de despedida era esa noche, pero yo tenía que empezar a rodar para otro trabajo al día siguiente. Así que me lavé la sangre y me metí en un avión.

DAN WEISS: Más tarde intentamos llamar a Michelle. No nos contestaba. Al cabo de una semana nos envió un correo electrónico diciendo: «Lo siento, llevo una semana sin ser capaz de hablar con nadie sobre la serie porque he estado hecha polvo».

MICHELLE FAIRLEY: Dan me había dejado un mensaje en el buzón de voz, e intenté devolverle la llamada. Pero para cuando terminó el día era un caparazón andante.

ALEX GRAVES: Se hizo de tal forma que todo el mundo se marchó justo después, y resultó traumatizante. Después de aquello nos aseguramos de que, como con la muerte de Joffrey, la actriz tuviera más trabajo tras la escena de su muerte.

DAVID BENIOFF: Es raro decir: «Eh, salió de maravilla», porque no solo estábamos matando personajes, también estábamos perdiendo a actores que nos habían acompañado desde el principio. Es difícil, porque aprecias a los actores.

DAVID NUTTER: Tiendo a fustigarme cuando trabajo en algo, y recuerdo subir al coche para volver a mi apartamento y decirme: «No ha ido tan mal». Me sentía bien respecto al rodaje. Nadie sabía que la respuesta iba a ser tan inmensa, pero para un director de televisión saber en qué medida había conmovido a la gente durante el proceso de contar una historia fue una sensación maravillosa. Fue el mejor regalo que podría haber recibido.

RICHARD MADDEN: David Nutter la convirtió en una secuencia operística, épica, que te dejaba sin aliento. Las sorpresas que te llevabas en el libro y sus sutilezas... todos esos detallitos ensamblados de golpe en una sola acción alucinante.

GEORGE R. R. MARTIN: La sacaron adelante muy bien. Cogieron la escena tal vez más brutal que haya escrito en mi vida y la volvieron aún más brutal. La intensificaron hasta el límite.

DAN WEISS: No es que nadie triunfe nunca sobre la adversidad. Por ejemplo, cuando Daenerys [suelta a su dragón] en la Plaza del Castigo es un momento de «¡Joder, sí!» muy impactante. Se trata de mezclar esos momentos con los de alguien que comete un error terrible y paga el peor precio posible por ello. Si todo fuera espantoso y terrible a todas horas, siempre sabrías lo que va a ocurrir, ya que siempre sería lo más espantoso y terrible. El abanico de diferentes posibilidades que se plantea lo hace más real, porque así es el mundo. A veces suceden cosas maravillosas y a veces suceden cosas horribles.

MICHAEL LOMBARDO (expresidente de programación de HBO): Lo que podría haber sido un mero baño de sangre se convirtió en una historia increíblemente conmovedora acerca de la traición, además de recordarnos a todos los que disfrutábamos de los dragones y del viaje que nadie estaba a salvo y que iban a transgredirse los tropos tradicionales de la televisión.

OONA CHAPLIN: Estando allí, no llegué a verlo todo. ¡Mataron a su lobo! ¡Y Arya había llegado! Había un montón de cosas sucediendo alrededor de la escena. Y el grito de Michelle. Y después todo ese silencio. No hay música en los créditos. Se te queda clavado en las entrañas. A mí se me rompió el corazón.

Madden señaló que el hecho de que Talisa muriera junto con su marido no solo se hizo por el impacto añadido, sino que también tenía una razón narrativa específica. «Porque deja claro que es el punto final para esa trama del ejército [de Robb] —declaró el actor a *Access Hollywood*—. Creo que es más trágico que no quede absolutamente nada de él, que no quepa ninguna posibilidad de que Talisa se mantenga oculta y tenga un bebé, y de que un día ese bebé lo suceda como Rey en el Norte.»

Una escena posterior revelaba que quien había organizado los asesinatos era Tywin Lannister, que movía los hilos de Walder Frey desde la Fortaleza Roja. Tywin justificaba la masacre señalando que la Boda Roja ponía fin a una guerra civil que habría costado muchas más vidas de haber continuado.

DAVID BRADLEY: Yo no veía a Walder como un villano puro y duro. Lo veía como un caudillo, un hombre poderoso que se abría camino hacia la cima batallando. Me lo imaginaba como una especie de luchador callejero cuando era más joven, alguien que se tomaba todo rechazo o traición como algo personal. Según su mentalidad, tenía que vengar aquel desaire. En lo que a él se refería, en el mundo en que vivía —que es un mundo muy despiadado—, si no hubiera hecho nada al respecto, habría estado jodido. Se habría percibido como debilidad y sus enemigos habrían sacado provecho de ello.

DAN WEISS: Una de las cosas que hacen tan poderosas estas muertes es que son maquinaciones de otros personajes que conocemos. En este caso se trata de Tywin, un personaje que nos cae bien por más que nos pese. No es que haya un monstruo que surge de la nada y hace pedazos a estas personas. Los monstruos son nuestros otros personajes, que no son monstruos sino personas con sus propias motivaciones y objetivos.

DAVID BENIOFF: Tywin no se dedicaba a torturar a prostitutas por placer. No era un sádico. Era despiadado, desde luego, pero podría argumentarse que Poniente requiere que lo seas. Yo no lo considero malvado.

DAN WEISS: Yo lo describiría como «legal neutral».

GEORGE R. R. MARTIN: Es la escena más difícil que he tenido que escribir en la vida. Sucede cuando ya llevas unos dos tercios del libro, pero yo me la salté cuando llegué a ella. Al final el libro estaba terminado, pero todavía me quedaba ese capítulo. Y entonces lo escribí. Fue como asesinar a dos hijos tuyos.

Cuando se publicó la novela recibí un montón de correos electrónicos —y todavía los recibo— diciéndome: «Te odio, cómo has podido hacer algo así, no voy a volver a leer tus obras jamás». Otros me dicen: «Tiré el libro contra la pared y una semana más tarde volví a cogerlo y es lo mejor que he leído hasta ahora». ¿Qué se le contesta a alguien que te dice que no va a volver a leer tu libro? La gente lee libros por distintos motivos. Eso lo respeto. Hay quienes leen en busca de consuelo. Algunos de mis exlectores me han contado que su vida es complicada, que su madre está enferma, que se les ha muerto el perro y que leen ficción para escapar. No quieren que algo horrible les dé una patada en la boca. Y en esos casos, lees cierto tipo de ficción en la que el chico siempre consigue a la chica, ganan los buenos y te reafirmas en la idea de que la vida es justa. Todos necesitamos algo así a veces. Pero ese no es el tipo de ficción que yo escribo, en su mayor parte. Desde luego, «Hielo y fuego» no es eso. Mi saga intenta ser más realista acerca de lo que es la vida. Contiene alegría, pero también dolor y miedo. Creo que la mejor ficción es la que captura la vida con todas sus luces y sus sombras.

CAPÍTULO 12

FARSA DE TITIRITEROS

urante las primeras temporadas de *Juego de tronos*, los responsables de la serie tenían fama de gastar bromas a su elenco. A veces era un actor quien las gastaba. Ese tipo de travesuras entre bambalinas suelen ser síntoma de que se ha formado un grupo cohesionado. Dicho esto, es probable que nunca se haga pública una lista completa de todas las bromas del rodaje de *Juego de tronos*. «Mis "anécdotas de bromas divertidas" no son apropiadas, y puede que ni siquiera legales —afirmó Jason Momoa—. Se vendrán a la tumba conmigo y con las personas a las que se las gasté».

DAVID BENIOFF (*showrunner*; creador y responsable de la serie): Aquí va una broma suave que gastamos durante la primera temporada: dijimos a Maisie y a Sophie que, como eran menores de edad, no podían venir a la fiesta que dábamos para celebrar el final del rodaje del episodio piloto. Les dijimos que ellas tendrían una fiesta especial para menores de edad en el McDonald's. Se echaron a llorar.

DAN WEISS (*showrunner*; creador y responsable de la serie): Al final vinieron a la fiesta de verdad y también se la pasaron llorando porque creían que a lo mejor no volvían a verse.

También en la primera temporada los creadores de la serie enviaron a Kit Harington un guion falso para la escena en la que Jon Nieve salva al Lord Comandante Mormont de una criatura muerta sobrenatural. En esa versión, Nieve arrojaba al ser unas cortinas ardiendo y ambos terminaban engullidos por las llamas.

«Cuando por fin el fuego se extingue, vemos bajo la luz de las antorchas que a Jon se le ha quemado el pelo hasta el cuero cabelludo —rezaba el guion de pega, según *El libro oficial de Juego de Tronos*—. La piel de la mitad superior de su cara se ha derretido por el terrible calor, y le han salido ampollas y pústulas. A pesar de que debe de estar sufriendo una tremenda agonía a causa de esa desfiguración, Jon permanece estoicamente al lado de su señor. [...] Jon sonríe, sus dientes relucen intensamente en su destrozado semblante. Mormont aparta la mirada asqueado».

El enredo hizo que Harington creyera que iba a pasarse el resto del tiempo que participase en la serie interpretando a un personaje desfigurado y horripilante y que todas las mañanas tendría que invertir horas en que le aplicaran maquillaje prostético.

DAN WEISS: Le comentamos a Kit que HBO temía que la trama de Jon Nieve fuese «demasiado Harry Potter» y querían hacerla más oscura. Además, creían que era un actor lo bastante potente para asumir el reto. Seguimos con la broma hasta que nos entró la risa. Lo cierto es que se lo tomó bastante bien.

En la segunda temporada, Benioff y Weiss enviaron otro guion falso, en este caso a Alfie Allen. El guion del último episodio de la temporada terminaba con Bran Stark vengándose de Theon Greyjoy por conquistar el castillo de su familia. «Esta es mi Invernalia, no la tuya», decía Bran, y apuñalaba al traidor de Theon en el corazón.

Pero la broma no salió del todo como esperaban.

DAN WEISS: En esa nos salió el tiro por la culata, porque Alfie estaba en Ibiza y muy entregado a vete a saber qué modo de relajación.

ALFIE ALLEN (Theon Greyjoy): Me pareció guay. Me fui de vacaciones, y David y Dan pensaron que iba a llamarlos en plan: «A ver, un momento, ¡quietos todos!». Pero lo asumí sin más. Así que más adelante tuvieron que aclararme que todo era broma.

DAN WEISS: Tuvimos que llegar al punto de intentar provocarle un cabreo. «Serás un zombi... muerto... desnudo.» Bastó con ir añadiendo adjetivos desagradables a la palabra «zombi».

A Rose Leslie le gastaron una broma cuando los responsables de la serie se enteraron de que a la actriz le daba pánico cantar en público. El dúo entregó a Leslie un guion en el que Ygritte interpretaba una canción bastante larga, «El último de los gigantes», de los libros de Martin. La canción incluye estrofas como: «Ooooh, yo soy el último de los gigantes / aprende de memoria lo que yo cante / pues cuando me vaya y mi canto se hiele / un silencio muy largo será lo que quede».

En una ocasión, los responsables de la serie gastaron una broma incluso a un actor que no participaba en *Juego de tronos*. Benioff y Weiss son amigos de Rob McElhenney, el creador y actor estrella de *Colgados en Filadelfia*, que les recomendó contratar a un director habitual de *Colgados*, Matt Shakman. A pesar de que Shakman carecía de experiencia rodando acción, Benioff y Weiss apostaron por el director y le encargaron dos ambiciosos capítulos de la séptima temporada, entre ellos «Botín de guerra», que incluye una batalla muy intensa.

DAN WEISS: Nos pareció que sería divertido decirle a Rob que las cosas con Matt no iban bien y que ese director era un desastre absoluto. Se sentiría muy culpable, porque nos lo había recomendado él. Empezamos poco a poco [intercambiando correos electrónicos], sin soltárselo todo a las primeras de cambio, haciéndole preguntas del tipo: «Oye, ¿cómo suele comportarse Matt cuando está rodando?». Y Rob: «¿Qué... qué... qué está pasando?». Le dijimos que íbamos a tener que intervenir y hacernos cargo del episodio porque se había convertido en un caos tremendo.

MATT SHAKMAN (director): ¡Se me había olvidado! Fue una broma de un humor negrísimo. Rob se sintió fatal, y con razón. Estaba muy preocupado por mí, y decía cosas como: «¿Qué puedo hacer? ¿Con quién puedo hablar?». Aquello se alargó demasiado.

DAN WEISS: Cuando llegó al punto en que Rob empezó a plantearse llamar a su agente, nos sacamos una foto con Kit, Emilia y diez dothrakis haciéndole la peineta a Matt. Le enviamos la foto a Rob y fue precioso.

Nikolaj Coster-Waldau (Jaime Lannister) decidió que, para variar, alguien tenía que gastarles una broma a los creadores de la serie. Por eso, tras terminar de rodar la parte de fotografía principal de una de las temporadas centrales —pero antes de que lo necesitaran de vuelta para retocar algunas escenas críticas—, Coster-Waldau envió a los productores lo que Weiss llamó un «Correo de Actor Enfadado».

DAN WEISS: Escribió que estaba muy enfadado porque íbamos a cambiarle el peinado. Nos dijo que él necesitaba mandar sobre su pelo, porque era algo que formaba parte de su personaje, y que él se encargaría de que le cortaran el pelo como él creía que representaba mejor a Jaime Lannister según su propia visión del personaje. Decía que esperaba que lo entendiéramos y que no tardaría en enviarnos una foto.

Pasó un día, no llegó foto. Otro día, no llegó foto. Por fin, setenta horas más tarde, nos mandó una foto suya con el pelo rapado a lo militar. Se había afeitado la cabeza, y teníamos que repetir varias escenas con él. Tendríamos que pedir que nos hicieran una peluca de Jaime Lannister a toda prisa y nos saldría carísima. Los abogados de HBO llamaron a los abogados de Nikolaj. Entonces nos envió otro correo diciendo que la foto era de hacía cinco años y que no se había cortado ni un solo pelo.

Benioff y Weiss también me gastaron una broma modesta durante su entrevista para el libro que tienes en las manos. Intenté que los responsables de la serie me desvelaran si Jon Nieve era, en efecto, «el príncipe prometido» (también llamado Azor Ahai, el profético salvador reencarnado al que Melisandre se pasa toda la serie buscando).

JAMES HIBBERD (autor): Entonces, al menos en la serie, ¿Jon Nieve era el príncipe prometido?

DAN WEISS: Pregúntaselo a Kit.

DAVID BENIOFF: Tendrías que preguntárselo a Kit.

DAN WEISS: Sí, Kit lo sabe.

Meses más tarde, durante la entrevista a Kit Harington...

JAMES HIBBERD: Por último, hay una pregunta que los «D» me dijeron que debería hacértela a ti: ¿Jon Nieve era... el príncipe prometido? Me dijeron que te lo habían contado.

KIT HARINGTON (Jon Nieve): ¿En serio? Joder, no me acuerdo. No, espera. ¡No me han contado una mierda! Te están tomando el pelo y cargándome a mí el muerto de la pregunta.

(Por cierto, Harington supuso que lo más probable era que el príncipe prometido fuera Bran).

La broma más elaborada fue la que sufrió John Bradley durante la sexta temporada, cuando Samwell Tarly volvía a casa con Gilly para reunirse con su familia, de la que se había distanciado. Aunque en esa ocasión la broma no se les ocurrió a los creadores de la serie.

DAN WEISS: Hannah Murray tenía desde siempre el vestuario más cutre de todo *Juego de tronos*: llevaba cinco años vestida con un saco de arpillera. Se alegró mucho cuando al fin pudo ponerse ropa de verdad. Kit y Hannah pensaron que sería gracioso gastarle una broma a John y hacerle creer que a él también iban a darle vestuario nuevo.

HANNAH MURRAY (Gilly): A Kit y a mí se nos ocurrió la idea de que John tenía que llevar un traje nuevo y absolutamente ridículo. Pensamos que le contaríamos que tenía un nuevo vestuario muy cómico y que él diría: «¡Oh, no!», y fin de la historia. Pero aquello terminó convirtiéndose en algo mucho más grande y más elaborado de lo que habríamos podido imaginar.

Benioff y Weiss pidieron al departamento de vestuario de *Juego de tronos* que creara un atuendo llamativo que diera a Bradley un aspecto de bufón de feria renacentista, e incluso organizaron una prueba de vestuario para contribuir a convencer al actor de que era real.

DAN WEISS: Pensamos que sería estupendo hacer que el conjunto fuera absurdo pero lo bastante creíble para que John no cayera en que era de cachondeo y creyera que tendría que llevarlo puesto en el rodaje. Lo alquilamos todo, era muy al estilo Enrique VIII, con unos bombachos Tudor y una braguéta de armar inmensa.

JOHN BRADLEY (Samwell Tarly): Me quedaba tan mal y estaba tan ridículo que era increíble. Tenía una braguéta de armar enorme, muy vulgar..., aunque halagadora, desde luego. Me lo tragué porque hasta entonces nunca habíamos visto a Sam en su casa, y [sus padres creen] que es idiota. A lo mejor Sam vestía como un idiota antes de marcharse al Castillo Negro.

HANNAH MURRAY: No paraba de hablar de ello. «¿Has visto mi nuevo vestuario? Me han hecho un sombrero tan pequeño que da risa.» Estaba muy cabreado. No me quedó más remedio que seguir el juego: «Bah, seguro que no está tan mal». Al final fui a hablar con David en plan: «¿Vamos a decirle que es broma?». Y David: «Ah, sí, supongo que deberíamos».

JOHN BRADLEY: Siempre piensas que no vas a caer en las bromas. Siempre piensas: «Los calaré», y no puedo creerme que no los calara.

DAN WEISS: Hacia el final, gastar bromas se volvió difícil. Ya nadie se fía de lo que dices.

CAPÍTULO 13

«ATACABA GRITANDO»

Juego de tronos rompió muchos récords durante sus ocho temporadas, pero aquí va otro: la tortura continuada más larga de un personaje en el sector del entretenimiento audiovisual. Theon Greyjoy caía prisionero del hijo bastardo de Roose Bolton, Ramsay, al final de la segunda temporada y no escaparía de sus garras hasta el episodio final de la quinta. Entre ambos momentos, casi cada vez que *Juego de tronos* retomaba la trama de Theon, el traicionero expupilo de la familia Stark estaba soportando otra innovadora forma de tormento físico o angustia mental a manos de su sádico carcelero. Entre bambalinas, el tenebroso arco argumental de Theon, que se extendió a lo largo de varios años, pasó factura al actor Alfie Allen, que no pudo evitar absorber al menos parte de la profunda desgracia de su personaje.

La línea narrativa se ponía en marcha cuando Theon traicionaba a Robb Stark en la segunda temporada. Theon se apoderaba de Invernalia en un intento vano de ganarse la aprobación de su desafecto padre, Balon (Patrick Malahide). Los pequeños Bran y Rickon escapaban, y Theon mataba a dos niños huérfanos para hacer pasar sus cadáveres por los de los jóvenes Stark, pues prefería engañar a sus recién conquistados súbditos de Invernalia a reconocer que había perdido a unos rehenes tan valiosos. Al igual que Walder Frey, Theon temía que cualquier atisbo de debilidad terminara siendo su ruina.

Un hilo constante en los libros de Martin es que acceder al

poder es difícil, pero mantenerse en él es mucho más complicado, tal vez incluso imposible, sobre todo sin que el gobernante se corrompa. Tal como decía el rey Robert en *Juego de tronos*, la novela de Martin, «Sentarse en un trono es mil veces más duro que conquistarlo». Es una lección que Theon aprendió de manera bastante dolorosa.

DAN WEISS (*showrunner*; creador y responsable de la serie): Theon es como Gollum en *El Señor de los Anillos*. Es el personaje más sombrío. No es bueno, pero en realidad tampoco es malo. Ha tomado un montón de decisiones malísimas, pero también comprensibles. Deseaba las cosas que deseamos todos: quería que lo tomaran en serio, quería grandes logros, quería que su padre estuviera orgulloso de él. Sin embargo, esos deseos lo llevaron a hacer cosas terribles, y entonces cosechó el karma de Poniente. Theon tiene algo muy universal.

BRYAN COGMAN (coproductor ejecutivo): Una de mis escenas favoritas de entre las que escribí aparecía en la segunda temporada, cuando Theon escribía una carta a Robb traicionando a su propio padre pero luego cambiaba de opinión y quemaba la carta. No teníamos del todo claro si nos saldría bien, porque es una escena corta y sin diálogo. Pero entonces la cámara enfoca a Alfie y todo lo que necesitabas saber está detrás de esos ojos.

DAVID BENIOFF (*showrunner*; creador y responsable de la serie): Theon estaba atrapado en el mayor de los dilemas sin solución. Iba a traicionar o a su mejor amigo o a su familia. La gente lo percibe como un traidor, pero si le hubiera enviado esa carta a Robb, habría sido su patria la que lo habría considerado un traidor... Aunque tampoco es que quiera excusarlo de sus maldades.

ALFIE ALLEN (Theon Greyjoy): Creo que mi personaje estaba totalmente desorientado. En realidad no era más que un crío. Pienso que en el fondo era un buen tipo, pero no tuvo a nadie que le enseñara cómo funcionaba el mundo y que le dijera lo que estaba mal y lo que estaba bien. Lo había observado, pero nadie se lo había dicho. Solo trataba de demostrar su valía. Creo que ese es un tema universal que vale para cualquiera, con independencia de que la gente intente negarlo o no. Siempre buscas la aprobación de tus padres. Incluso cuando no la buscas, en el fondo un poco sí la buscas.

Como parte del régimen de torturas de Ramsay, el bastardo de Bolton castró a Theon. Fue una escena que incluso a *Juego de tronos* le despertó dudas mostrar en pantalla.

ALFIE ALLEN: Me pareció que [la castración] era muy apropiada, porque supone un cambio enorme para cualquier hombre que la sufra, pero para Theon era algo así como perder su única arma en el mundo de *Juego de tronos*. Solo tenía autoridad y poder en el dormitorio, porque nunca había tenido que tomar ninguna decisión sobre su vida. Que le arrebataran eso lo dejaba sin nada. Pero parece que solo [los fans masculinos] lo comentan. Ninguna mujer lo mencionó jamás, y eso me hacía gracia.

La mutilación de Theon era como cuando Jaime perdía la mano de la espada: un hombre inmoral al que despojaban de la parte de su cuerpo desde la que ejercía poder sobre los demás, y eso lo obligaba a reexaminar su vida y a encontrar nuevas reservas de fuerza.

Yara, la hermana de Theon, recibía una caja con los genitales amputados de su hermano, aunque Ramsay se la había enviado a su padre, Balon. Los espectadores no veían lo que había dentro de la caja, solo la expresión angustiada de Yara. Pero la caja no estaba vacía.

GEMMA WHELAN (Yara Greyjoy): Solo puedo decir que Alfie estaría orgulloso de lo que hizo el departamento de atrezo. Sin duda, eh…, llenaron la caja.

Rodar tantas escenas de tortura afectó a Allen, que intentaba expresar el impacto acumulado del maltrato de Ramsay sobre su cuerpo cuando estaba en pantalla.

ALFIE ALLEN: Tenía que contar la historia más con los ojos que con palabras. Como le habían incrustado un clavo en el pie, añadí una pequeña cojera. En cuanto a la postura de la espalda, intentaba arquearla hacia atrás y juntar los omóplatos. En cierto sentido, quería reproducir la impresión de estar crucificado. Hubo muchos momentos en los que me resultó difícil, y si me hubieras preguntado: «Por Dios, ¿cuánto más puede aguantar un personaje?», te habría contestado: «No lo sé».

DANIEL MINAHAN (director): Alfie gritaba y de repente se echaba a reír. Tenía que gritar, y gritar, y gritar. Y después, si no se reía, nos reíamos nosotros, porque, en fin, es Alfie.

ALFIE ALLEN: [Iwan Rheon, el actor que interpretaba a Ramsay Bolton, y yo] somos muy buenos amigos y pasábamos un montón de tiempo juntos. Muchas noches me metía palizas al billar. Cuando salíamos, a la gente no le entraba en la cabeza que nos divirtiéramos juntos. Había vecinos de Belfast que se volvían locos con el asunto.

DAVE HILL (coproductor): Tras la huida de Theon, pregunté a Alfie qué se sentía al librarse por fin de Ramsay. Me dijo: «Es imposible que lo entiendas. Estas tres temporadas, después de la castración y de tener que interpretar a Hediondo, han sido muy duras para mí a nivel emocional». Es amigo de Iwan, y me dijo que había afectado a su relación. Tras pasarse el día metido en el papel de Hediondo, salían a jugar al billar juntos y era incapaz de ganar a Iwan. Reproducían inconscientemente su relación [en pantalla], de manera que Iwan se mostraba un poco mandón y Alfie se acobardaba. Su personaje empezó a filtrarse en su vida personal.

ALFIE ALLEN: Desde luego que se filtró en la vida real. Te hundía. Tenías que utilizarlo. No voy a mentirte, fue muy duro. El personaje experimentaba muchísimos cambios locos. Siempre digo que Theon era uno de los personajes más humanos de la serie. La faceta de Hediondo ampliaba su dolor y su sufrimiento, pero para mí, como actor, terminar la serie fue perder un paquete maravilloso, y nunca mejor dicho.

Mientras Theon sufría bajo el control de Ramsay en Fuerte

Terror, Arya y el Perro estaban embarcados en un viaje que también culminaría con unos cuantos gritos. El dúo conformaba uno de los emparejamientos de personajes más extraños y cautivadores de la serie: el Perro ayudaba a enseñar a Arya el salvaje funcionamiento del mundo y Arya, por su parte, inspiraba al Perro a redescubrir parte de su humanidad perdida.

DAN WEISS: Arya es un personaje al que le arrancan de cuajo la esencia de su vida, un personaje muy oscuro para una niña pequeña. Sus principales motivaciones eran la venganza y el odio, y en el Perro encontraba un gran mentor en lo relativo a venganza y crueldad. Se contagiaban uno al otro de maneras inesperadas.

MAISIE WILLIAMS (Arya Stark): Arya aprendía mucho del Perro. Era como una esponja y se dejaba influir mucho por la gente que la rodeaba. Estando junto al Perro, aprendió sus costumbres brutales.

GEORGE R. R. MARTIN (autor, coproductor ejecutivo): La química entre Maisie y Rory era espectacular. Recuerdo a Arya y el Perro en la posada: «¡Voy a tener que comerme todos los putos pollos de aquí!». En mis libros había una versión de esa escena, pero no con unas frases tan maravillosas.

Rory McCann reveló que durante las primeras temporadas tuvo dificultades para interpretar el personaje del Perro, que le costaba encontrar el equilibrio entre su naturaleza temible y el alma de un guerrero lleno de cicatrices. Un día, el director David Nutter le dio un sencillo consejo que lo cambió todo.

BRYAN COGMAN: David consiguió desbloquear algo en Rory. Le dijo que canalizara a Clint Eastwood. Que no tenía que actuar dando miedo, sino solo pronunciar una frase planísima, sencilla, y que eso diría mucho. A partir de ese momento hubo una diferencia notable en la forma en que Rory abordaba al Perro.

RORY McCANN (Sandor Clegane, el «Perro»): Me pasé el primer par de años nervioso a todas horas, pero luego encontré al personaje. Me miro en el espejo y es como: «Joder, para qué actuar dando miedo, no me extraña que asuste a esa niñita». Menos es más.

Las pesadas prótesis faciales del Perro también eran un desafío para McCann, puesto que suponían una lucha sin fin en el rodaje. Cada mañana, antes de actuar, el actor pasaba horas en la silla de maquillaje y tenía que llevar esa gruesa máscara todo el día. El látex daba problemas tanto si se estaba rodando *Juego de tronos* en un desierto abrasador...

RORY McCANN: Se te formaba un charco de sudor debajo. Y la acumulación de sudor podía despegar la prótesis. Y si se despegaba, todo el depósito de sudor salía a chorro. Tuvieron que parar muchas tomas solo para escurrir el sudor y volver a empezar.

... o en una tundra helada.

LIAM CUNNINGHAM (Davos Seaworth): Rory lo pasó fatal en Islandia porque el sudor se le congelaba debajo de la prótesis. Se le quedaba la cara pegada al látex, y eso no es bueno. Mierdas como esa pueden degenerar en gangrena.

Sin embargo, la interpretación de la actitud distante del Perro sí era algo natural para McCann. Los actores de la serie solían quedar después del trabajo, pero él afirmó que durante muchos años rehusó socializar con el resto del reparto.

RORY McCANN: Estoy muy cerca de ser el Perro. Estaba haciendo una escena con Kristofer Hivju y su personaje se disponía a darme un abrazo y yo le decía: «No me toques». Yo soy muy así en casa. No estoy acostumbrado al contacto humano. Soy un poco ermitaño. Antes de cada temporada, llamaba a todos mis amigos y les decía que no quería hablar ni tener ningún tipo de contacto con nadie hasta que empezara el trabajo. Hasta el último par de años no empecé a hablar con la gente, a ir a los pubs y a estar con los actores. Antes de eso era el rarito que se metía en su habitación o en el gimnasio, o que se iba a casa diciendo: «No me llaméis hasta que nieve».

Las tendencias de lobo solitario de McCann tuvieron un impacto inesperado en Williams, no muy distinto al efecto que el Perro tenía sobre Arya.

MAISIE WILLIAMS: Siempre charlaba conmigo de las aventuras que había corrido en su vida, como comprarse un terreno y vivir en un búnker, un montón de locuras que había hecho. [Durante las primeras temporadas] yo pensaba: «Hala, qué pasada». Pero después era yo quien decía: «Pues me he comprado un terreno junto al mar», y pensé: «Uau, me has moldeado bastante como persona». Me he dado cuenta de que su forma de vida me resulta muy atractiva y he aprendido mucho de él. Respeto su amistad y me encantaba trabajar con él.

Uno de los momentos favoritos de Williams en la serie tuvo lugar después de la Boda Roja, cuando el Perro se proponía vender a Arya a su tía Lysa Arryn solo para terminar descubriendo que Arryn también había muerto. Arya estallaba en carcajadas ante los apuros del Perro y lo absurdo de sus propias desgracias.

MAISIE WILLIAMS: El Perro llevaba un montón de tiempo haciéndoselo pasar mal a Arya, controlando la situación por completo y diciéndome que me iba a llevar al Valle con mi tía para conseguir su dinero y «no me importas una mierda, yo solo quiero mi dinero». Y de repente ocurre eso y a Arya le encanta. Detrás de las carcajadas había un: «¿Y ahora qué piensas hacer?».

Era fascinante ver a esa niña riéndose bajo el sol. Reírme porque me lo ordenaran era lo más difícil, y se me hizo muy raro poder soltar carcajadas y bromear en el escenario sin que me riñeran.

Otra escena reveladora se daba cuando Arya cosía una herida al Perro y un Clegane exhausto le ofrecía unas casi inauditas revelaciones acerca de su historia anterior. En un principio, parte de ese diálogo estaba pensado para una escena de la primera temporada con Sansa, pero los productores tuvieron que cortar el discurso y darle un fragmento a Meñique por problemas de producción. El tiempo mejoró el monólogo. McCann pronunció sus frases tras años de una vida de fatigas, y en lugar de hablar con una extraña, se estaba abriendo a una joven a la que, tal vez, quisiera a su manera.

BRYAN COGMAN: Con discreción, el Perro termina convirtiéndose en un personaje importante. Y aunque has oído a otra gente hablar de su pasado, oír cómo lo cuenta él, el hecho de que le dé voz después de cuatro temporadas..., ahí había una vulnerabilidad que se permitía mostrar por Arya. El monólogo termina con la frase: «¿Crees que estás sola?», y nunca lo hemos visto tan vulnerable. Fuera de contexto, la frase no parece gran cosa. Pero era uno de esos fragmentos de diálogo sencillos, bonitos, por los que no creo que David y Dan hayan recibido el reconocimiento suficiente como escritores. Muchos imitadores de *Juego de tronos* intentan usar un habla de fantasía. En los mejores episodios de David y Dan, su lenguaje tenía una simplicidad preciosa.

El trayecto de Arya durante la cuarta temporada concluía cuando Brienne conseguía dar con ella y se enfrentaba al Perro. Tanto Brienne como el Perro creían que estaban protegiendo a Arya del otro. El despiadado duelo se rodó en Islandia y llevó a Gwendoline Christie y Rory McCann a su límite más extremo.

GWENDOLINE CHRISTIE (Brienne de Tarth): Estuve seis semanas entrenando. Es una de las cosas más jodidamente difíciles que he hecho en mi vida: pelear montaña arriba, montaña abajo, revolcones, luchar en un acantilado junto a una caída tremenda. Tenía las manos como los pies de un vagabundo, hinchadas. Rory McCann es un actor asombroso y un hombre muy fuerte, y eso suponía un reto no solo como actores, sino también como personajes.

ALEX GRAVES (director): La idea era que degenerara en una pelea callejera y fuese el combate más marrullero que tuviéramos en la serie. Yo veía los ensayos y decía: «¿Y si él le da una patada a ella en la entrepierna? ¿Y si Brienne le arranca la oreja de un mordisco? ¿Y si no solo se la arranca, sino que lo mira a los ojos y la escupe para que la vea?». Gwen estalló en carcajadas y se moría de ganas de hacerlo.

DAN WEISS: Son dos personas que, para cuando las juntamos, ya las apoyabas a ambas. Es evidente que Brienne es un personaje más moral que el Perro, pero yo tenía la esperanza de que no pudieras evitar cogerle cariño al Perro aunque fuese a regañadientes. Lo que tenías ahí era a Aquiles peleando contra Héctor: no había buenos ni malos, sino dos personas a las que estás muy apegado, y sientes fascinación y horror al saber que es inevitable que una de ellas salga escaldada.

GWENDOLINE CHRISTIE: Me gusta que las cosas sean auténticas. Puede que Rory y yo no nos estuviéramos matando, pero desde luego hacíamos chocar las espadas. Nos lo tomamos bastante en serio. Somos dos personas que en una situación así vamos a por todas de verdad. ¿Queríamos contacto? Pues a rodar por el suelo de un acantilado con la mano ensangrentada. Te duele todo, te chorrea sangre de la boca, y te caes cuando se supone que tienes que caerte y también cuando no. Estás en lo alto de una montaña, con un paisaje surrealista, y tienes la adrenalina por las nubes y hay algo que parece sangre por todas partes, y te duele, y nos metemos unos puñetazos tremendos el uno al otro.

ALEX GRAVES: Brienne termina ganando porque pierde la cabeza y se vuelve psicótica por completo.

GWENDOLINE CHRISTIE: Pasas miedo de verdad, porque miras [a McCann] a los ojos y ves que va en serio. Daba miedo, fue de las pocas ocasiones en que no tuve que actuar en ningún momento. Gritaba: «¡Jódete! ¡Venga!». Sangre por todas partes, me estaba volviendo loca. Fue una puta locura. En algunos momentos se me iba la cabeza y solo atacaba gritando.

CAPÍTULO 14

LA BODA PÚRPURA

Ver al sádico de Joffrey Baratheon morir una y otra vez generaba cierta satisfacción culpable.

Corría septiembre de 2013 y hacía un día precioso, sobre todo para los estándares del rodaje de *Juego de tronos*. La producción se había instalado en una arboleda sombreada en la ladera de una montaña de Dubrovnik con vistas al intenso azul del mar Adriático. Una brisa ligera agitaba las banderas de los Lannister. Las largas mesas de banquete se habían engalanado con platos dorados que destellaban bajo el cálido sol.

Mientras montaban el escenario para el rodaje, los miembros del reparto se preparaban cada uno a su manera. Charles Dance, el temible lord de los Lannister, caminaba despacio de un lado a otro fumando. Sophie Turner bailaba con alegría al ritmo de una música. Nikolaj Coster-Waldau practicaba el manejo de la espada con una zurda vacilante. Natalie Dormer paseaba por la arboleda con aire de concentración y moviendo los labios, al parecer repasando sus frases. Pedro Pascal, recién llegado a la serie, hablaba emocionado con todo el mundo, como un fan que no terminara de creerse su suerte. Los extras ya disfrazados que interpretaban a los invitados de la boda comían en el catering (las élites de Desembarco del Rey consistían sobre todo en hombres mayores y ricos emparejados con mujeres jóvenes, una de esas sutilezas que percibes durante el rodaje pero que rara vez captas cuando ves la serie). Y el legendario maestro espadachín de *Juego de tronos*, C. C. Smiff, que ha participado en varias películas de

Star Wars y en *Gladiator*, se puso a dar una clase sobre los fundamentos de la lucha con sable a un periodista. (Cuando la gente me pregunta cuál es mi momento favorito en los años de mis visitas al rodaje de *Juego de tronos*, fue este.)

En la carpa de vídeo (donde, bajo un dosel negro, los productores ven los monitores que muestran las transmisiones de las cámaras), David Benioff, Dan Weiss y Carolyn Strauss tenían una expresión muy seria y solemne. Estaban aprovechando el tiempo muerto en el rodaje para enfrentarse en una épica batalla al *Candy Crush* con el móvil. Entretanto, el grupo musical islandés Sigur Rós se preparaba allí cerca para actuar ante el rey Joffrey, y sus miembros reconocían que estaban algo nerviosos por el cameo. «Si parecen inquietos delante de un absoluto sociópata, tampoco es lo peor que podría pasar», comentó Weiss, que llevaba una camiseta con la frase *«Don't Hassle the Joff»* [«No le toques las narices a Joff» inspirada en la autobiografía de David Hasselhoff pero con la cara del rey Joffrey.]

Por una vez, una serie que siempre era difícil de producir estaba yendo como la seda, a pesar de que tenían que representar una escena muy complicada.

Todo el mundo estaba preparado para matar al rey.

Durante las tres primeras temporadas de *Juego de tronos*, Joffrey se había erigido como el villano al que más gustaba odiar de la serie. El titán adolescente constituía una exasperante combinación de irritabilidad malcriada, maltrato cruel, ineptitud intelectual y cobardía absoluta. En una serie plagada de personajes con luces y sombras, era impresionante lo desprovisto que estaba Joffrey de cualidades positivas. La excepción quizá fuese que, dadas su juventud y su educación, podría considerarse que era menos responsable de sus actos que un personaje adulto.

GEORGE R. R. MARTIN (autor, coproductor ejecutivo): Joffrey es el típico abusón de trece años. ¿Conoces a muchos chavales de trece años a quienes querrías otorgar un poder absoluto? Los críos pueden ser crueles, sobre todo los de cierta edad, durante los últimos años de primaria y los primeros de secundaria.

DAN WEISS (*showrunner*; creador y responsable de la serie): Es mucho menos frecuente que lo malo provenga de un pérfido macho alfa decidido a hacer el mal porque sí que de personas que no son aptas para ocupar puestos de poder. Esas personas no tienen fuerza moral ni capacidad de liderazgo, pero por alguna razón se descubren sentadas en el trono, y ahí es cuando las cosas se tuercen sin remedio.

Cersei Lannister tenía que presenciar la evolución de su hijo, que terminaba por convertirse en un monstruo incontrolable, y a la altura de la cuarta temporada ya sufría bajo el yugo de su tiranía como todos los demás.

LENA HEADEY (Cersei Lannister): Joffrey estaba literalmente fuera del control [de Cersei]. Ella se empeñaba en intentar ser una madre blanda y cariñosa con él, cuando lo que el crío necesitaba era una buena bofetada. Le dolía mucho que las cosas se hubieran fastidiado tanto, que el hijo al que tanto quería se le hubiera ido así de las manos y no pudiera controlarlo. Su verdadero estado era de miedo, pero lo ocultaba bajo la avaricia y el orgullo. Le daba pánico que él lo descubriera.

Me encantaba cuando [en la tercera temporada] Cersei decía: «De no ser por mis hijos, me habría arrojado por un ventanal de la Fortaleza Roja». Eso también me daba a entender que el amor de su vida no era Jaime, sino sus hijos. Se sentía terriblemente culpable por el hecho de que fueran fruto de esa unión, e incluso hablaba de ello con Tyrion, algo como: «Me follé a mi hermano, ahora tengo hijos y todo se está yendo a la mierda». Cersei deseaba con todas sus fuerzas haber nacido hombre. Sus hijos eran su cordura, así que cuanto más se desmoronaban ellos, más lo hacía ella.

DAN WEISS: Una vez estábamos en la Comic-Con, y Samuel L. Jackson se pasó cinco minutos explicándonos por qué Joffrey tenía que morir sin remedio, sin ninguna duda, y nos dio todas sus razones para quererlo muerto.

En las entrevistas que mantuvimos a lo largo de los años, los productores se esforzaron mucho por dejar claro que el actor Jack Gleeson era muy distinto de Joffrey. En parte, a los productores les preocupaba que la gente pudiera tratar mal a Gleeson en la vida real, pero sobre todo los maravillaba que un intérprete tan joven pudiera interpretar de manera tan convincente a un psicópata tan odioso.

DAN WEISS: Jack nunca levanta la voz. Es divertido. Se porta bien con la gente. Y sin embargo posee un instinto infalible para saber cómo sería la persona más horrible del mundo y cómo pronunciaría una frase, porque siempre lo pilla a la primera.

En el rodaje, cuando Gleeson se metía en el papel, a veces el cambio era tan abrupto y convincente que desconcertaba a sus coprotagonistas.

ESMÉ BIANCO (Ros): Trabajar con Jack era totalmente flipante, porque es un chico muy apacible y dulce, con una voz muy suave. Entre una toma y otra, cuando todo el mundo se ponía a mirar el móvil, él se sentaba con un libro de texto entre las manos a estudiar teología y filosofía o algo así. Luego entrabas en el escenario con él. Es el único actor en el que he visto eso: podías captar el momento concreto, sin que él dijera ni una sola palabra, en que se convertía en Joffrey. Era asombroso. Algo cambiaba en sus ojos, y de repente pasaba de ser Jack a ser Joffrey. Daba hasta miedo. Se me acaba de poner la piel de gallina solo por mencionarlo.

SOPHIE TURNER (Sansa Stark): Jack era un actor de primera. Cuando cambiaba así, se transformaba en un niño que daba miedo, pero no era uno de esos actores de método que buscan su propia oscuridad. Si no sería horrible trabajar con él.

JACK GLEESON (Joffrey Baratheon): Durante el noventa por ciento del tiempo, sentía lo que sentía Joffrey: regodeo, ganas de llamar la atención, frustración o lo que fuera. Luego había un diez por ciento en que, por falta de concentración o lo que fuese, te das cuenta de que estás gritando a los Sigur Rós y hay mil personas mirándote y tres cámaras, y a veces se volvía un poco mecánico. Pero eso también es divertido, salirte un momento de la situación y apreciarla. Pero no podrías trabajar si lo hicieras a todas horas; tienes que concentrarte en lo que piensa el personaje.

Una de las escenas más fascinantes de Joffrey tenía lugar en la tercera temporada, cuando Margaery Tyrell intentaba dar con una forma de conectar con su prometido mientras él presumía de su nueva ballesta. Margaery tenía habilidad para descubrir los deseos de los hombres y satisfacerlos. Pero en esa escena se daba cuenta de que los gustos del rey eran mucho más oscuros de lo que ella habría podido imaginar.

NATALIE DORMER (Margaery Tyrell): La escena de la ballesta fue un punto álgido en mi experiencia, porque era la primera vez que Jack y yo hincábamos de verdad el diente a..., bueno, al equilibrio de poder entre ambos, y yo intentaba con todas mis fuerzas averiguar si Margaery sería capaz de controlar a ese psicópata.

DANIEL MINAHAN (director): Esa escena tenía muchos giros magníficos porque el poder iba cambiando de lado entre uno y otro. Margaery probaba algo que no funcionaba. Él descubría sus intenciones. Entonces ella probaba otra cosa. Joffrey intentaba algo distinto, Margaery contraatacaba. Era muy compleja y bonita.

Al final Joffrey utilizaba la ballesta para matar a Ros, pero antes obligaba a la trabajadora sexual a golpear a otra mujer con un cetro en uno de los momentos más oscuros de la serie.

ESMÉ BIANCO: Fue la peor escena que tuve que filmar; fue horrible, incomodísima. Y desató una gran polémica, porque la gente pensó que estaba haciendo algo mucho peor que golpear a la mujer con el cetro. Y yo pensaba: «¿Cómo narices habéis llegado hasta ahí?». Aquella reacción dijo mucho más sobre los espectadores que sobre la serie.

A lo largo del camino hubo unos cuantos momentos en los

que a Gleeson se le permitió expresar algo de compasión. Joffrey se sentía desolado cuando veía a su padre, el rey Robert, en su lecho de muerte, y en la segunda temporada había una escena en la que Joffrey se disculpaba con sinceridad ante Sansa y la besaba.

JACK GLEESON: Iba a interpretarla como si no me importara. Pero Dan me dijo: «Prueba a expresar un amor verdadero que quizá Joffrey pueda sentir por Sansa». Fue un intento de pintar un poco de gris sobre el negro. Pero en general fue una travesía bastante malévola.

Y esa travesía alcanzó su final en la arboleda de una montaña croata durante el rodaje del capítulo de la cuarta temporada titulado «El león y la rosa».

En el ensayo, la educación de Gleeson quedó patente cuando el reparto se sentó a una larga mesa de banquete sobre un estrado. Todos los personajes están colocados a un solo lado de la mesa, con Joffrey en el centro, una disposición que recuerda al cuadro de Leonardo da Vinci *La última cena* (y para Joffrey, en efecto, fue la última). Mientras Gleeson repasaba las mofas de Joffrey, Peter Dinklage se lo pasaba pipa fastidiando al actor por el comportamiento de su personaje. «Tío, ¿adónde vas? —leía Gleeson—. Eres mi copero, ¿recuerdas?». Entonces Dinklage bromeaba: «Dios, ¡qué gilipollas eres!». Y cuando cayeron unas gotas del vino de atrezo sobre el iPad de Dinklage, Gleeson se disculpó: «Lo siento, es solo una cosita minúscula». Dinklage replicó de inmediato: «¡¿Qué me has llamado?!». Ver a «Tyrion» hacer que «Joffrey» se sintiera intimidado y arrepentido resultaba cómico y surrealista.

La secuencia del banquete también incluía una sucesión de emparejamientos de personajes entre las formalidades de la celebración de la boda de Joffrey con Margaery. Durante un período de tiempo curiosamente largo, no ocurría nada importante durante el banquete, lo cual, de manera paradójica, incrementaba la tensión.

ALEX GRAVES (director): Era una escena de treinta y cinco páginas. Han ganado la guerra contra Robb Stark. Tyrion está celebrando su victoria.

Joffrey está convirtiéndose en un hombre-rey. En Cersei siempre ha habido cierta tensión inherente, pero la verdad es que está disfrutando bastante del día. Teníamos enanos, pájaros, pasteles y tartas, y nada que fuera mal. Yo lo veía como un reto muy molón. Hay una sensación creciente de miedo y nada que lo señale ni por asomo. Pero tú sigues presentándolo todo de una manera que dice: «Nada va mal, nada va mal, nada va mal», y eso es desquiciante.

DAN WEISS: Lo que tiene cualquier secuencia larga como esa es que en un momento dado la gente empieza a pensar: «Estoy viendo esto, llevan quince minutos en el mismo sitio, va a pasar algo trascendental». Así que un truco importante que debía salirnos bien era mantener a los espectadores en el momento, con todos los personajes interactuando entre ellos, y no dejar que pensaran en el panorama general, en por qué llevábamos quince minutos con aquella boda.

Uno de los entretenimientos de la boda era que Joffrey utilizara su espada para abrir de una estocada una tarta gigante rellena de pájaros vivos. Era uno de esos trucos complicados y potencialmente peligrosos que casi cualquier otra película o serie de televisión habría pospuesto para que se ocuparan los animadores de efectos digitales, pero los productores de *Juego de tronos* insistieron en que se hiciera empleando efectos especiales manuales. La «tarta» estaba rellena de veintiún pájaros amaestrados procedentes de Bosnia, y los liberarían a través de una trampilla escondida. La escena provocaba cierta preocupación, ya que nadie sabía a ciencia cierta qué harían en realidad los pájaros cuando los soltaran.

—Pájaros vivos, ¿qué podría salir mal? —dijo Weiss con humor socarrón en aquel momento.

—A lo mejor se vuelven volando a Bosnia —contestó Benioff.

—A lo mejor atacan a Jack y le arrancan la cara a picotazos —replicó Weiss.

Cuando Joffrey golpeó la tarta, los pájaros salieron volando sin ningún tipo de problema. Gleeson pareció sobresaltarse un poco, pero quedó bien. Al artilugio se le añadieron unos cuantos pájaros falsos «muertos» para mostrar al espectador que algunos no habían sobrevivido. («En cierto sentido, es una metáfora de la serie», señaló Weiss.)

Otra diversión de la fiesta era la interpretación de una obra dentro de la obra por parte de unos enanos que competían en un torneo de justas, todo orquestado por Joffrey para humillar a Tyrion. La mandíbula de una cabeza de león de seis metros se abría y de ella salían cinco actores que fingían montar a caballo. En el libro de Martin los enanos montaban cerdos, idea que los productores incluso llegaron a plantearse.

GEORGE R. R. MARTIN: Los productores no encontraron ningún cerdo que pudiera montarse. En un momento dado, entré en YouTube y había como diecisiete vídeos de gente montando cerdos, pero todos se caían al cabo de dos segundos, y eso que no tenían que sujetar una lanza y perseguirse unos a otros.

DAN WEISS: A nivel de producción no era factible hacer que una persona montara un cerdo. Nos dijeron que no era bueno para el cerdo.

GEORGE R. R. MARTIN: A David y Dan se les ocurrió la maravillosa idea de que los enanos representaran a los aspirantes al trono y que lucharan entre ellos. Cumplía el mismo propósito y sin tener que lidiar con un cerdo.

A Dinklage, las justas de los enanos —utilizar a personas bajitas para un espectáculo paródico— hicieron que se sintiese «incómodo como actor». Pero añadió que esos sentimientos eran «buenos» porque habían contribuido a su interpretación mientras lo observaba todo desde los márgenes con una expresión de rabia gélida en la cara.

PETER DINKLAGE (Tyrion Lannister): Creo que los actores terminan acomodándose demasiado. A mí me gusta estar incómodo cuando actúo, porque eso te mantiene alerta. En cuanto a lo que funciona o no funciona, hay una verdadera colaboración entre Dave y Dan. Si hay algo que a mí no me funciona, tienen una manera brillante de convencerme de que sí, y nueve de cada diez veces están en lo cierto.

A medida que las crueles humillaciones de Joffrey aumentaban, Tyrion caminaba por una línea muy prudente: era educado, pero aun así mantenía su dignidad y se negaba a actuar como un bufón. Su resistencia irritaba a Joffrey. El rey siempre quería sumisión absoluta, y su tío se negaba a satisfacerlo. Hacía tiempo que el público había aprendido que cualquier personaje que desafiara a Joffrey se jugaba la vida, y sin duda comenzaban a sospechar que algo terrible terminaría sucediéndole a alguien... solo que no a Joffrey.

JACK GLEESON: Los novios y las novias normales suelen hacerse con el control y volverse un poco locos en su boda. Joffrey ya ejerce el control y ya está loco, así que aquello no hizo más que avivar las llamas de su petulancia.

DAVID BENIOFF: Es como una de esas novias al borde de un ataque de nervios. Las bodas sacan lo peor de mucha gente, y se supone que la de Joffrey debe ser un escaparate de su poder. Su emblema está por todas partes. Luce sus mejores galas. Ha invitado a las personas más poderosas. Y, por supuesto, todo sale fatal.

ALEX GRAVES: Las cosas empiezan a ponerse raras y das por hecho que, tratándose de Joffrey, van a ponerse raras como de costumbre y alguien se convertirá en su víctima. En nuestra cabeza, es un personaje inestable. Es como Joe Pesci en *Uno de los nuestros*. No tienes ni idea de qué va a hacer. ¿Habrá llegado el momento de la muerte de Tyrion? ¿De la muerte de Sansa? No se te ocurre pensar que el tipo más poderoso de la escena sea quien se va a llevar el palo.

Entonces Margaery se ponía de pie de un salto y soltaba el sinsentido más gracioso de la serie: «¡Mirad, la tarta!».

El espectador se sentía aliviado y pensaba que la llegada del inmenso pastel podría reducir la tensión. Y durante unos instantes lo hacía. Después Joffrey volvía otra vez a incordiar a Tyrion. Y comía tarta. Y tragaba vino. Y entonces... empezaba a ahogarse.

Joffrey se llevaba las manos a la garganta, sufría convulsiones y se desplomaba en el suelo, un tirano reducido a un niño aterrorizado.

Originalmente, la muerte de Joffrey iba a ser aún más gráfica. Joanna Robinson, de *Vanity Fair*, desenterró el guion de Martin para el episodio, e indicaba que en un principio el joven rey debía rajarse la cara durante sus agónicos estertores.

Es posible que la muerte de Joffrey sea el giro argumental más ingenioso de Martin. Aunque se considera que el momento más impactante de la serie es la Boda Roja, podría decirse que esta escena —que los lectores bautizaron como «la Boda Púrpura» porque el púrpura se asocia con la realeza— es la más sorprendente. En un relato que había establecido con firmeza su naturaleza imprevisible y de alteración de los patrones narrativos tradicionales, lo último que esperaba un seguidor de *Juego de tronos* tras una masacre brutal en una boda era que muriera otro personaje importante en, de nuevo, una boda. Y el método de la muerte de Joffrey (envenenado y sin un culpable claro) negaba a los espectadores la habitual satisfacción de ver a un héroe imponiendo justicia sobre un villano.

GEORGE R. R. MARTIN: La basé un poco en la muerte de Eustaquio, el hijo del rey Esteban de Inglaterra [que reinó durante el siglo XII]. Esteban había usurpado la corona a su prima, la emperatriz Matilde. Disputaron una prolongada guerra civil. Esa anarquía iba a extenderse a la segunda generación porque tanto Matilde como Esteban tenían un hijo. Pero Eustaquio se atragantó hasta morir durante un banquete. Mil años más tarde la gente todavía se pregunta: ¿se atragantó o lo envenenaron? Porque la eliminación de Eustaquio conllevó una paz que terminó con la guerra civil inglesa.

La muerte de Eustaquio se aceptó [como accidental], y creo que eso es lo que los asesinos esperaban que ocurriera aquí, que todo el reino viera a Joffrey morir atragantado con un trozo de tarta o algo así. Con lo que no contaban era con la inmediata suposición de Cersei de que se trataba de un asesinato. A Cersei no la engañaron ni por un segundo.

DAVID BENIOFF: Cuando lees el libro hay algo maravilloso en la forma de morir de Joffrey, porque es del todo inesperada. No hay ningún héroe que vuelva para derrotar al rey malvado. En realidad, no lo matan como un acto de venganza. Lo matan por razones puramente políticas.

DAN WEISS: Tiene algo de anticlímax. La jugada estándar sería proporcionarte una sensación de liberación, de felicidad. Transmitir la idea de que, de algún modo, el cálculo moral del mundo se ha enmendado y esa persona que llevaba tanto tiempo buscándoselo por fin ha recibido su merecido.

DAVID BENIOFF: Es un personaje al que desprecias desde hace mucho tiempo, y querías verlo muerto. Sin embargo, lo que ves es a un joven, en realidad todavía un niño, que se ahoga hasta perder la vida, y presenciar eso es terrible. Aunque sea un personaje al que odias, es casi imposible no prestar atención a esa voz interior cuando ves que alguien sufre horrores. No queríamos que fuera como para ponerse en pie y aplaudir, sino más bien una muerte horrible para una persona horrible.

GEORGE R. R. MARTIN: Hay un momento en que Joffrey cobra conciencia de que va a morir, no puede respirar y mira a su madre y a los demás que lo rodean con una expresión que es solo terror y súplica: «Ayúdame, mamá». Yo no quería que fuera del todo un «Ding-dong, la bruja ha muerto». Buscaba tal vez unas emociones más complejas por parte del público. No creo que debamos celebrar las muertes en la vida real. No queremos que ejecuten a los abusones de trece años; a veces la gente llega a arrepentirse de sus actos. Pero Joffrey nunca tendrá esa oportunidad, así que no sabemos en qué se habría convertido. Es probable que en nada bueno, pero aun así...

El episodio terminaba cuando Cersei acusaba a Tyrion de matar a su hijo y lo mandaba arrestar. No obstante, hubo otro giro argumental que se produjo fuera de cámara: aquel día, en el escenario, Gleeson anunció en público que abandonaba la interpretación.

JACK GLEESON: La respuesta no es muy interesante ni tiene mucha historia. Llevaba actuando desde los ocho años y simplemente ya no lo disfrutaba tanto como antes. Tuvo que ver con la perspectiva de hacerlo para ganarme la vida, cuando hasta entonces lo había hecho para entretenerme con mis amigos o durante el verano por diversión. [Ser actor profesional] cambia tu relación con la interpretación. No es que la odie, pero no es a lo que quiero dedicarme. Además, me incomodaba ver mi cara en un autobús o en un cartel. Me gusta que me conozcan solo mis amigos y mi familia.

GEORGE R. R. MARTIN: Me siento un poco culpable de que abandonara la interpretación. Espero que hacer de Joffrey no fuera lo que lo impulsara a retirarse de la profesión, porque tenía mucho talento.

ESMÉ BIANCO: Lo vi hace poco y sí, no ha vuelto a trabajar desde entonces. En cierto sentido es una pena, porque era un actor increíble. Pero al mismo tiempo pienso que cada uno hace lo que cree que le conviene. Acabas de interpretar un papel espectacular por el que todo el mundo va a recordarte y dices: «¿Y ahora?».

Se suponía que ese iba a ser el final de la historia interpretativa de Gleeson... y el de este capítulo. Pero entonces llegó otro inesperado giro de los acontecimientos. Gleeson, que en el momento de terminar este libro tiene veintisiete años, abandonó su retiro y firmó para una comedia de seis episodios en la BBC titulada *Out of Her Mind*. Será su primer papel filmado desde *Juego de tronos*. Un retorno del rey.

CAPÍTULO 15

JUICIO Y TRIBULACIONES

Tyrion Lannister bebe y sabe cosas, pero tal vez lo que mejor se le da es dejarse capturar. Lannister cae preso en seis ocasiones a lo largo de *Juego de tronos*, en manos de distintas partes ofendidas. En la primera temporada, Tyrion es prisionero primero de Catelyn Stark y luego de Lysa Arryn. En la quinta temporada lo prenden Ser Jorah y también unos traficantes de esclavos. Y en la última temporada es encarcelado por Daenerys Targaryen. «Mantengo una relación muy estrecha con la gente de atrezo que tiene que esposarme cada diez minutos», comentó en una ocasión Peter Dinklage durante el rodaje.

Pero la mejor trama carcelaria de Tyrion tiene lugar en la temporada cuatro, cuando lo acusan en falso del asesinato de Joffrey. El tratamiento de esa parte de la historia es *Juego de tronos* en su máxima expresión: la fascinante dinámica argumental de George R. R. Martin combinada con algunos de los mejores diálogos e interpretaciones de la serie. Hay giros sorprendentes, escenas tanto íntimas como épicas, y una trama impulsada por la bien establecida rivalidad de unos personajes muy convincentes.

Entre los momentos más tranquilos se cuenta la sucesión de aspirantes que pasan por la celda de Tyrion a hacerle una visita. Son secuencias basadas en el descubrimiento accidental, durante la primera temporada, de la potencia de las escenas mano a mano. La visita favorita de Dinklage es una de las escenas más extraordinarias de toda la serie. En un diálogo escrito por David Benioff y Dan Weiss, Tyrion recuerda en presencia de Jaime la afición de un primo «necio» a aplastar escarabajos y su propia obsesión por tratar de comprender la locura del chico. Tyrion lamenta la inconmensurable y absurda capacidad de la especie humana para la crueldad.

«Su rostro era como la página de un libro escrito en un idioma que no entendía, pero no era irreflexivo, tenía sus razones —dice Tyrion—. Y me obsesionaba saber cuáles eran. Debía saberlo porque era algo horrible que todos esos escarabajos murieran en vano. Soñaba que me encontraba en una playa llena de cáscaras de escarabajos que se extendían hasta donde llegaba la vista. Me despertaba llorando, sollozando por sus cuerpecillos destrozados.»

PETER DINKLAGE (Tyrion Lannister): Muchas de esas escenas de la cárcel definían las distintas relaciones de la vida de Tyrion. Me encanta la escena con Nikolaj en que hablamos de nuestro primo. En la serie hay muchos aspectos que son necesarios para hacer avanzar la historia, porque todo el mundo se limita a intentar sobrevivir. A mí me gusta mucho ese diálogo sobre el primo que es un poco corto y aplasta escarabajos porque sí. Forma parte de su pasado. Es como si Tyrion estuviera conmocionado. No sabe por qué cuenta esa historia, solo intenta comprender de qué iba todo aquello y de qué va la vida. Daba una sensación abstracta y sin ninguna relación con el puto Desembarco del Rey. Fue una bocanada de aire fresco. Me encanta ese monólogo. Que yo le hiciera justicia o no ya es cuestión de opiniones.

Mientras, abajo, Tyrion esperaba su destino encerrado en las lúgubres celdas negras, arriba Tommen (Dean-Charles Chapman) iba conociendo a Margaery Tyrell en su elegante alcoba de la Fortaleza Roja.

El objetivo de Tyrell era cortejar al recién coronado niño-rey, pero durante una escena sus flirteos se ven interrumpidos por la irrupción del gato de Tommen, Ser Pounce. En las novelas de George R. R. Martin, el joven rey tiene tres gatitos negros, Ser Garras (Ser Pounce en la versión original de los libros), Botas y Lady Bigotes. El coproductor ejecutivo Bryan Cogman pensó que sería divertido que uno de esos gatos hiciera un rápido cameo.

BRYAN COGMAN (coproductor ejecutivo): Ser Pounce no venía en el guion. Pero yo dije: «¡Dan, voy a meter a Ser Pounce en la serie!».

La idea era sencilla: Tommen está en la cama. Margaery se sienta a su lado a la luz de las velas. La tensión romántica va en aumento. De pronto, Ser Pounce salta del suelo a la cama (haciendo valer su nombre, por así decirlo). Entonces, Tommen dice una frase («¡Es Ser Pounce!») y Margaery acaricia al gato mientras siguen charlando.

Lo único que tenía que hacer el gato era saltar sobre la cama y quedarse relativamente quieto.

BRYAN COGMAN: Se suponía que Ser Pounce tenía que ser un minino lindo y pequeño. Y de pronto aparece aquel gatazo enorme. Y se negaba a hacer nada.

Toma tras toma, el equipo fue incapaz de convencer al gato para que saltara a la cama en el momento adecuado. Al final, un miembro del equipo tuvo que lanzarlo desde el suelo fuera de plano.

BRYAN COGMAN: ¡No conseguimos la toma! En ningún momento se llega a ver al gato saltando sobre la cama. El animal aparece en la cama sin más. No logramos ningún plano de Ser Pounce «usando las garras». Pero en su defensa, los gatos no son precisamente famosos por dejarse dirigir.

Para colmo, se negaba a quedarse quieto. A Dormer no le quedó otra que sujetarlo firmemente mientras recitaba las frases de su diálogo.

NATALIE DORMER (Margaery Tyrell): Aquel gato era una verdadera diva. Nos robó todo el protagonismo. Todos nos tirábamos de los pelos. El gato no iba a hacer lo que tenía que hacer a no ser que lo claváramos a la cama. Conseguimos una toma medio pasable y esa fue la que utilizamos.

BRYAN COGMAN: Durante el almuerzo, Natalie Dormer me dio un puñetazo en el brazo. En broma, debo añadir. «¿De dónde coño habéis sacado a ese gato luchador de sumo?»

Pero fue una de esas cosas raras que pasaban con *Juego de tronos*: Ser Pounce hizo furor en internet, y ello sin motivo aparente bajo mi punto de vista, porque el gato no hace nada.

A los creadores de la serie se les ocurrió, en broma, un final fuera de plano para Ser Pounce después de que Tommen se suicidara en la temporada seis.

DAVID BENIOFF (*showrunner*; creador y responsable de la serie): Está claro que Cersei odiaba tanto el nombre de Ser Pounce que no podía dejar que el gato sobreviviera. De modo que se le ocurrió la [ejecución] más diabólica posible. La muerte de Ser Pounce fue tan horrible que ni siquiera nos dejaron emitirla.

DAN WEISS (*showrunner*; creador y responsable de la serie): Si compras una versión superampliada y supercargada de extras de *Juego de tronos*, encontrarás «La muerte de Ser Pounce». Es un episodio entero dedicado a la muerte de Ser Pounce.

A pesar de las dificultades durante el rodaje, Cogman afirmaba haber quedado bastante orgulloso de esa escena y comentaba que incluso la aparente arbitrariedad del cameo de Ser Pounce tenía un objetivo específico.

BRYAN COGMAN: Ser Pounce es un símbolo magnífico de la inocencia de Tommen y una manera orgánica de conseguir que hable de Joffrey y de la complicada relación que tenían. Pero si no volvemos a ver a Ser Pounce es por algo.

A pesar de todo, la familia real de Desembarco del Rey tenía un asunto mucho más importante que atender: el juicio a Tyrion por regicidio.

El episodio «Leyes de dioses y hombres» era la versión de *Juego de tronos* de un drama judicial tradicional, con Tyrion acusado de un delito que el espectador sabe que no ha cometido.

Tyrion se veía sujeto a una procesión de testigos que lo acusaban. Cada declaración contenía una pizca de verdad despojada del contexto adecuado y narrada como prueba condenatoria de su aparente culpabilidad.

GEORGE R. R. MARTIN (autor, coproductor ejecutivo): Algo en lo que he intentado incidir a lo largo de toda la serie es que nuestras decisiones acarrean consecuencias. Uno de los problemas de Tyrion es que es un bocazas. Lleva toda la serie diciendo todo tipo de cosas, como amenazas veladas a Cersei: «Te haré daño por esto. Llegará el día en el que tu dicha se convertirá en cenizas en tu boca». Todas estas declaraciones se vuelven a lo bestia en su contra y lo hacen parecer culpable de verdad.

A la intriga se añadía que Margaery y Olenna Tyrell sabían que Tyrion era inocente.

BRYAN COGMAN: Ver actuar a Natalie fue muy divertido. Sabemos que Margaery sabe quién es el asesino pero quiere darse importancia, y Natalie comunica todo eso con la mirada.

NATALIE DORMER: Bueno, tampoco podía hacer nada más. El mérito está en el montaje. La mayoría de los montadores de la serie son los héroes no reconocidos, y esa escena es un gran ejemplo de lo logrado que está el montaje. La gente no suele darse cuenta de lo necesario que es ese montaje que combina todas las miradas.

Ni siquiera Cersei terminaba de creerse que su hermano fuese culpable.

LENA HEADEY (Cersei Lannister): Es evidente que a Cersei no le gusta desde el principio, ya que lo considera responsable de la muerte de su madre. También cree (no *realmente*, pero prefiere creerlo para poder odiarlo todavía más) que ha asesinado a Joffrey.

Por lo que respecta a Tywin, el imperturbable patriarca no sabe si su hijo es culpable o no, afirmaba el actor Charles Dance en *Making Game of Thrones*. «No está del todo seguro de quién es el responsable, pero necesita un chivo expiatorio», declaró Dance. Para Tywin, el juicio era un modo perfecto de manipular a Jaime para que accediera a abandonar la Guardia Real como parte de un acuerdo extrajudicial a cambio de permitir que Tyrion viviera el resto de sus días en el Castillo Negro.

El momento álgido del juicio llegaba cuando la amante secreta de Tyrion, Shae, de quien creíamos que había huido de Poniente sana y salva, testificaba contra él. Shae desvelaba sus momentos íntimos y acusaba a Tyrion de tramar con Sansa el asesinato de Joffrey.

BRYAN COGMAN: Todas las interacciones previas entre Tyrion y Shae estaban destinadas a preparar ese momento en la sala del juicio.

GEORGE R. R. MARTIN: Hubo varios actores que mejoraron a los personajes respecto de los libros, y me encantaría poder volver atrás y escribirlos mejor. El cambio más llamativo fue el de Sibel Kekilli interpretando a Shae. La Shae de los libros es una cazafortunas y una soldadera. Le tengo cierta simpatía. Probablemente sufrió abusos o la obligaron a prostituirse ya de muy joven, y lleva un tiempo viajando con el ejército. Entonces Tyrion la recoge. Ella usa el sexo para salir adelante y no siente un afecto real por él. Pero tal como David y Dan escribieron el personaje, y tal como Sibel lo interpretó, es mucho más profundo, tiene sentimientos genuinos hacia Tyrion. Mi Shae nunca habría rechazado la bolsa de diamantes que Varys le ofrece para que se vaya.

SIBEL KEKILLI (Shae): La escena en que rompíamos fue muy dura. Tyrion le dice: «Eres una puta, vete y ya está». Como Sibel Kekilli, yo estaba convencida de que Shae tiene que comprender lo que está sucediendo. Por eso me costó tanto. Hablé con Dan y con David: «Esta no es mi Shae, ella por fuerza entiende por qué Tyrion se comporta así». Pero tenía que ceñirme al guion. Fue muy difícil comprender esa escena, pero me encantó hacerla. El juicio fue desgarrador. Intenté transmitir toda la humillación de Shae para mostrar su dolor. No funcionó. Creo que los seguidores de la serie odiaron a Shae.

La declaración de Shae deja a Tyrion devastado. Por mucho que haya accedido a cerrar un trato con su padre para declararse culpable, algo se rompe en su interior.

BRYAN COGMAN: Ese momento de Shae desencadena todo lo que ha ido fermentando en el interior de Tyrion a lo largo de su vida entera. Él iba a aceptar el trato con Tywin y a desaparecer sin hacer ruido. Ahora prefiere morir a concederle eso. Pero antes de morir, les dirá lo que de verdad piensa de ellos. La emprende contra su padre, contra Cersei y contra la multitud.

En un monólogo adaptado por Cogman, Tyrion exclama hecho una furia: «Soy culpable de un crimen mucho más monstruoso. Soy culpable de ser enano... Os habéis pasado juzgándome por eso toda mi vida... Yo no maté al rey Joffrey, pero ojalá lo hubiera hecho. Ver morir a vuestro cruel bastardo me proporcionó más alivio que mil putas mentirosas... ¡Ojalá tuviese bastante veneno para acabar con vosotros!».

Pero si la interpretación de Dinklage en este episodio ya era ardiente, el modo en que afrontó por primera vez el material fue incluso más volcánico.

NIKOLAJ COSTER-WALDAU (Jaime Lannister): Peter no se anduvo con chiquitas durante la primera toma de su discurso en el juicio. Actuó de cara a la galería, por así decirlo. [Para el episodio] eligieron los primeros planos de la toma en que más se contuvo. Pero esa primera toma tan cruda fue magnífica. A todos se nos puso la carne de gallina y pensamos: «Es asombroso».

BRYAN COGMAN: Lo bueno de Peter es que debe de haber unas quince tomas que no utilizamos y, de haberlo hecho, tendríamos una versión igualmente increíble y muy distinta de la misma escena. La toma que terminaron usando no es demasiado exagerada. Suelo fijarme en lo penetrante que es su mirada durante el monólogo; fulmina a cada una de las personas a las que se dirige.

PETER DINKLAGE: Hace un tiempo hice de jurado para un caso que se alargó bastante y la cosa no fue tan diferente a esto, porque tuvimos toda una semana para rodar la escena y me la pasé casi entera subido al estrado. Para Tyrion, es una gran oportunidad para decir a todo el mundo, sin gilipolleces, sin humor, lo que piensa de ellos. En esta serie la gente no para de criticarse en pasillos y alcobas, y este es el momento en que Tyrion abre el telón y tira de la manta que descubre todo el legado de los Lannister, dejando en evidencia sobre todo a su padre, diciendo cosas que tenía enterradas en lo más profundo. Siempre ha afrontado las situaciones con humor e ingenio, pero esta es la gota que colma el vaso. Todo iba bien hasta que involucran en el asunto al amor de su vida. Si no, habría aceptado el trato.

En vez de eso, Tyrion elegía el juicio por combate, y el príncipe Oberyn Martell se ofrecía a hacerle de campeón. La Víbora Roja había aparecido por primera vez en el estreno de la cuarta temporada junto a su seductora amante, Ellaria Arena. Durante toda la temporada, Martell había desafiado con audacia a los Lannister, buscando vengarse de ellos y de su asesino el caballero Ser Gregor Clegane por los crímenes de guerra cometidos contra su familia décadas atrás. El combate ofrecía al príncipe una oportunidad de obtener su confesión y su venganza.

PEDRO PASCAL (Oberyn Martell): Yo era un auténtico seguidor de la serie. Cuando se convocó la audición, me parecía algo inalcanzable. Me enviaron diecisiete páginas que destripaban toda la trama, y me molestó mucho que me estropearan la temporada. Total, que me grabé y envié el vídeo. Me sorprendió muchísimo que me respondieran, y a partir de ahí todo se fue acelerando. Dan y David me escribieron un email muy generoso hablando del personaje, fueron muy elocuentes y lo entendí todo muy bien.

DAVID BENIOFF: Las audiciones para ese personaje nos ponían nerviosos, porque Oberyn encarna muchas características. Es uno de los personajes favoritos de los libros. Es sexy y tiene estilo, pero también es inteligente. Adora a su familia y tiene muchas connotaciones sexuales. Y Pedro lo interpreta fenomenal.

PEDRO PASCAL: Cuando anunciaron el resultado del casting, me acojoné. Era en plan: «Los chicos lo adoran, las chicas lo adoran, ¡es el ser humano más increíble del mundo!». Yo pensaba: «Esto..., muchas gracias. ¿No podéis poner el listón un poco más alto?».

SIBEL KEKILLI: Los actores que se iban incorporando al pasar las temporadas siempre estaban nerviosos. Pedro Pascal se subía por las paredes durante el rodaje. Yo trataba de tranquilizarlo: «Eh, venga, aquí somos todos un equipo, vente con los demás a tomar una copa».

DAVID BENIOFF: La escena en la que Pedro comunica a Tyrion [que luchará por él contra la Montaña] es la primera que Pedro tuvo que rodar. Era mucha presión para un tío que nunca había participado en la serie y de repente tiene que interpretar a un nuevo personaje y su primera intervención es una escena de siete minutos frente a Peter Dinklage.

DAN WEISS: «Bienvenido a la serie, aquí tienes el traje, ahora te toca resumir la apoteosis emocional de tu personaje, preparados, listos, ¡ya!» Pedro hizo un gran trabajo sintetizando todo lo que conllevaba el personaje sin trucos ni fanfarria. Estaba muy nervioso, deseaba con todas sus fuerzas que le saliera bien. Tardamos un montón de tiempo en convencerlo de que había quedado mejor que bien. Pedro pensaba que solo intentábamos ser amables. Aún no nos conocía.

El combate del episodio «La Montaña y la Víbora» se rodó en un anfiteatro junto al mar, en Dubrovnik. Pero antes fue necesario superar algunos obstáculos.

ALEX GRAVES (director): Cuando fuimos a hacer las localizaciones en el anfiteatro, vimos que había yates anclados justo delante. Tuvimos que llegar a un acuerdo para que los yates no estuvieran allí durante el rodaje. Las embarcaciones retrocedieron un cuarto de milla para no aparecer en el plano. Todo el mundo accedió a hacerlo... excepto una persona.

Numerosos miembros del equipo de *Juego de tronos* coincidieron en que esa persona era el actor Bruce Willis, y que el protagonista de *La jungla de cristal* no solo se negó a retirar el yate sino que trató de estropear el rodaje pilotando el barco de un lado a otro frente al anfiteatro mientras se llevaba a cabo la filmación. Los miembros del equipo lo califican como un acto de «rabia yatística». Pero la presencia del actor en Croacia durante ese período no se ha llegado a confirmar.

ALEX GRAVES: El yate dio un par de vueltas en círculo, como si quisiera decir: «Jodeos, me he metido en el plano», y nosotros nos reíamos porque de todos modos en ese momento las cámaras no apuntaban al mar.

BERNADETTE CAULFIELD (productora ejecutiva): Creo que ese incidente se ha exagerado un poco. Lo cierto es que nunca llegamos a ver a Bruce.

La secuencia del combate se rodó a lo largo de tres días, con el forzudo islandés Hafþór Björnsson interpretando el papel de Ser Gregor Clegane, «la Montaña». En el plató era surrealista ver a Björnsson patrullar por allí, sobre todo caracterizado con una armadura que lo hacía incluso más alto y corpulento. Daba un poco de mareo y confusión, como si contemplaras un efecto especial que se transforma en algo real; una versión humana de los desproporcionados lobos gigantes de la serie.

HAFÞÓR BJÖRNSSON (Gregor Clegane, «la Montaña», temporadas 4-8): Suelen contratarme porque soy un tipo trabajador que casualmente mide metro noventa y pesa doscientos kilos. Saben que me ceñiré al guion y añadiré mis toques personales.

RORY McCANN (Sandor Clegane, «el Perro»): En una ocasión, Hafþór pidió pollo y le trajeron dos pechugas. Alzó la mirada y dijo: «No, *un* pollo. No pollo. Un pollo». Y un par de horas más tarde ya estaba comiendo otra vez. Es una bestia.

Para que Martell pudiera enfrentarse a un oponente tan temible, el equipo de especialistas creó un estilo de lucha único para la Víbora Roja, distinto a todo lo que se había visto antes en la serie.

ALEX GRAVES: Mi intención era ver a alguien elevándose en el aire, moviéndose y girando de un modo musical, como en un baile, para evocar el estilo a lo Sinatra que tiene el personaje. Es un estilo que debía transmitir al público la impresión de que podía vencer a ese oponente tan gigantesco. Porque cuando ves a la Montaña, das por sentado que matará a Oberyn. Pero Pedro tiene una simpatía tan espectacular y transmite tan bien la sensación de sabérselas todas que es capaz de hacer dudar al público.

PEDRO PASCAL: Fue muy intenso. Estábamos en aquel recinto expuesto a la luz del sol durante todo el día y yo llevaba la armadura y volaba como una avispa. Volaba alrededor de aquel tipo [tan enorme], que blandía una espada que llegaba literalmente desde el suelo hasta mi barbilla.

HAFÞÓR BJÖRNSSON: Trabajar con Pedro fue genial; es un buen tipo y nos lo pasábamos pipa entre toma y toma. Pero el rodaje fue muy difícil, muy exigente tanto física como mentalmente. Lo repetíamos todo una y otra vez con la armadura completa y a una temperatura muy alta. Hubo mucha tensión en los momentos más complejos del rodaje, cuando los actores y la mayoría del equipo estábamos trabajando entre dieciséis y dieciocho horas al día. Entrenar tanto tiempo con el maestro espadachín C. C. Smiff (varias semanas, de hecho) mereció la pena. Creo que el público no acaba de ser consciente de la cantidad de trabajo que se invirtió en *Juego de tronos*.

ALEX GRAVES: Queríamos mantener al espectador mareado a cada paso. Así que, durante el adiestramiento, si parecía que a la Montaña o a la Víbora les iba demasiado bien, yo me acercaba y decía: «¿Puedes darle una patada ahí?».

DAN WEISS: No son solo unas personas atizándose con lanzas y espadas; es la asombrosa escena con la que culminan los veinte años en los que Oberyn ha ido acumulando rabia y odio y sed de venganza.

Durante unos momentos de tensión, parecía que Oberyn había derrotado a su rival. La Montaña, gravemente herido, se derrumbaba en el suelo de piedra. Sin embargo, en vez de terminar con él, Oberyn se empeñaba en obligar a la Montaña a confesar sus pecados contra la familia Martell. Con la victoria al alcance de la mano, Oberyn se distraía apenas un segundo con la sonrisa orgullosa de Ellaria.

DAN WEISS: Es la situación clásica del error fatal, del personaje incapaz de conformarse con lo que tiene. No puede evitar hurgar en la herida. Es algo que hace con gran afición a lo largo de toda la temporada. Al final, se lo hace a la persona equivocada en el momento equivocado. Y el resultado dejó una mancha gigantesca en el suelo del escenario.

PEDRO PASCAL: Se implicó demasiado y sus propias pasiones fueron su perdición. Porque, en definitiva, se trata de derrotar al hombre que violó y mató a su hermana, pero antes de hacerlo, antes de terminar con la vida de ese hombre, necesita una confesión. Necesita oírlo.

La Montaña barrió del suelo la pierna de Oberyn, se encaramó sobre él y entonces..., bueno, todo el mundo vio lo que sucedió.

ALEX GRAVES: La gente dice: «¡Dios mío, el plano en que le explota la cabeza!». Pero en realidad no se ve cómo le explota. Es un efecto de sonido, pero lo que sí se ve es la fracción de segundo anterior a que explote. Fue un gran esfuerzo construir una cabeza que empezara a ceder a la presión. Tenía tubos de sangre y todo. Al principio nos olvidamos de añadirle huesos, y cuando Björnsson apretó, la cabeza entera se hundió.

HAFÞÓR BJÖRNSSON: El equipo de efectos visuales y de prótesis hizo un gran trabajo, y en cierto modo tuve la sensación de que estaba aplastando la cabeza de una persona.

INDIRA VARMA (Ellaria Arena): La pelea le iba a pedir de boca. Todo estaba a su favor y de pronto se le fue la cabeza, ¿verdad?

ALEX GRAVES: Luego, cuando la Montaña cae al suelo, pusimos todo tipo de carnes diferentes sobre la cara del especialista. Desde donde lo enfocamos, no se nota que es carne de animal. El efecto es horripilante.

PEDRO PASCAL: Tuve una conversación muy buena e interesante con Lena Headey sobre el trayecto vital de Oberyn. A pesar de que termina mal, consigue oír la confesión, ¿sabes? Ya ni siquiera necesita seguir adelante después de que se haya dicho en voz alta. Y conseguirlo le provoca el éxtasis, a pesar de que suceda en el momento de su perdición.

Tyrion parecía destinado, una vez más, a morir ejecutado. Hasta que Jaime, en consonancia con su continua devoción por cuidar de su hermano menor, lo liberaba de las celdas negras. Pero, al igual que Oberyn, Tyrion era incapaz de conformarse con lo que tenía. Le quedaban asuntos pendientes con su padre. Y descubría que Tywin no estaba solo.

GEORGE R. R. MARTIN: A veces la gente llega a su límite. A veces la gente se derrumba. Creo que Tyrion alcanzó ese punto. Ha vivido un infierno, se ha enfrentado a la muerte una y otra vez y lo han traicionado, desde su punto de vista, las mismas personas a las que ha intentado cuidar y de las que ha buscado la aceptación. Lleva toda la vida buscando la aprobación de su padre y, a pesar de sus recelos, se ha enamorado de Shae.

SIBEL KEKILLI: La chica está en la cama del padre. Entonces Tyrion entra en la alcoba y Shae tiene que decir: «¡Mi león!». Intenté negarme a rodar eso. «Por favor, no lo hagáis.»

ALEX GRAVES: Matar a Shae fue muy duro. Creo que ninguna secuencia me dejó tan exhausto como esa.

GEORGE R. R. MARTIN: [Tyrion] la estrangula despacio y ella se resiste. Intenta liberarse. Él podría soltarla en cualquier momento. Pero la rabia y el sentimiento de traición son tan fuertes que no para hasta que la mata. Es probablemente el acto más oscuro que ha cometido nunca.

ALEX GRAVES: La posición final de Tyrion después de haberla matado es la peor parte de la escena, porque queda como colgando un poco de la misma cadena que ha usado para estrangularla. En teoría, iba a matarla en la cama. Pero en el ensayo, Peter se lanzó desde la cama y se quedó agarrado a la cadena a pesar de haber caído a un lado. Entonces dijo: «¿Y si continúo desde aquí?». Peter bajó de la cama y siguió estirando. De este modo, la mataba sin tener que mirarla y quedaba horripilante, que era justo lo que buscábamos.

SIBEL KEKILLI: La gente suele preguntarme: «¿Shae amaba a Tyrion?». Yo lo tengo muy claro. Amaba a Tyrion. De lo contrario, lo habría abandonado cuando él perdió el poder o cuando Varys le ofreció dinero. Él se ha casado con otra chica. Shae quería a Sansa. Al final, todo era demasiado doloroso.

Mi explicación es que por supuesto que conoce los juegos de poder que hay en el seno de la familia. Pero ella es de baja cuna y carece de poder. No tiene opción. Necesita estar con alguien que la proteja. En cierto modo, Tywin y Cersei la obligan: «O nos ayudas o morirás». Entonces, ¿cuál es el siguiente paso para una chica de baja cuna en esta situación? Puede hacerse prostituta o puede ser la amante de un hombre poderoso, que en este caso es Tywin.

Tyrion, armado con una ballesta, sorprendía a su padre en el retrete. Incluso al enfrentarse al hijo que creía encarcelado, el severo patriarca de los Lannister apenas pierde su impavidez.

ALEX GRAVES: Recuerdo que me empeñé en encontrar un trozo de pared porque quería captar el momento en que Tyrion va hacia el cuarto de baño. No podía cortar a la siguiente escena justo después del asesinato de Shae. Quería mostrar esos seis segundos dramáticos en los que Tyrion se dirige a lo siguiente que va a hacer armado con una ballesta. La gente pensaba: «Con todo el dinero que estamos gastando en esta serie, ¿para qué quiere Graves una dichosa pared?». Pues porque era necesaria.

Tywin llamaba «puta» a Shae. Tyrion, aunque acababa de asesinar a Shae, advertía a su padre que no la deshonrara: «Repite esa palabra...».

GEORGE R. R. MARTIN: Lord Tywin estaba convencido de que, como él no amaba a Tyrion, nadie podía amarlo. Para él, Shae es una chica cualquiera de clase baja que intenta meterse en la cama con el enano porque es un Lannister y eso le permitirá convertirse en una dama, tener dinero y vivir en un castillo. Básicamente, es el equivalente a ser una puta. La chica solo se acuesta con él para adquirir un estatus. Tywin quiere dar una lección a Tyrion en ese aspecto, de modo que sigue utilizando la palabra «puta», que es como echar sal en la herida. Tyrion le dice: «Repite esa palabra...», y él la repite. En ese momento, el dedo de Tyrion aprieta el gatillo.

PETER DINKLAGE: Tyrion está muy afectado por lo que acaba de hacer, y a Tywin le importa una mierda. Ese es el dedo que dispara.

Martin añadió que Tywin muere no solo por lo que ha dicho en ese momento, ni por el horrible trato que ha dispensado a su hijo en general, sino por una lección bastante concreta que había enseñado a Tyrion muchos años atrás.

GEORGE R. R. MARTIN: La filosofía de lord Tywin se basa en buena parte en no hacer amenazas que luego no pretendas cumplir. Es una enseñanza importante que inculcó en Tyrion desde su juventud. Cuando amenazas a alguien y ese alguien te desafía, si no cumples tu amenaza, ¿quién se va a creer las próximas que hagas?

PETER DINKLAGE: Me encantó trabajar con Charles Dance. Me encantaba también la relación que tenían los personajes, por horrible que fuera. En cierto modo es cariñosa, dentro de una relación tan jodida. ¡Por Dios, ahora parezco una víctima de abusos que dice que es culpa suya! Me encantó cómo lo interpretó Charlie. Él respeta a Tyrion, pero no puede contenerse.

CHARLES DANCE (Tywin Lannister): Tyrion es un recordatorio constante, para Tywin, de lo único en lo que ha fracasado. Sobre todo en la Europa del siglo xv o xvi, si tu hijo tenía cualquier imperfección, ya fuera enano, ciego o cualquier otra cosa que se considerara un defecto, lo ideal era asfixiarlo, deshacerse de él, meterlo en un cubo de agua. Pero él dejó vivir a Tyrion. Para su sorpresa, Tyrion es el más inteligente de sus tres hijos, el más agudo y el más listo, y eso es una [molestia] constante. Ese cabroncete no debería poseer tales cualidades. Son cualidades que admiraría de él si no fuera un enano, pero el hecho de que sea un enano es un recordatorio constante de su fracaso.

Es horrible. Pero yo no soy de esos actores que intentan encontrar la bondad en su personaje. Si el personaje es un gilipollas, es un gilipollas y lo interpretas como un gilipollas con todas las consecuencias. No intentas hacer que parezca un buen tipo. Peter es extraordinario. Me habría encantado interpretar alguna escena con él en la que no lo tratara como a una mierda, ¿sabes?

CAPÍTULO 16

———◇———

LA SERIE MÁS FAMOSA DEL MUNDO

Juego de tronos no fue un éxito instantáneo, ni tampoco hubo un episodio o una temporada en particular que provocara que la serie se disparara del modo en que lo hizo. El ascenso de *Juego de tronos* fue gradual pero constante. En realidad no fue muy distinto al desarrollo de los dragones de Daenerys: año tras año, la serie y sus seguidores fueron creciendo y haciéndose más y más salvajes, hasta que un día dominaron el mundo.

A finales de la cuarta temporada, *Juego de tronos* se había convertido en la serie de HBO más popular de todos los tiempos, con cerca de veinte millones de espectadores en Estados Unidos que la veían a través de todas las plataformas de la cadena y otras decenas de millones de espectadores a lo largo y ancho del planeta. *Juego de tronos* también se ganó el dudoso honor de ser la serie con más descargas ilegales del mundo (se estimó que el estreno de la octava temporada lo vieron de forma ilícita cincuenta y cuatro millones de personas).

Los galardones también se fueron acumulando. *Juego de tronos* terminaría adjudicándose cincuenta y nueve premios Emmy Primetime, la máxima cantidad concedida jamás a una serie cómica o dramática, incluyendo cuatro victorias en el apartado de mejor serie dramática y el mismo número para Dinklage en la categoría de mejor actor secundario.

El *merchandising* se disparó al mismo ritmo y HBO aprobó docenas de productos oficiales. Se comercializaron cervezas artesanas de *Juego de tronos*, vinos, muñecos cabezones, tazas, figuras, juegos y muchísimas camisetas (hasta Ser Pounce tenía la suya). El compositor Ramin Djawadi lanzó la Game of Thrones Live Concert Experience, un espectáculo itinerante global que combinaba la actuación de una orquesta en directo con efectos especiales. Palabras y frases como «*khaleesi*», «la Boda Roja», «se acerca el invierno» o «dothraki» se convirtieron en referencias cotidianas. Los recién nacidos empezaron a recibir nombres de personajes de la serie, como Arya y Daenerys.

Para las ciudades que acogieron el rodaje de *Juego de tronos*, la serie resultó ser una fuente muy bien recibida de ingresos y turismo. Dubrovnik sufrió tal invasión de seguidores de la serie que la ambientación de Desembarco del Rey tuvo que limitar las visitas a sus antiguas murallas en 2017. En Irlanda del Norte un informe fechado en 2018 calculaba que *Juego de tronos* había inyectado cuarenta millones de dólares al año al sector turístico local.

Los creadores y el reparto de la serie, la mayor parte de los cuales tenían muy poca o nula experiencia como celebridades, se vieron inmersos en un curso acelerado de las ventajas y desventajas de la fama.

PILOU ASBÆK (Euron Greyjoy): Llevaba quince años trabajando como actor en Dinamarca y en producciones internacionales. Había trabajado con Morgan Freeman, Scarlett Johansson, Kirsten Dunst, estrellas conocidísimas. Pero la gente no empezó a decirme: «Joder, tío, cómo molas» hasta que salí en *Juego de tronos*.

En una ocasión estaba en un aeropuerto de Chile y un agente de aduanas me miró y me dijo: «¿Greyjoy?». Cerraron la frontera del aeropuerto de Santiago para poder hacerse fotos conmigo. ¡Durante quince minutos nadie pudo entrar en el país! Yo pensaba: «Hostia puta, esto se está yendo de madre». No quería ni pensar lo que debía de ser para Kit o para Nikolaj. Se había convertido en la serie más famosa del mundo.

Según los actores, estos encuentros con los fans fueron casi siempre positivos.

LIAM CUNNINGHAM (Davos Seaworth): La gente siempre se alegraba de ver a Davos. Les parecía bien todo lo que hacía y me confundían con el personaje. Es fantástico pasearse por ahí y causar esa reacción.

KRISTIAN NAIRN (Hodor): La gente no se cree que seas real; te ven como el personaje. Te gritan: «¡Hodor!». Pero los fans de *Juego de tronos* suelen ser respetuosos. Van en plan tranquilo, incluso esos que resultan un poco molestos.

JACK GLEESON (Joffrey Baratheon): La mayoría de la gente separa al personaje de la persona. Nadie me dijo nunca nada malo. La gente solía decirme: «¿Estás bien? He oído que te amenazan por la calle».

GEMMA WHELAN (Yara Greyjoy): Me reconocen muy muy de vez en cuando, pero cuando sucede es agradable. Me dicen que les he alegrado el día, ¡pero son ellos los que me alegran el día a mí! Es un sentimiento recíproco.

ESMÉ BIANCO (Ros): Una mujer se me acercó durante una convención y me contó que era trabajadora sexual. Me dijo que nunca había visto una serie de televisión o una película en la que una actriz que interpretara a una prostituta la representara a ella. «Tú no interpretabas a Ros como una prostituta, la interpretabas como una mujer increíble, como una persona». Los días que me entran ganas de abandonar este sector, me acuerdo de esa mujer.

No obstante, algunos encuentros con los seguidores podían llegar a ser algo raros, incómodos o, en ciertas ocasiones, intimidatorios.

MARK ADDY (Robert Baratheon): Un tío me enseñó un tatuaje del rey Robert que se había hecho en el hombro. Era una imagen mía en su hombro. Yo pensaba: «¡Eso va a estar ahí para siempre! ¿Se puede saber qué estás haciendo?».

HAFÞÓR BJÖRNSSON (Gregor Clegane, «la Montaña», temporadas 4-8): Muchos fans me piden que les apriete los ojos, eso es algo muy típico.

O que los levante por encima de la cabeza. No levanto a todo el mundo, solo a algunas chicas. Y a veces he tenido que decir que no porque, si levanto a uno, todos los demás me lo van a pedir. Tienes que ser justo con la gente, ya sabes.

NIKOLAJ COSTER-WALDAU (Jaime Lannister): Una fan se instaló en Belfast durante tres meses con la esperanza de conocernos. Por fin coincidió con nosotros en el bar del hotel y le firmamos autógrafos y nos hicimos fotos con ella. Era una chica muy agradable, pero yo pensaba: «Joder, ¿soy el único al que perturba esto?». Le pregunté por qué lo había hecho. Respondió que estaba en su lista de cosas por hacer antes de morir. Bueno, ¡menos mal que por fin nos has conocido y puedes volver a casa!

OWEN TEALE (Alliser Thorne): Un día en que yo estaba con mi mujer, se me acercó un tío y dijo: «¿Puedes hacerme un favor? ¿Puedes llamarme bastardo hablando al teléfono?». Yo respondí: «No digas bobadas», pero mi mujer dijo: «¡Vamos, hazlo!». Así que cogí el móvil del tío y dije: «Puto bastardo». Y el tío estaba encantado.

GEORGE R. R. MARTIN (autor, coproductor ejecutivo): Celebramos una firma conjunta en la Comic-Con. Éramos unos diez y todos teníamos que ir firmando pósteres. Lo firmabas y luego se lo pasabas al siguiente. En una de estas, yo estaba sentado al lado de Lena Headey y cuando fui a pasarle el póster a Lena, la dueña del póster le dijo: «¡No! ¡A *ti* no te quiero! ¡Eres malvada!». Lena se quedó pasmada.

En otra sesión de firmas, un tipo me preguntó si podía cortarme un trozo de barba. Le dije que no y seguí firmando. El muy cabrón sacó unas tijeras, se escabulló detrás de mí e intentó llevarse un poco de pelo mío. Mi asistente en aquella época, Ty Franck, que es el cincuenta por ciento del equipo de escritores James S. A. Corey, forcejeó con él y le quitó las tijeras.

CHARLES DANCE (Tywin Lannister): A veces puede llegar a ser un poco invasivo, sobre todo cuando estás cenando tranquilamente en un restaurante con la comida pinchada en el tenedor y se acerca alguien y de pronto saca un móvil y hace una foto. ¿Acaso estoy en un escaparate? ¿Acaso soy un animal del zoo?

MAISIE WILLIAMS (Arya Stark): Es fácil pasar a depender de los demás y decir: «¿Cómo se hace el café?». Yo me fijo en Lena Headey, admiro su estilo de vida. Es una actriz fantástica. Va a las entregas de premios y hace de persona famosa pero al mismo tiempo lleva una vida muy normal. No quiero que la gente esté siempre siguiéndome. Quiero vivir en el anonimato, y eso es lo que más echo de menos, ser una persona anónima.

SOPHIE TURNER (Sansa Stark): Me entraban unas ganas tremendas de trabajar en un Starbucks. Eso de tener una rutina normal de nueve a cinco me atraía mucho. Porque la carrera de actor es muy impredecible, excepto cuando trabajé en *Juego de tronos*. Entonces quería seguir actuando el resto de mi vida, aunque tal vez con alguna temporadita de vez en cuando en Starbucks.

EMILIA CLARKE (Daenerys Targaryen): No estaba preparada como ser humano para afrontar la percepción, buena o mala, que el público externo tenía de la serie, y eso terminó ejerciendo un efecto profundo en mi personaje. Me sumergí todavía más en ella porque durante mucho tiempo no tenía ningún otro sitio al que mirar. Siempre estaba esperando que todos se volvieran contra ella, porque la fama, el éxito y que la serie funcione o no son cosas puñeteramente volubles. Todo cambia según sople el viento. La gente cambia de opinión. Y si tu autoestima se basa en eso, estás bien jodida. Así que me obsesioné todavía más. Me preguntaba: «¿Qué es Daenerys?».

Pero que reconocieran a un actor no significaba necesariamente que el fan supiera a qué personaje interpretaba.

JOE DEMPSIE (Gendry): Hubo numerosas ocasiones en que la gente me decía: «Tú sales en *Juego de tronos*, ¿verdad?». Y yo: «Sí». Y ellos: «¡Sí, eres ese tío tan patoso!» [refiriéndose a Podrick, interpretado por Daniel Portman]. «Ese no soy yo, pero lo hace genial».

KIT HARINGTON (Jon Nieve): Me han dicho tantas veces que me parezco a Jon Nieve..., y cuando les respondía que soy Jon Nieve, decían: «Qué va, él es más alto».

CONLETH HILL (Varys): Mucha gente piensa que soy el camarero o alguien de seguridad. Lo cual es maravilloso, porque cuando te vuelve a crecer el pelo no te reconocen, así que no sufro la misma tortura que los actores más conocidos.

PILOU ASBÆK: Tuve una reunión con los productores de una película muy importante. Nos sentamos y los vi muy poco interesados en las cosas que les decía. Al cabo de veinte minutos, me preguntan: «Bueno, ¿en qué has trabajado?». Y yo respondo: «He hecho *Juego de tronos*». Esto fue antes de que se emitiera la sexta temporada. Y uno de ellos suelta: «¡Tío, no me jodas! ¡Lo sabía! ¡Eres la hostia!». Pasaron de tener cero a demasiado interés. «¡Eres un camaleón! Tío, cuéntame una cosa y sé sincero: ¿cómo fue esa escena en que te cortan la polla?». Me habían confundido con Alfie Allen. Fue la peor reunión de la historia de las reuniones. Pensé: «Ha sido duro, pero soy un profesional y lo voy a mantener en secreto». Cuando salí de la reunión, llamé a Alfie y le dije: «Si te dan el papel de villano en esta peli, será gracias a mí».

En especial, el hecho de pronunciar una frase emblemática en la serie se convirtió en un arma de doble filo. Si no, que se lo pregunten a Rose Leslie, que había inmortalizado la burla recurrente de Ygritte: «No sabes nada, Jon Nieve».

ROSE LESLIE (Ygritte): Me encanta que los fans sean tan apasionados. Pero esas cinco palabras son lo único que me piden. En la serie hablo con mucho acento, así que cuando digo con mi voz normal «No sabes nada, Jon Nieve», fruncen el ceño y se ponen en plan: «No suenas a Ygritte». Entonces tengo que meterme en el acento, y es un proceso largo y aburrido para el fan, y estoy segura de que se marchan deseando no habérmelo pedido, porque es un coñazo.

Sophie Turner lo pasó peor que la mayoría durante las primeras dos temporadas de la serie. En los libros de Martin, Sansa empieza siendo un personaje frustrante, un contraste superficial e inmaduro respecto a su valiente y capaz hermana, Arya. Sansa creía en cuentos de caballeros nobles, en príncipes corteses y en ser felices y comer perdices, justo los clichés de la literatura fantástica que el argumento de Martin subvierte con crueldad.

SOPHIE TURNER: Al principio me impresionó mucho, porque Sansa caía mal a todo el mundo. Tenía la sensación de que me atacaban personalmente, por mucho que supiera que no era así. Muchos fans me reconocían y decían: «Te odio bastante». Y yo: «Qué bien, acabas de incomodarme un montón». [En una ocasión] Maisie y yo estábamos sentadas juntas y la gente [me] decía: «Eres mi personaje menos favorito». [Y luego, señalando a Maisie]: «Y tú eres mi favorita». No podía tomármelo como algo personal porque la gente ya odiaba a la [Sansa] del libro. Por lo tanto, si también la odiaban en pantalla, supongo que más o menos estaba haciendo justicia al personaje.

MAISIE WILLIAMS: La gente nos comparaba a todas horas, comparaban un personaje con el otro, cuando en realidad somos dos chicas totalmente distintas que interpretamos dos personajes completamente distintos.

Para los creadores de la serie, relacionarse con los aficionados también resultaba difícil. El dúo tuvo un encontronazo durante el rodaje de la primera temporada que les dio razones para desconfiar de los desconocidos.

DAN WEISS (*showrunner*; creador y responsable de la serie): Estábamos en Malta volviendo a filmar la boda de Dany. De pronto se acercó un chico ruso y me pidió presenciar el rodaje. Parecía muy agradable y decente, aunque tal vez un poco raro. Le dije: «Claro». Por aquel entonces a todo el mundo le traía sin cuidado. La serie aún no existía. Pensé que si el chico había llegado hasta allí y nos había encontrado, aquello sería importante para él.

Más tarde, subió fotos a internet de todo lo que había visto, acompañadas de una crítica despiadada, diciendo que lo estábamos haciendo todo mal y que deberíamos contratarlo porque era el único capaz de arreglar las cosas. He pensado muchas veces en ese chico.

Más adelante, Benioff y Weiss hicieron voto de dejar de leer los comentarios sobre la serie en internet (o por lo menos intentarlo). Ser el responsable de una serie exige confiar en tu instinto para tomar incontables decisiones. El dúo era cada vez más reacio a dejarse influir por la creciente marea de voces de fans y medios de comunicación, que cuestionaban sin tregua cada uno de sus movimientos.

DAVID BENIOFF (*showrunner*; creador y responsable de la serie): Si no vas con cuidado, puedes perderte en ese mundo de comentarios sobre *Juego de tronos*, y ambos recobramos mucha cordura cuando dejamos de leerlos. Aunque haya nueve comentarios positivos, si el décimo es negativo, ese es el que recordarás, el que se te quedará en la cabeza. Te entran ganas de discutir con esa persona: «Mira, eso lo hicimos así porque...». Empiezas a elaborar una discusión en tu mente, hasta que te das cuenta de que te estás volviendo loco. Tienes una discusión interna con alguien que se llama DragonQueen42, y es una discusión que jamás ganarás.

DAN WEISS: Incluso las cosas positivas. Lees cinco, seis, siete de ellas y te da la sensación de que a la gente le encanta lo que haces. Sientes un pequeño subidón de placer cada vez que haces clic en un comentario, y antes de que te des cuenta pareces un mono de laboratorio adicto a la cocaína que no para de clicar y clicar. Yo no quiero ser un mono de laboratorio adicto a la cocaína. Es algo que confunde por completo el proceso creativo normal. Es una cuestión de todo o nada. O escuchas o no escuchas.

De manera similar, muchos miembros del reparto decidieron minimizar la costumbre de leer los comentarios que se hacían de ellos en internet, y un porcentaje inusualmente elevado del reparto optó por no abrirse cuentas en redes sociales en una época en que el contacto con los fans era cada vez más común (e incluso exigido por algunas cadenas y estudios).

PETER DINKLAGE (Tyrion Lannister): Soy una persona bastante reservada. Cuanto menos sepas de un actor, más en serio te lo tomarás, porque en cierto modo desaparece. Hoy en día existe tanta información sobre todo el mundo que cuesta valorar una interpretación si sabes lo que el actor cenó la noche anterior. Es necesario mantener un poco de misterio.

Para las mujeres del reparto, internet era un lugar especialmente peligroso.

EMILIA CLARKE: Solía mirar internet toda pizpireta [después de la primera temporada], pero luego lo dejé. Lees un montón de cosas bonitas y el único comentario desagradable se te queda grabado para siempre. Te vas a dormir pensando en esa persona que piensa que tienes el culo demasiado gordo o lo que sea. Más adelante leí la entrevista de un actor que decía: «Si algún actor te dice que no se busca a sí mismo en Google, está mintiendo». ¡Pues yo no me busco en Google! Un día estoy comprometida con James Franco y al siguiente tengo un triángulo amoroso con mi mejor amigo y mi mejor amiga lesbiana.

ESMÉ BIANCO: Aprendí la lección bastante rápido y dejé de buscar. Creo que debo de haber leído todo lo malo imaginable. La gente puede ser muy cruel y dejarte destrozada. Ir recibiendo comentarios sobre la marcha afecta a las interpretaciones de los actores. Tomé la decisión consciente de que no necesitaba saber qué pensaba cada uno, y que si no hacía bien mi trabajo ya me lo dirían los productores.

Un gran número de fuentes de *Juego de tronos* coinciden en que las experiencias más intensas con los aficionados no se produjeron en internet ni durante las convenciones, sino la primera vez que la producción se trasladó a España para rodar parte de la quinta temporada. La producción no estaba preparada para la extraordinaria pasión de los fans españoles. La convocatoria de una audición a nivel local provocó la llegada de ochenta y seis mil emails que colapsaron los servidores de la oficina de casting. En el exterior del hotel de Sevilla donde se alojaba el reparto, una multitud de centenares de personas montaba guardia, de día y de noche, con la esperanza de vislumbrar a los actores de *Juego de tronos*.

DAVID BENIOFF: Nunca hemos trabajado en un lugar donde la pasión por la serie fuera tan intensa. No podías caminar por la calle con un miembro del reparto, aunque fuera un personaje menor, sin encontrarte a una horda. Una horda amistosa, eso sí.

JESSICA HENWICK (Nymeria Arena): Estábamos rodando en el Alcázar. Está rodeado por una valla y la habíamos tapado con láminas de plástico para que desde fuera no se viera el escenario. Recuerdo que miré y vi unas llamas que cada vez crecían más y más. Caí en la cuenta de que la gente de la calle estaba prendiendo fuego a las láminas de plástico para hacer agujeros y poder ver a través de ellos.

LIAM CUNNINGHAM: Los fans españoles se colaron en el hotel. Hubo que avisar a la policía porque estaban a punto de derribar las puertas. Salías a las cinco de la mañana y aquello estaba lleno de gente, cuatrocientas o quinientas personas. Peter intentó salir de su habitación y había gente corriendo por el puto pasillo.

PETER DINKLAGE: Por separado, son todos muy agradables. Si los multiplicas por centenares, empieza a dar un poco de miedo. No me gustan las multitudes, pero el cariño y el apoyo son muy bien recibidos. Cuando formas parte de algo tan grande, ya no se trata de nosotros como individuos; la histeria va dirigida a ese universo que se ha creado. Es como cuando los Beatles iban a tocar y los fans ni siquiera querían escuchar la música, querían ver a John, Paul, George y Ringo. Y no acabo de comparar a los Beatles con *Juego de tronos*, por cierto.

LIAM CUNNINGHAM: En un momento dado me quedé sin ropa interior y había un H&M al otro lado de la calle. Big Steve, el expolicía de Irlanda del Norte [que era nuestro guardia de seguridad], se levantó de un salto y dijo: «Te acompaño». Yo le dije: «No hace falta que me acompañes a comprar unos putos calzoncillos». Pero él insistió. De modo que, mientras yo me compraba ropa interior, Steve contenía a una multitud que intentaba llegar hasta mí.

Harington se convirtió en el blanco principal de este comportamiento obsesivo, y las multitudes de fans españoles le gritaban «Kit» a todas horas, alargando un poco la «i», de modo que sus compañeros de rodaje empezaron a llamarlo «Keith» en plan guasa. Coster-Waldau era otro de los objetivos; el musculoso danés sufrió la persecución de unas chicas ataviadas con coronas del Burger King y tuvo que cambiar de hotel.

KEISHA CASTLE-HUGHES (Obara Arena): Salí a hablar con las chicas y dije a una de ellas: «Nikolaj ya no se aloja aquí». Se me quedaron mirando como si estuviera loca y dijeron: «*Sabemos* que está aquí». Y yo: «Bueno, menudo mal rollo».

JESSICA HENWICK: No paraban de decirle: «¡Mátame, Matarreyes!».

NIKOLAJ COSTER-WALDAU: Cometí el error de ir al gimnasio y fue una locura. La gente se me acercaba y decía: «¡Llevamos dos días buscándote!».

Algunos de los seguidores más fervorosos de *Juego de tronos* eran a su vez personalidades célebres, y a uno de ellos en concreto se le concedió un acceso especial a la serie. El presidente Barack Obama contactaba a menudo con el jefe de HBO, Richard Plepler, para pedirle copias por adelantado de episodios de *Juego de tronos*, incluidos los finales ultrasecretos de cada temporada. Y los conseguía.

RICHARD PLEPLER (excepresidente y exdirector ejecutivo de HBO): Obama era un fan acérrimo de la serie. En una ocasión asistí a una cena oficial y, cuando estaba pasando por la fila de recepción, me dijo: «Necesito mis episodios». Más tarde, cuando ya nos íbamos, oí que me llamaba. Me emocioné mucho, porque pensé que quería saber mi opinión sobre algún asunto. Pero él dijo: «Y no lo olvide: necesito esos dos últimos episodios». Yo le respondí: «Le prometo, señor presidente, que recibirá los episodios».

El sucesor de Obama también quiso sacar algo de *Juego de tronos*, aunque las relaciones del presidente Trump con la empresa fueron más combativas. Trump tuiteó en repetidas ocasiones memes promocionando su administración con la misma tipografía utilizada en el material promocional de la serie y haciendo declaraciones como: «Se acercan las sanciones» (en referencia a Irán). HBO respondió con una serena declaración: «Preferiríamos que nuestra marca registrada no se utilizara con fines políticos».

Proteger los activos de la serie era una tarea enorme y a menudo imposible, y Trump era la menor de las preocupaciones de la cadena. Cuando los argumentos de la serie dejaron atrás el material publicado en los libros de Martin, algunas personas ajenas hicieron intentos cada vez más sofisticados de infiltrarse en la producción y destripar la trama en internet. La filtración más dañina se produjo en 2015, cuando los primeros cuatro episodios inacabados de la quinta temporada acabaron como descargas en BitTorrent a partir de unas copias de adelanto en DVD que HBO había enviado a algunos medios de comunicación. La persona que los filtró no era un periodista («Los montajes previos se habían enviado a una persona que ya no trabajaba allí, se quedaron en una mesa y alguien se los llevó», explicó Benioff), pero la filtración marcó el principio del fin de la distribución de copias físicas antes del estreno de una serie, no solo en HBO, sino en los estudios de todo el mundo.

DAVID BENIOFF: Fue un caso muy grave. Eran cuatro episodios. Piensas en la cantidad de horas que tantas personas han dedicado a la serie y en los millones de dólares que ha costado. Que se distribuyeran unos episodios a medio hacer antes de hora fue una decepción enorme. En vez de enfadarnos con HBO, preguntamos: «¿Qué podemos hacer para evitar que esto se repita?».

MICHAEL LOMBARDO (expresidente de programación de HBO): Fue uno de esos momentos en que la buena noticia era que teníamos una serie que la gente estaba desesperada por robar. La mala noticia era que nuestro mundo había pasado a ser distinto. En aquel instante nos dimos cuenta, no solo en *Juego de tronos*, de que las cosas habían cambiado. Debíamos repensarlo todo. A partir de entonces, el número de personas que tuvieron acceso a los contenidos cambió de una manera radical.

Ygritte y Jon Nieve se enfrentan.

Ygritte muere en el Castillo Negro en brazos de Jon Nieve.

El lobo huargo de Bran, Verano, y Jojen Reed (Thomas Brodie-Sangster).

Empieza el tormento de Theon Greyjoy (Alfie Allen).

Robb Stark (Richard Madden) y Talisa Stark (Oona Chaplin) enamorados.

Robb llora por Talisa
en la Boda Roja.

Catelyn Stark (Michelle Fairley) hace un último intento
desesperado de salvar a su hijo.

Margaery Tyrell (Natalie Dormer) aprende sobre ballestas
y sobre un rey gracias a Joffrey Baratheon.

Brienne de Tarth (Gwendoline Christie) se enfrenta a
Jaime Lannister (Nikolaj Coster-Waldau) en un puente.

Ros (Esmé Bianco) trabajando.

Theon (Alfie Allen) da a su torturador Ramsay Bolton (Iwan Rheon) un afeitado apurado.

Oberyn Martell, «la Víbora Roja» (Pedro Pascal) lucha
contra Ser Gregor Clegane, «la Montaña» (Hafþór Björnsson).

Emilia Clarke se da sombra en un escenario de la cuarta temporada.

Isaac Hempstead Wright recorriendo Irlanda del Norte.

Sandor Clegane, «el Perro» (Rory McCann) lucha contra Brienne.

Margaery Tyrell y el rey Joffrey en la Boda Púrpura.

A Joffrey le cuesta respirar.

Obara Arena (Keisha Castle-Hughes)
lista para la acción.

Tyene Arena (Rosabell Laurenti Sellers) se prepara para apuñalar.

Sansa Stark (Sophie Turner) a punto de casarse con
Ramsay Bolton en «Nunca doblegado, nunca roto».

Sansa y Ramsay en su noche de bodas.

Shireen Baratheon (Kerry Ingram) se resiste a su destino.

Nymeria Arena (Jessica Henwick) somete a un prisionero a latigazos.

Tyene Arena y Ellaria Arena (Indira Varma) en su momento final.

Shae (Sibel Kekilli) testifica contra Tyrion.

Tyrion Lannister juzgado.

Un plano definitivo, después de añadirle los efectos, del pueblo de Casa Austera con su empalizada tras el ataque del Ejército de los Muertos.

Un vistazo más cercano de Casa Austera.

El Rey de la Noche (Richard Brake) alza a los muertos en Casa Austera.

A continuación se produjo el extraordinario drama del Gran Hackeo de HBO en 2017, cuya evolución hacía pensar en un *thriller* de alta tecnología. Un hacker consiguió acceder a la cuenta de correo electrónico de un empleado de HBO y logró descargar supuestamente 1,5 terabytes de datos robados. El infiltrado, que se hacía llamar Little Finger (Meñique), amenazó con filtrar los activos de la empresa si no le enviaban seis millones de dólares en Bitcoin.

«La mayor filtración de la era del ciberespacio está en marcha —escribió el hacker en unos emails dirigidos a los medios—. ¿De quién se trata? Ah, se me olvidaba decirlo. ¡¡¡Son HBO y *Juego de tronos*!!!»

HBO pidió la colaboración del FBI mientras el equipo de seguridad interno de la cadena se apresuraba a intentar descubrir qué material habían robado. Por suerte para la serie, el hacker no había obtenido los episodios en vídeo, sino que había tenido que conformarse con algunos guiones y episodios completos de otros títulos, como *Ballers*, *Larry David* y *Room 104*.

En 2019, el FBI acusó del ciberataque al antiguo contratista militar iraquí Behzad Mesri. El fiscal de Estados Unidos Joon Kim anunció a los periodistas: «Ha llegado el invierno para Behzad Mesri». Nunca se confirmó si HBO llegó a pagar algo por el rescate, pero durante un tenso periodo de tiempo nadie de la cadena supo qué comunicaciones privadas podían haberse robado ni qué material podía aparecer de pronto en internet.

MICHAEL LOMBARDO: Aquello fue el Armagedón. Hubo un momento en que todas las empresas se sintieron expuestas de un modo que nunca antes habían considerado. Seguíamos pensando que lo que enviabas digitalmente a una persona era privado y que el sistema que usábamos era seguro. La gente buscaba en sus propios emails y se fue extendiendo la paranoia. Fue un toque de atención que nos hizo entender que había personas malvadas ahí fuera. En cierto sentido, habíamos creído que, por pertenecer al mundo del entretenimiento, estábamos a salvo. Nos dimos cuenta de que la cultura moderna se había internacionalizado y que estamos expuestos a mucha mayor escala.

En los escenarios de la serie en Irlanda del Norte y España, los paparazis tramaban estrategias cada vez más extremas para burlar la seguridad sobre el terreno de *Juego de tronos*. La producción se vio obligada a tomar cada vez más contramedidas para mantenerse a la altura. El gobierno de Irlanda del Norte declaró zonas de exclusión aérea los lugares donde se rodaba. En España, el ejército vigiló un decorado especialmente delicado estableciendo un control a varios kilómetros de distancia.

DAN WEISS: Hubo un tipo que caminó dieciocho horas por las llanuras desérticas de La Mancha para hacer fotos, y otro tío en Irlanda del Norte se arrastró por el barro en su propia pequeña misión de comando.

BERNADETTE CAULFIELD (productora ejecutiva): Hubo momentos en que ni siquiera yo podía pasar a los escenarios porque no llevaba la acreditación. Les había dicho: «Venga quien venga, para entrar tiene que llevar acreditación», y en esos casos me tocaba cruzar la calle como alma en pena para ir a buscarla.

Incluso dentro del perímetro vigilado era necesario tomar medidas para evitar que alguien viera algo que no debía ver. En las últimas temporadas se prohibieron en gran parte los guiones impresos. A cada personaje se le asignaba un nombre en código en todos los documentos de producción. Las caravanas del reparto tenían números en la puerta en vez de los nombres de los personajes, para que los posibles entrometidos no supieran qué actores iban a intervenir juntos en una escena.

SOPHIE TURNER: Teníamos una aplicación en la que todo desaparecía al cabo de veinticuatro horas; era como un Snapchat para guiones. Y todos teníamos nombres en clave, lo que dificultaba mucho recordar quién era quién.

Pese a todo, algunas fotos spoiler se filtraban de todas formas. El equipo de seguridad de la serie recurría entonces al análisis forense para localizar de manera precisa dónde y cuándo se había tomado la foto. Una imagen aérea de un escenario de Desembarco de Rey situado en Irlanda del Norte se filtró en internet durante el rodaje de la octava temporada, y los analistas determinaron que la foto se había hecho desde una ventana concreta del museo del *Titanic*, a pocas manzanas de distancia. Entonces, el equipo tomó medidas para bloquear aquella línea de visión.

La filtración fotográfica más devastadora tuvo lugar durante el rodaje de la octava temporada, cuando un trabajador eventual del equipo publicó en Reddit una imagen de Jon Nieve matando a Daenerys.

BERNADETTE CAULFIELD: Suele pasar que tal persona envía la foto a su novia y su novia se la envía a alguien más, y entonces ese «alguien más» se da cuenta del valor que tiene y la publica. Pero en otras ocasiones la gente miente. Así que a veces esas personas terminan despedidas tanto si mienten como si no. Porque si esa conducta no se castiga de la manera adecuada, otros pensarán: «Ah, o sea que no hay ningún problema». Y en cualquier caso el equipo se cabrearía todavía más si no lo hiciéramos. «¿Por qué no habéis despedido a esta persona si todos los demás cumplimos las reglas?». Porque cada uno se esfuerza muchísimo para evitar que se filtre información. De modo que nos vimos obligados a echar a gente, a no ser que lo que hubieran hecho fuera del todo inofensivo.

Tras la filtración de esa foto del último episodio de la serie, los productores publicaron imágenes engañosas para intentar generar confusión en internet. Llegaron al extremo de hacer viajar a miembros del reparto a escenarios donde sus personajes no estaban rodando para engañar a los posibles espías. Lo único que no hizo la producción fue rodar finales alternativos de la serie, a pesar de que algunas informaciones afirmaran lo contrario.

DAN WEISS: No rodamos otros finales porque habría sido un desperdicio enorme de tiempo y dinero. Pero sacamos un montón de imágenes y planos falsos. Pusimos a Jon Nieve inclinándose ante Cersei en un escenario donde sabíamos que habría gente haciendo fotos.

DAVID BENIOFF: Tuvimos a un gigante zombi paseándose por Desembarco del Rey; tuvimos al Rey de la Noche en Desembarco del Rey.

DAN WEISS: La idea era difundir una cantidad suficiente de falsedades para que pareciesen reales. Por desgracia, en una época en que la verdad está desapareciendo del mundo, la mejor manera de combatir esa verdad era publicar un buen montón de embustes creíbles. Ahogar la verdad en idioteces.

Al fin y al cabo, que se filtraran revelaciones y la obsesión de los aficionados eran problemas derivados del éxito. Indicaban que *Juego de tronos* había conseguido el interés de centenares de millones de fans. El reparto de la serie alcanzó el estrellato y todos los miembros del equipo lograron un añadido valiosísimo para sus currículums. El éxito de *Juego de tronos* fue también dinero caído del cielo para miles de personas que obtuvieron beneficio directo de la producción o, más a menudo, indirecto, desde propietarios de restaurantes en Belfast hasta operadores turísticos en Croacia y hoteleros en España o empresarios que lanzaron productos relacionados.

Y sin embargo...

BRYAN COGMAN: Ahora cuesta recordarlo, pero durante mucho tiempo fuimos unos apestados. No ganamos el Emmy [a mejor serie dramática] hasta la quinta temporada. Éramos aquellos advenedizos tan raros de los que todo el mundo hablaba. Para mí, convertirnos en la serie más grande del mundo fue un arma de doble filo. Ver el anuncio de Bud Light en la Super Bowl y las Oreo Edición Limitada Caminante Blanco..., todo eso está muy bien. No digo que no tuviéramos que disfrutarlo. Pero al mismo tiempo tenía la sensación de... Recuerdo la época en que solo éramos una empresa que intentaba sacar un proyecto adelante.

CAPÍTULO 17

LAS ENCRUCIJADAS

George R. R. Martin está sentado a una mesa apartada de su restaurante favorito en Santa Fe, un local modesto donde las enchiladas de chile verde y los platos de tacos se piden por el número. Aunque queda fuera de vista desde el comedor principal, algunos seguidores de *Juego de tronos* lo localizan y le piden una foto. Con su barba blanca y suave, sus tirantes y su sempiterna gorra de pescador, Martin tiene cierto aspecto de personaje literario, como el mismo autor reconoce.

«Cuando hicimos la primera temporada, Sean Bean era el único actor famoso del reparto, pero yo ya era un escritor superventas —recuerda Martin—. De modo que HBO utilizó mucho mi imagen en las primeras campañas de promoción, sacaron mi foto a la luz y la gente empezó a reconocerme. Supongo que tengo un aspecto bastante característico. Entonces descubrí que eso no tiene vuelta atrás. Por ejemplo, ya no puedo entrar tranquilamente en una librería, que es uno de mis placeres favoritos en la vida. Antes podía pasarme un día entero ojeando libros y salía con un montón de ellos bajo el brazo. Ahora llevo ahí cinco minutos y alguien me pide un autógrafo o una foto, y al poco rato me veo rodeado por un grupo de personas. Ganas muchas cosas, pero también pierdes algunas.»

Martin señala un rincón todavía más recóndito del restaurante. Ahí, me dice, es donde se reunió con David Benioff, Dan Weiss y Bryan Cogman en 2013 para desvelarles el final secreto de «Canción de hielo y fuego». Llegado ese momento, ya se sabía que la serie iba a tener importantes divergencias respecto a las novelas.

«Cuando volvimos a rodar el episodio piloto, visité el escenario en la isla de Malta y conocí a varios de los nuevos actores —recordaba Martin—. Hubo alguna crisis. El director llamó a David y a Dan y se enzarzaron en un debate, a tres metros de mí, sobre cómo solucionarla. Fue entonces cuando me di cuenta de que mi criatura ya no era solo mía, porque no me incluyeron en esa discusión. El director estaba hablando con Dan y con Dave. Nadie dijo en ningún momento: "George, ven aquí y danos tu opinión"».

«No tuve ninguna pataleta ni nada —añadió Martin con tranquilidad—. Simplemente caí en la cuenta de que había dado a mi bebé en adopción y ya no estaba invitado a la reunión entre padres y profesores.»

Otro indicio temprano de la autonomía de la serie tuvo lugar cuando los productores decidieron que el rey Joffrey ordenara a Ser Ilyn Payne que cortase la lengua al juglar Marillion en la primera temporada (en los libros, la víctima es un trovador distinto). «A George eso no le gustó nada, porque en los libros Marillion termina siendo el chivo expiatorio del asesinato de Lysa Arryn, que ocurre en la cuarta temporada —recordaba Bryan Cogman—. David y Dan razonaron que, en términos televisivos, era mucho más efectivo arrancar la lengua al trovador que está presente en esa temporada, y que ya resolveríamos el asesinato de Lysa cuando llegáramos a él. Y eso hicimos.»

La quinta novela de «Canción de hielo y fuego», el volumen de 1.040 páginas titulado *Danza de dragones*, se publicó en 2011, el mismo año del estreno de *Juego de tronos*. Martin aún tenía otros dos libros planeados, *Vientos de invierno* y *Un sueño de primavera*. Teniendo en cuenta que había tardado seis años en escribir *Danza de dragones*, los fans temieron desde el principio que la serie de HBO alcanzara a los libros. «¡Termina el libro, George!», se convirtió en un grito de guerra en internet. Cuando la serie llevaba ya varios años en antena, los ejecutivos de la cadena también empezaron a ponerse nerviosos. «Por fin entiendo el temor de los fans, hace un par de años no lo entendía —declaró

Michael Lombardo en plena producción de la tercera temporada—. ¿Qué pasará si la trama alcanza a los libros? Esperemos que no sea un problema.»

La angustia de los seguidores y de la cadena no eran nada comparadas con la preocupación del propio Martin. El autor publicaba en su blog comentarios en los que detallaba con consternación su batalla por completar *Vientos de invierno*. Atribuía los contratiempos a una mezcla de factores: la complejidad de la historia, su propio perfeccionismo y las distracciones y oportunidades derivadas de formar parte de la serie de HBO. «El martes pienso que es lo mejor que he escrito nunca —contaba Martin—. El miércoles creo que es todo basura y que debería tirarlo a la hoguera y empezar de cero.»

DAN WEISS (*showrunner*; creador y responsable de la serie): Hicimos el cálculo de cuántas temporadas teníamos y cuántas más podría cubrir la historia publicada, y nos dimos cuenta de que adelantaríamos a los libros. De modo que nos reunimos con George durante tres días en Santa Fe y profundizamos al máximo en lo que él tenía en mente para el futuro de la serie, hasta llegar al final.

BRYAN COGMAN (coproductor ejecutivo): No tengo palabras para describir aquella reunión. Fue como aprender el significado de la vida. Como si Dios descendiera del cielo para revelarte el futuro. En ese momento ya sabíamos que íbamos a adelantar a los libros. Así que todo consistía en interiorizar esos secretos y luego razonar cuáles podían funcionar en el contexto de nuestra serie y cuáles no.

GEORGE R. R. MARTIN (autor, coproductor ejecutivo): Para mí no fue nada fácil. No quería entregar mis libros. Me cuesta mucho revelar el final de mis novelas. Cada personaje tiene un destino diferente. Les expliqué quién acabaría en el Trono de Hierro y les conté algunos giros argumentales importantes, como el de Hodor y «aguanta el portón», o la decisión de Stannis de quemar a su hija. No llegamos a hablar de todo el mundo, ni mucho menos. En concreto, los personajes secundarios pueden tener finales muy distintos.

DAN WEISS: Lo bueno de estos libros es que George no elabora planes meticulosos para cada compás de la historia y luego rellena los huecos del boceto pasando con diligencia de A a B y de B a C. George no tenía decidida una versión detalladísima de las últimas cien páginas de su historia.

DAVID BENIOFF (*showrunner*; creador y responsable de la serie): A George le gustaba usar la metáfora de que es un jardinero, no un arquitecto. Él planta las semillas y mira cómo crecen. Nosotros, aunque quisiéramos ser jardineros, no podríamos. Teníamos temporadas enteras por planificar. Debíamos redactar un esquema detallado y entregarlo a producción. Escribir una novela es un esfuerzo en solitario, y la televisión es un deporte de equipo. Sé que estoy mezclando fatal las metáforas, pero lo esencial es que George era jardinero y nosotros debíamos ser arquitectos, planificar las temporadas meticulosamente para poder rodarlas y entregarlas a tiempo. Es una diferencia fundamental entre escribir novelas y series de televisión.

GEORGE R. R. MARTIN: David me lo advirtió: «Te estamos pillando». Yo le dije: «Ya lo sé». Pero en aquel momento seguía pensando que no me alcanzarían. Pensaba que me mantendría en cabeza.

Martin confiaba en terminar la saga antes del final de *Juego de tronos* porque había presupuesto qué uso iban a dar los responsables de la serie al cuarto y al quinto libro de «Canción de hielo y fuego». Las primeras dos temporadas se habían basado en las dos primeras novelas del autor, *Juego de tronos* y *Choque de reyes*. Las temporadas tres y cuatro se basaban en *Tormenta de espadas*, que tenía 992 páginas y era la favorita de los fans.

Los siguientes dos títulos de Martin, *Festín de cuervos* y *Danza de dragones*, sumaban un total de 1.824 páginas. Por tanto, el autor estaba convencido de que con eso había suficiente material para mantener ocupada a la serie durante varios años más. Pero los nuevos libros también añadían muchos personajes y tramas nuevas, ambientadas principalmente en Dorne y las Islas del Hierro. Había tantos nuevos hilos argumentales que los libros

tenían un formato poco usual, cubrían el mismo periodo cronológico pero se centraban en personajes distintos.

GEORGE R. R. MARTIN: En *El señor de los anillos*, todo comienza en la
Comarca con la fiesta de cumpleaños de Bilbo, y a continuación los cuatro hobbits emprenden el viaje y recogen a Trancos, Gimli y Legolas, y
luego empiezan a separarse y a ir cada uno por su cuenta. Yo utilicé la
misma estructura. Todo empieza en Invernalia, donde están todos los
personajes excepto Dany. Luego se van separando más y más. El espectro se amplía, y mi intención siempre fue volver a estrecharlo hacia el
final. Es la misma estructura que tiene la serie, pero David y Dan pusieron el punto de inflexión mucho antes y no incluyeron a algunos de mis
personajes nuevos, como Arianne Martell o Quentyn Martell.

Martin consideraba esenciales a los nuevos personajes. Los
creadores de la serie opinaban que su trama debía centrarse en el
reparto ya existente y mantener el impulso de los argumentos
ya establecidos. Al llegar a la quinta temporada, *Juego de tronos* tenía las costuras a punto de reventar: contaba con treinta
personajes fijos y saltaba entre ocho líneas argumentales ambientadas en distintas localizaciones. Daenerys combatiendo un
alzamiento en Meereen; Cersei forcejeando con la Fe Militante
en Desembarco del Rey; Sansa ocupándose de Ramsay en Invernalia; Brienne viajando por el Norte; Arya adiestrándose en la
Casa de Blanco y Negro; Jon afrontando sus nuevos deberes
como líder en el Castillo Negro; Stannis y Ser Davos comandan-
do su ejército hacia el sur, y Jaime intentando rescatar a Myrcella
en Dorne.

Eran muchas historias. Tantas, en realidad, que a veces *Juego
de tronos* dejaba a personajes principales fuera de algunos episodios, o les daba solo unos minutos de tiempo en pantalla, y eso a
pesar de que los actores fijos de una serie cobran por cada episodio producido, tanto si aparecen en él como si no. Una trama
principal, el viaje de Bran para convertirse en el Cuervo de Tres
Ojos, se pospuso durante toda la quinta temporada. El Perro
también se quedó en el banquillo ese año. Pedir a un actor que se
tome un año libre siempre es arriesgado o caro, es preciso mante-

nerlos bajo contrato para evitar que se los lleven otros proyectos. Además, con tanta proliferación de tramas, *Juego de tronos* había pasado de filmarse con dos unidades a tener que usar cuatro en algunas ocasiones (conocidas como Lobo, Dragón, Cuervo y Caminante Blanco). Crear una ambiciosa serie televisiva de fantasía con cuatro unidades rodando al mismo tiempo en diferentes localizaciones era un número de malabares demencial, resultaba muy duro para el equipo y hacía aún más difícil para los productores mantener el nivel de calidad.

En otras palabras, desde el punto de vista narrativo y de la producción, añadir todavía más personajes y localizaciones a *Juego de tronos* parecía totalmente imposible... aunque, siendo justos, que la adaptación sería «totalmente imposible» había estado siempre encima de la mesa. Martin había advertido desde el principio que la historia que estaba escribiendo destrozaba todas las convenciones narrativas, por lo que quizá no debería sorprender a nadie que el autor siguiera encontrando formas novedosas de hacerlo.

DAVID BENIOFF: No queríamos que la adaptación de los libros nos llevara diez años. No queríamos pasar cuatro años con Dany en Meereen. Si hubiéramos sido fieles por completo a *Festín de cuervos*, la mitad de los personajes, los más populares, no habrían aparecido en pantalla. No tendríamos a Tyrion, ni a Dany, ni a Arya, ni a Jon Nieve. Nuestro objetivo siempre fue adaptar la serie como conjunto y seguir el mapa trazado por George deteniéndonos en los hitos más importantes, pero no necesariamente en cada parada del camino. Era una adaptación. Tenía que adaptarse para sobrevivir.

GEORGE R. R. MARTIN: Yo creía que iban a combinar *Festín de cuervos* y *Danza de dragones*, porque no podían separarse como hice yo en los libros, y mi previsión era que el material daría para tres temporadas. O, como mínimo, dos temporadas. Pero se lo ventilaron todo en una sola temporada porque eliminaron muchas cosas. Ahí sí que empezaron a tomar atajos y a recortar de verdad. Eliminaron a Lady Corazón de Piedra, y el trayecto por todo el mundo de Quentyn Martell, y el viaje de Tyrion a Pentos, donde conoce al magíster Illyrio y luego cruza las montañas y se reúne con Jon Connington y Aegon para emprender la larga travesía río abajo hasta Volantis y se encuentran con Jorah Mormont, que lo toma preso. Todo eso se lo saltaron.

DAVID BENIOFF: No nos daban puntos por ser estrictamente fieles a los libros. No nos suponía ninguna ventaja adicional. En cada decisión, si había una encrucijada y el camino de la izquierda se ceñía a los libros y el de la derecha era lo mejor para la serie, siempre tomábamos el camino de la derecha.

GEORGE R. R. MARTIN: Total, que yo creía que tenía tres años para sacar el siguiente libro, y de pronto me encontré apurado para publicarlo antes de la quinta temporada. Me di cuenta de que la quinta temporada iba a estrenarse en abril [de 2015], y mi editor me dijo: «Si tenemos el libro a finales de año, podemos darnos prisa y sacarlo en marzo». Yo pensé: «Vale, todavía estoy a tiempo de publicarlo antes de la próxima temporada». Pero cuando se hizo evidente que no iba a terminarlo antes de final de año, me descorazoné bastante. De pronto, iban por delante de mí. Debería haber publicado antes los dos últimos libros.

Los productores intentaron presentar a algunos personajes nuevos de Martin. Las Serpientes de Arena hicieron su aparición en Dorne, y Euron Greyjoy se incorporó a la trama de las Islas del Hierro. Pero el personaje que no incluyeron y que más reclamaban los seguidores fue uno que apenas contaba con un par de intervenciones crípticas en los libros: Lady Corazón de Piedra. Al final de *Tormenta de espadas*, Catelyn Stark resucitaba de su fatídico destino en la Boda Roja como silencioso y vengativo espectro muerto viviente. Esta revelación es uno de los momentos más impactantes de los libros. El personaje aparece en otro capítulo más adelante, pero su propósito aún no queda claro para los lectores.

GEORGE R. R. MARTIN: Lady Corazón de Piedra desempeña un papel en los libros. Que sea o no suficiente o lo bastante interesante..., en fin, para mí lo es, o no la habría incluido. Una de las cosas que quería mostrar con ella es que la muerte que sufre la cambia.

DAVID BENIOFF: Apenas hubo controversia acerca de [la inclusión de Lady Corazón de Piedra]. Solo teníamos esa gran escena.

DAN WEISS: Esa fue la única discusión. La escena en la que aparece por primera vez es uno de los mejores momentos «hostia puta» que hay en los libros. En mi opinión, esa escena es la que provocó la reacción del público. Pero luego...

DAVID BENIOFF: No podemos entrar en detalles. Parte de la razón por la que no quisimos incluirla tiene que ver con cosas que saldrán en los libros de George y que no queremos desvelar. Otro motivo fue que sabíamos que teníamos en el horizonte la resurrección de Jon Nieve. Un exceso de resurrecciones reduce el impacto de que mueran personajes. Queríamos mantener la pólvora seca para ese momento. Y la escena final de Catelyn es tan fantástica, y Michelle es tan buena actriz, que no creíamos que hacerla regresar como zombi compensara el esfuerzo.

Otro aspecto mitológico muy popular de los libros que hubo que menguar fueron los lobos huargos, que en las novelas de Martin tienen un papel más relevante. El problema con los huargos no era narrativo ni de falta de interés por parte de los guionistas, sino puramente técnico. Cuando los lobos se hicieron mayores que un lobo normal y corriente, producción cada vez tenía más dificultades para retratarlos de un modo convincente. Después de utilizar perros en la primera temporada, pasaron a filmar lobos reales y a agrandarlos mediante efectos digitales. Aun así, había cierto nivel de imposibilidad en sus planos que resultaba difícil de camuflar.

DAN WEISS: Hicimos algunas pruebas y al llegar a cierto punto ya no parecían de verdad. Pero alcanzamos un equilibrio bastante bueno con ellos.

DAVID BENIOFF: Con los dragones tienes más margen. No piensas: «Vaya, esto no parece un dragón de verdad». Y los dragones son más fáciles de animar porque no tienen pelo.

DAN WEISS: Con un lobo, tienes un millón de años de evolución dictándote cómo deben actuar.

BRYAN COGMAN: La serie tenía sus limitaciones, y conseguir que los lobos quedaran bien era muy complicado.

En cualquier caso, ¿qué significaban los lobos huargos? Su destino parecía relacionado en líneas generales con el de cada miembro de la familia Stark. El huargo de Jon Nieve era Fantasma, un nombre apropiado para un hombre que se alza de entre los muertos. El huargo de Bran era Verano, lo contrario a la fuerza invernal sobrenatural a la que Bran estaba destinado a enfrentarse. La loba huargo de Sansa, Dama, moría a manos de los Lannister, que también la atrapaban a ella. Viento Gris, el huargo de Robb Stark, terminaba capturado y saeteado con una ballesta, igual que su amo. A Peludo, de Rickon Stark, lo mataban hombres leales a Ramsay Bolton, y poco después el chico moría atravesado por una flecha de Ramsay. Y Nymeria, la loba huargo de Arya, se veía obligada a huir a los bosques, donde hallaba su fuerza y su independencia. («No eres tú», decía Arya a Nymeria cuando se reencontraba con su loba en la séptima temporada, evocando la frase «No es lo mío» que Arya decía a su padre en la primera temporada.)

BRYAN COGMAN: [Arya y Nymeria son] lobos solitarios. No pueden volver a lo de antes. Esta escena también presagiaba lo que Arya iba a encontrar cuando se reuniera con su familia.

MAISIE WILLIAMS (Arya Stark): Nymeria ha creado su propio mundo y tiene su propia manada, así que no estaba dispuesta a ser el animal de compañía de Arya. Ser la mascota de alguien echaría por tierra todo lo que ha aprendido. De modo que se limitan a mostrarse aprecio y parten en direcciones diferentes.

BRYAN COGMAN: Los lobos huargos iban a tener más importancia de la que tuvieron al final. Hicimos un montón de planes para los huargos que no llegaron a fructificar. Ya en la primera temporada hubo muchas escenas con huargos que tuvimos que recortar, y eso que usábamos perros. Pero es que no había manera de que los perros hicieran las escenas; nos habría llevado demasiado tiempo.

Aparte de esto, creo que los lobos huargos representan el espíritu del Norte y el alma de la Casa Stark, el alma de esos personajes. No es casualidad que Dama muera y Sansa se quede sola, y no es casualidad que metan a Viento Gris en una jaula, y no es casualidad que Nymeria encuentre su independencia y emprenda su propio camino. Pero nunca quisimos incidir demasiado en el motivo del espíritu animal con todo esto. Y desde luego en los libros los lobos huargos funcionan de un modo distinto. En los libros, Arya y Jon son cambiapieles, y Sansa y Robb lo habrían sido de no haber muerto sus lobos. No es algo que sepa a ciencia cierta, pero lo supongo.

Después de la cuarta temporada, Martin tomó la decisión de dejar de escribir guiones para *Juego de tronos*. Comunicó a los productores que necesitaba concentrarse en terminar las novelas.

DAVID BENIOFF: No hubo ningún conflicto, ninguna discusión a gritos. Fue que él opinaba que debía dar prioridad al libro, y nosotros lo entendimos.

Los creadores de la serie debían decidir cuál era la mejor forma de utilizar lo que sabían del plan maestro de Martin para planificar las horas que les quedaban, y enfatizaban las ventajas de que su serie hubiera adelantado a los libros.

DAN WEISS: Quisimos tomárnoslo como algo muy positivo para ambas partes. George había creado un universo asombroso y ahora iban a existir dos versiones distintas de él. No veíamos ninguna razón por la cual la gente no pudiera emocionarse y sorprenderse y angustiarse por ambas versiones distintas de ese mundo.

Al fin y al cabo, Martin y los responsables de la serie son creadores apasionados que se enfrentaban a un relato abrumadoramente complejo en dos medios muy diferentes. A pesar de sus ocasionales desacuerdos, cada una de las partes se muestra respetuosa con la otra, incluso en privado. Benioff y Weiss no dejan pasar ni una oportunidad de expresar su enorme respeto por la escritura de Martin, y Martin se siente agradecido por la serie y dice que sus creadores hicieron un gran trabajo en general, pese a las cosas que habría deseado que fuesen diferentes.

DAVID BENIOFF: No siempre estuvimos de acuerdo en todo lo que aparece en la serie, pero mantenemos una relación magnífica con él.

GEORGE R. R. MARTIN: Una cosa que David y Dan hicieron muy bien, y de la que yo no habría sido capaz en su lugar, es que la gran mayoría de nuestros premios Emmy son en categorías técnicas: vestuario, decorados, especialistas, etcétera. Reunieron a un equipo formidable de artesanos, algunos de ellos novatos en el sector o sin mucha experiencia. Si yo hubiese sido el responsable, habría hecho lo que la mayoría: elegir a personas competentes con las que ya hubiera trabajado. Pero ¿habría sido la gente extraordinaria que encontraron David y Dan?

Ese comentario de Martin aborda un punto en el que coinciden muchas de las personas entrevistadas para este libro. Numerosos miembros del reparto y del equipo insistieron en que a Benioff y a Weiss nunca se los valoró como merecían por el modo tan activo en que se involucraron en aspectos de la producción que no tenían que ver con la escritura y que iban desde la supervisión del rodaje hasta la revisión de las decisiones tomadas por los distintos departamentos. Los responsables de la serie han recibido alabanzas (y críticas) por los elementos relacionados con la trama, pero pocas personas ajenas a la producción reparan en que muchas otras facetas de *Juego de tronos* llevaban también su huella.

DEBORAH RILEY (diseñadora de producción): A David y a Dan no se les reconoce el mérito de su liderazgo. Fueron capaces de reunir a un equipo de perfeccionistas adictos al trabajo y les confiaron su obra. Se nos permitía hacer nuestro propio trabajo, pero siempre era su visión la que intentábamos materializar. Necesitábamos su visto bueno para todo; no colocábamos nada en el escenario que ellos no hubieran revisado antes.

El volumen de trabajo que les llegaba, la cantidad de cosas sobre las que debían hacer comentarios y dar consejos, era mastodóntico. No soporto oír que los critiquen.

SIBEL KEKILLI (Shae): Dan y David nos cuidaban mucho. Nos invitaron a cenar a su casa de Belfast para celebrar el día de Acción de Gracias con su familia. Llevaban a dos actores a cenar una noche, y luego a otros dos actores la noche siguiente. Hacían todo lo posible para que lo pasáramos bien cuando teníamos días libres.

LENA HEADEY (Cersei Lannister): David y Dan siempre estaban ahí. Estaban ahí las veinticuatro horas, siete días a la semana. No se marchaban y se metían en un despacho. Estaban ahí.

Sin embargo, para Martin, involucrarse creativamente en *Juego de tronos* (y hacer comentarios públicos sobre la serie) fue cada vez más difícil después de la quinta temporada. ¿Cómo puede un autor hablar, por ejemplo, de la Batalla de los Bastardos, cuando lo más seguro es que tenga en mente su propia versión, muy diferente y todavía inédita, de esa misma batalla?

DAN WEISS: Las diferencias entre la serie y los libros se volvieron difíciles de seguir en paralelo. Era casi como si George estuviera en una película rara de ciencia ficción intentando mantener en su mente al mismo tiempo dos universos similares pero diferentes.

GEORGE R. R. MARTIN: Ha sido un viaje increíble, y en su mayor parte magnífico. La serie es el final para mucha gente. Pero no para mí. Sigo metido hasta el fondo en esto. Espero tener una larga vida, porque me queda mucho trabajo por hacer.

CAPÍTULO 18

UN DESVÍO A DORNE

No todos los nuevos personajes de Martin en *Festín de cuervos* y *Danza de dragones* se quedaron solo en sus páginas. Los productores añadieron Dorne a la serie como nueva localización e introdujeron al trío de hijas bastardas de Oberyn Martell, las Serpientes de Arena, que buscaban venganza por la muerte de su padre. Pero el mero hecho de añadir a las Serpientes de Arena ya exigió hacer ciertas concesiones. En los libros hay ocho Serpientes. El plan inicial de la serie era incluir a cuatro de ellas, que al final terminaron siendo tres: Obara, Nymeria y Tyene. Siguiendo esa misma dinámica, la amante de Oberyn, Ellaria Arena, se combinó con otro personaje y pasó a ser la madre de Tyene. El resultado iba a ser una de las líneas narrativas más originales de *Juego de tronos*, pero su acogida por parte del público fue irregular y en ciertos momentos le costó integrarse como una parte orgánica más de la serie.

BRYAN COGMAN (coproductor ejecutivo): Dorne siempre fue un asunto complicado. Cuando lees el libro, en realidad viene a ser como una historia derivada. Es muy absorbente. Muy interesante. Pero es un grupo de personajes nuevo, y la historia solo conecta con la trama central a través de Myrcella. Durante mucho tiempo pensé que no lo incluiríamos. La quinta temporada de una serie no suele ser el mejor momento para presentar a veinticinco personajes nuevos.

DAVID BENIOFF (*showrunner*; creador y responsable de la serie): No había demasiadas maneras de encajarlo. Pero es un emplazamiento muy importante. De todos los lugares de Poniente donde pudieras querer establecerte, los dornienses son quienes mejor montado lo tienen en términos de enfoque vital. En cuanto a Indira Varma, cuando encuentras a alguien de ese calibre debes aprovechar el acierto del casting. Después de ver la pelea de Oberyn contra la Montaña y oír el chillido de Indira, lo buena que era, pensamos: «Tenemos que hacer algo más con ella, porque es fabulosa». Era como si Oberyn hubiera abierto una ventanita a ese otro mundo y no quedara más remedio que cruzarla para ver qué tipo de mundo era.

BRYAN COGMAN: Propuse que Jaime sería una buena manera de introducirnos. Utilizar a uno de los protagonistas principales como representante del espectador en ese mundo nuevo podía ser un modo de crear una versión de Dorne que encajara en nuestro armazón y, francamente, en las restricciones de tiempo y presupuesto que tenía la serie.

Otra ventaja de añadir la región de Dorne era que proporcionaba a la serie una forma natural de sumar más actores diversos a su reparto. Una crítica de la que *Juego de tronos* llevaba tiempo siendo objeto era que todos sus intérpretes principales eran blancos. Ese asunto comenzó a surgir con más frecuencia durante las últimas temporadas de la serie, cuando a los estudios de Hollywood ya se les exigía que la diversidad, tanto delante como detrás de la cámara, fuera una prioridad cada vez mayor.

Jessica Henwick (Nymeria Arena), Keisha Castle-Hughes (Obara Arena) y Rosabell Laurenti Sellers (Tyene Arena) fueron elegidas para los papeles de las Serpientes de Arena. Cada actriz tenía un origen étnico distinto y aportó un toque propio al acento de inspiración latina que Pascal había creado para el príncipe Oberyn. Las tres pasaron meses entrenando en las artes de la lucha y el manejo de armas.

JESSICA HENWICK (Nymeria Arena): En un principio, David y Dan tenían pensado incluir a Obara, Tyene, Nymeria y Sarella. Querían que hubiera cuatro hermanas. Pero durante las audiciones se dieron cuenta de que eso significaba introducir a demasiados personajes en muy poco tiempo. Cuando hice la prueba, estaban planteándose eliminar a Nymeria, y yo pensaba: «Nooooo», porque como lectora era el papel que quería. Hice dos o tres pruebas y al final, por desgracia, prescindieran de Sarella.

KEISHA CASTLE-HUGHES (Obara Arena): Sabía que en aquella temporada habría pruebas para actores morenos. Mis representantes, por así decirlo, no pararon de insistir y de atosigar a [la directora de reparto] Nina Gold. En cuanto conseguí el papel, empezamos a entrenar. Gran parte de mi adiestramiento se centró en las artes marciales del *wushu*. Pasé unos cinco meses preparándome.

JESSICA HENWICK: Mi látigo era un arma temible, porque era igual de fácil hacer daño a otros que a ti misma. Me golpeé muchas veces sin querer. Golpeé a Rosabell; golpeé a mi hermana pequeña en la mejilla.

DAVE HILL: Las recuerdo durante la cena la noche anterior al primer día de rodaje con las Serpientes de Arena. Las chicas estaban tan emocionadas... Se habían inventado un pasado para sus personajes, y se dedicaron a contárnoslos a David, a Dan y a mí, y David también inventaba cosas sobre la marcha. Estaban muy ilusionadas.

INDIRA VARMA (Ellaria Arena): Era genial crear nuestro propio país en vez de ser solo unas visitantes en Desembarco del Rey. En la temporada anterior tenía la sensación de ser una actriz invitada en una serie ajena.

Las Serpientes de Arena aparecían por primera vez en una escena con Ellaria, en la que tramaban la mejor manera de vengar a Oberyn. También torturaban a un capitán de barco enterrándolo en la arena hasta el cuello y poniéndole escorpiones en la cabeza para obtener información sobre la llegada de Jaime Lannister a Dorne.

JESSICA HENWICK: Fue una prueba de fuego desde el primer día. De golpe y porrazo te encuentras con un actor enterrado hasta el cuello en la arena, con escorpiones de verdad encima de la cabeza, un látigo de verdad, una cámara de verdad, un equipo de rodaje de verdad... y al lío. Yo tenía que quitarle el cubo de la cabeza al actor de un latigazo. Los del equipo sacaron escudos antidisturbios para protegerse. Recuerdo que el cuidador de los escorpiones se me acercó y me dijo: «Por lo que más quieras, no mates a mis pequeños».

INDIRA VARMA: Los escorpiones me creaban tanta ansiedad que se me olvidaban mis diálogos.

DAVID BENIOFF: Fue divertido verlas juntas, porque son hermanastras y siempre se están peleando, pero es la típica familia que, cuando alguien externo trata de inmiscuirse, se une y hace piña.

KEISHA CASTLE-HUGHES: Fue interesante porque daba la sensación de que las Serpientes de Arena actuaban como una unidad. No teníamos tramas individuales.

MARK MYLOD (director): Estuvo bien. Son todas muy buenas actrices. Pero no fue la presentación cañera que habría querido para unos personajes tan importantes en la novela. Para ser sincero, costaba encontrar a los personajes más allá de «son unas tías cañeras». Mi objetivo era transmitir una sensación de familia, que es algo esencial en todos los personajes de la serie. Ese equilibrio entro lo íntimo y lo épico es justo lo que hace que *Juego de tronos* sea tan genial. Hasta entonces siempre habíamos logrado crear unos vínculos para que el público pudiera agarrarse a esas relaciones. Pero ahí no sentí que hubiera cuajado.

JESSICA HENWICK: Nos avisaron desde el principio de que sería muy difícil que tuviéramos tramas individuales. Tenían que presentar a tres personajes a la vez y diferenciarlos. Cuando esa presentación se limita a dos frases por personaje y hay cuatro personajes en la escena, es complicado causar una impresión duradera. Lo que haces es obligar al público a que se trague a ese personaje, y el éxito de *Juego de tronos* se basa en los personajes polifacéticos.

Un elemento de esta primera escena se alteró en posproducción. Una foto filtrada del rodaje revelaba que el peto de la armadura original de Obara tenía pezones. La diseñadora de vestuario Michele Clapton reconoció más adelante a la revista *New York* que este diseño a lo *Batman Forever* era «un poco hortera» y un error debido a los moldes estructurados que se habían utilizado, y que nadie se dio cuenta hasta que el rodaje estaba ya en marcha. Lo irónico del asunto es que en las novelas de Martin se utiliza la expresión «como pezones en una coraza» para referirse a que algo es inútil. Por suerte, gracias a los efectos generados por ordenador se pudo... echar mano a esos pezones, por así decirlo.

Aun así, los críticos fueron muy reticentes con las escenas de Dorne. «Cada vez que la serie pasa al hermoso reino de Dorne, vemos a gente furiosa intentando vengar a Oberyn, no hay espacio para matices ni sorpresas, de modo que acaba dando la sensación de que es la misma escena repetida una y otra vez», escribió Travis M. Andrews en *The Washington Post*. Una escena que solía destacarse en particular era un combate en el palacio de la Casa Martell, los Jardines del Agua. El trasfondo era que Jaime y Bronn se infiltraban en el palacio con el objetivo de secuestrar/rescatar a Myrcella (Nell Tiger Free), pero los atacaban las Serpientes de Arena. En cualquier otra serie esa secuencia habría encajado perfectamente. Pero *Juego de tronos* había colocado muy alto el listón de las escenas de lucha.

BRYAN COGMAN: El combate de los Jardines del Agua, tal como yo lo concebí, sucedía por la noche. Es cuando cualquiera intentaría colarse en un palacio para secuestrar a alguien. Lo haría de noche.

DAVE HILL: Fue como una tormenta perfecta. La localización era maravillosa, el palacio del Alcázar, pero no teníamos permiso para rodar allí de noche. Así que no podíamos hacer una infiltración nocturna, que habría sido lo más lógico. Pero al menos podíamos escenificar una buena pelea durante el día, en la que se viera todo. Luego, unos días antes del rodaje, nos quedamos sin los especialistas y tuvimos que conformarnos con lo que los actores habían aprendido hasta entonces e improvisar a partir de eso. La pelea en los Jardines del Agua debía haber sido mucho más elaborada. Recuerdo que Jeremy no se quedó nada satisfecho.

JEREMY PODESWA (director): La verdad es que no me acuerdo de eso. Lo que sí que recuerdo es que creíamos que íbamos a utilizar mucho más a los dobles. Las actrices estuvieron geniales. Habían trabajado muy duro y se sabían manejar muy bien, de modo que utilizamos a los dobles lo mínimo posible.

JESSICA HENWICK: Cada dos días iba a hacer adiestramiento de lucha. Todos me decían: «Vas a hacer la mayoría [de las escenas de lucha] tú misma».

JEREMY PODESWA: La única «tormenta perfecta» que recuerdo es la literal que se desencadenó en pleno rodaje. El diluvio universal. Los actores estaban cada vez más empapados y nada encajaba. Al final, [Bernadette Caulfield] dijo: «Vale, parad», porque era ridículo seguir. Fue uno de los pocos momentos en que tuvimos que detener el rodaje, y Bernie admitió la derrota ante un acto divino incontrolable.

JESSICA HENWICK: Yo diría que chispeaba, ¿no? No recuerdo que lloviera a cántaros...

En un principio, los productores tenían planeadas más escenas en Dorne para la quinta temporada, pero posteriormente recortaron la trama.

DAVE HILL: Pensamos que podía ser una aventura divertida, pero fue víctima del resto de las líneas narrativas. Cuando nos dimos cuenta de lo mucho que tardaríamos en rodar el reñidero de Daznak y el episodio «Casa Austera», supimos que debíamos recortar un poco una de las tramas.

El hilo de Dorne se cerró a toda prisa a principios de la sexta temporada, con diferentes finales trágicos para cada hija de Oberyn y para Ellaria (de los que hablaremos detalladamente más adelante). Pero para los productores la reacción de los espectadores a las escenas de Dorne parecía confirmar lo que habían sospechado desde el principio: para una serie de televisión es dificilísimo añadir varios vagones a un tren en marcha que ya está a medio camino de su destino.

DAVID BENIOFF: A veces estoy viendo una serie, o incluso leyendo un libro, y me pregunto: «¿Por qué perdemos tiempo con estos personajes a los que apenas conozco y que no me importan cuando en realidad quiero seguir con esa otra persona?». La gran lección fue que hay personajes que significan mucho para nosotros, y es con ellos con quienes queremos pasar el tiempo. Son sus viajes lo que nos despierta la mayor curiosidad por saber dónde terminan.

DAN WEISS: En un libro puedes ramificar la historia hacia un mundo distinto. Pero si haces eso en televisión, por la razón que sea, las reglas son diferentes. Estoy seguro de que habría sido fascinante recrear Dorne como se merecía, pero nos habría llevado un tiempo que habría ido en detrimento de lo que necesitábamos incluir.

BRYAN COGMAN: Hay mucho trabajo muy bueno en las escenas de Dorne, y creo que el modo en que se resuelve la trama, sobre todo la escena de Lena e Indira en la celda, es muy interesante, y sucio, y atractivo. Pero, en definitiva, era difícil presentarlo como algo más que una ramificación extraña. Fue una lección de hasta qué punto puedes ampliar una serie.

JESSICA HENWICK: Sin duda fue una sensación frustrante, porque ahí había un gran potencial y porque muchas de las escenas que rodamos no se incluyeron en el montaje final. Fue duro. Pero en general, teniendo en cuenta la talla del personaje, estoy muy contenta del resultado. A pesar de todo, valió mucho la pena.

CAPÍTULO 19

CUESTIÓN DE FE

En *Juego de tronos* no había «temas» propiamente dichos. Los guionistas pensaban la serie en términos de personajes y tramas individuales, y había tantos de ellos esparcidos por Poniente y Essos que la idea de intentar atar un puñado de hilos para formar algún tipo de idea unificadora era impracticable y podría decirse que innecesaria.

Pero la quinta temporada sí tenía un tema.

«Un tema importante de aquella temporada era la colisión del viejo mundo con el nuevo, con todos esos pensadores fundamentalistas que aspiraban al poder —declaró Bryan Cogman—. Los gorriones eran fundamentalistas. Los Hijos de la Arpía eran fundamentalistas que recurrían a tácticas terroristas para expulsar a una invasora. Los miembros de la Guardia de la Noche que se oponían a que Jon Nieve trajera a los salvajes desde Casa Austera son fundamentalistas».

También Melisandre era una fundamentalista religiosa, cuya fe tenía consecuencias devastadoras. Y Arya luchaba contra la ortodoxia sectaria de la Casa de Blanco y Negro.

Muchos seguidores de la serie opinaban que la quinta temporada tenía un tema, pero era un tema distinto: la quinta era «la oscura», la temporada con los motivos más sombríos y perturbadores de la serie, en la que los personajes populares sufrían de un modo horrible. Este salto a la oscuridad no era casual, sino que seguía la estructura narrativa clásica. En una obra de tres actos, el peor momento para el héroe tradicional, en el que todo parece perdido, se produce siempre al final del segundo acto. De un modo similar, la quinta temporada de *Juego de tronos* marcaba aproximadamente los dos tercios de la duración total de la serie. (Lo tradicional es que en el último acto el héroe, tras haber aprendido de sus errores, se alce para conquistar su mayor desafío o sucumba a sus defectos, como hicieron los protagonistas de *Juego de tronos* en las tres últimas temporadas.)

«Al escribirla y ejecutarla, sabíamos que la quinta temporada iba a ser la más oscura e inquietante —recordaba Cogman—. Los personajes pasan por un infierno, pero es un infierno muy meditado. En la quinta temporada, muchos personajes estaban destinados a derrumbarse.»

En Desembarco del Rey, Cersei creía que sería capaz de utilizar el poder de los gorriones en beneficio de la corona. Pero entonces su líder, el Gorrión Supremo (Jonathan Pryce), cambiaba las tornas.

GEORGE R. R. MARTIN (autor, coproductor ejecutivo): Los gorriones son mi versión de la Iglesia católica medieval con un toque de fantasía. En lugar de la Santísima Trinidad (el Padre, el Hijo y el Espíritu Santo), tenemos a los Siete, un dios con siete aspectos. En la Edad Media hubo períodos en que papas y obispos eran personajes muy terrenales y corruptos, mucho menos espirituales que políticos. Jugaban a su propia versión del juego de tronos.

La presencia del legendario Pryce en el rodaje desconcertó a productores y directores en más de una ocasión.

MARK MYLOD (director): Yo era un fanático total de la serie, pero carecía del currículum suficiente para justificar de verdad mi trabajo en ella como director. Lo que tenía eran muchas ganas de trabajar con aquellos guionistas y personajes. El primer día me presenté en Dubrovnik para unirme a un equipo de localización con todos los jefes de departamento. Estaba encaramado a las murallas del casco antiguo, todo el mundo aguardaba en silencio que les dijera lo que tenían que hacer, pero yo no tenía ni idea de qué esperaban de mí. Estaba paralizado de puto terror. Tuve que sacarme cosas de la manga para fingir que sabía de qué hablaba. Para colmo, la primera toma que iba a rodar era con Jonathan en el papel de Gorrión Supremo, su primera escena importante con Lena.

DAVE HILL (coproductor): Durante los ensayos, Jonathan me preguntó si podía cambiar algunas palabras. En *Juego de tronos*, nuestra respuesta a los actores que pedían eso era: «No». Esas palabras eran fruto de la meditación. Ni cambios, ni improvisaciones ni añadidos. Pero Jonathan estaba cambiando cosas. Me volví hacia Bryan: «Esa frase no es así...». Y Bryan me lanzó una mirada asesina. Nunca había estado tan cerca de matarme. Bryan dijo: «Si crees que voy a decirle a Jonathan Pryce que no puede cortar frases en nuestro primer día de rodaje, estás loco».

MARK MYLOD: Me encanta trabajar con los actores y dirigirlos. Pero después de la primera toma con Jonathan, no tenía ni un solo apunte para él, ni una sola idea, aparte de quedarme con la boca abierta ante la perfección absoluta de aquella primera toma, que llegaba incluso al movimiento de los pies. Era tan bueno que casi te daba vergüenza.

DAVE HILL: Mark se acercó a la zona de monitores. «¿Me he vuelto loco o lo ha clavado a la primera?». Y tenía toda la razón. Hasta Lena se ponía algo nerviosa en presencia de Jonathan.

NATALIE DORMER (Margaery Tyrell): Jonathan Pryce es el mejor compañero de escena con el que un actor puede trabajar. Es una persona afable, autocrítica, carismática. Jonathan transmitía una gran sinceridad al interpretar su personaje. Pensabas: «¿Quién está embaucando a quién?». No se parece en nada al resto de los hombres con los que Margaery ha tenido que lidiar. Con los otros podía utilizar su sensualidad o aprovecharse de la avaricia o el ego de cada uno de ellos. Pero el Gorrión Supremo no cojea en ninguno de esos aspectos.

En cualquier caso, Pryce era pan comido en comparación con la otra leyenda británica e intratable de la gran pantalla que actuaba en la serie.

MARK MYLOD: Diana Rigg también me producía verdadero terror porque en la primera escena que rodé con ella le pedí que hiciera una cosa muy trivial, algo como: «¿Te parecería bien cerrar la puerta y dar unos pasos antes de este momento?». Ella contraatacó explicando por qué quería hacerlo de otra manera y luego dijo: «¡Gracias! ¡Y ahora vete!». De pronto me había convertido en un niño de cinco años. Noté que me sonrojaba y regresé a mi monitor despojado de toda dignidad o autoridad. Así que más adelante disfruté mucho matándola.

JESSICA HENWICK (Nymeria Arena): ¿Has oído las historias sobre Diana Rigg? Íbamos a rodar una escena. Entró y anunció: «¡Muy bien, estoy lista!». Un operador de cámara se le acercó y dijo: «Vale, pero nosotros aún estamos preparando el plano y tal». Ella lo interrumpió exclamando: «¡Acción!», y se puso a recitar los diálogos. Después de dos tomas, el tío se le acercó y le dijo: «Estupendo, ahora vamos a hacer un primer plano». Y ella se levantó y dijo: «¡He terminado!».

El problema es que no anda muy deprisa. Necesita ayuda para caminar. De modo que nos quedamos allí plantados viendo cómo Diana Rigg hacía su propia versión de salir indignada del plató, pero a 0,1 kilómetros por hora. Esa mujer era la monda. Me encantaba.

NATALIE DORMER: Cuando estás con alguien que acumula tantos galardones, solo puedes callar y mirar. Era muy irónica y consciente de estar parodiándose a sí misma. También creo que a veces nos ponía a prueba para ver hasta qué punto podía salirse con la suya.

EMILIA CLARKE (Daenerys Targaryen): Teníamos una escena juntas, y me siento muy afortunada. Al igual que ocurría con Peter, era como asistir a una clase magistral de interpretación. No paraba de pensar: «Vale, todavía no me toca hablar... ¡Esta vez no estoy solo mirándote! ¡Estoy actuando contigo de verdad!».

DAVE HILL: Cuando Miguel Sapochnik dirigía a Pryce y a Rigg, era casi como si se hubieran propuesto volverlo loco. Un día fui a ver a Miguel para pasarle una pequeña nota de interpretación y me dijo: «Ahora tengo encima a Jonathan Pryce y a una dama del Imperio británico, así que siéntate porque no me dejan ni un momento libre». Miguel era como un ovillo que se iban pasando entre dos gatos.

El Gorrión Supremo contaba con la ayuda de la despiadada septa Unella (Hannah Waddingham), su devota sierva, que torturaba a Cersei urgiéndola a «confesar».

HANNAH WADDINGHAM (Unella): El director, Miguel Sapochnik (un hombre muy intenso), salía de detrás de la cámara y me pedía que hiciera lo mínimo posible, como si [yo tuviera] la sonrisa más ancha y el rostro más hiperactivo del mundo. Me decía: «Confía en mí, cuanto menos hagas, más miedo darás». Se apretaba las mejillas con las manos y gritaba: «¡Menos! ¡Menos!», y a la tercera o cuarta vez que me lo decía, yo pensaba: «En serio, tío, ya no puedo hacer menos. Para esto, ponle una toca a un plato blanco». Pero tenía razón, por supuesto. Haciendo lo mínimo que había hecho nunca, expresaba lo máximo.

También hubo una escena en la que, sin querer, di un golpe de más a Lena en la cabeza con el cacillo. El cacillo era de goma, pero aun así debió de doler. En el episodio se ve que Lena tensa la mandíbula y me mira como diciendo: «Cuando terminemos me vas a oír». Y así fue, claro, pero lo que pasó es impublicable. Creo que la escena así quedó un poco mejor. Desde entonces somos grandes amigas.

Al otro lado del mar Angosto, Daenerys estaba en racha. Conquistaba la Bahía de los Esclavos, saqueaba Astapor, liberaba Yunkai e invadía Meereen, donde establecía su residencia en una pirámide de doscientos cincuenta metros de altura. Y una vez más en *Juego de tronos* gobernar resultaba mucho más difícil que conquistar. Cuanto más se empeñaba Daenerys en reformar las tradiciones esclavistas de estas ciudades, más rebeliones se veía obligada a afrontar.

Una de las pérdidas que sufría Daenerys era especialmente angustiante. Su leal protector y consejero Ser Barristan Selmy (Ian McElhinney) caía asesinado por el grupo terrorista Hijos de la Arpía. La pérdida afectaba mucho a Daenerys. Y también afectó mucho al actor Ian McElhinney. Selmy seguía vivo en los libros de Martin y, como es lógico, McElhinney había dado por sentado que continuaría trabajando en la serie. «Expresé [a Benioff y a Weiss] mis argumentos de por qué Barristan era un personaje importante para la historia de Daenerys, lo bastante importante como para permanecer en ella», declaró el actor a *HuffPost*.

IAN McELHINNEY (Barristan Selmy): Eso demuestra que quizá no deberías leer los libros [si actúas en la serie]. Fue una decepción. Pero hay que aceptar, y así lo hice, que las exigencias en televisión son distintas a las de escribir un libro. En televisión existe una presión para crear cierto número de momentos álgidos. Una de las mejores cosas de esta serie —en los libros ya es así, pero en la serie todavía más— es el elemento sorpresa, los momentos impactantes. Tenían que mantenerlos porque la gente los esperaba. No puedes predecir nada, excepto que habrá sorpresas.

Los guionistas mataron a Ser Barristan en parte para crear una vacante en los consejeros de Daenerys. Tres episodios más tarde, Tyrion se unía a la Rompedora de Cadenas (un encuentro que aún no ha sucedido en los libros de Martin). En cualquier caso, a McElhinney lo complació que al menos Ser Barristan cayera espada en mano.

IAN McELHINNEY: Había que verlo combatiendo. Tenía fama de ser el mejor caballero de todos los tiempos, así que debía luchar. Me alegro mucho de que lo hiciera.

Curiosamente, a la pregunta de cuál era su escena favorita en el papel de Ser Barristan, McElhinney eligió una de la primera temporada de la serie, cuando Joffrey expulsaba de manera injusta al legendario caballero de la Guardia Real. Resulta bastante pertinente (y un reconocimiento a las acertadas decisiones de casting de la serie) que un actor que protestó por su despido en la vida real escogiera la escena en la que su personaje es expulsado, se quita la armadura, la tira al suelo y sale echando humo.

La reacción de McElhinney no fue una excepción. Benioff y Weiss afirman que en general los actores se tomaron bien sus «llamadas de la muerte», pero que en ocasiones algún miembro del reparto se llevó una gran decepción con la noticia.

DAVID BENIOFF (*showrunner*; creador y responsable de la serie): La mayoría de los actores sabían poco más o menos cuándo se les acababa el tiempo. Después de que adelantáramos a los libros, cuando hacíamos esas llamadas telefónicas, algunos se lo tomaron con estoicismo: «Vale, de acuerdo». Pero otros se molestaron un poco.

DAN WEISS (*showrunner*; creador y responsable de la serie): No diré su nombre, pero hubo una persona que protestó a voz en grito.

DAVID BENIOFF: Discutió con nosotros por teléfono durante media hora y luego escribió una larga carta explicando por qué era un error, y aún hoy sigue hablando del tema en los estúpidos foros en los que participa. Pero la mayoría se comportaron muy bien, por decepcionados que estuvieran.

Mientras tanto, en Poniente, Stannis avanzaba con su ejército hacia Invernalia y sufría el azote de una terrible tormenta invernal que amenazaba con atrapar y matar de hambre a decenas de miles de sus hombres. El severo aspirante a rey, su esposa Selyse y su amante Melisandre eran fundamentalistas de la peor calaña, fanáticos que quemaban a los supuestos herejes. Pero ¿qué sucede cuando tienes verdadera fe en el Señor de Luz y te dicen que el único modo de que el tiempo mejore y tu ejército se salve es sacrificar a tu propia hija a tu dios?

DAVE HILL: Hay muchas personas que dicen conocer la voluntad de los dioses y afirman hablar en nombre de su dios o sus dioses. Nos gusta jugar con la idea de que los dioses, en caso de que existan, podrían tener sus propios planes y motivaciones. Los seres humanos quizá los vislumbren, pero no se puede atribuir las nociones humanas, sus actos y sus consecuencias, a esos dioses; justo eso es lo que los hace dioses.

CARICE VAN HOUTEN (Melisandre): Yo pensaba: «Aquí se acaba la empatía hacia mí del espectador». Sabía que mis días como personaje amistoso estaban contados. Sabía que el público iba a detestarme a partir de entonces. Es cierto que caía mal desde el principio, pero ahí es donde la situación se volvió insostenible, y con toda la razón. Pero al mismo tiempo pensaba que se trataba de un giro muy atrevido, cruel y épico, a pesar de lo horrible que era.

LIAM CUNNINGHAM (Davos Seaworth): Cuando leí el guion, pensé: «Debe de ser una puta broma». Pero desde el punto de vista dramático es buenísimo. Cuando Stannis dice a Davos que [abandone el campamento y marche al Castillo Negro], sabes que no están dándote esa información por un motivo demasiado bueno, joder. A mí me han gritado por la calle: «¿Por qué no te quedaste?». Y yo respondo: «¡Lo intenté!».

CARICE VAN HOUTEN: Yo no sé interpretar a una persona malvada. Lo único que puedo hacer es pensar que lo hago por el bien común y que mis métodos no son... agradables; pensar que ahí fuera hay algo todavía peor y que en realidad estoy haciendo un favor a los demás. De haberle dado demasiadas vueltas, no sé si habría sido capaz de hacerlo, así que tuve que pasar a una zona distinta por completo.

Stannis no encuentra el valor necesario para revelar a su angélica y joven hija, Shireen (Kerry Ingram), lo que está a punto de hacerle. De modo que, en la escena siguiente, los guardias conducen despacio a una confusa Shireen a través de una multitud de soldados. Al principio la chica no sabe adónde la llevan ni por qué. Entonces ve la pira funeraria y se da cuenta de que su propio padre la ha condenado a morir. Shireen llama a sus padres y les suplica que la salven.

La escena en la que Stannis mata a su hija es una de las más angustiosas de *Juego de tronos*, y también uno de los momentos que Martin tenía planeado para *Vientos de invierno* y reveló a los productores (aunque la versión del libro se desarrollará de un modo algo distinto).

DAVID NUTTER (director): Gran parte de los gritos fueron improvisados. Cuando Shireen grita y llora llamando a su madre, registramos el sonido en directo [en vez de añadirlo más adelante] para aumentar el impacto emocional. Cuando la madre por fin toma conciencia de lo horrible de la situación, el efecto es muy potente.

CARICE VAN HOUTEN: Era una chica muy mona y adorable, y nos lo pasábamos muy bien entre bambalinas. Es otro de esos momentos en que piensas: «¿Qué clase de trabajo es este?».

LIAM CUNNINGHAM: En Hollywood hay un antiguo dicho: «No trabajes con niños ni con animales». Yo opino justo lo contrario. Los niños viven jugando, es su trabajo, y la mayoría de nosotros, al crecer, dejamos a un lado los juegos. Los niños son expertos en el tema. Kerry Ingram estuvo impresionante. Posee una especie de satisfacción interna propia de la madurez. Muchos de nosotros vamos en busca de un objetivo. Ella no busca. Aparece y, cuando abre la boca, todo lo que dice es absolutamente sincero.

DAVE HILL: Resultó más difícil para los adultos que para Kerry. Ella tenía una energía infantil burbujeante. Pero Bryan se negó a mirar. Decía: «No, yo también tengo hijos. No puedo mirar cómo queman a una niña». Mientras tanto, Stephen estaba en plan: «Esto es bastante duro, chicos, incluso para *Juego de tronos*».

Tras el brutal sacrificio, llegaba el puñetazo en el estómago: la tormenta invernal remitía, pero la esposa de Stannis, Selyse, se suicidaba y medio ejército aprovechaba la mejora de las condiciones climáticas para desertar. En teoría, el sacrificio de Shireen podría haber funcionado, pero tuvo unas consecuencias impensadas que dejaron a Stannis incluso peor que antes: abandonado casi por completo y condenado del todo.

CARICE VAN HOUTEN: El momento que más me gustó fue justo después de quemar a Shireen. Yo estoy convencida de que eso nos va a ayudar, nos va a salvar, y la nieve empieza a fundirse y ella cree que ha funcionado. Pero entonces llega alguien diciendo que todo se va a la mierda. Me encantó ese momento de actuación silenciosa, cuando pienso: «¡Joder!» y lo expreso con la mirada. Todo mi mundo está patas arriba. Esos escasos momentos de humanidad son lo que mejor se me da, pero no puedo quejarme porque eso no es propio del personaje.

DAN WEISS: No podemos ver [la muerte de Shireen] a través de ninguna otra lente que no sea el modo en que percibimos el fanatismo. Los espectadores de *Juego de tronos* no ven el mundo con la misma lente que Melisandre o Stannis. Para los personajes, la magia funciona y es real. Es lo que tiene de divertido el género en conjunto, porque ves la magia con tus propios ojos y eso te ofrece una ventana a la mente de personas que creen y hacen locuras por cuestión de fe. Yo no soy capaz de concebir cómo operan esas personas en nuestro mundo. Pero el género fantástico es un mirador disparatado a la mente de unas personas capaces de hacer cosas terribles por un motivo irracional.

Sobre el tema de la profecía, los creadores de la serie siguieron al pie de la letra los libros de Martin, en los que nunca hay que fiarse de la magia. Cersei estaba obsesionada con la premonición de la bruja Maggy la Rana, que afirmaba que sus hijos perecerían y a ella la derrocaría una reina «más joven y más bella». Pero, como en la historia de Edipo, Cersei provoca su propio destino al tratar de evitarlo con tanto ahínco.

Melisandre se equivocaba al pensar que Stannis era el príncipe prometido, y mucho más al sacrificar a Shireen. Pero en la segunda temporada la Mujer Roja quemaba tres sanguijuelas llenas de la sangre real de Gendry y explicaba a Stannis que su hechizo provocaría la muerte de tres falsos aspirantes al Trono de Hierro. Esa jugada argumental, revelar correctamente al espectador que dos personajes importantes, Robb Stark y Joffrey Baratheon (junto a Balon Greyjoy), iban a morir, fue atrevidísima. Y aun así, al público esos giros lo sorprendieron porque la serie había establecido que la magia no era de fiar. Incluso a estas alturas sigue sin estar claro si la hechicería de Melisandre tuvo algo que ver con el destino fatal de esos personajes.

GEORGE R. R. MARTIN: Se suponía que sería objeto de debate. A Melisandre le interesaba hacer creer a todo el mundo que su hechizo de las sanguijuelas había matado a los tres reyes, pero hay otra explicación posible: su capacidad para ver el futuro en las llamas le había mostrado que los reyes iban a morir por las maquinaciones de otros personajes. En ese caso, al ver venir sus muertes, pudo haber escenificado su exhibición para atribuírselas.

Martin señalaba que incluso su utilización de las profecías tenía un precedente histórico medieval.

GEORGE R. R. MARTIN: Sucedió durante la Guerra de las Dos Rosas. Según la profecía, uno de los lores [Somerset] iba a morir [en el castillo de Windsor]. Así que hizo todo lo posible por evitar aquel castillo. Pero más tarde, durante la Primera Batalla de St. Albans, resultó herido y murió a la puerta de un pub cuyo letrero mostraba el castillo. Hay que tener mucho cuidado con las profecías y fijarse bien en su traicionera redacción.

Más adelantada la quinta temporada, Jon Nieve era testigo de un genuino acto de magia negra. El recién nombrado lord comandante encabezaba una expedición de hermanos de la Guardia de la Noche para rescatar a un grupo de salvajes en el pueblo de pescadores Casa Austera. El grupo sufría el ataque del Rey de la Noche y su ejército de espectros, y los vivos se las veían y se las deseaban para huir en pleno frenesí.

Los productores propusieron como director del episodio a Neil Marshall, que había estado al mando de las batallas del Aguasnegras y el Castillo Negro, pero no estaba disponible. («Lo que más lamento —declararía Marshall— es haber rechazado "Casa Austera".») De modo que la producción se arriesgó a probar suerte con un recién llegado a la serie, un director que haría evolucionar el estilo de *Juego de tronos* y subiría el listón de las secuencias de acción en televisión y quizá también en el cine.

DAVE HILL: Fue una prueba de fuego para Miguel Sapochnik. Le dijimos: «Aquí tienes la secuencia de acción más importante de la quinta temporada. A todos nos encanta. No conoces a cada uno de los actores ni al equipo. Haz tu magia». Pero Miguel es un fanático de la preparación. Se presentó con un plan de ataque. Hizo trabajar a destajo a todo el mundo durante aquel mes, y el resultado fue todavía mejor de como lo habíamos escrito.

MIGUEL SAPOCHNIK (director): En el primer borrador de «Casa Austera», la batalla se desarrollaba en una playa gigantesca con espectros descendiendo desde lo alto hasta la orilla a lo largo de todo el combate. Pero, como es una emboscada, los salvajes no están preparados. Calculamos que los espectros tardarían apenas cuarenta segundos en cubrir esa distancia corriendo a toda velocidad. Y a ese desafío se añadía el simple hecho de que era una batalla de espectros contra noventa y cinco mil salvajes, por lo que mostrar en pantalla una buena parte de aquello salía demasiado caro.

De modo que nos pusimos a buscar algún obstáculo para ralentizar a los espectros. Mi primera idea fue contener el flujo mediante un cuello de botella natural entre dos acantilados. Al final se nos ocurrió colocar una valla con estacas alrededor de parte del campamento. También era una manera de evitar que se viera más allá de cierto punto y de ocultar todo aquello que no nos pudiéramos permitir caracterizar o rellenar.

En esencia, [lo que ven los espectadores] es un microcosmos de la acción, una parte que podíamos controlar y nos permitía apuntar la cámara casi en todas las direcciones. De este modo pudimos reducir la escala global de la batalla, centrarnos en el aspecto de la masacre y mostrar mucho menos pero sentir mucho más. El monstruo más eficaz y aterrador es aquel que no alcanzas a ver.

La producción construyó una empalizada de cinco metros y medio de altura y noventa de longitud para retrasar al Ejército de los Muertos. Para los espectros, el supervisor de prótesis Barrie Gower explicó a *Making Game of Thrones* que a los actores de fondo los caracterizaron de tres modos diferentes: «Superfrescos» (los que parecía recién muertos y llevaban una cantidad menor de maquillaje y prótesis), «medio descompuestos» (los que parecía que llevaban muertos unos seis meses) y «pantallas verdes» (actores que llevaban unos buzos verdes con una mínima cantidad de ropa hecha jirones y que en la fase de posproducción convirtieron en esqueletos mediante efectos digitales). Sapochnik iba lanzando a grupos de espectros contra los salvajes en unas tomas frenéticas, a la orden de: «Cuando diga acción, quiero que acabéis con ellos».

Pero, como de costumbre al rodar batallas en *Juego de tronos*, los dioses del clima decidieron que el rodaje de «Casa Austera»

era el momento perfecto para lanzar una gigantesca tormenta que puso las cosas todavía más difíciles.

DAVE HILL: La lluvia caía *de lado*. Atravesaba las tiendas [de producción]. Pero en la pantalla no se aprecia tanto. Cuando ves cómo corren, no te das cuenta de que está diluviando. Corrían todos cantera arriba y cantera abajo sobre piedras resbaladizas y barro. Tuvieron que subir y bajar una y otra vez.

KIT HARINGTON (Jon Nieve): Fue un caos. Un caos jubiloso. El mal tiempo ayudó [a las interpretaciones]. Mucha gente recuerda la Batalla de los Bastardos, pero mi batalla preferida es la de Casa Austera. Me encantó rodarla. En lo que respecta a la historia, era genial.

MIGUEL SAPOCHNIK: Lo que más me impresiona de Kit es que afronta su personaje en las escenas de acción del mismo modo que en una escena de diálogo. Encuentra tiempo para marcar los tiempos en plena acción. El episodio fue interminable para él, pero no se quejó en ningún momento y siempre estaba dispuesto a poner más de su parte, a rodar una toma más, a darlo todo. No conozco a ningún otro actor que trabaje tan duro, y eso se nota en el producto acabado.

CHRISTOPHER NEWMAN (productor): Kit tiene una complexión ligera, pero es un tío muy fuerte. Había que ir con cuidado con él, porque nunca decía «basta» y podías terminar agotándolo. No es buena idea hacer que tu protagonista acabe tirado en el suelo. Y seguíamos preocupados por su tobillo, porque si le dolía no nos diría nada. Kit es como Jon Nieve en la vida real. Es el actor que nunca se rinde. Y era bueno contar con ese modelo para el resto de los actores y del equipo.

DAVE HILL: Algunos extras eran de Dublín. Los recogían a la una de la madrugada y los llevaban en autobús hasta la costa norte para caracterizarlos como salvajes. Se tumbaban en las piedras, con el agua de la lluvia pasándoles por encima, y permanecían allí sin moverse durante horas. Llegaban a casa a las diez de la noche y volvían a levantarse a la una para repetir todo el proceso. Dios bendiga a los irlandeses.

Durante el combate, Jon Nieve descubría asombrado que su espada de acero valyrio era capaz de matar a los caminantes blancos, un hecho que sería clave más adelante. Pero el gran villano de este episodio era el Rey de la Noche. El líder sobrenatural de los caminantes blancos y del Ejército de los Muertos había hecho su aparición en la cuarta temporada. Gracias a un *flashback* nos enterábamos de que los hijos del bosque habían creado al Rey de la Noche miles de años antes para rechazar la invasión de sus enemigos, los primeros hombres, y de que con la llegada del invierno comandaba sus legiones hacia el sur para invadir Poniente. Como personaje, el Rey de la Noche es un gran acierto, una imponente y estoica figura mortífera invernal de ojos azules, que no tardó en convertirse en la aportación más popular de la serie a la mitología de Martin.

DAN WEISS: Era casi una consecuencia lógica cuando retrocedías en el tiempo, cuando creabas la prehistoria de este universo. Ya habíamos visto lo que hacían los caminantes blancos, cómo se perpetuaban y creaban a los espectros. Así que, yendo hacia atrás, bueno, si ellos creaban a esos otros..., ¿quien los creó a ellos?

También nos gustaba que no fueran una especie de maldad cósmica que llevaba presente desde el principio de los tiempos, sino que los caminantes blancos tuvieran una historia, que algo que parece legendario, mitológico y permanente no lo fuese. Tenían una causa histórica que podía comprenderse, como las guerras que estamos presenciando son comprensibles. Son la consecuencia de unas personas, o seres, con motivaciones que podemos entender.

DAVID BENIOFF: Para mí, [el Rey de la Noche] no es un personaje malvado; para mí es la Muerte. Y eso es lo que busca... para todos nosotros. Es la razón por la que fue creado y es lo que persigue.

Al Rey de la Noche lo interpretó el actor Richard Brake en la cuarta y la quinta temporada, y luego el actor y especialista eslovaco Vladimír Furdík tomó el relevo de la sexta a la octava temporada. Furdík también interpretó al caminante blanco al que Jon Nieve mataba en «Casa Austera».

VLADIMÍR FURDÍK (Rey de la Noche, temporadas 6-8): Alguien lo convirtió en el Rey de la Noche. No sabemos qué era antes..., si un soldado o un miembro de [la nobleza]. Él nunca quiso ser el Rey de la Noche. Yo creo que busca venganza.

Los productores decidieron que el personaje permaneciera en un silencio absoluto, pusieron en práctica lo aprendido cuando intentaron en primera instancia que los caminantes blancos hablaran durante el episodio piloto descartado.

DAVID BENIOFF: ¿Qué va a decir? Cualquier cosa que dijera el Rey de la Noche le quitaría peso.

VLADIMÍR FURDÍK: Cada director tenía una visión distinta de cómo debía interpretarlo. Dan y David querían que fuera un tipo frío, por así decirlo. Algunos directores querían mostrar algo humano en él. Muchas veces me pedían: «No parpadees». Y eso era muy difícil.

El plano final de «Casa Austera» fue uno de los más emblemáticos de la serie. El Rey de la Noche está de pie en la playa. Jon Nieve y los salvajes supervivientes huyen despacio en barcas de remos. El Rey de la Noche traba la mirada con Jon, levanta los brazos y los salvajes masacrados resucitan para unirse a su Ejército de los Muertos. En ese momento, Jon Nieve comprendía plenamente el poder en apariencia insuperable del Rey de la Noche y que Poniente se enfrentaba a una amenaza capaz de aniquilarlos a todos.

MIGUEL SAPOCHNIK: El silencio de esa secuencia final se produjo por una feliz equivocación. En el primer montaje, alguien olvidó alargar la pista de música por encima de esa parte, y me di cuenta de que sin banda sonora quedaba mucho más potente. Todas estas cosas son un proceso. Aunque sería bonito comenzar por el final, el proceso es lo que extrae lo mejor de una idea.

DAVE HILL: Fue muy gracioso ver cómo se convertía en meme. La idea del guion era que el Rey de la Noche pareciera el director de una sinfonía, levantando los brazos y resucitando a los muertos. Pero en pantalla quedó como: «Ven a por mí, colega».

MIGUEL SAPOCHNIK: El día que vi un emoticono del Rey de la Noche levantando los brazos fue seguramente el momento en que me sentí más famoso por mi trabajo.

KIT HARINGTON: Recuerdo mirar hacia playa con el Rey de la Noche ahí plantado y todos los espectros levantándose. La cámara estaba detrás de nosotros haciendo un plano general, así que mi punto de vista era el mismo que [el del espectador], desde delante de la barca en dirección a la playa. Soy de las pocas personas que experimentó ese momento. Y fue formidable.

CAPÍTULO 20

«VERGÜENZA... VERGÜENZA... VERGÜENZA...»

Lena Headey tenía tan mal aspecto que te daban ganas de pedir ayuda.

Tenía el pelo esquilado y desigual, los ojos rojos, la piel pálida y llena de costras y manchas de algo que parecía sangre y trozos de..., bueno, con un poco de suerte solo sería barro, ¿verdad?

Sin embargo, Headey devoraba alegremente su porción de pizza mientras Peter Dinklage y Conleth Hill dirigían a un coro de miembros del reparto y el equipo cantando «Cumpleaños feliz» a la actriz.

Era el mes de octubre de 2014 en Dubrovnik, y Headey estaba disfrutando de una fiesta de cumpleaños distinta a cualquier otra: una alegre celebración en el interior de una tienda de producción, entre el rodaje de una escena y la siguiente en el casco antiguo, a la que iba a seguir una ardua caminata a través de las viejas calles mientras quinientos transeúntes le gritaban horrendas obscenidades.

«Aparte de estar cubierta de mierda, una chica no puede pedir nada más», bromeaba Headey.

El «Paseo de la Vergüenza» era una secuencia fascinante adaptada de la novela de Martin *Danza de dragones*. El uso moderno del término, procedente del argot universitario, describe a una persona que vuelve andando a su casa por la mañana, después de haber mantenido un encuentro sexual, con la misma ropa que llevaba cuando salió la noche anterior. Pero Martin se basaba en el castigo recibido por Jane Shore, la amante del rey Eduardo IV, en el siglo XV. Tras la muerte de Eduardo en 1483, el hermano del rey ocupó el trono y condenó a Shore por conspiración, acusándola de «bruja» y «hechicera». Shore sufrió la penitencia de atravesar Londres vestida con solo una fina prenda de ropa interior mientras la multitud la «avergonzaba».

LENA HEADEY (Cersei Lannister): George me contó que era algo que solían hacer a las mujeres en la Edad Media. Bueno, y siguen haciéndolo *ahora*. Sacan a las mujeres a la calle y las lapidan hasta matarlas. Es un puto horror. No puedo ni imaginarme que la gente quiera tu sangre. Cersei ha actuado mal, pero no creo que nadie merezca ese trato.

GEORGE R. R. MARTIN (autor, coproductor ejecutivo): El castigo tenía como objetivo arrebatar el orgullo a la mujer, y Cersei se define por su orgullo.

El rodaje de esa secuencia de la quinta temporada fue un desafío importante en pleno centro de un destino turístico tan popular. Durante la fase de planificación, una iglesia de Dubrovnik trató de impedir la filmación del Paseo de la Vergüenza citando una ordenanza municipal contra «exhibiciones públicas de sexualidad». Aun así, los productores lograron obtener el permiso, pero tuvieron que trasladar una escena clave a una ubicación distinta del casco antiguo. La protesta religiosa era irónica teniendo en cuenta el sorprendente parecido del episodio con una de las historias más míticas de la Biblia: el Paseo de la Vergüenza puede interpretarse como una versión, con cambio de género, del camino a la crucifixión que Jesucristo se vio forzado a recorrer por las calles de Jerusalén mientras lo abucheaba una multitud vociferante.

Otro problema al que se enfrentó la producción fue mucho más difícil de solventar. Headey comunicó a los productores que no quería aparecer desnuda, y propuso que Cersei cumpliera su penitencia con algo de ropa. En el libro de Martin, Cersei va desnuda por completo, y los productores también opinaban que la desnudez era esencial para la secuencia.

DAVID BENIOFF (*showrunner*; creador y responsable de la serie): Intentan avergonzarla. Pretenden humillarla lo máximo posible. Se supone que es una escena como de pesadilla. Y la pesadilla consiste en caminar desnudo por una ciudad llena de gente. Estar desnudo delante de gente es un sueño angustioso común. No creo que pueda decirse lo mismo de estar en pijama delante de gente. Resulta mucho más horroroso que te hayan deshumanizado por completo y te hayan quitado toda la ropa y no tengas nada tras lo que esconderte.

LENA HEADEY: Decidí no salir desnuda por muchas razones. [Tras la emisión del episodio] hubo quien me consideró menos actriz por no haber enseñado las tetas. Eso fue bastante chocante. Yo he hecho escenas de desnudo. No soy contraria a hacerlas. Pero soy una actriz muy emotiva, y eso es lo que me impulsa. Para poder hacer mi trabajo, me permito ser muy vulnerable. No conozco ninguna otra manera de hacerlo. Las cosas me afectan mucho. La idea de pasar tres días desnuda intentando contener al personaje como debía..., creo que me habría sentido furiosa. Y no quería estar furiosa. No creo que Cersei estuviera furiosa. Ruedo todos los años y tengo hijos, y añadirle eso era demasiado.

A la producción se le ocurrió una manera de resolverlo: Headey interpretaría la escena llevando una sencilla combinación al estilo de Jane Shore y contratarían a otra actriz como doble de cuerpo para hacer el mismo recorrido desnuda. Luego mezclarían a las dos actrices mediante efectos digitales: colocarían la cabeza de Headey sobre el cuerpo de la otra actriz y las coserían como a una especie de monstruo de Frankenstein sin ropa.

Convocaron una audición y se presentaron unas mil actrices para el papel.

DAVID NUTTER (director): Lo más difícil fue encontrar una actriz que se pareciera a Lena y que además fuera capaz de imitar el estado emocional de Lena. Casi tuve que hacer una sesión de terapia psicológica con las actrices. Les decía: «Esto va a durar tres días, y tienes que estar preparada para el hecho de que es muy probable que alguien haga una foto desde la multitud y seas un bombazo en internet. ¿Podrás manejarlo?».

Las siete finalistas viajaron a Belfast para las pruebas finales. Nutter y los productores dieron el papel a una principiante, Rebecca Van Cleave.

DAVID NUTTER: Rebecca fue la única actriz que hizo la prueba en ropa interior; todas las demás la hicieron desnudas. Pero tenía algo que encajaba con Lena, en especial los hombros y el cuello.

REBECCA VAN CLEAVE (doble de cuerpo de Cersei): Fue la audición más cómoda que he hecho nunca, teniendo en cuenta las circunstancias.

LENA HEADEY: Rebecca es una gran actriz, y era muy consciente de lo que implicaba aquello. Fue un proceso largo intentar encontrar a alguien que tuviera lo necesario a nivel físico para estar allí. Pero la gente da por sentado que la elegí yo. Como si yo hubiera participado en el casting y hubiera exigido tener un cuerpazo. Lo que dije fue: «Si hay alguien dispuesto a hacerlo, no tengo nada que decir, se hará lo que decidáis. Si alguien es lo bastante valiente para hacerlo, yo lo aplaudo». No tuve ni la menor influencia ni el menor deseo de participar en el proceso. Quería dejarlo claro, porque como mujer me enfurece que crean que estaba en una sala diciendo: «¡No! ¡No!».

Para preparar la escena, Headey y Van Cleave siguieron el camino que Cersei iba a recorrer por el casco antiguo estableciendo con precisión cómo se sentiría y se movería el personaje en cada fase.

DAVID NUTTER: Quería que Lena y Rebecca se sintieran como un equipo. Por eso el día antes del rodaje fuimos a la localización y recorrimos todo el camino, para que pudieran preparar juntas lo que iban a hacer.

LENA HEADEY: Fue tan útil para ella como para mí. Rebecca se mostró muy tranquila y valiente. No es fácil pasearse desnuda tres días seguidos entre una multitud que te insulta. Y yo no lo seguí por teléfono: estuve allí los tres días con Rebecca.

El departamento de vestuario creó para Van Cleave una peluca púbica o *merkin* que se convirtió en fuente de diversión entre bambalinas.

REBECCA VAN CLEAVE: Fue muy divertido lidiar con el *merkin* y todo lo que conllevaba. El primer día las chicas de vestuario me pusieron un bigote falso en vez del *merkin*, y estuvo genial. Muchas veces se quedaban trozos de comida enredados en el *merkin*, así que antes de cada toma siempre era: «¡Probando! No, un momento, hay una miga de pan». Lena lo bautizó como «recogedor de arroz».

BERNADETTE CAULFIELD (productora ejecutiva): Rodábamos en una ciudad rodeada de murallas desde las que se veía nuestro Paseo de la Vergüenza. Tapamos la mayoría [de las líneas de visión] con paraguas. Ese fue el mayor desafío. Queríamos proteger a la actriz y asegurarnos de que todo el mundo se comportara y fuera respetuoso con la situación, y no queríamos ofender a nadie. Dejamos muy poco al descubierto, por así decirlo.

La escena comenzaba con Cersei y la septa Unella en lo alto de la famosa escalinata jesuita del casco antiguo, que hacía las veces de escalera del Septo de Baelor. El Gorrión Supremo había hecho creer a Cersei que la liberaría de su encarcelamiento después de «confesar» sus pecados, y entonces revelaba que también debería realizar como penitencia una caminata desnuda de vuelta a casa. Desde lo alto de la escalera, Cersei divisaba a lo lejos el refugio de la Fortaleza Roja, pero para llegar a ella debería recorrer las entrañas de una ciudad repleta de gente que la despreciaba.

LENA HEADEY: La han apaleado, ha pasado hambre y la han humillado. Está convencida de que todo terminará cuando confiese. Incluso mientras estaba de rodillas mentía en parte. Cree que está a punto de quedar en libertad. No tiene ni idea de lo que se le viene encima al salir a la escalinata, ni cuando le afeitan la melena como a Aslan.

REBECCA VAN CLEAVE: La primera vez que me quité la túnica había una gran expectación. Pero para Cersei es una experiencia tan emotiva que casi te olvidas del hecho de estar desnuda. Estás muy metida en la escena y en lo que está sucediendo.

Cersei hace todo el periplo escoltada por la cruel septa Unella, que toca la campana y repite una palabra que sirve como escarmiento para ella pero funciona también como una orden para la salvaje turba: «Vergüenza... Vergüenza... Vergüenza...».

HANNAH WADDINGHAM (Unella): Es algo que Unella hace sin cesar. Ha hecho voto de silencio [a excepción de las palabras «confesad» y «vergüenza»] y su única función es conseguir que la gente confiese y luego enardecer a la multitud para que el condenado se sienta tan mal como sea posible y así expíe sus actos. También hay momentos en que lo digo más bien al oído de Cersei; es como un gusano que se te mete en la cabeza. Todo el mundo piensa que la septa es malvada. Yo creo que es una persona muy simple.

Una y otra vez, Headey y Van Cleave se turnaron para recorrer el camino mientras los extras les gritaban todas las obscenidades imaginables.

REBECCA VAN CLEAVE: Éramos como un equipo de relevos: «¡Te toca!». Intentábamos quitar hierro al hecho de estar cubiertas de porquería y hacíamos piña para superarlo. Había momentos en que me tiraban toda clase de cosas, me vaciaban orinales [encima], y entonces piensas: «¡Esto es pasarse un poco!».

HANNAH WADDINGHAM: Aquella pobre chica nunca había trabajado desnuda. Cuando [el asistente de dirección] gritaba «corten», ya no estaba allí como Cersei, sino como una mujer desnuda. Así que yo me abría paso a codazos y la envolvía con mi hábito hasta que llegara la gente de vestuario, porque había un montón de tíos mirando.

DAVID NUTTER: Lo más importante era transmitir de verdad el odio, el desdén que los lugareños sienten por ella, y también conseguir que fuera violento. A veces Rebecca iba caminando y los actores de fondo la miraban pasmados. El primer asistente de dirección se acercaba a ellos y les decía: «¡Si os comportáis así, tendré que sacaros del escenario! ¿Es que nunca habíais visto a una tía en pelotas? ¡Ya vale!».

LENA HEADEY: Cuando te abuchean y te sientes hecha una mierda y te humillan de la hostia, no es difícil expresar lo que sentirías. Yo hice lo que pensé que le pasaría a Cersei a nivel emocional. Y la maravillosa Rebecca fue capaz de contenerse y estar desnuda. Le costó mucho, claro. No es algo que te salga natural.

DAVID BENIOFF: En algunas tomas que hicimos, en algunos de esos primeros planos, Lena tuvo que meterse en su propia oscuridad para encarnar la emoción adecuada. Era una visión muy cautivadora, pero al mismo tiempo casi te entraban ganas de mirar hacia otro lado, porque estabas viendo sufrir a alguien.

DAVID NUTTER: Quería darle un poco de empatía, porque no dejaba de ser una madre que haría cualquier cosa por sus hijos.

LENA HEADEY: Solo soy capaz de hacer dos o tres escenas si estoy... [*de pronto Headey parece angustiadísima, pero al instante vuelve a mostrarse tranquila y segura*], luego se me termina la verdad. Joder, detesto con toda mi alma «mentir» en una escena.

En un momento dado, un hombre entre la multitud se bajó los pantalones y gritó a Cersei: «¡Soy un Lannister, chúpamela!». Esta intervención provocó un breve aparte entre el director y los productores. ¿Podía ser un problema que el actor en cuestión estuviera circuncidado? ¿Los hombres de Poniente están circuncidados? Benioff decidió que no tenía importancia (en el peor de los casos, el pene del hombre podía corregirse después digitalmente).

A medida que avanzaba la marcha, el rígido aplomo de Cersei empezaba a flaquear y a resquebrajarse. Caían lágrimas; era una déspota real en su momento más bajo. Los crímenes de Cersei eran egoístas y malvados, pero su castigo también parecía inmoral.

Con la Fortaleza Roja por fin a la vista, Cersei tropezó. En ese punto del rodaje, la multitud enardecida había alcanzado su nivel de máxima intensidad.

HANNAH WADDINGHAM: En ese momento, David Nutter había conseguido que la presión de los intérpretes de apoyo fuera insoportable incluso para mí, que en teoría era una estoica. Despotricaban contra Lena, despotricaban contra mí. Lena y yo estábamos hechas polvo, se nos escapaban las lágrimas. Había tanta agresividad...

David me dijo: «A lo mejor podrías ayudarla a levantarse». Pero para entonces me había sumergido tanto en el personaje que pensé: «Lo mejor que puedo hacer es *no* ayudarla a levantarse». Como mujer, dejaría que se levantara sola y la miraría con una sonrisa de superioridad, como diciendo: «Esto es lo que te mereces por ser tan sucia e incestuosa. Así es como vas a expiar tus actos».

Por fin, Cersei cruzaba el puente y llegaba al refugio de la Fortaleza Roja. La Montaña la recogía. Cersei estaba abochornada y muerta de hambre, maltratada y humillada, pero no derrotada. Alyssa Rosenberg escribió para *The Washington Post*: «En temporadas anteriores, *Juego de tronos* ha utilizado la desnudez a la ligera, pero [la quinta temporada ha sido] una clara mejora, y esta escena de vergüenza y humillación es un verdadero punto álgido en la serie. En la procesión, el cuerpo entero de Cersei queda expuesto a veces, pero de una forma que a los espectadores nos hace cómplices de la violencia que la Fe Militante está infligiéndole. Cuando personajes sin nombre, tanto masculinos como femeninos —en un infrecuente caso de desnudez igualitaria en televisión por cable—, se muestran sin ropa a Cersei, es un ataque hacia ella y hacia nosotros. La desnudez se utiliza como violencia contra un personaje al que conocemos, aunque no apreciemos, en lugar de fotografiarla con fruición y presentarla para el consumo de personajes corruptos como el anterior Septon Supremo (Paul Bentley) y de quienes estamos viendo la serie en casa».

DAVID BENIOFF: Lo más impresionante que David Nutter consiguió con esta escena fue transmitir lo que sentirías si eso te sucediera a ti. Es evidente que tú, como espectador, no estás en la calle recibiendo una lluvia de excrementos, tomates, huevos y demás, pero él consigue que te sientas así. Muchas tomas son en primera persona. Experimentas de un modo bastante visceral el horror de ese momento. Y cuando te has metido en la piel de un personaje, cuesta mucho aborrecerlo.

REBECCA VAN CLEAVE: Fue una de las experiencias más aterradoras y a la vez maravillosas que podría haber imaginado. Nunca, ni en un millón de años, habría pensado que estaría en Dubrovnik rodeada de centenares de miembros del equipo y de extras tirándome comida, pero fue una experiencia increíble y gratificante. Me ayudó; ahora me siento más fuerte que nunca.

LENA HEADEY: Lo que tiene Cersei es que nunca conseguirán hundirla del todo. En su interior hay un sentimiento de venganza, de rabia y de supervivencia. Puedes romper cada hueso de su cuerpo, pero mientras le quede uno entero, saldrá adelante.

CAPÍTULO 21

MUERE EL ROMANCE

El Paseo de la Vergüenza fue motivo de análisis y discusiones, pero no fue la escena más controvertida de *Juego de tronos*. Tampoco lo fueron la quema de Shireen viva, ni la Boda Roja, ni la mutilación de Theon ni la muerte de Ned Stark. La escena más controvertida de la serie fue, al menos según los parámetros subjetivos de los medios de comunicación y el clamor de los fans, la noche de bodas de Sansa y Ramsay Bolton.

Los matrimonios concertados son la norma en Poniente (como lo son hoy en día en muchos países del mundo). Era habitual que los progenitores concertaran uniones entre sus hijos para obtener dinero y poder. Incluso Ned Stark y Catelyn Tully tuvieron un matrimonio concertado, y luego Catelyn poco a poco llegó a amar a su marido.

Así, en la quinta temporada, en el intento de consolidar su alianza con los Bolton, Meñique negociaba el matrimonio entre Sansa y Ramsay (argumentaba que Sansa no está legítimamente casada con Tyrion porque la unión no se consumó). El maestro manipulador convencía a Sansa de que unir las casas Stark y Bolton sería la mejor manera de que su familia recuperase Invernalia y de protegerla de los Lannister, que seguían culpándola sin razón de la muerte de Joffrey.

Solo había un problema: Ramsay era un psicópata. Y a pesar de la proclama de Meñique según la cual «el conocimiento es poder», Baelish no era consciente de la naturaleza de Ramsay cuando cerró el trato.

El resultado provocó un encendido debate sobre si ese arco argumental tenía sentido desde el punto de vista de la historia y el personaje, y también sobre si se había presentado de una manera apropiada.

En el libro de Martin, la noche de bodas de Ramsay es más aterradora y explícita (Theon se ve obligado a participar en ella), pero la novia es otra persona. Ramsay se casa con la amiga de Sansa, Jeyne Poole, después de que Meñique consiga hacerle creer que se trata de la desaparecida Arya Stark.

GEORGE R. R. MARTIN (autor, coproductor ejecutivo): Jeyne Poole salía en el episodio piloto (aparece riendo al lado de Sansa), pero después ya no volvemos a verla ni se hace ninguna referencia a ella. Yo metí a Jeyne en mi primer guion para la serie, el de «Por el lado de la punta», cuando Arya mata al mozo de cuadra. Había una escena en la que Jeyne acudía a Sansa en pleno ataque de histeria, y un diálogo en la sala del consejo donde Meñique decía: «Entregádmela a mí, me aseguraré de que no cause problemas». Todo eso lo recortaron.

DAVID BENIOFF (*showrunner*; creador y responsable de la serie): Sansa es un personaje al que tenemos cariño, casi más que a ningún otro. Queríamos que Sansa tuviera un papel importante en esa temporada. Pero si nos manteníamos fieles al libro, iba a ser muy difícil conseguirlo. Los libros tenían una subtrama que nos encantaba, pero su protagonista no aparecía en la serie.

GEORGE R. R. MARTIN: Yo intenté establecer a Jeyne para su futuro papel de falsa Arya. La verdadera Arya ha huido y se supone que está muerta. Mientras tanto, esta chica ha pasado años bajo el control de Meñique, quien la ha estado adiestrando. Conoce Invernalia, tiene el acento norteño adecuado y puede suplantar a Arya. ¿Quién narices va a saber qué aspecto tiene ahora una niñita a la que conoció dos años antes? Si eres un lord que visita Invernalia, ¿prestarás atención a todos los niños que corretean por ahí? El caso es que Jeyne podía suplantar a Arya. En la serie, como no estaba Jeyne, utilizaron a Sansa. ¿Mejor o peor? Eso que lo decida cada cual.

Lo más curioso es que a mí no se me criticó por esa escena del libro porque Jeyne Poole tampoco le importaba demasiado a nadie. A la gente le importa Sansa.

Los productores de *Juego de tronos* afirman que el razonamiento de Martin, según el cual a los fans les preocupaba Sansa, no Jeyne Poole, fue otro motivo por el que decidieron que sería Sansa quien se casara con Ramsay.

BRYAN COGMAN (coproductor ejecutivo): Tienes una línea argumental en torno a Ramsay. ¿Involucras en ella a una de tus protagonistas, que es una actriz con un talento increíble a la que hemos seguido durante cinco años y a la que los espectadores quieren y adoran? ¿O introduces a un personaje nuevo en la trama? Utilizas el personaje con el que el público está involucrado.

GEORGE R. R. MARTIN: Mi Meñique nunca habría dejado a Sansa en manos de Ramsay. Jamás. Está obsesionado con ella. La mitad del tiempo piensa que es la hija que nunca tuvo, la que desearía haber tenido si se hubiera casado con Catelyn. Y la otra mitad del tiempo piensa que es Catelyn y la quiere para él. No va a entregarla a alguien que pueda hacerle daño. En los libros va a ser muy distinto.

BRYAN COGMAN: Nuestro Meñique es algo más descarado que el disimulado maquinador de los libros, y no digo que uno sea mejor que el otro. No todo el mundo sabe que Ramsay es un psicópata. Meñique no tiene esa información sobre él. Solo sabe que los Bolton son unos bichos raros que dan como miedo y que no puedes fiarte del todo de ellos.

DAVID BENIOFF: Lo interesante de Meñique es que no parece que tenga puntos débiles, aparte de su afecto por Sansa. Siempre ha estado obsesionado con ella. Es evidente que siente un interés malsano por ella desde uno de los primeros episodios, el del torneo. Pero por mucho que a Meñique le importe Sansa, lo que más le importa es el poder, y aquí ve una oportunidad para acumular más poder.

ALFIE ALLEN (Theon Greyjoy): Existe un tema común en ambas líneas argumentales [la de Sansa y la de Theon]. Ambos han abandonado

Invernalia y tienen delirios de grandeza sobre hasta dónde van a llegar. Theon aspira a convertirse en príncipe de los hijos del hierro, y Sansa aspira a ser reina. Pero los dos terminan juntos otra vez en Invernalia.

Los guionistas de la serie, junto al director Jeremy Podeswa, debatieron la mejor manera de afrontar la noche de bodas de Sansa. En el desglose del plan de producción, la escena se titulaba «Muere el romance».

BRYAN COGMAN: Nuestro método de trabajo era que David y Dan elegían los episodios que querían escribir y [Dave Hill y yo] escogíamos entre el resto. Podría haber hecho que lo escribiera el pobre Dave, pero me sentía responsable hacia Sophie. Me provocaba y me provoca un sentimiento de protección. Quería estar seguro de que la escena se llevaba con delicadeza, y sabía que, si la escribía yo, estaría también como productor en el rodaje.

La idea original en la sala de guionistas era que Ramsay la tomara del brazo y se cerrara la puerta. Yo argumenté que si no lo llevábamos por lo menos un poco más lejos, si no permanecíamos un poco más con el punto de vista de Sansa y el de Theon para comprender la enormidad del horror que está a punto de desencadenarse, haríamos un flaco favor a la historia y al tema en cuestión.

JEREMY PODESWA (director): Ninguno de nosotros se tomó esa secuencia a la ligera. Sabíamos muy bien que el público había invertido mucho en Sansa y la había visto crecer a lo largo de la serie. Lo que estábamos a punto de hacer sería chocante y desagradable, y todos éramos conscientes de ello.

Al afrontar la quinta temporada, Turner esperaba la escena con ilusión, pues representaba un giro dramático para su personaje y un desafío a nivel interpretativo. «Alex Graves me había dicho: "Te sale un pretendiente" —declaró la actriz en su momento—. Luego recibí los guiones, estaba hojeándolos emocionada, y al llegar a eso pensé: "Un momento, ¿me estáis tomando el pelo?". Había creído que el interés amoroso de Sansa iba a ser

Jaime Lannister o alguien que fuese a cuidarla. Y de pronto me entero de que es Ramsay y que vuelvo a estar en Invernalia. Me encanta que Sansa vuelva a casa a reclamar lo que es suyo. Al mismo tiempo, es prisionera en su propio hogar. Me sentí fatal por ella, pero a la vez me encantó porque era todo muy perverso, y además se reencontraba con Theon y veíamos cómo se desarrollaba su relación. Creo que para mí va a ser la temporada más exigente hasta la fecha, porque va a estar llena de emociones.»

«Me gusta hincar el diente en las escenas —añadía Turner—. Hay algunas bastante emotivas y otras bastante aterradoras e incómodas, pero me encanta hacerlas. Si empiezas por la parte más incómoda y consigues que el público sienta eso, es genial.»

Por lo menos, durante el rodaje de la secuencia no se respiró entre bambalinas el ambiente intenso y sombrío que habría cabido esperar.

MICHAEL McELHATTON (Roose Bolton): La boda en la nieve. Alfie sollozaba, babeaba y lloraba, Sophie también lloraba y temblaba, y mientras tanto yo me regodeaba y sonreía. Lo que estábamos haciendo a Alfie y a Sophie era tan maquiavélico, tan lúgubre y espantoso, que se nos escapó la risa en más de una ocasión.

JEREMY PODESWA: Fuimos muy cuidadosos con la forma de rodarla, y nos preocupamos mucho de que Sophie estuviera cómoda con todo. Ella comprendía la complejidad y el horror de lo que estaba pasando, pero nunca la pusimos en una situación en la que pudiera sentirse incómoda.

ALFIE ALLEN: Sabía que la reacción a esa escena iba a ser tremenda, y pienso que todos los implicados hicieron un trabajo magnífico. Fue un día de rodaje durísimo. Iwan lo pasó realmente mal. Pero Jeremy Podeswa se salió. Sophie estuvo estupenda, y el modo en que lidió con todo fue admirable. Entre toma y toma, el ambiente era bastante relajado.

En la escena del dormitorio, Ramsay arrancaba la parte posterior del vestido de Sansa y la obligaba a inclinarse sobre la cama.

Entonces el plano cambiaba a un Theon emocionalmente destrozado que se veía obligado a mirar durante un momento que se prolongaba. Los cineastas buscaban y esperaban una reacción emocional por parte de los espectadores, pero se quedaron asombrados cuando el episodio provocó un clamor sin precedentes.

JEREMY PODESWA: Las reacciones nos dejaron de piedra a todos. Sabíamos que la gente se molestaría, pero no del modo concreto en que se manifestó ese malestar. Por la reacción, cualquiera diría que la escena era explícita e insensible. Pero no se ve prácticamente nada. Ves el inicio de algo que está a punto de pasar y entonces cortamos. Era impensable mostrar de verdad lo que estaba pasando.

El hecho concreto de que la cámara se centrase en la expresión de Theon durante los últimos veinte segundos de la escena, mientras los gritos de Sansa sonaban fuera de plano, se rebatió como un intento de promover «la mirada masculina», concepto que designa al arte centrado en la perspectiva del hombre mientras las mujeres se retratan como objetos. «Incentivar que los espectadores sintieran compasión por Greyjoy en lugar de por la joven a la que están violando con tanta violencia fue una decisión equivocada», escribió Nina Bahadur en *Self*. Los cineastas, en cambio, consideraban que el plano de Theon era el modo menos denigrante, pero con carga dramática y visual, de transmitir el horror de lo que Sansa estaba experimentando.

BRYAN COGMAN: Lo que siempre me ha molestado de las críticas a David y a Dan es la suposición de que actúan de mala fe; esa idea de que David y Dan, o George, o yo, o cualquiera de nosotros, nos tomamos a la ligera a estos personajes a los que adoramos y con los que hemos vivido y por los que hemos perdido muchas más horas de sueño que nadie.

Una de las razones principales de pasar al plano de Theon era *evitar* que la escena fuera gráfica. Pero se nos criticó por ello. Y después de pensarlo, entendí esas críticas. Pero también sigo entendiendo los motivos por los que lo hicimos así.

JEREMY PODESWA: Comprendo la cuestión de la mirada masculina; sé que en ese momento optamos por apartarnos de la experiencia de Sansa y quedarnos con Theon. Nuestra intención era ser tan sensibles como pudiéramos. En mi opinión, desde el punto de vista narrativo era muy potente. Y creo que desde el punto de vista de la interpretación también era muy potente.

Los responsables de la serie se preguntaban si tal vez se habría protestado menos en caso de que los espectadores hubieran conocido el resto del trayecto de Sansa por adelantado, igual que los lectores del libro sabían ya lo de la Boda Roja y otros giros argumentales traumáticos. Los lectores de Martin solían defender los sucesos trágicos de la historia en internet después de que se emitieran en la serie, porque tenían clara la idea de que tales acontecimientos hacían avanzar la línea narrativa. Los productores dicen que el giro triunfal de la dama de Invernalia en temporadas posteriores estuvo siempre en el plan de la serie (no fue una reacción, como algunos han especulado, al escándalo provocado por la noche de bodas).

BRYAN COGMAN: Sabíamos dónde queríamos llevar a Theon y a Sansa durante las tres o cuatro temporadas siguientes. El espectador no sabía nada de todo eso. Hoy en día la naturaleza de muchas críticas es reactiva. Escribes algo en el momento en que lo experimentas por primera vez y enseguida lo publicas. Luego, cuando ya has visto el arco completo, las razones de esa escena quedan mucho más claras.

DAVID BENIOFF: Lo que resultó algo frustrante fue la idea de que, para responder a las críticas, dimos más importancia a los papeles femeninos, algo que es falso de arriba abajo. Sabemos aceptar las críticas, y sin duda hemos tenido muchas. Pero todo lo que sucedió posteriormente no fue en reacción a nada.

SOPHIE TURNER (Sansa Stark): Todo el mundo se solidarizó conmigo. Nunca antes había escuchado tantas veces: «Eres mi personaje favorito». Lo cual es asombroso, porque antes solían decirme: «Eres mi personaje menos favorito».

Los críticos de la escena contraargumentan que el victorioso final de la trama de Sansa no aborda sus principales preocupaciones. La actriz Jessica Chastain llegó a los titulares de prensa con sus publicaciones en Twitter sobre la escena. «La violación no es una herramienta para hacer más fuerte a un personaje. No hace falta que una mujer sea víctima para transformarse en mariposa.»

Por su parte, Inkoo Kang escribió para *Slate*: «Había algo crudo y veraz en el recordatorio, durante la primera temporada, de que los vientres de la realeza siempre se han considerado moneda de cambio a lo largo de la historia, y la deshumanización de sus propietarias un daño colateral. También lo había en la franqueza al estilo Cersei de la segunda temporada, durante la Batalla del Aguasnegras, cuando aseguraba que los cuerpos de las mujeres son un botín en tiempos de guerra. Las ocasiones en que *Juego de tronos* adoptaba su modo inspirador o comprensivo para sus personajes femeninos, podía transmitir una narrativa poderosa. Pero en lo que nunca ha acertado la serie es en su uso de la agresión sexual como nudo argumental (o como espectáculo), porque la violación, o la amenaza de cometerla, se emplea como instrumento para llegar desde el punto A hasta el B, y no como un suceso que merece su propio protagonismo». Algunas fuentes de *Juego de tronos* creían que una razón por la que la serie recibía tal volumen de críticas era, irónicamente, el hecho de haber creado y hecho evolucionar con éxito a tantos personajes femeninos. Daenerys, Cersei, Brienne, Arya y Sansa se habían convertido en iconos de la cultura popular, con sus propios y protectores círculos de fans. Cada uno de estos personajes estaba perfilado por completo y no se parecía en nada a los demás, y también eran diferentes al resto de los personajes televisivos.

BRYAN COGMAN: Para muchos, la escena nunca funcionará, a ellos nunca les gustará. Pero fue una escena que provocó un debate cultural más amplio, lo cual bajo mi punto de vista fue muy importante.

Ese debate más amplio se centraba en la representación de la violencia contra las mujeres en las producciones de Hollywood en general y en *Juego de tronos* en particular. Era un tema que había rondado a la serie desde la noche de bodas de Daenerys en su estreno. También era un tema que estaba cada vez más presente en los medios de comunicación, pues los críticos de la televisión acusaban a las series de mostrar la violencia sexual gratuitamente o por puro espectáculo. «Martin, Benioff y Weiss fueron capaces de conjurar dragones, pero no un mundo en que los hombres pudieran ser objeto del deseo de las mujeres —escribió Gabrielle Bruney para *Esquire* en 2019—. Hicieron que los caminantes blancos cobraran una existencia aterradora, pero en cambio fueron incapaces de considerar las agresiones sexuales como nada más que un giro argumental provocativo. Este fracaso empaña siete años de televisión por lo demás de primera categoría, y es un pecado que amenaza con limitar la audiencia de la serie en años futuros, pues el público tolera cada vez menos el machismo en las obras de entretenimiento.»

Algunas fuentes de *Juego de tronos* creían que una razón por la que la serie recibía tal volumen de críticas era, irónicamente, el hecho de haber creado y hecho evolucionar con éxito a tantos personajes femeninos. Daenerys, Cersei, Brienne, Arya y Sansa se habían convertido en iconos de la cultura popular, con sus propios y protectores círculos de fans. Cada uno de estos personajes estaba perfilado por completo y no se parecía en nada a los demás, y también eran diferentes al resto de los personajes televisivos.

MICHAEL LOMBARDO (expresidente de programación de HBO): Dan y David nunca han sido el tipo de personas que imponen desnudos o contenido sexual para excitar al público o mejorar la audiencia. Además, la serie tenía más personajes femeninos únicos y de armas tomar que ninguna otra en el panorama televisivo. Así que creo que nuestra reacción a las críticas fue: «Un momento, ¿podemos ser más cuidadosos con este tema? Aprendamos de esto y hagámonos las preguntas difíciles». Yo diría que en parte se debió a que la serie se había convertido en un éxito tan enorme que empezó a atraer a espectadores que esperaban encontrar una obra de alto contenido dramático y lo que vieron no terminó de encajarles, y eso lo comprendo. Era una escena hiriente, pero al mismo tiempo provocó un debate que sigue muy vivo sobre el modo en que debemos tratar la desnudez y la sexualidad en pantalla.

El origen de muchas escenas que causaron controversia procedía de uno de los desafíos fundamentales que afrontaban los guionistas de *Juego de tronos*: cómo equilibrar una recreación fidedigna de la salvaje época medieval con los ideales de un público de televisión moderno. ¿Hasta qué punto debía *Juego de tronos* reflejar nuestro mundo en contraposición con un reino de fantasía basado en la Edad Media temprana europea, con sus consiguientes horrores históricos, que Martin buscaba iluminar? Otros dramas ambientados en entornos bélicos, como *Outlander*, emitida en Starz, también tuvieron que lidiar con ese mismo dilema. Turner declaró a *Rolling Stone* en 2019 que, en su opinión, «las reacciones negativas [hacia la escena] eran equivocadas» porque la serie estaba manteniéndose fiel a su inspiración medieval. Varias de sus compañeras de reparto también dijeron que *Juego de tronos* recibía en ocasiones críticas injustas por su tratamiento de los personajes femeninos.

GWENDOLINE CHRISTIE (Brienne de Tarth): Gran parte de esta serie está inspirada en hechos históricos reales, y a las mujeres les sucedían estas cosas. A las mujeres se nos ha tratado fatal a lo largo de la historia. También a los hombres. A los seres humanos en general. La serie arroja luz sobre las mujeres mediante una exploración de los personajes femeninos que rara vez se ha abordado antes, y eso lo aplaudo. Sí, esas escenas son difíciles, y deben serlo.

EMILIA CLARKE (Daenerys Targaryen): Me dolió que la gente sacara de contexto *Juego de tronos* y la acusara de antifeminista. La serie mostraba el alcance de lo que nos sucedía a las mujeres y describía situaciones reales. En el fondo, mostraba que las mujeres no solo son iguales, sino que tienen una fuerza enorme. *Juego de tronos* presentaba a mujeres en muchos estadios de desarrollo distintos, desde las que tenían cero poder y cero derechos, hasta las que son reinas y literalmente imparables.

NATALIE DORMER (Margaery Tyrell): Las mujeres de la serie son tridimensionales, sustanciosas, muchas veces antiheroínas y no solo heroínas. Son tan complejas y contradictorias como los hombres. Por tanto, en lo que respecta a la caracterización, sí, *Juego de tronos* es feminista.

Tal vez lo que a veces se pierde de vista son los muchos elementos oscuros que pueblan la naturaleza humana en el mundo real. La violencia física, la misoginia y la violación no son problemas de un universo de fantasía. El motivo de que *Juego de tronos* sea una serie tan potente es su tremendo realismo. Si quieres escapismo puro y duro, me parece bien, pero entonces supongo que es mejor que no veas *Juego de tronos*.

MAISIE WILLIAMS (Arya Stark): Ha sido un debate constante porque en la serie se trata mal a las mujeres, pero pasa lo mismo con los chicos y las chicas y los hombres y los animales. Comprendo que la gente no quiera ver ese tipo de escenas. Pero esta es la serie que hemos hecho. Yo me enfado cuando matan a animales. La gente dice: «¡Pero esto es mucho peor!», y eso nunca lo he entendido. Creo que todo el mundo tiene derecho a molestarse por lo que sea que le moleste.

Aunque Martin no estuviera de acuerdo con los cambios que se hicieron a la trama de Sansa en la quinta temporada, el escritor ha defendido siempre la inclusión de la violencia sexual en «Canción de hielo y fuego» como un elemento narrativo necesario.

GEORGE R. R. MARTIN: Los libros reflejan una sociedad patriarcal basada en la Edad Media. La Edad Media no fue una época de igualdad entre sexos. Las personas estaban divididas en tres clases, y había unas ideas muy arraigadas sobre el papel de las mujeres. Una de las acusaciones que llevó a Juana de Arco a la hoguera fue que vestía con ropa de hombre, algo que entonces no era ninguna pequeñez. Por supuesto, había mujeres fuertes y competentes, pero eso no cambiaba la naturaleza de la sociedad en la que vivían.

Hay gente que dirá: «Bueno, pero él no escribe historia, sino fantasía. Si salen dragones, debería haber creado una sociedad igualitaria». Pero el hecho de que salgan dragones no significa que puedas meter todo lo que te dé la gana. Yo quería que mis libros estuvieran muy enraizados en la historia y mostrar cómo era la sociedad medieval. También quería rebelarme ante una parte del género fantástico. Son los que recrean lo que yo llamo la Edad Media de Disneylandia (príncipes, princesas y caballeros de brillante armadura) pero se niegan a tener en cuenta de verdad lo que significaban aquellas sociedades y cómo funcionaban.

Para no ser sexista, ¿debes retratar una sociedad igualitaria? Nuestra historia no es así. Eso entraría en el campo de la ciencia ficción. Ni siquiera los Estados Unidos del siglo XXI son igualitarios. Sigue habiendo barreras contra las mujeres.

Y luego está todo el tema de la violencia sexual. Pero si escribes sobre guerra —sobre eso escribo yo y sobre eso trata la mayor parte de la fantasía épica— y lo único que quieres mostrar son batallas molonas y a tus héroes matando a un montón de orcos pero sin retratar [la violencia sexual], hay algo fundamentalmente deshonesto en eso. La violación, por desgracia, forma parte de las guerras de hoy en día. No dice mucho en favor de la especie humana, pero no creo que debamos fingir que no existe. Yo quiero retratar las adversidades. El drama surge del conflicto. Si lo que describes es una utopía, es probable que te haya salido un libro bastante aburrido.

CAPÍTULO 22

HACERSE EL MUERTO

En su novela *Danza de dragones*, George R. R. Martin revelaba la sorprendente muerte de Jon Nieve. Después de permitir el paso de miles de salvajes hacia el sur del Muro para protegerlos del inicio del invierno, el Lord Comandante de la Guardia de la Noche era traicionado y asesinado por un contingente de sus propios hombres. Al igual que a Ned Stark, a Jon Nieve lo mataban por mantenerse fiel a su humanidad.

Pero, como los lectores de Martin aún no sabían si Jon Nieve iba a continuar muerto en los libros cuando llegó el momento de que *Juego de tronos* plasmara su asesinato en el capítulo final de la quinta temporada, los productores de la serie decidieron mantener en secreto la resurrección del personaje en la siguiente temporada.

Parece sencillo, ¿verdad? Sin embargo, convencer al mundo de que el actor principal de la serie de televisión más popular del momento se había ido para siempre requirió de un elaborado engaño de dos años de duración que supuso un esfuerzo exorbitante incluso para los estándares de *Juego de tronos* y sometió a Kit Harington a una presión constante.

La primera etapa consistió en planear la escena de la muerte de Jon Nieve. Cuando los hombres del Lord Comandante lo apuñalaban, uno detrás de otro como a Julio César, ¿hasta qué punto debía parecer definitivo el destino del personaje?

BRYAN COGMAN (coproductor ejecutivo): Nos parecía cutre que acabara con un: «¿Está muerto o no?». Podría haberse hecho algo del estilo de *La princesa prometida*: «Está más bien muerto». Pero en la serie ya había un caso anterior en que el Señor de Luz resucitaba a un muerto. Así que, si íbamos a matarlo, tendríamos que hacerlo de verdad. Se decidió que lo dejaríamos claro de forma explícita. De esa manera, si alguien preguntaba si estaba muerto, contestarle que sí en realidad no era mentira.

DAN WEISS (*showrunner*; creador y responsable de la serie): Lo que sucede no es ambiguo para nadie que vea la escena. Se le dilatan las pupilas cuando la vida abandona su cuerpo, que al parecer es lo que ocurre en la realidad.

Enviaron los guiones de la quinta temporada, con la muerte de Jon Nieve en la última escena, a los miembros del reparto: «Los hermanos se apartan para dejar que Jon muera solo en el suelo, desangrándose —rezaba el guion—. La luz de los ojos se le apaga y la quinta temporada termina con un fundido a negro».

Cuando Harington leyó esas palabras, pensó que era posible que los productores mataran de verdad a su personaje. Pero en una ocasión anterior ya le habían hecho creer que una escena falsa era cierta, allá por la primera temporada. Así que no tenía la menor intención de dar a los creadores la satisfacción de llamarlos muerto de preocupación.

KIT HARINGTON (Jon Nieve): Yo nunca les preguntaba nada. Y creo que me dejaron un poco en suspense solo para ver si decía algo. Yo estaba con todo el elenco en plan pesimista. Les decía: «Creo que esta vez sí, creo que estoy muerto, ha sido una buena experiencia». Y ellos: «No me jodas, ni de coña», y entonces empezamos a teorizar. El principal argumento al que todos parecían llegar una y otra vez, y yo estaba de acuerdo con ellos, era que para qué iba a existir todo ese arco narrativo sobre la madre de Jon si nunca iba a ser una información relevante porque el personaje moría antes de descubrirlo.

OWEN TEALE (Alliser Thorne): Pensé: «Esto me encanta porque están impulsando a mi personaje». Pensé: «O apuestan de verdad por Thorne y se hará cargo del Castillo Negro o esto será su final». Me gustaba cualquiera de las dos opciones. Recuerdo que pensé que ojalá Jon estuviera definitivamente muerto, porque si recurres demasiado a la carta de la magia la credibilidad de toda la serie disminuye un poco.

Unos días después de empezar a rodar la quinta temporada, Harington estaba trabajando en el escenario del Castillo Negro cuando David Benioff y Dan Weiss le pidieron que los acompañara a dar un paseo.

KIT HARINGTON: Me puse bastante nervioso. Podría haber sido el paseo en el que me decían: «Sí, oye, tío, estás muerto, en la siguiente temporada ya no apareces». O: «Vas a tomarte un tiempo de descanso, pero puede que seas esto o que seas aquello». No sabía si me asignarían el papel de un lobo generado por ordenador y yo solo haría la voz en *off*, y pensé que eso sería una mierda monumental. O si estaría muerto y haría de zombi, que también habría sido una mierda. No sabía qué iba a pasar.

Tras comprobar que no nos seguían, David me dijo: «Ahora vas a enterarte de una cosa. Dan y yo la sabemos. Creo que tres de los productores la saben. Y George la sabe. Ahora vas a saberla tú, y no puedes contársela a nadie. Ni a tu madre, ni a tu padre, ni a tu familia..., a nadie. ¡No puedes contársela a nadie!».

Y yo: «Vale».

«Vuelves en la próxima temporada; estás vivo. Melisandre te resucita y tienes un montón de cosas que hacer en la temporada siguiente. Te espera una temporada de lo más intensa.»

Dan se volvió hacia David y le dijo: «A Rose se lo contará, ¿verdad?». Así que a ella también le permitieron saberlo.

Al principio Harington se sintió muy aliviado y contentísimo. Luego la realidad se impuso. Sus compañeros de reparto lo habían visto pasear con los responsables de la serie y darían por sentado que habían hablado de la muerte de Jon Nieve. De repente, Harington tenía dos papeles en *Juego de tronos*: uno, interpretar a Jon Nieve delante de las cámaras, y otro, hacer de actor abatido entre bambalinas.

KIT HARINGTON: Volví a la sala con todos los hombres de la Guardia de la Noche. Al entrar, sabiendo lo que sabía, y porque todos me habían visto ir a dar el paseo, tuve que decir: «Sí, estoy muerto». Tuve que mentir a todos mis amigos. Me sentí fatal por ello. Tuve que mentir a un montón de amigos íntimos y miembros del reparto y del equipo que son como mi familia, y no me gusta mentir.

KRISTOFER HIVJU (Tormund Matagigantes): Me quedé de piedra cuando leí los guiones. En plan: «Madre mía». Y luego Kit vino como diciendo: «Este es mi último año, voy a hacer otros proyectos». Lo dijo con mucha seguridad. Mintió muy bien a todo el mundo.

KIT HARINGTON: Sophie Turner, pobrecita mía, me escribió una carta larguísima contándome lo mucho que le gustaba trabajar conmigo. Me entró la risa. La pobre se había tragado la mentira enterita.

SOPHIE TURNER (Sansa Stark): Kit me llevó aparte una noche que salimos y me dijo algo así como: «Oye, se ha acabado, es el final». Y me parece que él se lo creía de verdad. No sé si me estaba tomando el pelo o no. Seguramente sí, conociéndolo.

KRISTOFER HIVJU: Recuerdo que Maisie se puso en plan: «Dime la verdad: ¿me estás mintiendo?». Y él: «Lo siento, estoy muerto, me marcho, esta es mi última temporada». Así que yo tenía muchas dudas.

DAVID BENIOFF (*showrunner*; creador y responsable de la serie): Lo llamó incluso Emilia, y él siguió con la farsa.

KIT HARINGTON: Sin embargo, Liam Cunningham no se lo creyó. Me mandó a cagar desde el principio.

LIAM CUNNINGHAM (Davos Seaworth): Sí, lo mandé a cagar enseguida. «No hace falta que me digas la verdad, pero vete a cagar.» Es que no los veía haciendo otra jugada a lo Ned Stark. Kit era demasiado valioso. Jamás dudé que volvería, ni por un segundo.

Cuando llegó la hora de rodar el asesinato de Jon Nieve, el engaño continuaba en el escenario. Ni siquiera David Nutter, el director del capítulo final, sabía que Jon Nieve terminaría volviendo. Tras concluir su escena «final», Harington se encontró en la incomodísima tesitura de tener que pronunciar un discurso de despedida ante el reparto y el equipo.

KIT HARINGTON: De verdad que al final de la quinta temporada no lo sabía nadie. Habían dicho a todo el mundo que yo había muerto. David Nutter dijo al equipo: «Esta es la última temporada de Kit», y tuve que dar un discurso de despedida falso. No fui capaz de ponerme lloroso en plan: «Os quiero a todos, esto ha sido increíble». Dije: «Ha sido genial, chicos, gracias», y me largué a toda hostia. Así que ahí se me vio un poco el plumero. Algunos se lo creyeron, otros no.

DAVID NUTTER (director): Dijo al equipo lo importantes que eran para él y que los echaría mucho de menos. Que en realidad aquel había sido su primer papel relevante como actor, y que se llevaba muchas relaciones y amigos. Les dijo que los apreciaba mucho y que ahora esa parte de su vida se quedaría vacía. Fue muy intenso.

KIT HARINGTON: Fue como estar presente en tu propio funeral. Fue terrible. La peor interpretación que he hecho en mi vida, y ya es decir.

Cuando terminaron de filmar el episodio final, Harington decidió que había algunas personas a las que se sentía moralmente obligado a revelar el secreto. Cuando un actor abandona una serie de televisión, ese cambio en su carrera puede afectar a mucha gente de su órbita.

KIT HARINGTON: Al principio pensé que me lo iba a pasar bien, que sería un juego gracioso. Pero cuanto más se alargaba, más aumentaba mi sensación de estar traicionando a la gente. Así que al final se lo conté a algunas personas poco a poco. Porque si no, con lo que se quedan tus amigos y tu familia es: «El año que viene no tengo trabajo y estoy buscando algo nuevo». Es como decirles a tus padres que, en lo que a dinero se refiere, aquí es donde terminan los ingresos de *Juego de tronos*. Así que a mis padres y a mi hermano les conté de qué iba el asunto: «Sigo en *Juego de tronos*, pero no se lo digáis a nadie».

El círculo íntimo de Harington incluía a algunos de los actores que interpretaban a sus hermanos de la Guardia de la Noche.

KIT HARINGTON: Hay muchas líneas narrativas que giran en torno a Jon. Es una figura central. Si hablas con otras personas cuyas tramas dependen de la tuya y les dices: «Yo ya no salgo», les estás diciendo que ellas tampoco saldrán más en la serie, y no me sentía cómodo con la situación. «O sea, ¿no volveremos al Muro?» Tuve que ser sincero con algunos compañeros que eran amigos y decirles: «No es lo que parece. No puedo decirte lo que pasa, pero no es lo que parece». No querían fisgonear, pero, al mismo tiempo, era su trabajo, y les encantaba.

Tras la emisión del último episodio de la quinta temporada, en junio de 2015, comenzó una nueva fase del ardid Jon Nieve. Hasta entonces, Harington y los productores solo habían tenido que ocultar el secreto del regreso del personaje al reparto y al equipo de *Juego de tronos*. A partir de entonces, a saber cómo, tenían que escondérselo al resto del mundo.

MICHAEL LOMBARDO (expresidente de programación de HBO): Una cosa es [que los productores te pidan que guardes el secreto del regreso de un personaje] antes de que el mundo lo haya [visto morir]. Piensas: «Vale, esto podemos hacerlo. Ya hemos matado a personajes principales en otras series». Pero la muerte de Jon Nieve tuvo mucha repercusión. No iba a una sola reunión o cena donde la gente no me preguntara por Jon Nieve. Fue muy difícil capear el temporal, ser sincero y franco con amigos y personas a las que respeto y que estaban desesperadas por un atisbo de esperanza o por enterarse del posible regreso de Jon.

Ese verano, en la conferencia de prensa de la Asociación de Críticos de Televisión en Beverly Hills, Lombardo se encontró en la incómoda situación de tener que mantener el engaño frente a ciento cincuenta periodistas y en el escenario de un acontecimiento organizado por los medios. Un crítico le preguntó si Jon Nieve estaba muerto de verdad... pero no si el personaje iba a volver.

LIAM CUNNINGHAM: Joder, todo el mundo hacía la pregunta que no era: «¿Jon Nieve está muerto?». Pues sí, está muerto.

MICHAEL LOMBARDO: Fue un alivio enorme. Esa es la respuesta que di. «Está muerto.» Y cuando retomamos la trama [en la sexta temporada], es verdad que está muerto.

DAVID NUTTER: Estuve en un *photocall* con el presidente Obama en casa de Chuck Lorre después de la emisión del capítulo final. Obama se volvió hacia mí y me preguntó: «No habéis matado a Jon Nieve, ¿verdad?». Le respondí: «Jon Nieve está más muerto que muerto».

Al reparto y a los miembros del equipo se les comunicó oficialmente el secreto una vez se enviaron los guiones de la sexta temporada. Pero ¿cómo iba Harington a trabajar durante meses en escenarios para televisión, a menudo al aire libre, sin que su regreso se revelara al público?

DAVID BENIOFF: «Jon Nieve» no aparecía en ninguno de los guiones [de la sexta temporada]. Ahora era «LC», las siglas de «Lord Comandante».

KIT HARINGTON: A nadie se le permitía decir «Jon Nieve» en el escenario, jamás; todo el mundo tenía que referirse a mí como «LC».

CARICE VAN HOUTEN (Melisandre): En el rodaje se hacían muchas bromas con ese nombre en clave. Algunos lo convirtieron en «Little Clit» [«Pequeño Clítoris»].

BERNADETTE CAULFIELD (productora ejecutiva): Estábamos unos cuantos en una reunión, y David Benioff dijo: «Cuando LC va a... ¿Por qué digo las siglas? ¡Si yo sé quién es!». Habíamos creado escondites para nosotros mismos.

Y a Harington lo conminaron a permanecer tan oculto como le fuera posible mientras rodaban en Belfast.

LIAM CUNNINGHAM: Kit no podía hacer nada. Fue una pesadilla para él.

KIT HARINGTON: Me instalaron en un apartamento distinto [en lugar de en el mismo hotel que al resto del reparto]. Pero me habría subido por las paredes si me hubiera quedado allí a todas horas. Iba a comer y a cenar con el reparto. Tampoco era cuestión de vida o muerte.

CARICE VAN HOUTEN: Era peligroso salir a cenar con Kit. El chico tenía que comer, pero intentábamos esconderlo.

También se reforzó la seguridad del rodaje, pero un paparazi obtuvo una fotografía de Harington mientras filmaban la Batalla de los Bastardos.

DAVID BENIOFF: La verdad es que, una vez se emitió [el final de temporada], esperábamos conseguir solo unas pocas semanas de incertidumbre. Que durara tanto fue una sorpresa agradable.

DAN WEISS: Si buscabas en internet, veías a Kit en un campo, con una espada en la mano y rodeado de trescientos extras, así que deducías que no debía de estar muerto, a no ser que se tratara de una secuencia carísima del *flashback* de una batalla en la que Jon ni siquiera había participado. Pero la inmensa mayoría de la gente no se dedica a trolear en internet buscando cosas que van a joderle su experiencia como espectador.

No obstante, había un segundo asunto del que ocuparse. Antes de que se empezara a rodar la sexta temporada, Harington había aparecido en el programa de televisión *Late Night with Seth Meyers*, donde se quejó en broma de haber tenido que rodar siempre en los escenarios de Irlanda del Norte en lugar de, por ejemplo, los climas más cálidos de Croacia o España, como muchos otros miembros del reparto de la serie.

Cuando le preguntaron qué diría a un viajero que visitara Belfast, Harington contestó: «Es maravillosa para dos o tres días». Y bromeó diciendo que la ciudad tiene «un patronato de turismo maravillosamente deprimente». Y siguió hundiendo el dedo en la llaga. «Celebran tres cosas. Que tienen el hotel más bombardeado de Europa, lo cual es genial. Que construyeron el *Titanic*, un barco que se hundió en su viaje inaugural. Y ahora que tienen *Juego de tronos*, la serie de televisión más deprimente de la historia.»

Harington no era ni por asomo el único que envidiaba a los integrantes de la serie que rodaban en los escenarios de España y Croacia, donde filmar era mucho más sencillo y las fiestas de después del trabajo más animadas. Aun así, esa entrevista no sentó nada bien al orgullosísimo equipo técnico de la serie en Irlanda del Norte.

KIT HARINGTON: A veces soy una especie de torpe bufón inglés. Me menosprecio y soy pesimista respecto a las cosas. Es algo en lo que tengo que mejorar. Pero en un programa de entrevistas, sales y te adueñas de la situación: «Este soy yo, esto es lo que vendo». Y yo no soy un vendedor nato, tiendo a rebajar las cosas.

BERNADETTE CAULFIELD: Kit no hablaba en serio. Fue en el contexto de un programa de entrevistas en plan: «Cuéntanos una anécdota divertida de cómo es estar en Belfast». ¿Es la ciudad más cosmopolita del mundo? No es Londres, pero a todos nos encantaba, y nos encantaba la gente que vivía allí, y sus habitantes están muy orgullosos de la ciudad. Cuando alguien la desprecia, para ellos es como que les echen mierda en la cara. Así que en cuanto emitieron el programa, pensé: «Tenemos que demostrar a Belfast que los queremos».

Caulfield encargó unas camisetas para el equipo en las que por delante ponía: «*You know shite all, Jon Snow*» [algo así como «No sabes una mierda, Jon Nieve», pero como lo diría un irlandés], y por detrás «GoT *loves Belfast*» [«*Juego de tronos* adora Belfast»].

BERNADETTE CAULFIELD: [Al equipo] se le pasó el cabreo. Kit ha estado en Belfast más tiempo que cualquiera de los demás, y le encantaba estar allí.

Total, que Jon Nieve iba a volver a la vida, pero ¿cuándo exactamente? Los guionistas debatieron durante cuánto tiempo mantendrían muerto a su héroe antes de su inevitable resurrección a manos de Melisandre valiéndose de los generalmente poco fiables poderes que le concedía el Señor de Luz.

DAVE HILL (coproductor): Se habló de poner [la resurrección] al final del primer episodio de la sexta temporada, porque era una magnífica conclusión para un estreno. Pero Bryan señaló algo muy importante: nos convenía exprimir al máximo la muerte de Jon Nieve, o solo habría estado muerto unos cincuenta minutos. Pero, por otra parte, su cuerpo empezaría a descomponerse, y, respecto al argumento, en esa temporada había muchísima acción apremiante que se desarrollaba en torno a él, así que tampoco lo queríamos tumbado sobre una mesa durante tres episodios. Además, es probable que Kit nos hubiera asesinado.

KIT HARINGTON: Fueron dos capítulos muy fáciles. Me encantaron. Estaba en una habitación calentita, algo nada habitual en mí. Me pasé tumbado toda una semana de rodaje. Aunque una vez me quedé dormido y desperté en medio de una escena. ¿Sabes lo aterrador que es cuando te despiertas y no sabes dónde estás? Pues imagínate despertarte en el mundo de *Juego de tronos*; es como una pesadilla.

JEREMY PODESWA (director): Nos dimos cuenta de que ahí había pasado algo; fue bastante divertido.

KIT HARINGTON: Por otro lado, tenía que estar echado en la mesa completamente desnudo. Era muy raro, como el sueño húmedo de un adolescente. Estás ahí tumbado en pelotas y Carice van Houten te está lavando.

CARICE VAN HOUTEN: Tardamos una eternidad en resucitarlo. ¡Una eternidad! Era una escena muy importante y la rodamos desde muchísimos ángulos. Le lavé el cuerpo a Pequeño Clítoris unas cincuenta veces. Le habría dado envidia a un montón de gente, incluidas mi madre y mi hermana. Yo hacía bromas al respecto —«Ojalá pudiera vernos mi madre»— y a Kit le encantaban.

JEREMY PODESWA: Para mí era muy importante que justo hasta el último segundo no supieras a ciencia cierta si iba a volver a la vida o no. La secuencia contiene una especie de tensión prolongada, una ceremonia larguísima que no sabes si funcionará o no. Allí hay personas que dudan de Melisandre, y ella también duda de sí misma. ¿Revelará esto los límites de sus poderes?

CARICE VAN HOUTEN: Yo estaba pasando una época complicada en mi vida personal, y me resultó muy difícil. Me costaba recordar mis frases en valyrio. En un momento dado, me inventé las frases, me limité a poner unas letras detrás de otras.

Al final, Melisandre se rendía. La hechicera y Ser Davos abandonaban la habitación con aire de derrota. De repente, Jon Nieve volvía a la vida con un jadeo conmocionado.

JEREMY PODESWA: Fue como una mezcla entre un bebé que renacía y una persona que se estaba ahogando y salía del agua a coger aire.

CARICE VAN HOUTEN: Devolví la vida a Jon Nieve y de pronto los fans pasaron del «Muérete, zorra» al «¿Quieres casarte conmigo?». Menuda diferencia dejar de ser una tía malísima para convertirme en la novia de América.

JEREMY PODESWA: Ver las reacciones a esa escena en YouTube ha sido una de las cosas más satisfactorias que he experimentado jamás. La gente se levantaba de la silla de un salto, gritaba, se ponía como loca.

Entonces Jon Nieve ejecutaba a sus traicioneros aspirantes a asesinos y abandonaba la Guardia de la Noche. Por fin era libre para perseguir su propio destino.

KIT HARINGTON: Jon ya estaba harto de aquello. Había visto el otro lado, había visto lo que hay más allá, y vuelve y se da cuenta de que tiene que vivir su vida y salir de allí: «Este sitio me ha traicionado y todo lo que yo defendía ha cambiado». Además, ha tenido que matar a un crío, y esa es la gota que colma el vaso: mata a Olly, el niño pequeño, y ya no encuentra sentido a continuar allí arriba. En el fondo sabe que quedándose en el Muro no puede ayudar a los reinos. «Si me quedo aquí voy a morir, voy a morir muy rápido.» Entonces se le ofrece otra misión.

CAPÍTULO 23

---◇---

LA MANADA SOBREVIVE

Si la quinta temporada tenía las tramas más sombrías para los personajes de *Juego de tronos*, el año siguiente presentaba quizá las más triunfales. La sexta temporada plasmaba una sucesión de victorias tanto para los Stark como para los Targaryen y los Lannister. Jon Nieve y Sansa Stark derrotaban a Ramsay Bolton. Arya se liberaba de la represiva Casa de Blanco y Negro. Bran se convertía en el Cuervo de Tres Ojos. Daenerys abandonaba Meereen y zarpaba hacia Poniente. Y Cersei aplastaba a la Fe Militante. Todos ganaban poder personal o político a medida que la serie iba acercándose a las dos últimas temporadas planeadas.

En Braavos, Arya estaba enzarzada en una batalla de ingenio con la Niña Abandonada (Faye Marsay) y, al mismo tiempo, iba adquiriendo con los Hombres sin Rostro las habilidades místicas necesarias para convertirse en asesina y poder vengar a sus seres queridos. Sin embargo, Arya se rebelaba contra el mandato de la orden de cortar todo lazo con su pasado y convertirse de verdad en Nadie. «No creo que Arya llegara a pensar jamás que podía dejarlo todo atrás —declaró Williams—. Lo intentó. Lo intentó con todas sus fuerzas».

Como parte de su entrenamiento, dejaban a Arya ciega temporalmente, un efecto que supuso todo un reto para Williams en la vida real. Pese a que la producción podría haber utilizado imágenes generadas por ordenador para enturbiar los ojos a Arya, la actriz —que también había elegido la complicada opción de interpretar a su personaje como zurda, igual que en los libros de George R. R. Martin— se ofreció voluntaria para llevar unas gruesas lentillas esclerales, un método más barato y convincente.

MAISIE WILLIAMS (Arya Stark): Después me di cuenta de que son la cosa más dolorosa del mundo. No me gusta decirlo, porque odio oír a la gente quejarse. Cuando me hablaron de Jennifer Lawrence y su [gruesa capa de pintura corporal azul para interpretar el papel de Mística en *X-Men*], recuerdo que pensé: «¡Eso no puede doler!». Pero luego era: «Me cago en la leche, siento haber pensado eso entonces, porque estas cositas que llevas en los ojos son muy gruesas y te están haciendo un daño horrible». No imaginaba que fueran a irritarme tanto en tan poco tiempo.

Williams y Marsay compartían varias escenas de combate de prácticas durante el entrenamiento de Arya, y eso alimentó cierta competitividad entre bambalinas.

MAISIE WILLIAMS: [Marsay y yo] nos espoleábamos la una a la otra. Yo era un poco orgullosa. Ya había hecho algo de esgrima antes. Pero ella tenía que ser mejor que yo, siempre tenía que hacerlo bien y yo mal. Y yo decía: «Un momento, voy a perder, pero aun así Arya tiene que ir mejorando». Y cada vez que yo lo hacía bien, ella decía: «Sí, pero yo tengo que parecer la mejor». Era un entrenamiento de lo más sano, ya lo creo.

JEREMY PODESWA (director): Ambas eran jóvenes, ágiles y muy atléticas. En el caso de Maisie, como se suponía que estaba ciega, hizo un esfuerzo extraordinario e infatigable para que quedara bien.

La relación cada vez más combativa que se establecía entre Arya y la Niña Abandonada alcanzaba su punto crítico cuando Arya se negaba a llevar a cabo un asesinato. El resultado era una intensa escena de persecución por las calles de Braavos que terminaba con Arya apuñalada varias veces.

MAISIE WILLIAMS: Queríamos que la gente pensara que aquello podía ser el final. Arya llevaba mucho tiempo sin ser un personaje emotivo, y queríamos buscar el sentimiento. Es la primera vez que de verdad va a morir, y da miedo. Mata a gente como si no hubiera un mañana, pero cuando por fin le ocurre a ella, morir la aterroriza. Le quedan muchas cosas por hacer. Y luego está la rabia: ¿la Niña Abandonada? ¿En serio? ¿Tenía que ser precisamente ella?

Planear la persecución conllevó un debate acerca de las habilidades de Arya. ¿Hasta qué punto se ha convertido Arya Stark en una superasesina? El personaje tenía su lista de víctimas en constante evolución (de la cual ella tacharía personalmente solo tres nombres, los de Meryn Trant, Polliver y Walder Frey). Pero Williams siempre prefirió que su personaje mantuviera los pies en el suelo.

MAISIE WILLIAMS: Yo quería que pareciera que estaba pasándolo mal, así que hubo muchas ocasiones en que me puse en plan: «No debería hacer eso». En las últimas temporadas tomé un poco más el control, porque conocía a Arya mejor que muchos de los directores. Les preguntaba: «¿Por qué iba Arya a correr hacia allá? Se escondería aquí abajo y luego se iría sin más. No queda tan cinematográfico, pero si quieres algo cinematográfico tendrá que ser otra cosa». Me sentía fatal, porque la tarea de los especialistas es hacer que todo parezca lo más loco y molón posible, pero al final una quiere estar satisfecha con el trabajo que ha hecho.

BRYAN COGMAN (coproductor ejecutivo): Las escenas de Arya eran siempre un tira y afloja, tanto a la hora de escribirlas como a la de rodarlas: ¿cuánto debía tener de ninja y cuánto de ser humano? La idea era que Arya estaba perdiendo su sentido de la identidad, pero Maisie insistía en preservar su humanidad. Y agradeció de verdad la última temporada, porque su personaje por fin encontraba una forma de equilibrar ambas cosas.

MAISIE WILLIAMS: Rodamos un montón de tomas distintas de cuando salía del agua la primera vez que la apuñalaban. Yo había estado en un festival de música, así que me había pasado todo el fin de semana sin dormir, y me tocó saltar al mar de Irlanda un millón de veces para hacer tomas distintas. Fue un día de locura absoluta. Queríamos que se notara que estaba frenética y muerta de miedo, pero también que era una luchadora. Había todo un espectro de lo asustada que tenía que parecer Arya.

Arya derrotaba en ingenio a la Niña Abandonada engañándola y llevándola a una habitación totalmente a oscuras, donde todas esas sesiones de entrenamiento a ciegas le concedían una ventaja muy necesaria. Para Arya, el asesinato de la Niña Abandonada hizo las veces de graduación no oficial de la Casa de Blanco y Negro.

MARK MYLOD (director): Algunos seguidores de la serie me dieron caña por una parte de [la secuencia de la persecución]. No conseguí insuflar la energía necesaria al rodaje de esa escena. Salió resultona, no excelente. Pero me encantaba lo que había en el guion acerca de que el personaje de Maisie utilizara su ceguera como arma, de que convirtiera su debilidad en una fortaleza contra la Niña Abandonada. Creo que eso quedó bien.

En Poniente, Hodor había llevado a hombros y a rastras al hermano de Arya, Bran, por todo el continente, temporada tras temporada, algo particularmente arduo para Kristian Nairn, dada su lesión de espalda.

ISAAC HEMPSTEAD WRIGHT (Bran Stark): El medio de transporte de Bran fue cambiando a lo largo de los años. Al principio era un trineo, luego una carretilla, después una [mochila]. Suena muy de niño mimado quejarse de que te lleven rodando de un sitio a otro todo el día, pero la verdad es que la carretilla fue un poco horrible.

KRISTIAN NAIRN (Hodor): Daba igual lo que hicieran, nunca resultaba más fácil. La gente cree que lo del trineo era coser y cantar, pero era un trineo de verdad, y yo no tiraba de él sobre el hielo, sino sobre hierba y tierra. Lo menos cansado era cargar [con Isaac] a la espalda, y creo que habríamos seguido haciéndolo así de no ser porque no dejaba de crecer. Empezaba a ser ridículo, las piernas casi le arrastraban por el suelo.

Entonces Bran experimentaba una importante transformación al convertirse en el Cuervo de Tres Ojos, un mago que, en principio, podía ver todos los acontecimientos pasados y futuros (bueno, más o menos). Pero no sería *Juego de tronos* si Bran obtuviera ese poder sin que llegara acompañado de una pérdida trágica. El momento de la transformación de Bran se emparejó con una de las muertes más tristes de la serie, cuando Hodor fallecía ayudando a Bran a escapar de un ataque del Rey de la Noche y el Ejército de los Muertos.

KRISTIAN NAIRN: En *Juego de tronos* las cosas nunca son seguras, y que pudiera llegar tan lejos estuvo muy bien. ¡Ned Stark solo llegó hasta el noveno episodio! No podría haber deseado una despedida mejor.

Refugiado en una cueva, Bran recurría a sus poderes como vidente para viajar al pasado y veía a Hodor de pequeño, cuando aún se llamaba Willis. En el presente, los espectros atacaban y Hodor recibía la orden de: «Aguanta el portón» [en inglés, «Hold the door»] para que Meera Reed (Ellie Kendrick) y Bran pudieran escapar. Durante la visión del pasado, Willis sufría una especie de ataque de epilepsia en el que repetía «aguanta el portón» una y otra vez. Poco a poco, la frase se iba convirtiendo en una sola palabra, «Hodor», que pasó a ser el nombre por el que todo el mundo lo conocía. Hodor dedicaba años a cuidar de Bran con lealtad, a salvarlo en innumerables ocasiones y a protegerlo, y resultaba que durante todo ese tiempo el responsable involuntario del debilitamiento mental de su amigo había sido el propio Bran.

Martin concibió la historia previa de Hodor mientras escribía el primer volumen de la saga, y fue una de las ideas que contó a los productores de la serie durante su reunión para la tercera temporada en Santa Fe.

GEORGE R. R. MARTIN (autor, coproductor ejecutivo): Colarse en la mente de alguien es una obscenidad. Así que puede que Bran sea responsable de la simpleza de Hodor por entrar en su mente con tanta fuerza que ondeó hacia atrás en el tiempo. La explicación de los poderes de Bran, todo el asunto del tiempo y la causalidad..., ¿podemos influir en el pasado? ¿Es el tiempo un río que solo puedes navegar en un sentido o un océano que puede verse afectado dondequiera que caigas en él? Son cuestiones que quiero explorar en el libro, pero explicarlas en una serie es más complicado.

ISAAC HEMPSTEAD WRIGHT: Nos enteramos de lo triste que es, de en qué se ha convertido Hodor. En realidad es un alma vulnerable que tenía mucho potencial para llevar una vida feliz. Pero las acciones egoístas de Bran, no darse cuenta de que debía salir del sueño y haber acudido a la visión del caminante blanco en un principio, lo dejan jodido. Y luego él se sacrifica... Has pasado por todo eso, ¡y encima tienes que sacrificarte! Es vergonzoso. Bran no habría llegado a ningún sitio sin él. Es algo que encapsula el mundo de *Juego de tronos*: las buenas personas que merecen que se las cuide no siempre lo consiguen.

KRISTIAN NAIRN: Mi parte favorita es que daba respuesta a la pregunta de por qué Hodor es Hodor. ¿Por qué dice la palabra «hodor»? Es tristísimo. En el momento en que por fin descubres algo sobre Hodor, ¡van y lo matan!

Martin afirmó que en el futuro libro la escena de «aguanta el portón» se desarrollará de manera un poco distinta.

GEORGE R. R. MARTIN: Me pareció que lo ejecutaban muy bien, pero en el libro habrá diferencias. Lo hicieron muy físico, la fuerza de Hodor «aguanta el portón». En el libro, Hodor ha robado una vieja espada de la cripta. Bran ha estado utilizando su poder de cambiapieles para colarse en Hodor y practicar con su cuerpo, porque él tenía formación en esgrima. Así que decirle a Hodor «aguanta el portón» es más bien como decirle «bloquea este paso», defiéndelo cuando lleguen los enemigos, y Hodor lucha contra ellos y los mata. La misma idea, pero un poco distinta.

En *Juego de tronos* optaron por que Hodor utilizara su fuerza para bloquear la puerta mientras los espectros lo apuñalaban de forma atroz con los huesos de sus esqueletos, lo cual ayudaba a comunicar el concepto de «aguanta el portón» de forma literal.

DAVE HILL (coproductor): Para nuestro propósito, aguantar el portón resultaba mejor visualmente, sobre todo porque ya teníamos mucho combate.

KRISTIAN NAIRN: Se me llenaron los ojos de lágrimas cuando vi la filmación. No me veo a mí mismo en la pantalla, veo a Hodor. Siempre hablo de él en tercera persona. Vi la muerte del personaje, y fue muy triste.

ISAAC HEMPSTEAD WRIGHT: Por supuesto, Bran se pasaba todo el rato haciendo solo de cambiapieles. De hecho, hasta me quedé dormido un par de veces mientras rodábamos, ahí tumbado en un cómodo trineo.

KRISTIAN NAIRN: Hubo rumores de que iban a recuperar a Hodor como caminante blanco, y habría sido estupendo, pero estoy muy satisfecho con la trama. Me gusta que dejaran ahí cierto misterio. No sabemos qué le ocurrió.

DAN WEISS (showrunner; creador y responsable de la serie): «Hodor» es la única palabra que puedes decirle a alguien y que de forma automática recuerde la serie o los libros. Era un personaje que había estado ahí, tan tranquilo, en la trama de Bran, y era adorable mientras soltaba un enorme montón de «hodors».

KRISTIAN NAIRN: Hay un «hodor» que me gusta mucho, y es cuando Meera y yo estamos hablando de embutido. A este tipo le encanta el embutido, por supuesto, y la panceta. Se le iluminaba la cara y empezaba a hablar de comida. También me gustó el «hodor» de la tercera temporada con Osha. Ella se queja de tener que montar el campamento, y él le suelta un «hodor» tipo: «¿Y a mí que me cuentas?». Ese fue divertido. No puedo creer que de verdad sea capaz de distinguir dos «hodors» de todos los demás.

Otro personaje que, como Bran, pasaba un largo período de tiempo fuera de cámara era el Perro. Se revelaba que el agotado hermano Clegane había sobrevivido a su enfrentamiento con Brienne y se había unido a una comunidad religiosa pacifista liderada por el hermano Ray (Ian McShane), que ofrecía al Perro lecciones como: «La violencia es un desatino, y eso no se cura contagiando a más gente».

La secuencia era una muy poco habitual minihistoria independiente —«esa subpelícula de *El último testigo*», en palabras de Mylod— dentro del argumento general de *Juego de tronos*. También era un atisbo del tipo de narración que la serie podría haber incluido de forma regular si hubiera continuado un tiempo más allá de la octava temporada.

BRYAN COGMAN: Fue mi semana favorita en *Juego de tronos*, porque era una preciosa obra en tres actos rodada en exteriores, en Cairncastle. Ya habíamos hecho antes episodios centrados casi del todo en una sola cosa, pero eran episodios de acción. Aquí teníamos un septo New Age encabezado por un hombre con una dolorosa historia de violencia. Ha encontrado su propio rebaño de personas que intentan reconstruir su vida. El hermano Ray tiene una filosofía maravillosa que ojalá poseyeran más personajes: «No sé si mi dios es el verdadero, pero sé que debemos creer en algo superior a nosotros». Ve a Sandor como un buen candidato. Reconoce en Sandor una parte de sí mismo. El Perro, aparte de sentirse agradecido, empezaba a abrirse al primer y único amigo que había tenido en la vida.

Las escenas tienen un toque ligero, una delicadeza, una humanidad y un humor que no ves en el resto de la serie. Que su tono no acabara de encajar con *Juego de tronos* hasta el final, cuando los asaltantes atacan y masacran a todo el mundo, fue algo hecho con toda la intención. En cierto sentido, es un episodio que destaca. A algunas personas les costó, porque no da la sensación de ser un capítulo de *Juego de tronos*. A mí me gusta precisamente por eso.

Los seguidores de la serie se preguntaban por qué el líder del grupo tenía un nombre tan poco ponienti. Cuando se escribió el guion del episodio, «hermano Ray» era un guiño secreto al actor que los guionistas habían escogido como primera opción para desempeñar el papel, Ray Winstone.

BRYAN COGMAN: Ray es una mezcla de unos cuantos personajes que aparecen en los libros de George. Pensamos que sería interesante que fuera una especie de matón al estilo del Perro, así que enseguida pensamos en Ray Winstone. Estoy seguro de que se le hicieron propuestas. Fui yo quien pensó en Ian McShane, y estaré orgulloso de eso hasta el día de mi muerte.

MARK MYLOD: Ian McShane era una fuerza de la naturaleza. Pasó a formar parte del folclore del equipo de *Juego de tronos* como la persona que más ha mejorado el catering. Le sirvieron la comida y no le gustó, así que le pegó una patada a su hamburguesa, esta salió volando y Ian se despachó a gusto expresando su opinión sobre ella. La hamburguesa dio contra Rory [McCann], que estaba disfrutando de la suya y no tenía quejas. Pero unos días más tarde empezamos con una empresa de catering nueva que era espectacular. Así que gracias, Ian.

Otro hecho que tuvo aún más repercusión fue que los fans acusaron a McShane de destripar el regreso del Perro a la serie durante una entrevista. El actor reaccionó despreciando *Juego de tronos* al referirse a ella como una serie sobre «tetas y dragones».

MARK MYLOD: La verdad es que me sorprendió. Creo que se puso a la defensiva porque lo acusaron de revelar secretos de la serie. Defenderse atacando es típico del estilo de Ian. Nunca me lo he tomado como algo personal.

Más al sur, en Desembarco del Rey, Cersei recuperaba el control de la ciudad de manera absolutamente espectacular en el episodio final de la sexta temporada. La reina regente no solo mataba a sus enemigos de la Fe Militante, sino que además volaba por los aires su lugar de culto... y a los prisioneros Margaery y Loras Tyrell, para mayor seguridad.

FINN JONES (Loras Tyrell): Recibí los guiones de los episodios desde el primero hasta el noveno y después de leerlos pensé: «Qué guay, esto está muy bien, solo me falta el décimo». Me sentía muy optimista: «Solo queda uno más». Pero llegó la tarde anterior a que nos reuniéramos para hacer la lectura conjunta y continuaban sin pasarme el décimo guion. Y ya era como: «¿Por qué no he visto el décimo episodio todavía? Es muy raro. Son las cinco de la tarde y vamos a ensayarlo mañana, ¿por qué no me lo han mandado?». Y justo mientras lo pensaba, recibí una llamada de David y Dan. Contesté, optimista todavía, suponiendo que a lo mejor solo llamaban para saludar. Y ellos en plan... [*silencio sepulcral*]. Y yo: «¡No, por Dios! ¡Con lo cerca que estaba de la séptima temporada!».

NATALIE DORMER (Margaery Tyrell): Yo ya me veía venir la llamada porque, al más puro estilo Natalie Dormer, había intentado encajar mil y un proyectos en un solo año. La temporada anterior había pedido a David y Dan que me dejaran libre antes para poder hacer una cosa. Y me contestaron: «No íbamos a decírtelo hasta dentro de unos meses, pero ahora mismo no podemos dejarte libre, así que no podrás hacer ese trabajo que te apetece tanto y lo sentimos mucho. Pero la buena noticia es que te dejaremos libre del todo en un futuro no muy lejano».

DAN WEISS: El caso es que olvidamos decirle a Jonathan Pryce que él también moría. Estábamos en el primer ensayo conjunto y Bryan iba leyendo las indicaciones: «Las llamas verdes devoran al Gorrión Supremo...», y Jonathan gritó: «¡Noooooo!». Su reacción a la noticia de que iba a morir tuvo lugar delante de sesenta personas.

El último episodio comenzaba con una poética secuencia que mostraba a todos los personajes influyentes de Desembarco del Rey preparándose para el largamente esperado juicio de Cersei en el Septo de Baelor. O, en el caso de Cersei, preparándose para no ir al juicio, sino a la guerra. La impresionante partitura de Ramin Djawadi para la secuencia marcó la primera vez que se utilizaba un piano en la serie, una elección que daba a entender al espectador que algo excepcional estaba a punto de suceder.

DAVE HILL: La idea de empezar el episodio con todo el mundo preparándose para el juicio fue del director Miguel Sapochnik: dedicar mucho tiempo a que se pusieran la armadura y las joyas. La pista de música provisional que propuso era muy similar a la que terminamos utilizando. David y Dan dijeron a Ramin: «Queremos algo parecido a esta pista provisional».

En el septo, Loras se veía sometido a aún más humillaciones cuando el Gorrión Supremo ordenaba que le tallaran en la frente la estrella de siete puntas de la secta.

FINN JONES: El personaje estaba frenético y desesperado. Llevaba uno o dos meses encerrado en una celda, sin váter, tenía que cagar, mear, comer y beber en un espacio minúsculo y sin luz, alejado de su familia, sin saber qué estaba ocurriendo. Asustado y dudando de sí mismo. Su única referencia era su hermana, en la que confía y que siempre ha estado a su lado. Suplicaba a Margaery que lo ayudara. Ya no era Ser Loras, el deslumbrante Caballero de las Flores con el que todas las chicas querían casarse y en el que todos los chicos querían convertirse.

Margaery comenzaba a insistir en que algo iba mal. Si Cersei no estaba presente en el septo para su juicio, tenía que haber una muy buena razón.

NATALIE DORMER: El motivo por el que todo se va a la porra es que Margaery no controlaba la batalla contra Cersei. Tuvo que cederle las riendas al Gorrión Supremo, y Cersei fue más lista que él. Margaery es víctima de la incompetencia del Gorrión Supremo, que subestimó a Cersei, cosa que Margaery Tyrell no haría jamás.

Margaery se convirtió en uno de los personajes más trágicos de la serie. Tenía todo lo necesario para ganar el juego de tronos: una familia poderosa encabezada por una matriarca astuta, Olenna Tyrell, múltiples oportunidades de convertirse en reina; una mente rauda como un látigo y la capacidad de juzgar a la gente y las situaciones y actuar en consecuencia. Margaery era además una persona bondadosa, aunque no hasta la necedad. Su único defecto, que terminaría siendo letal, era algo que escapaba por completo a su control: Margaery tenía una mala suerte espectacular.

NATALIE DORMER: Me conceden un momento de cierta vindicación justo al final, y esa fue la manera perfecta de que Margaery dejara la serie. Le ofrecen una plataforma desde la que decir que tenía razón, como siempre. Agradecí mucho esas últimas frases. Ella lo sabe. Lo ha averiguado antes que cualquiera de los demás, como siempre. Me dieron una salida preciosa en la que estoy en plan: «Eh, venga, tíos, poneos las pilas», y después ¡bum!

BRYAN COGMAN: Al principio Natalie tenía una frase más de diálogo que se quedó en la mesa de montaje. Decía al Septón Supremo: «Idiota, te ha vencido». Esa era la última frase de Natalie, y luego todo saltaba por los aires. Sospecho que la consideraron innecesaria porque queda implícito. Natalie es buenísima transmitiendo, así que esa parte era innecesaria.

En las catacumbas, debajo del septo, Lancel Lannister trataba de evitar la catástrofe a la desesperada. Con las piernas impedidas, Lancel reptaba por el suelo para intentar alcanzar el arsenal oculto de Cersei antes de que el fuego valyrio estallara.

EUGENE MICHAEL SIMON (Lancel Lannister): Ese pasillo de las catacumbas era tan largo como parecía, medía alrededor de treinta metros, no era una imagen generada por ordenador. Y allí abajo había murciélagos, así que estaba todo cubierto de excrementos. Tenía que arrastrarme por todo el pasillo, una y otra vez, y estaba decidido a no mover absolutamente nada por debajo de la cintura, porque [a Lancel] le habían roto la médula espinal. Cuando terminamos estaba tan agotado que literalmente echaba espuma por la boca y el suelo estaba empapado de sangre, mierda, sudor y unas cuantas lágrimas.

Pusieron petróleo encima del «fuego valyrio». Cuando se encendió el fuego, me quemó las cejas y noté el olor a quemado de mi propio pelo. [Miguel Sapochnik, el director] me dijo: «Cuando estalle el fuego, quiero que cojas una bocanada de aire minúscula, casi infantil, en plan "Oh, no"». Al final Lancel es una persona que está bastante destrozada. Pero, desde luego, no quería morir y, desde luego, no quería que Cersei ganara.

La demostración de fuerza de Cersei era la gota que colmaba el vaso de su sensible hijo Tommen. El joven rey se veía traicionado por su madre, perdía a su esposa Margaery y quedaba despojado de toda autoridad. En una escena escalofriante, Tommen vagaba por sus aposentos, aturdido y derrotado. El rey desaparecía momentáneamente del encuadre mientras la cámara se mantenía fija en una ventana, aguardando su regreso. Cuando volvía, Tommen se encaramaba a la cornisa sin vacilar y se lanzaba de cabeza a una caída suicida.

DAVE HILL: Estaba en el guion. No sabes por qué la toma se mantiene fija en la ventana a pesar de que el personaje ha desparecido. Justo al otro lado de esa ventana había una montaña de cajas de cartón. Dean, al ser adolescente e invencible, rodó una toma tras otra tirándose de cara. Lo más complicado fue contener el instinto humano natural de mover las manos o volver la cara.

Cersei también obtenía su venganza por el Paseo de la Vergüenza y contra su torturadora carcelaria, la septa Unella. Pero lo que los espectadores vieron en la pantalla no era el plan original de la serie.

LENA HEADEY (Cersei Lannister): Era de lo más asqueroso. No creo que la gente hubiera reaccionado en plan: «¡Sí». Era algo muy depravado. Iba a ser peor, pero no pudieron hacerlo. Se vio la versión suave.

En un principio, según declaró Hannah Waddingham, a Unella «iba a violarla la Montaña». Pero nadie advirtió a Waddingham de que su escena había cambiado hasta que se encontró en el escenario y atada a una mesa. Y la «versión suave» que la sustituyó terminó siendo una experiencia próxima, casi literalmente, a la tortura...

HANNAH WADDINGHAM (septa Unella): Al final decidieron someterla a la técnica del submarino, pero yo no lo supe hasta que ya estaba tumbada en la mesa de torturas. Lo único que sabía era que en el camerino me habían dado la parte superior de un traje de neopreno. Así que me lo puse pensando: «No sé para qué es esto, pero adelante».

Luego, cuando ya estaba atada a la mesa, se me acercaron David Benioff y Dan Weiss. Me sueltan: «Mira, el guion decía: "Cersei vacía los restos de su copa de vino tinto sobre la cara de Unella para despertarla". Pero los fans esperan más brutalidad hacia Unella, así que tendrá que ser toda una garrafa de vino».

Y después me pasé todo el día sufriendo el submarino. No exagero cuando digo que, dejando a un lado el parto, fue el peor día de mi vida. Estuvieron tirándome vino a la cara durante siete u ocho horas mientras filmaban todo ángulo habido y por haber. A grandes rasgos, era como ahogarte mientras el resto de tu cuerpo está seco. Un miembro del equipo se acercó y me dijo: «Hannah, ¿estás bien? Porque te estamos haciendo el submarino de verdad». Y yo: «¿Ah, sí? ¡No me digas!».

LENA HEADEY: Me encantó rodar esa escena. Hannah es fantástica. No es que me sintiera maravillosamente bien ahogándola en vino una y otra vez, pero nos echamos unas risas.

HANNAH WADDINGHAM: Gracias a Dios que adoro a David y a Dan y de verdad que agradezco mucho la oportunidad, pero fue horrible. Me provocó claustrofobia. Tenía moratones por todo el cuerpo y me quedé sin voz de tanto chillar.

Lena no paraba de repetirme: «Lo siento mucho». Y yo: «Uau... Me han hecho una buena jugada de *Tronos*».

CAPÍTULO 24

LOS MAGNÍFICOS «BASTARDOS»

Kit Harington se quitó la camiseta.

El actor llevaba todo el día recibiendo palizas en el escenario como Jon Nieve combatiendo contra el ejército de los Bolton y estaba lleno de barro y maltrecho. Por fin podía quitarse la mugrienta ropa. Al ver a Harington paseándose por el campamento base de producción con su cincelado pecho al aire, Liam Cunningham bromeó: «¡Hace eso para fastidiarnos!». A pesar de haberse quitado la ropa, todavía quedaba mucho por limpiar. Esa noche Harington sacó una foto a su bañera llena de agua negra tras haberse dado un baño.

Sophie Turner también tuvo que soportar bastante suciedad por orden de *Juego de tronos*. Sansa Stark llevaba tanto tiempo alejada de las comodidades de un castillo como es debido que pidieron a la actriz que no se lavara el pelo durante ciertos períodos del rodaje de la quinta temporada. «Es una sensación maravillosa darte una ducha después de una semana, cuando tienes nieve [artificial], barro, mierda de caballo y un montón de cosas asquerosas en el pelo», declaró Turner.

Los desafíos higiénicos fueron, por supuesto, la parte más sencilla a la hora de preparar y rodar el episodio «La Batalla de los Bastardos», que la producción acortaba en «BoB» por sus siglas en inglés. El enfrentamiento de las casas del norte lideradas por Jon Nieve contra Ramsay Bolton fue la mayor batalla rodada hasta el momento en *Juego de tronos*. El episodio es uno de los favoritos de los críticos y los seguidores de la serie, y consiguió ganar seis premios Emmy, un empate con el máximo que había ganado hasta entonces cualquier otro capítulo de una serie de televisión. «Posiblemente el mejor episodio de televisión de la historia —escribió Anthony Cody en *The Independent*—. Me quedé verdaderamente anonadado.» «BoB» también supuso la primera batalla terrestre propiamente dicha de *Juego de tronos*, un tipo de enfrentamiento que la serie había evitado durante mucho tiempo debido a sus dificultades logísticas y su elevado coste.

MIGUEL SAPOCHNIK (director): Después de «Casa Austera», había muchas personas satisfechas en los despachos de *Juego de tronos*. Pero también reinaba la sensación de que, de alguna manera, teníamos que hacer que «BoB» fuera mayor y mejor. Yo, personalmente, acusaba la presión e intentaba neutralizarla a toda prisa adoptando como mantra la respuesta: «Hagámoslo tan bien como podamos y punto».

Al principio, el director vio metraje de películas de guerra en el intento de dar con el mejor método para mostrar la acción.

MIGUEL SAPOCHNIK: Vi todas las batallas terrestres que encontré, y también metraje de algunas batallas reales. Buscaba patrones: qué funciona y qué no, qué te saca del momento y qué te mantiene enganchado a él. La gran referencia era *Ran*, de Akira Kurosawa.

Lo curioso es que me fijé en que la forma de representar estas batallas ha cambiado muchísimo a lo largo de los años. Hace tiempo se veían unos planos aéreos inmensos de cargas de caballería, y existían dos grandes diferencias. La primera: todo era real, no había imágenes creadas por ordenador ni réplicas digitales. Y la segunda: cuando los caballos caían, a menudo te dabas cuenta de que se hacían daño de verdad. Hoy en día no se permitiría hacer algo así, ni tampoco querrías, claro.

Además, cuantas más escenas de ese tipo veía, más me daba la impresión de que esos planos aéreos que tanto se identificaban con una gran escena de carga te sacan un poco del momento. Es decir, lo experimentas en toda su gloria como un observador objetivo, sin ninguna sensación de peligro derivada del inevitable impacto de cientos de animales enormes en estampida. A mí me interesaba lo que debía de sentirse al estar sobre el terreno cuando ocurre una barbaridad así. ¿Terror absoluto? ¿Un instante de claridad? ¿Qué te pasa por la cabeza cuando estás justo en el meollo? Dicho esto, en algún momento hay que dar por terminada la investigación y contar una buena historia.

El recurso más valioso para un director cuando está filmando un episodio no es exactamente el dinero, sino la cantidad de tiempo de rodaje que compra ese dinero. ¿Cuántos días de rodaje tendrás para obtener la cobertura que necesitas? Sapochnik leyó el esbozo original de «BoB» y solicitó veintiocho días para la secuencia de la batalla. Los productores le hicieron una contraoferta de doce. Tras negociarlo y buscar formas de aumentar la eficiencia de cada toma, la producción aceptó concederle veinticinco días.

Quizá fuese un acuerdo sin precedentes para una sola secuencia dentro de un episodio de televisión, y sin embargo, como de costumbre, no bastó. Un equipo de producción puede establecer un plan, pero cuando le añades animales, lluvia y obstáculos inesperados, la planificación se va al garete enseguida. Todas las mañanas, durante el rodaje, Sapochnik subía a lo alto de una montaña, contemplaba su campo de batalla como un general e «intentaba averiguar si el plan del día seguía siendo válido».

MIGUEL SAPOCHNIK: Entonces todo cambiaba dependiendo del tiempo que hiciera. Los planes mejor trazados se iban al traste y teníamos que improvisar. Y el hecho de estar tan organizados, y al mismo tiempo estar preparados para descartarlo todo, en realidad no era más que la punta del iceberg. Batallábamos contra el tiempo, los elementos, el cansancio y nosotros mismos.

Para empezar, estaba el terreno de la localización, llamado Saintfield.

CHRISTOPHER NEWMAN (productor): Tú crees que vas a salir a un campo y a crear una batalla, pero la cosa se complica cuando lo que tienes es un terreno blando y ondulado. Lo difícil era convertirlo en un espacio practicable para hombres y animales, eso requiere un montón de tiempo y de dinero. Porque en cuanto los pones encima de algo que no sea pavimento duro, se hunden. Además, los tres primeros días no paró de llover, todo se convirtió en un barrizal resbaladizo, y así hasta el final.

Por otro lado, el campo tenía una forma algo cóncava, lo cual contribuyó todavía más a la creación del fangal. Durante el rodaje se esparcieron ciento sesenta toneladas de grava a mano, usando palas y carretillas. Habría sido mucho más sencillo hacerlo con máquinas, pero estas habrían dejado sobre el terreno marcas visibles para la cámara. Si te salías de los senderos de grava, te quedabas atascado de inmediato. Si intentabas sacar la pierna, el barro se tragaba la bota y te la arrancaba del pie.

Dado que entrar y salir del escenario requería trepar por una montaña escarpada y resbaladiza, Sapochnik solo se permitía un único descanso al día para ir a hacer pis (tal vez sea el hito de resistencia más impresionante del resuelto director).

También tuvieron que decorar el campo con cadáveres falsos, tanto de la variedad humana como de la equina.

DEBORAH RILEY (diseñadora de producción): Fue un trabajo ingente. Puedes comprar los cadáveres de atrezo, pero luego había que hacerles el vestuario. Y asegurarte de que todos los caballos de atrezo llevaban las guarniciones apropiadas. Nos gastamos alrededor de cuatro mil dólares en cada falso caballo muerto. Y, claro, luego se puso a llover, así que todos los cuerpos se empaparon y tuvimos que moverlos de un lado a otro por el campo de batalla. Pasamos mucho tiempo arrastrando aquellos trastos tan pesados.

Y no olvidemos las dificultades con los caballos.

MIGUEL SAPOCHNIK: Si hay caballos, todo requiere un cincuenta por ciento más de tiempo. Ellos también se aburren y se asustan, y algunos actúan mejor que otros. Además, necesitan todo un campo aparte para descansar. Ah, y no paran de cagar y de mear.

De hecho, una de las escenas más difíciles de rodar fue el parlamento [el encuentro entre Jon y Ramsay] anterior a la batalla en sí. Conseguir que un montón de caballos se queden ahí plantados todo el día sin hacer nada es mucho más difícil que hacer que corran de un lado a otro.

Se tiraban pedos y hacían un montón de pis, a menudo en medio de las frases de Kit.

LIAM CUNNINGHAM (Davos Seaworth): Estuvieron a punto de matarme durante la Batalla de los Bastardos. Soy razonablemente hábil montando. Estaba a caballo y había por allí una grúa de grabación muy cara con lo que se llama un «brazo ruso». Se me acercó así [avanzando mientras descendía], pero el caballo quería irse a jugar con sus amigos, se movió medio metro hacia la izquierda y la cámara fue directa hacia donde estaba mi cabeza. Podría haberme decapitado, pero me agaché. Vino un montón de gente corriendo, horrorizada. Nadie tuvo la culpa. Fue una de esas cosas que pasan con caballos.

MIGUEL SAPOCHNIK: Y cada vez que hacíamos cargar a los caballos tardábamos veinticinco minutos en volver a colocar toda la nieve falsa sobre el terreno y borrar las anteriores marcas de las herraduras. Así que ¿cuántas veces al día podemos permitirnos hacer una carga de caballería sabiendo que el tiempo que necesitamos para reiniciarlo todo es diez veces mayor que la toma en sí? Otra cuestión era: ¿cómo hacemos que quinientos extras parezcan ocho mil cuando estamos rodando en un campo en el que no hay ni un solo lugar donde ocultar esa escasez? Se convirtió en una especie de ecuación matemática para locos.

Los descansos que requerían los caballos permitieron que algunos miembros del equipo también tuvieran tiempos muertos a lo largo del rodaje. Durante uno de esos parones, varios actores se reunieron en la carpa de los camerinos para jugar a un juego de mesa, el Risk clásico (que, muy apropiadamente y según su propia descripción, es «El juego de la conquista del mundo»). Turner cantaba canciones pop. El reservado Aidan Gillen había encontrado un rincón tranquilo para leer una novela de David Foster Wallace. Y los productores veían el metraje previo en los monitores de la carpa de vídeo mientras las arañas procedentes de una ladera contigua se colaban entre la lona y les caían encima.

Los guionistas basaron la estrategia inicial de Jon Nieve y Davos Seaworth para derrotar a Ramsay en la legendaria batalla de los romanos contra Aníbal el cartaginés. Aníbal permitió avanzar al ejército romano, mucho más numeroso que el suyo, absorbió su ataque inicial y después envió a parte de sus tropas hacia la retaguardia bordeando los flancos de la batalla, de manera que los romanos quedaron atrapados en un círculo.

Después del parlamento, no obstante, Ramsay sorprendía a Jon Nieve. En lugar de atacar, Ramsay hacía avanzar tan solo a uno de sus peones, el cautivo Rickon Stark (Art Parkinson). Daba al más joven de los hermanos Stark la orden de cruzar el campo corriendo hacia Jon, y después disparaba flechas contra él para intentar incitar al líder del otro ejército a cargar irreflexivamente olvidando su estrategia original. Cómo no, Jon Nieve hacía justo lo que quería Ramsay.

MIGUEL SAPOCHNIK: Algo fundamental para David y Dan era que viéramos que Ramsay hace caer a Jon en la misma trampa que Davos tenía planeada para derrotar al ejército de los Bolton.

KIT HARINGTON (Jon Nieve): No le queda otro remedio. El tío acaba de matar a su hermano pequeño. Sabe lo que está haciendo cuando se lanza a la carga, pero le da igual. A Jon no le da miedo la muerte. El cien por cien de las veces hará lo que es correcto por encima de lo que es seguro, y por eso nos cae bien. En ese momento, la rabia le gana la partida. Los Stark siempre luchan con las pelotas, no con la cabeza.

IWAN RHEON (Ramsay Bolton): Jon Nieve es la antítesis de Ramsay. Son casi el yin y el yang. Ambos proceden de un entorno muy similar, y sin embargo son muy diferentes. Aunque son enemigos, los dos han llegado muy lejos siendo bastardos, lo cual es casi inverosímil, y allí están enfrentados uno al otro. No podrían ser más distintos y a la vez más parecidos.

A pesar del heroico esfuerzo de Jon, Rickon caía derribado por una flecha de Ramsay. El más pequeño de los Stark, a quien los productores en una ocasión se plantearon brevemente dejar fuera de la serie por completo, pronuncia solo unas pocas frases a lo largo de todo *Juego de tronos*.

Además, la maniobra de Jon lo dejaba expuesto a él: de pronto, el rey de la Casa Stark se encontraba en una posición vulnerable frente a los miles de peones de la primera línea de ataque de Ramsay. Davos ordenaba a los hombres de Jon que corrieran al campo de batalla para respaldar a su comandante. Jon no tardaba en ser engullido por el caos, y la cámara lo seguía durante un plano secuencia de un minuto de duración, una toma única de Jon Nieve dando espadazos, esquivándolos y tambaleándose entre una ventisca de carnicería y masacre bélica.

KIT HARINGTON: Soy capaz de memorizar muy deprisa una pelea de catorce golpes. Eso era importante, porque todo iba a cambiar cuando saliéramos ahí fuera; es lo que sucede siempre, qué le vamos a hacer. Es como un baile. Si te sale perfecto, supone la diferencia entre un momento épico y un «bueno, vale». Yo siempre quería que me saliera bien, lo quería creíble. No me gusta que el montador tenga que cortar alrededor de un tajo o un bloqueo. Me gustan los movimientos completos. Lo más difícil era dejarlo estar cuando Miguel decía que teníamos que seguir adelante. Lo que más me costaba era cuando decían: «Así está bien». Si podía hacer otra toma, quería hacerla.

DAVID BENIOFF (showrunner; creador y responsable de la serie): Últimamente se tiende a filetear las escenas de acción en tomas de un cuarto de segundo para que todo el mundo parezca superrápido y superhumano. Puedes fingirlo, pero de un tiempo a esta parte al espectador también se le da muy bien detectar las falsedades en pantalla. Había algo especial en ver a Kit rodando una toma de sesenta segundos en la que hace todos los movimientos y se le dan de puta madre.

DAN WEISS (showrunner; creador y responsable de la serie): De hecho, podría haber sido un hombre muy valioso para un ejército medieval.

KIT HARINGTON: El plano secuencia consistió en ensayar mucho. Hay tres cortes, pero fue todo en una sola toma. Lo habíamos perfilado un par de semanas antes y llevábamos ensayándolo desde entonces. Era el plano secuencia más largo que habíamos hecho. Y, además, cualquier cosa a la que añadas caballos debe tener una precisión de relojería.

Pero durante el resto de mi vida miraré esa toma y veré los errores.

Son solo pequeños detalles con la espada que podría haber mejorado. Pero siempre me sacarán de mis casillas. Lo disfruté mucho, y a todos los demás les pareció que quedaba bien, supongo, pero para mí siempre estarán esos trocitos que podría haber hecho mejor. Creo que eso será lo que me ocurra con todo.

Las fuerzas de Jon terminaban atrapadas entre una pila creciente de cadáveres y el ejército de los Bolton, con su muro de escudos y lanzas inspirado en las legiones romanas. Bryan Cogman describió esa escena como la versión de *Juego de tronos* del compactador de basura de *Star Wars*.

MIGUEL SAPOCHNIK: El escudo de los Bolton era una forma asequible para la producción de emular un «movimiento de pinza» o de «doble envolvimiento» [flanquear a un enemigo por dos lados] sin tener que utilizar caballos como decía el guion en un principio. También nos evitaba que se vieran horizontes en el campo y, en consecuencia, nos obligaba a colocar menos cadáveres y menos profundidad de enfrentamientos de fondo, porque no nos llegaba el dinero. Además, me gustaba mucho la imagen de un muro de escudos con la cruz roja y negra de los Bolton. Quedaba muy fascista y gráfica.

DAVE HILL (coproductor): Una de las razones por las que la batalla quedó tan bien es que contratamos a un instructor militar que, antes de empezar la temporada, se llevó a los soldados, los entrenó y los dividió en diferentes unidades para que cada una tuviera su propio estilo de lucha. Los Bolton, los salvajes y los norteños recibieron entrenamiento por separado. Luego, cuando terminamos de rodar, incluso celebraron fiestas de despedida separadas.

Entre una toma y otra, el instructor llamaba la atención a los soldados que no lo habían hecho a la perfección. «¿Quién de aquí es nuevo con los escudos? —gritó tras una toma en la que la disposición de los Bolton no quedó lo bastante congruente—. ¡Nadie! ¡Menuda mierda habéis hecho! ¡Los escudos no tienen que moverse!»

DAVE HILL: Además, el coordinador de especialistas tenía que estar controlando continuamente a Kristofer porque le encantaban las escenas de lucha. Se metía a fondo en ellas. «¡No, Kristofer! ¡Tienes que contenerte un poco!».

KRISTOFER HIVJU (Tormund Matagigantes): Es como dar un concierto de heavy metal pero cambiando la guitarra por la espada y las canciones por gritos. Es adrenalina pura, quinientas personas vestidas como salvajes, con espadas, gritando y peleando. Para un hombre moderno, hacer algo así es una catarsis.

El rodaje de la batalla fue un caos controlado. Pero la capacidad de Sapochnik para adaptarse sobre el terreno a unas circunstancias que no dejaban de cambiar se vio sometida a una durísima prueba cuando se dio cuenta de que no iba a tener bastante tiempo para filmar una secuencia fundamental. El resultado fue un ejemplo muy infrecuente de cuando la meticulosa producción, donde miles de miembros del reparto y el equipo siguen siempre un detalladísimo plan de meses de duración, se salió por completo de los raíles y empezó a trabajar sin guion.

MIGUEL SAPOCHNIK: Me di cuenta de que era imposible completar una secuencia según estaba planeado. La lluvia constante había convertido el campo en un pantano con una profundidad de más de veinte centímetros de un lodo tan espeso que lo ralentizaba todo, y eso nos minaba la moral. El equipo era gente dura, pero cuando te pasas semanas con el viento y la lluvia azotándote la cara trece horas al día, y te juegas literalmente la vida cada vez que subes la resbaladiza montaña para beber o ir al baño, todo el mundo se desanima un poco.

DAVE HILL: En el guion había una parte en la que Jon trepaba hasta lo alto del montón de cadáveres y Tormund y él se quedaban ahí plantados con una vista de trescientos sesenta grados sobre el progreso de la batalla. Pero para hacer eso, teníamos que recomponer todo el campo una y otra vez.

MIGUEL SAPOCHNIK: Desde la cima de la montaña de cadáveres, Jon contemplaba la carnicería sin percatarse de que un jinete con lanza lo había convertido en su objetivo. Mientras Jon veía a sus hombres morir, íbamos a tener un momento de «todo está perdido». El jinete galopaba montaña de cadáveres arriba, hacia Jon. En el último instante, el montón de cuerpos explotaba cuando el gigante Wun Wun embestía, se interponía entre Jon y el jinete, derribaba al caballo de un brutal puñetazo y salvaba a Jon.

DAVE HILL: Miguel dijo: «Necesito tres días más para hacerlo». La producción no disponía de tres días más.

MIGUEL SAPOCHNIK: Envié un largo email a David, Dan y los demás productores para proponerles una alternativa que yo creía viable en el tiempo que nos quedaba pero que significaría salirse del guion. Terminé el correo y me quedé esperando la respuesta, que desde luego imaginaba que sería una buena reprimenda y una bronca generalizada por haberlo sugerido siquiera. A Dan y a David les gusta que sus guiones se ejecuten tal como los han escrito, y con buen motivo. Pero si íbamos a hacerlo a mi manera, teníamos que aplicar la idea a primera hora del día siguiente. Ni siquiera había resuelto cómo llevarla a cabo exactamente. Solo sabía que necesitábamos un plan B.

DAVE HILL: Miguel nos escribió: «¿Y si tiran a Jon al suelo y no paran de arrollarlo y se convierte en una escena agobiante, claustrofóbica? En plan: "Así es como va a morir, pisoteado por sus propios hombres"».

MIGUEL SAPOCHNIK: No habían pasado ni quince minutos cuando oí que llegaba un email. David y Dan me decían que era una mierda que no pudiéramos terminarlo según estaba en el guion, pero que también entendían que estábamos en medio de una crisis, y añadían que confiaban en mí y que adelante con ello. Esa confianza no puedes comprarla. Fue un privilegio que los productores me ofrecieran ese tipo de apoyo para adentrarme en territorio inexplorado en un momento en que nos jugábamos mucho.

Una vez más, un giro creativo provocado por un problema inesperado tuvo como resultado un momento clásico de *Juego de tronos*.

KIT HARINGTON: Miguel tomó una decisión de último minuto propia de un genio y salió mucho mejor que lo que teníamos planeado. Que te pisotee una tonelada de irlandeses del norte no es muy divertido. Pero quedó bien.

MIGUEL SAPOCHNIK: Nada de efectos visuales, nada de peleas, solo Kit ofreciendo una interpretación estelar y plano aéreo demencial mientras intenta abrirse camino hacia el exterior.

KIT HARINGTON: Siempre me ha encantado ese plano desde arriba [de Jon abriéndose paso a zarpazos para conseguir salir a respirar entre una masa de soldados], porque es el reflejo de cuando, al final de la quinta temporada, levantan en alto a Daenerys y todos la llaman «madre». Es justo lo contrario: Jon tiene que luchar para abrirse camino hacia arriba, mientras que a Daenerys la levantan, y eso dice mucho de sus respectivas historias.

CHRISTOPHER NEWMAN: Tal vez el precio de ser el personaje más moral de la serie sea que Jon Nieve tiene que lucharlo todo.

BRIAN COGMAN (coproductor ejecutivo): Siempre he pensado que Jon siente que está viviendo un tiempo prestado, que se supone que no debería estar ahí y que, después de su muerte y resurrección, no se lo merece. La noche anterior a la batalla dice a Melisandre: «Si caigo, no me resucitéis». Creo que durante el resto de la serie una parte de él quería morir, y los acontecimientos que terminan por revelarse no hacen que se sienta mejor. Así que ese momento en que la aglomeración de cuerpos casi se lo traga y él se empeña en salir es muy poderoso.

En general, no creo que a Kit se le reconozca lo suficiente la sutileza de su interpretación posterior a la resurrección. Hay una crítica frecuente y poco meditada: «Está justo igual que antes», pero no es verdad. Si te fijas bien, está haciendo un trabajo muy sutil y sofisticado. Lo que pasa es que Jon no es el tipo de hombre que quiera hablar de ello. Si acaso, haber vuelto le resulta casi... vergonzoso.

KIT HARINGTON: Hay una frase brillante cuando Melisandre le pregunta: «¿Qué visteis?». Él contesta: «Nada. No había nada de nada». Eso apela de manera directa a nuestro miedo más profundo, que no exista nada después de la muerte. Para mí, fue la frase más importante de toda la temporada. Jon ha cobrado conciencia de algo respecto a su vida. Tiene que vivirla porque no hay nada más. «La Batalla de los Bastardos» es el personaje queriendo poner fin a todo, y luego se abre paso y recupera el enfoque.

En el último minuto, la llegada de los caballeros del Valle salvaba a Jon Nieve y a sus aliados, y ello gracias a que Sansa había enviado en secreto un cuervo a Meñique para pedirle ayuda. Aun así, la batalla no había terminado. Ramsay escapaba a Invernalia y Jon Nieve lo seguía.

DAVE HILL: El detalle más minúsculo podía resultar mucho más complicado de lo que jamás llegarías a imaginar. ¿Recuerdas la escena en la que Jon atacaba a Ramsay en el patio? En el guion decía que Jon cogía un escudo del suelo y cargaba contra Ramsay bloqueando sus flechas con el escudo. Entonces te pones a rodar y tienes que decidir qué tipo de escudo debería ser. ¿Un escudo de los salvajes o de los Bolton? ¿Un escudo de los Stark? ¿De los Glover? ¿De los Mazin? Cada uno tiene una forma distinta. Cada uno tiene embrazaduras distintas. Tuvimos que probarlos todos para ver cuál podía ponerse Kit rápidamente en el brazo y, al mismo tiempo, le ofrecía la protección suficiente, pero también teníamos que ser capaces de explicar, en nuestra cabeza, por qué el escudo estaba allí.

Tras coger el escudo (que al final resultó ser de la Casa Mormont), Jon por fin echaba mano a Ramsay, lo tiraba al suelo y aporreaba con saña su cara arrogante y odiosa.

DAVE HILL: Jon Nieve sería el hombre más agotado del mundo tras una batalla así. Por tanto, ¿cómo hacemos creíble que está exhausto, que ha estado tirando de pura adrenalina y rabia y que ahora va a matar a Ramsay a puñetazos... pero se detiene cuando ve a Sansa y comprende que no es a él a quien le corresponde matarlo? Transmitir su agotamiento, su rabia y su falta de control, y luego añadir el control, fue complicado. Podría pensarse: «Venga, hombre, es solo un tío dándole puñetazos a otro». Pero seguíamos queriendo contar una historia en ese momento.

MIGUEL SAPOCHNIK: Nos pasamos un día entero pegando a Ramsay. Fue un poco surrealista. Kit y yo comentamos que ese momento debería parecer una victoria vacía para Jon. En algunos aspectos, su personaje se lanza de cabeza a la oscuridad durante esa temporada. Su fe en la humanidad está resquebrajada y es frágil. Está cansado de luchar y de vivir, y sin embargo parece que no es capaz de morir, así que en cierto sentido está perdido.

KIT HARINGTON: Está pegándole una paliza a Ramsay, lo está matando, y le da totalmente igual. Al final deberíamos tenerle más miedo a Jon, porque ya no es él, es como una máquina amasando pan con los puños.

DAVE HILL: Se suponía que Kit tenía que contener los puños, pero al terminar el día Iwan dijo algo como: «Sí, me ha dado unas cuantas veces». Le hizo unos cuantos moratones.

MIGUEL SAPOCHNIK: Hay un momento extraño en el que Iwan deja de fruncir la cara para recibir los golpes y sencillamente se relaja y se deja llevar. En cámara parece que hemos utilizado algún tipo de efecto digital para hacer que le cambie la expresión, pero fue todo real. Es un poco inquietante.

SOPHIE TURNER (Sansa Stark): Me encantaba la idea de que Kit matara a Ramsay. Pero luego pensé: «No, Sansa tiene que cobrarse su primera víctima, y tiene que ser Ramsay». Cuando Jon le dice: «Es tuyo», yo pienso: «¡Sí!».

Jon dejaba a Ramsay en manos de Sansa. El bastardo de Bolton estaba atado en las perreras con sus amados perros asesinos, a los que había estado matando de hambre porque esperaba tener enemigos con los que alimentarlos. En vez de eso, lo que sucede es que Sansa deja que a su extorturador lo devoren sus propias bestias. Roose, el padre de Ramsay, ya había augurado ese destino al advertirle: «Si crías fama de perro rabioso, te tratan como a un perro rabioso, y te matarán para dar de comer a los cerdos».

IWAN RHEON: Recibí la llamada y Dan y David me dijeron en broma: «¿A que es genial que Ramsay termine en el Trono de Hierro?». Yo les respondí: «Está muerto, ¿verdad?». Estaba bien que cayera, porque ¿adónde iba a ir si no? Está justificado. Y Jon Nieve tenía que ganar, porque de lo contrario no quedaría esperanza en el mundo. Pero es interesante porque no es justo: sin los caballeros del Valle, se habría acabado todo [para Jon Nieve y su ejército]. Después Ramsay seguía pensando que ganaría. Era tan arrogante y seguro de sí mismo que aún creía que se saldría con la suya, hasta el último momento.

MIGUEL SAPOCHNIK: No fue divertido para Iwan. Se pasó la noche atado a una silla, cubierto de pegajosa sangre falsa y rodeado de perros que en la vida real daban bastante miedo. Tampoco sabíamos si sería su último día de rodaje, cosa que para él resultaba desconcertante después de tantos años.

DAVE HILL: Es difícil que los perros se pongan violentos. Y por razones de seguridad laboral no podíamos tener a Iwan en la jaula con los perros cuando atacan. Pero en el montaje quedó genial.

En un principio, según informó *Variety*, se pretendía que la escena fuera todavía más repugnante: querían mostrar cómo le arrancaban la carne de la cara a Ramsay.

IWAN RHEON: Me siento muy afortunado de que Ramsay tuviera una despedida adecuada. Es una muerte espantosa, y muy irónica también, porque no ha parado de dar la brasa con esos perros. Y deja a Sansa en un lugar interesante como personaje. Le está diciendo: «Ahora soy parte de ti». [*Rheon se estremece.*] Es horrible, pero es probable que Ramsay le haya dejado secuelas, se haya metido en su cabeza y la haya desequilibrado de algún modo.

SOPHIE TURNER: La desquició, y luego la violó de una forma tan terrible que Sansa nunca vuelve a recuperar esa parte de ella. Lo tiene grabado en la mente y en el cuerpo.

MIGUEL SAPOCHNIK: Debo reconocer que quería que la gente empezara a sentir algo por Ramsay [durante la escena de su muerte], de esa forma maravillosa en que *Juego de tronos* da la vuelta a las cosas en la cabeza del espectador. Pero David y Dan fueron muy claros: no querían que nadie empatizara con Ramsay Bolton. En cierto sentido, estoy de acuerdo; no era momento para la ambigüedad moral. Ramsay tenía que morir, y de una manera horrible. Era lo que el público llevaba tiempo esperando ver.

Para mí, el momento más efectivo era el del chillido de cerdo que suelta Ramsay de fondo mientras Sansa se aleja caminando. Por lo visto, es lo que se oye cuando le desgarras a alguien la tráquea y aún vive e intenta coger aire.

También está el momento en que Sansa hace amago de marcharse pero se detiene para prolongarlo un poco más. Esa es mi toma favorita de mis episodios de ese año.

DAVE HILL: La sonrisa que esbozaba Sophie al alejarse fue totalmente cosa de ella. No estaba en el guion. La vimos en una de sus tomas y David y yo pensamos: «Oye, queda genial...».

MIGUEL SAPOCHNIK: «La Batalla de los Bastardos» hablaba del viaje de regreso a la vida en el último momento, de redescubrir el deseo de vivir. Viéndolo en retrospectiva, nos parecía una tarea inabarcable..., pero luego llegó la octava temporada.

CAPÍTULO 25

---◇---

TODAS LAS SERIES DEBEN MORIR

C uál es el momento adecuado para poner fin a una historia?

Para los canales de televisión en abierto, la respuesta suele ser sencilla: una serie termina cuando ya no resulta lo bastante rentable. Las cadenas emiten una serie hasta que sus índices de audiencia caen por debajo de los que probablemente generaría una nueva. La calidad del contenido suele ser irrelevante siempre y cuando no sea controvertido y sus índices Nielsen se mantengan por encima de cierta cifra: los críticos podían pasarse el día despotricando contra *Dos hombres y medio*, la serie de la CBS, pero seguían viéndola quince millones de espectadores todas las semanas. Cuando un título cae por debajo de esa línea roja, se elimina sin miramientos de la parrilla o se cancela con discreción entre una temporada y la siguiente. A los productores y al reparto se los echa a la calle igual que a cualquier otro empleado de una empresa: sin previo aviso, sin despedidas emotivas, se acabó.

Así es como terminan las series de televisión. Por lo general. Siempre ha habido excepciones. Ciertos superéxitos con una influencia cultural considerable, como *M*A*S*H*, *Cheers*, *Canción triste de Hill Street*, *Friends* o *Seinfeld*, tenían unos índices de valoración tan inmensos y eran tan aclamados que a sus productores se les concedió el tiempo necesario para rodar un final a la altura. Pero incluso esos finales solían consistir en uno o dos episodios de aire conclusivo pegados con cola a una temporada por lo demás normal y corriente.

Las cosas empezaron a cambiar con el auge de los dramas muy serializados a principios de la década de los 2000. Títulos como *Perdidos*, *Al margen de la ley*, *The Wire*, *Battlestar Galactica* o *Los Soprano* exigían que los productores planearan por adelantado no solo capítulos sino temporadas enteras —o incluso mejor, grupos de temporadas— con tramas bien entretejidas y un arco narrativo final esbozado de antemano. Cuando una serie de este tipo se cancelaba de manera prematura y a sus seguidores se les negaba ese cierre (como sucedió con *Hannibal* de NBC, con *Loise y Clark* de ABC o con *Southland* de TNT), estos se quejaban, y con razón.

Los finales bien planeados para las series de televisión también empezaron a cobrar sentido económico debido al creciente mercado secundario de la venta de vídeos para el hogar y, más tarde, de los servicios de reproducción a la carta en internet. La vida después de la muerte que las series de televisión tenían hasta entonces —el retiro a la redifusión diurna, en la que los episodios se veían de manera ocasional y esporádica— se estaba sustituyendo por los atracones de los fans, que se tragaban todos los capítulos, del primero al último, y tal vez incluso comprasen una copia física de la serie para tenerla en casa. Y si un estudio publicitaba «La serie completa» de un título en Blu-ray o en Amazon Prime, más valía que la serie diera la sensación de estar..., bueno, completa. En la era del visionado a la carta, los canales de televisión y los productores se enfrentaban a un nuevo problema: ¿cuál era el momento adecuado para poner fin a una historia... de forma *creativa*?

D ubrovnik, Croacia, 2011: En el escenario de la segunda temporada, pregunté a los responsables de la serie: «¿Cuánto durará *Juego de tronos*?».

«Nos metimos en esto con la idea, potencialmente demasiado ambiciosa, de que para llegar hasta el final tendríamos setenta u ochenta horas, o las que fuesen», respondió Dan Weiss, uno de los responsables de la serie.

Weiss consideraba que esa idea era quizá «demasiado ambiciosa» porque, cuando se estrenó *Juego de tronos*, siete temporadas eran una trayectoria muy larga y de éxito para cualquier drama de la televisión por cable. Como declaró David Benioff un par de años después: «Empezar una serie y decir que tu objetivo es rodar siete temporadas es el colmo de la locura».

Belfast, Irlanda del Norte, 2012: Los responsables de la serie habían pensado con más detenimiento en la duración ideal de *Juego de tronos*. Llegaron a la conclusión de que el problema más importante eran las batallas y, en especial, el espectáculo culminante que Martin había concebido para la temporada final. No veían posibilidad alguna de sacar adelante un final adecuado para «Canción de hielo y fuego» con el presupuesto de una serie de televisión. Así las cosas, cuando les pregunté: «¿Cuánto durará *Juego de tronos*?», los productores volvieron a responder que alrededor de setenta horas, pero con un nuevo giro.

«Los mundos crecen muchísimo, las batallas se vuelven ingentes. En nuestro sueño, hacemos otras tres temporadas después de esta y luego las películas [de *Juego de tronos*]», dijo el responsable de la serie David Benioff.

Weiss añadió: «Es el objetivo hacia el que trabajamos suponiendo que todo vaya como la seda. Si todo sale bien, terminamos en lo mejor de ambos mundos: una historia épica de fantasía pero con un nivel de implicación con los personajes que es imposible en una película».

HBO echó por tierra ese plan bastante rápido (de hecho, literalmente a las pocas horas de nuestra conversación, después de que pidiera al canal un comentario al respecto). El jefe de programación Michael Lombardo me explicó que había dicho a los productores: «Chicos, debo recordaros que ese no es nuestro negocio». El modelo de HBO consiste en dar servicio a sus suscriptores, no en decir a sus clientes de pago que vayan al cine si quieren ver cómo termina la serie de su canal. Así que Benioff y Weiss volvieron a su mucho más complicado plan B: convertir *Juego de tronos* en una serie tan popular que en HBO se sintieran obligados a financiar una temporada final de gran presupuesto. En palabras del actor Harry Lloyd (Viserys Targaryen): «*Juego de tronos* tenía que convertirse en la serie más importante del puto mundo para que pudieran hacerla».

Dubrovnik, Croacia, 2013: En el escenario de la cuarta temporada, volví a formular la misma pregunta a los productores. «El plan son siete temporadas —afirmó Benioff—. Esta cuarta cae justo en medio, el punto pivotante. Siete dioses, siete reinos, siete temporadas... A nosotros nos parece lo correcto.»

Las respuestas de los productores a esta pregunta empiezan a resultar repetitivas, pero a eso vamos. Se ha especulado mucho con que *Juego de tronos* concluyó en la octava temporada, en el culmen de su popularidad, porque los guionistas de la serie querían dedicarse a nuevas oportunidades lucrativas o se habían cansado del arduo nivel de exigencia de la producción. Pero Benioff y Weiss siempre habían imaginado que *Juego de tronos* duraría alrededor de setenta horas (y al final eso duró, casi con exactitud). «Que la gente diera crédito a la idea de que se apresuraron en terminar porque querían largarse a hacer otra cosa solo refleja lo poco conscientes que son del nivel de compromiso que todo el mundo tenía con esta serie», afirmó el productor Christopher Newman.

Lo cual no significa que no hubiera otros factores que influyeran en la decisión de los responsables de la serie. Aquí va uno que probablemente tuviera algo que ver: *Expediente X*, la serie de Fox, fue ridiculizada por emitir demasiadas temporadas y echar a perder una mitología cada vez más incoherente. *Perdidos*, de ABC, había introducido tantos misterios emocionantes que terminó siendo imposible que la última temporada los resolviera todos de manera satisfactoria; *Battlestar Galactica* tuvo un comienzo impresionante, pero tropezó a nivel creativo en su segunda mitad. Mientras escribo estas líneas, la serie de AMC *The Walking Dead* —durante años, la única capaz de vencer a *Juego de tronos* entre los espectadores jóvenes de Estados Unidos— entra tambaleándose en una décima temporada mucho después de que la mayor parte de su elenco original (y de su público) haya desaparecido.

Pero también estaba *Breaking Bad*. Benioff y Weiss veneraban el drama criminal de AMC. *Breaking Bad* terminó en 2013 tras solo sesenta y dos episodios, con un arco final que recibió los elogios tanto de la crítica como de sus seguidores. Sin embargo, ni siquiera el desenlace de *Breaking Bad* fue una decisión únicamente creativa.

Ahora cuesta imaginarlo, pero *Breaking Bad* no fue un éxito de audiencia durante sus primeros cuatro años. A los críticos les encantaba la serie, y eso tenía cierto valor, pero la media de los capítulos era de menos de dos millones de espectadores. El futuro de la serie llegó a estar tan en duda que su creador, Vince Gilligan, escribió el último capítulo de la cuarta temporada para que pudiera servir como desenlace de la serie. Después de su emisión, AMC quería finalizar la serie con una quinta temporada reducida, mientras el estudio Sony presionaba para conseguir dos temporadas más. La prolongada negociación no se resolvió hasta el último minuto, y el acuerdo se alcanzó en 2011. *Breaking Bad* concluiría con los dieciséis episodios de la quinta temporada, que se emitiría a lo largo de dos años. «Como diría Vince, nadie quiere ser el último que se queda en una fiesta», declaró uno de sus protagonistas, Aaron Paul, en aquel momento.

Entonces ocurrió algo que nadie esperaba. Los episodios antiguos de *Breaking Bad* engancharon a nuevos espectadores en Netflix y el índice de audiencia de la última temporada en AMC experimentó una subida de los dos a los diez millones de espectadores que dejó boquiabierta a la industria de la televisión (y sobre todo a AMC).

Es justo decir que, si *Breaking Bad* hubiera generado ese tipo de cifras antes de las negociaciones para la última temporada, ni siquiera Saul Goodman habría podido convencer a AMC de poner fin a la serie.

Para los creadores de *Juego de tronos*, cómo habían terminado esos otros aclamados dramas de género y su propio experimento al añadir la trama de Dorne parecían señalar hacia la misma conclusión: la gran trampa estaba en intentar narrar demasiada historia y verse obligados a permanecer en antena durante demasiado tiempo. Weiss repetía a menudo una cita del escritor David

Mamet: «Hacer una película o una obra de teatro es como correr un maratón. Hacer una serie de televisión es como correr hasta que mueras». Los responsables de la serie no querían morir ni matar su serie sin querer. «¿Que si habría visto otras dos temporadas de *Breaking Bad*? Por supuesto —declaró Weiss a *Vanity Fair*—. Pero el hecho de que me habría gustado ver más, mucho más de lo que me dieron, hizo que el final me resultara mucho más emotivo, intenso y mejor.»

A Benioff y Weiss, hacer que *Juego de tronos* se alargara durante nueve o diez temporadas les parecía un error evidente cuando, en lugar de eso, podían redoblar el espectáculo y acabar bien alto.

A fin de cuentas, nadie había acusado jamás a una serie dramática de éxito de terminar demasiado pronto a propósito.

DAVID BENIOFF: No queríamos convertirnos en una serie que se alargara más de lo debido. Parte de lo que nos encanta de estos libros, y de la serie, es la sensación de que van ganando impulso y desarrollándose hacia algo. Si intentábamos convertirla en una serie de diez temporadas, mataríamos la gallina de los huevos de oro. Queríamos dejarla cuando la gente que trabajaba en ella y la que la veía deseaba [que hubiéramos continuado] un poco más. Está ese viejo dicho de que siempre hay que dejar a la gente con ganas de más, pero también hay que tener en cuenta el momento en que dejas de querer estar ahí: entonces es cuando las cosas se desmoronan.

BRYAN COGMAN (coproductor ejecutivo): Hay caminantes blancos y dragones, y una vez se unen, la historia tiene que ir a donde va. Probablemente exista un mundo en el que habríamos podido exprimir estas cosas durante otras ocho temporadas, y eso nos habría resultado muy lucrativo a todos, pero llegó un momento en que los chicos deseaban con todas sus fuerzas dejarlo bien alto. Todos los personajes se reúnen por un motivo, y es porque están ocurriendo mierdas de las gordas, así que esas mierdas tienen que ocurrir.

Además, había otra preocupación potencial. Cada vez resultaba más difícil (y caro) que *Juego de tronos* mantuviera unido al reparto de la serie, puesto que otros estudios de Hollywood intentaban por todos los medios llevarse a sus estrellas para sus películas de alto presupuesto. La producción siempre trataba de adaptarse a los miembros del reparto cuando querían hacer alguna otra cosa. Por ejemplo, Emilia Clarke y Gwendoline Christie habían aparecido en películas de *Star Wars*, y Sophie Turner, Maisie Williams y Peter Dinklage habían interpretado papeles en las películas de los X-Men. («Pero ¿todavía siguen haciendo esas pelis?», fue el irónico comentario que Dinklage hizo a Turner en el rodaje de *Juego de tronos* cuando ella le dijo que iba a interpretar a Jean Grey.) Pero rodar *Juego de tronos* continuaba ocupando la mayor parte del año del reparto principal, y eso anulaba su capacidad para aceptar muchos otros proyectos. Y desde que Clarke se había sometido a una operación de neurocirugía y Harington se había destrozado el tobillo, los responsables de la serie eran conscientes de que las probabilidades de mantener unido a un reparto tan numeroso y popular hasta el final de la serie eran escasas. Se consideraban afortunados por haber llegado tan lejos con el elenco casi intacto. Cada temporada adicional, y cada renovación del contrato del reparto, significaba apostar a otra tirada de un par de docenas de dados.

Benioff y Weiss no tomaron a la ligera la decisión de poner punto final a *Juego de tronos*, fue algo que les supuso un notable nivel de tristeza. Una madrugada, alrededor de las cuatro, durante el rodaje de la sexta temporada en el desierto de España, los responsables de la serie se sentaron en una tienda y comentaron cómo se sentían respecto a poner fin a aquello. Estaban esperando a que su equipo terminara de preparar el pueblo de Vaes Dothrak para la escena en que Daenerys lo quema hasta los cimientos. Como no tenían obligaciones inmediatas que atender, abrieron una botella de bourbon y se pusieron introspectivos.

DAVID BENIOFF: Terminas pasando una burrada de tiempo lejos de tus familiares y amigos. Bueno, a mí ya no me quedan amigos, pero lo digo en teoría, si me quedaran. En lugar de eso, pasas el tiempo con tus compañeros de trabajo, y la verdad es que les tengo mucho cariño a todos. Si vas a pasar años trabajando en una serie, más te vale querer a esa gente.

Y a nosotros además nos encanta la serie, que no siempre es el caso. Siempre te esfuerzas mucho en las cosas, incluso en las que salen mal, y siempre pones todo lo que tienes en ellas. Dedicar tu tiempo a una serie que despierta una reacción así a lo largo y ancho de todo el mundo es increíblemente gratificante. No quieres joderlo todo, y te da miedo lo que viene a continuación, porque, después de *Juego de tronos*, hay un noventa y nueve por ciento de probabilidades de que sea un poco decepcionante.

DAN WEISS: No hago más que pensar en lo raro que será no estar haciendo esto, porque se convierte en el aire que respiras. Se convierte en todos los minutos de todos los días, tienes esta serie metida en la cabeza o en tu vida trescientos sesenta y cinco días al año. Cuando se acabe, será como volver a entrar en un universo extraño en el que ya ni siquiera sé cómo actúa la gente.

DAVID BENIOFF: Incluso en lo básico, estoy aquí sentado en una tienda en el desierto, y si quiero una chocolatina, alguien me traerá una chocolatina. Eso no es normal. Y entonces en lo que concierne a la escritura pienso: «Sería divertido que Tyrion hiciera una broma sobre esto, puede que no esta temporada, pero tal vez en la siguiente». Tienes personajes a los que adoras y estás inmerso en las historias, así que se te ocurren ideas para ellos, y unos cuantos meses más tarde estos maravillosos actores dirán esas cosas. Eso es un regalo en verdad excepcional para un guionista.

DAN WEISS: Si hace diez años alguien me hubiera dado carta blanca para escribir mi futuro, no habría estado tan loco como para escribir algo tan fabuloso. Cuando tenga setenta y cinco años, seguiré diciendo [*imita una voz temblorosa, de anciano*]: «¿Sabes? Sería estupendo que Tyrion dijera... "¡Uf, me cago en la leche!"».

Y rodar *Juego de tronos* no era gratificante solo a nivel creativo y económico, sino que de vez en cuando también resultaba divertidísimo. Había veces en que terminaba el trabajo y empezaba la fiesta.

DAVID BENIOFF: Al reparto y al equipo les encanta salir. Era un grupo muy dado al prive y a la fiesta, nos lo pasábamos muy bien.

Las fiestas de final de temporada que se celebraban en el East-West Beach Club de Dubrovnik eran tan épicas como cualquiera de las escenas que aparecían en pantalla. Una vez, un miembro del equipo perdió el conocimiento, desnudo, fuera del hotel y luego tuvo que ir hasta el mostrador de recepción para pedir una llave. («¿Tiene algún documento identificativo?», le preguntó el conserje.) Otro se despertó, también desnudo, en lo alto del tobogán acuático de un hotel de Croacia mientras un niño de ocho años muy enfadado le daba patadas en las costillas.

Aun así, a la altura de la quinta temporada Benioff y Weiss ya tenían un plan para finalizar su serie. Pero convencerse a sí mismos era una cosa; convencer a HBO fue harina de otro costal. Era una situación bastante irónica. *Juego de tronos* se había convertido en la serie más importante del mundo para asegurarse un presupuesto que pudiera sufragar su narrativa cinematográfica y sus batallas épicas. Sin embargo, su éxito también generó decenas de millones de seguidores que no querían que la historia terminara y una cadena de televisión que no quería arriesgarse a perder ingresos por la concesión de licencias ni suscriptores. *Juego de tronos* no era solo una serie de televisión, sino el producto más lucrativo de una cadena, un producto del que la empresa matriz Time Warner presumía en sus teleconferencias trimestrales de Wall Street (según una estimación, *Juego de tronos* había generado a HBO más de mil millones de dólares de beneficios). Los guionistas corrían el riesgo de quedar atrapados por su propio éxito.

Una pequeña ventaja a favor de los responsables de la serie era la reputación de HBO dentro de la industria televisiva. La cadena había cultivado a conciencia la imagen de ser una isla de libertad creativa en la que se confiaba en los cineastas más importantes para que tomaran sus propias decisiones. Sin embargo, cuesta imaginar un escenario hipotético en el que esa política de confianza en los creadores que profesaba HBO se viera sometida a una prueba más difícil. ¿De verdad iba a interrumpir HBO el flujo de ingresos más importante que había tenido hasta entonces solo porque un par de guionistas decían que querían dejar de contar una historia sobre dragones que escupían fuego y lobos extragrandes?

MICHAEL LOMBARDO (expresidente de programación de HBO): No es frecuente que los creadores vengan y te digan: «Veo el final». Sucedió con David Chase en *Los Soprano* y con Alan Ball en *A dos metros bajo tierra*. Pero esto era a una escala superior. Yo opuse toda la resistencia posible. La cuestión era: ¿cómo saldríamos de esto? Si tienes a unos responsables de la serie que no están comprometidos con el viaje, eso se notará.

DAVID BENIOFF: Sabían desde hacía un tiempo que teníamos siete temporadas en mente, y luego al final ocho. En HBO habrían estado encantados de que la serie continuara, o de que la última temporada hubiera tenido más capítulos.

DAN WEISS: «¿Qué me decís de la décima temporada?».

MICHAEL LOMBARDO: Dijeron: «Nos vale con la sexta temporada y luego trece horas más, creemos que con eso terminamos». Y yo: «¿Trece horas? ¿De dónde habéis sacado eso? ¿Por qué no pueden ser dos temporadas de diez?». Probamos a hacer presión, a adularlos. Busqué posibles incentivos económicos. Pero estaban decididos. La verdad, era difícil insistir después de que se terminaran los libros.

DAN WEISS: Ayudó que les entregáramos el resumen final. Con eso entendieron por qué coger ese material y extenderlo a lo largo de otros diez episodios fastidiaría la serie, daría la sensación de que algo que podía ser potente y conmovedor se había estirado porque sí.

DAVID BENIOFF: Habría significado mucho más dinero para ellos. Pero cuando [Richard Plepler, el director ejecutivo] comprendió que no queríamos hacerlo, no nos forzó. Esa había sido la filosofía de HBO desde el principio.

Al final HBO accedió a que *Juego de tronos* concluyera con su octava temporada. El presupuesto de la serie aumentó hasta más de quince millones de dólares por episodio en su último año (cinco de los actores principales de la serie ganaban más de un millón de dólares por episodio). Se considere acertada o equivocada la decisión de HBO, es muy improbable que cualquier otra empresa audiovisual importante hubiera accedido a satisfacer la petición de un guionista de poner fin a un fenómeno como *Juego de tronos* en la cumbre de su popularidad (o que lo haga en el futuro, en esta época de franquicias infinitas).

DAN WEISS: A HBO hay que reconocerle el mérito de [decirnos]: «Os facilitaremos los recursos para que hagáis de esto lo que tiene que ser, y si lo que tiene que ser se parece a veces a la típica producción veraniega de alto presupuesto, entonces eso es lo que será».

LIAM CUNNINGHAM (Davos Seaworth): Yo no encontré ni a una sola persona que se alegrara de que la serie terminase, pero tenía que acabar.

PETER DINKLAGE (Tyrion Lannister): Muchas series se emiten durante demasiado tiempo. Te das cuenta de que se convierten en una versión de lo que eran y de que tratan de recuperarlo. Son como esa gente que va demasiado a menudo a pasar el rato en su antiguo instituto. Jamás debería tomarse una decisión solo porque algo genera mucho dinero. David y Dan fueron lo bastante listos, y HBO también fue lo bastante lista, para no decir: «Bueno, todo el mundo se está haciendo rico, sigamos así». No, no, no. Eso es lo peor que puedes hacer cuando se trata de algo creativo como esto.

MICHAEL LOMBARDO: Fue doloroso. Pero si algo había aprendido sobre Dan y David era a distinguir cuándo partían de una posición de principios. Y confiar en el equipo creativo significa en parte apoyarlos cuando creen que una serie debe acabar. No queríamos ser una cadena que produjera episodios que los creadores no consideraban integrados en la trama. Presionarlos para que continuaran sin estar entusiasmados por el viaje no parecía la forma correcta de terminar la serie. Y la opción de continuar con otros guionistas ni siquiera se planteó. Los sellos distintivos de esta serie no son solo la acción, las imágenes generadas por ordenador y los dragones. La gente responde a la narrativa. Es muy auténtica, los personajes están muy bien construidos. Si pierdes eso, ya no lo recuperas jamás.

Así que, siendo fieles a lo que decimos que somos, si hubiéramos seguido adelante sin más, habríamos estado haciendo lo mismo que otras cadenas. Nadie quería eso. Por muy disgustados que estuviéramos desde un punto de vista empresarial, formaba parte del viaje de HBO. ¿Deseaba yo que cambiaran de opinión? Claro. Pero no fue así. Al final, creo que nosotros hicimos lo correcto y que ellos también hicieron lo correcto.

CAPÍTULO 26

MARCHARSE

Menos episodios pero más grandiosos y, con suerte, mejores: esa era la estrategia al iniciar la séptima temporada. Por primera vez, *Juego de tronos* tenía que rodar solo siete capítulos en lugar de los diez habituales. La cifra reducida conllevaba ciertos beneficios detrás de las cámaras. Rodar durante menos horas permitía que la serie ahorrara en algunas cosas (como los salarios del reparto, que se pagaban por episodio) y que gastara más en otras (como los efectos visuales). Filmar la séptima temporada costó alrededor de seis meses, lo mismo que en años anteriores, pero todos los elementos se trabajaron con más cuidado. «Nos gastamos en rodar siete episodios lo que solíamos gastar en diez», en palabras del actor John Bradley.

Además, la trama de la serie unía a más personajes principales durante intervalos más largos que nunca, y a muchos actores se les concedía una cantidad de tiempo en pantalla sin precedentes. «Antes, si ponías todas tus escenas una detrás de otra, el total tampoco era tanto —comentó Kit Harington—. Ahora todos los que quedábamos teníamos más cosas por hacer.» Y aun teniendo en cuenta que participar en *Juego de tronos* siempre había podido ser agotador, muchos miembros del reparto se descubrieron trabajando más duro y durante más tiempo. «Cualquiera habría pensado que menos episodios significaban menos trabajo —declaró Nikolaj Coster-Waldau—, pero en realidad fue todavía más intenso que antes.»

DAVID BENIOFF (*showrunner*; creador y responsable de la serie): Supusimos que la penúltima temporada, al estar colocando las piezas para la última, tendría menos acción y más conversaciones, y eso dijimos [a la productora Bernadette Caulfield]. Entonces empezamos la planificación y nos dimos cuenta de todos los conflictos que estaban a punto de llegar.

DAN WEISS (*showrunner*; creador y responsable de la serie): Entregamos el plan a Bernie y se quedó como: «¿Qué cojones es esto? No va a ser relajante, acabará destrozando a todo el mundo igual que el año pasado».

En el estreno de la temporada, Daenerys volvía a Poniente y subía los antiquísimos escalones de piedra para ocupar el trono de sus antepasados en Rocadragón. Allí se reunía con una delegación de Invernalia encabezada por Jon Nieve, y el Rey en el Norte intentaba convencer a la reina dragón invasora de que se concentrase en la inminente amenaza del Ejército de los Muertos. Por fin se habían unido el fuego y el hielo, y había muchísima presión para que su muy esperado encuentro quedara perfecto, sobre todo teniendo en cuenta que los personajes estaban destinados a convertirse en amantes hacia el final de la temporada.

EMILIA CLARKE (Daenerys Targaryen): Kit y yo estamos muy unidos, así que al principio actuar con él fue muy difícil porque nos entraba la risa todo el rato. Nuestra amistad se había desarrollado *sin* actuar juntos. Los dos estábamos como: «Estooo... ¿qué haces tú en *mi* escenario?».

KIT HARINGTON (Jon Nieve): Los dos estábamos un poco descolocados. En una película, conoces al otro actor al principio del rodaje y desarrollas la química a lo largo del tiempo que tienes. Pero si conoces a alguien desde hace siete años y habéis compartido un viaje vital maravilloso y llevas siete años viendo a su personaje en pantalla, se vuelve una experiencia única, y sabes que el mundo está pendiente de ti.

DAVID BENIOFF: La esencia de esa escena no era que hubiera una química instantánea, sino dos monarcas que se encuentran y el conflicto entre ambos. Así que lo divertido fue que *no hubiera* química. Él se pone insoportable, ella se pone insoportable, y de alguna manera tenían que intentar hacer las paces.

EMILIA CLARKE: Fue como la Batalla de las Miradas Intensas.

KIT HARINGTON: Tienes que apartarte de la mentalidad del espectador. Desde el punto de vista de Jon Nieve, lo único que hace es reunirse con una reina de la que ha oído hablar e intentar negociar con ella. No se está reuniendo con la Daenerys a la que ha visto el público. Eso ayuda para interpretar la sorpresa. Cuando entra en el salón no espera ver a una joven tan guapa de una edad cercana a la suya. La reacción de cualquier chico joven sería: «Vale...». Pero Jon deja eso a un lado porque no le queda más remedio.

BRYAN COGMAN (coproductor ejecutivo): Era una escena con siete páginas de diálogo en la que no hacían nada salvo estar ahí quietos y hablar. Creo que la gente está tan acostumbrada a la excelencia de nuestro reparto que la dan por sentada. Si analizas con detenimiento las dos últimas temporadas, verás que nuestro compromiso con los personajes, los diálogos y los momentos humanos era igual de fuerte que siempre.

LIAM CUNNINGHAM (Davos Seaworth): Benioff tiene una vena obstinada. Le gusta remover la mierda. La primera vez que conocemos a Daenerys, Benioff y [el director Mark Mylod] querían que Davos se encaprichara de Missandei. Y yo me opuse. «No pienso hacerlo, joder». Es lo único en lo que les llevé la contraria en toda la serie. Esa mujer es una diosa, pero después del pasado de Davos con Lyanna Mormont y con Shireen, no puedes hacer que una jovencita lo ponga cachondo. No tengo del todo claro que David no lo hiciera solo por fastidiarme. «No vas a echar a perder todo el esfuerzo que me ha costado ganarme la simpatía del público convirtiéndolo en un pervertido.»

A lo largo de una serie de escenas en Rocadragón, Daenerys y Jon empezaban a limar asperezas y, al mismo tiempo, a Clarke y a Harington cada vez les resultaba más fácil trabajar juntos.

EMILIA CLARKE: Una vez nos relajamos, Kit se convirtió en la persona con la que de verdad sentía que encajaba. Como actores, hablábamos exactamente el mismo idioma, así que en lugar de estar en plan: «¿Cómo puedo...? ¿Necesitas que...?», se convirtió en lo más sencillo del mundo. Trabajar con Kit era como ponerte tu chaqueta favorita.

KIT HARINGTON: Le preguntaba: «¿Dónde está la tensión sexual en esta escena?», y ella: «¡Deja ya de hablar de tensión sexual!».

EMILIA CLARKE: Y entonces Jon va y decide largarse a luchar contra los caminantes blancos, y ella empieza a preguntarse: «¿Por qué no quiero que te vayas? ¿Por qué no quiero que...? ¡No, no te enamores de él, no lo hagas!». Había una batalla en su interior.

Mientras Daenerys y Jon Nieve intentaban resistirse el uno al otro, Gusano Gris y Missandei cedían a su pasión y protagonizaban su primera escena amorosa.

JACOB ANDERSON (Gusano Gris): Cuando hice la primera audición, la descripción del papel decía que Gusano Gris y Missandei eran hermanos. Así que [su romance] fue sin duda una sorpresa. Me pregunté si sería otra relación incestuosa. Me alegro mucho de que no les diera por revelar de pronto que estaban emparentados.

NATHALIE EMMANUEL (Missandei): Es como: «Vale, voy a desnudarme». Y fue algo muy raro para Jacob y para mí, porque habíamos comentado de pasada esa posibilidad y nos habíamos hecho buenos amigos, y ahora teníamos que desnudarnos para trabajar juntos. Estuvo bien y se hizo con mucho respeto. Pero lo hayas hecho muchas veces o ninguna, siempre es un reto. Te sientes como si estuvieras ofreciendo algo bastante vulnerable, y sí, es difícil. Sentirme vulnerable y expuesta en esa escena me ayudó, así que fue bueno utilizar esa energía, porque la mejoró.

Antes de rodar, Jacob Anderson planteó a Benioff y a Weiss una pregunta que los seguidores de la serie llevaban mucho tiempo formulándose: cuando mutilaron a Gusano Gris como parte de su adoctrinamiento para ingresar en los Inmaculados, ¿qué partes le extirparon, exactamente?

JACOB ANDERSON: No tengo muy claro que lo supieran. Estoy bastante seguro de que cuando se lo pregunté aún no lo habían decidido. Me dio la sensación de que lo debatían un poco mientras me contestaban. Aunque al final tampoco es que importe.

Por si sirve de algo, Anderson dijo que la respuesta de los creadores de la serie fue: «Conserva la columna, las piedras no».
Para una serie que se había granjeado cierta reputación de explícita, el encuentro de Missandei y Gusano Gris se convirtió en la escena de sexo más elogiada de *Juego de tronos*.

NATHALIE EMMANUEL: Fue bastante bonito. Estos dos personajes siempre se han escondido detrás de sus obligaciones. Y hay algo excepcional en el asunto por la situación de Gusano Gris. Existe una sensación de confianza verdadera. Para él su condición es algo muy importante, y Missandei lo sabe y en realidad a ella no le importa. Simplemente lo ama, y la intimidad que han compartido llega a su culmen.

JACOB ANDERSON: Fue algo precioso y tierno que esos dos personajes se dijeran al fin las cosas que no se habían dicho antes por no sentirse empoderados para ello. Pero si estoy orgulloso de esa escena es sobre todo porque me pareció algo que nunca había visto en la televisión. Eran dos personas de color, y una de ellas es un hombre en una serie donde los demás no paran de hablar de sus pollas. Él tiene una discapacidad física, y la persona a la que ama lo acepta. Fuera intencionado o no, me dio la sensación de que la escena decía algo acerca de la masculinidad y de cómo se ven los cuerpos.

La escena también supuso un alivio para Emmanuel y Anderson tras pasar tantos días de rodaje de pie, en rígida posición de firmes, durante las audiencias que concedía Daenerys.

JACOB ANDERSON: Las escenas de las audiencias siempre me resultaban intensas porque tenía que permanecer muy muy quieto durante, a veces, diez páginas de diálogo. La mayor parte del tiempo solo intentaba no moverme y que no se me fuese la cabeza en las catorce horas que pasaba allí plantado. Podía llegar a delirar un poco.

Mientras Missandei y Gusano Gris consumaban su relación, Daenerys enviaba una flota encabezada por Theon, Yara, Ellaria y las Serpientes de Arena a atacar Desembarco del Rey. Las fuerzas de Cersei tendían una emboscada a la flota y seguía una intensa batalla marítima, de un calibre que la serie no habría podido llevar a cabo en «Aguasnegras», el episodio de la segunda temporada. La frenética secuencia constituía además una oportunidad para mostrar en acción la legendaria cultura pirata de las Islas del Hierro, encarnada en Euron Greyjoy (Pilou Asbæk).

Asbæk se unió al equipo de *Juego de tronos* en el papel del tío loco de Theon y Yara en la sexta temporada (por extraño que parezca, el actor danés había trabajado en una ocasión como canguro de las hijas de Coster-Waldau). Al principio su personaje no causó demasiada impresión y los productores cortaron parte del material inicial de Euron. Durante un tiempo pareció que Euron, como las Serpientes de Arena, estaba destinado a convertirse en otro recién llegado que luchaba por destacar entre el amplísimo grupo de los preferidos por los fans. Mientras la producción se preparaba para la séptima temporada, Asbæk presionó para que hicieran un lavado de cara a su personaje.

PILOU ASBÆK (Euron Greyjoy): Es extraño ser seguidor de una serie y después formar parte de ella. Había visto hasta el último segundo de las cinco primeras temporadas. Es como pasarte cinco años viendo a una chica preciosa en tu clase y entonces un día te pones a hablar con ella y terminas besándola y de pronto te has casado y después ya llevas muchos años de relación y haces todo lo que puedes para intentar que la cosa funcione.

Cuando participé en la sexta temporada, en la ceremonia de selección del líder de las Islas del Hierro tenía algunas frases geniales que terminaron quitando. Euron estaba hablando con Yara y tenía unas veinte frases más en las que se mostraba despiadado. Hacía como un monólogo humorístico de las Islas del Hierro. Dan y David dijeron: «Esto es demasiado».

Así que se me ocurrió una idea para la séptima temporada. Les dije: «¿Y si lo acercamos un poco más a una estrella del rock, de manera que no sepas si va a matarte o a follarte?». A la diseñadora de vestuario le encantó la idea y le hizo un traje más tipo cantante de rock.

Y así fue como Euron Greyjoy pasó de ser otro tipo bruto, malhumorado y desaliñado de las Islas del Hierro a convertirse en un bucanero oscuramente cautivador, vestido de cuero y con los ojos delineados.

JEREMY PODESWA (director): Pilou tenía las ideas muy claras respecto a que Euron debía ser muy peligroso y a la vez tener una vena como sexy y divertida. El guion ya lo sugería, pero Pilou fue mucho más allá. Fue un gran ejemplo de que los personajes nunca son una sola cosa en la serie.

MARK MYLOD (director): Me preocupaba perder a Ramsay porque era un villano maravilloso, igual que a la gente le preocupaba perder a Joffrey en la cuarta temporada. Con Euron ganamos un nuevo villano estupendo, pero en un sentido distinto por completo. Era exageradísimo, pero funcionaba. Pilou conseguía hacerlo auténtico, y eso es algo muy difícil.

PILOU ASBÆK: Cuando estaba hablando con Cersei y Jaime en la sala del trono, les soltaba: «Así que aquí estoy, con un millar de naves y dos buenas manos». Dan y David se me acercaron y dijeron: «Quita lo de "dos buenas manos"; es pasarse». Como en la séptima temporada ya tenía más confianza y me sentía más integrado, les contesté: «Tíos, no lo quitéis. Sé muy bien cómo hacerlo. Euron tiene que ser cautivador, tiene que ser arrogante, tiene que mirar a Jaime directamente a los ojos y decirlo con la puta sonrisa más grande del mundo. Porque es un idiota y un capullo, y eso es lo que me gusta del personaje». Me dijeron: «Vamos a probar». Lo hicimos, y luego me dijeron: «Joder, cómo nos alegramos de que insistieras en dejarlo».

DAN WEISS: La verdad es que en la serie nunca habíamos tenido a nadie con ese pavoneo como de estrella del rock, alguien a quien nada le importara una mierda. Todos los demás habitantes de este mundo tenían algo que les importaba mucho, ya fueran personas horribles, maravillosas o, como la mayoría, estuvieran a medio camino entre ambas cosas. Que en ese escenario apareciese alguien con la actitud chulesca que mostraba Euron fue muy divertido, porque suponía una bocanada de aire fresco. No hay muchos actores capaces de hacer algo así de manera convincente.

Lo cual nos devuelve a la batalla marítima. Justo antes de que Euron atacara a la flota de Daenerys, Theon se quedaba mirando a su hermana Yara mientras esta se besaba con Ellaria. Fue una escena que sufrió un par de cambios en el último momento.

GEMMA WHELAN (Yara Greyjoy): En un principio, se suponía que en esa escena Ellaria besaría a Alfie, una dinámica muy distinta. Luego se cambió a que Theon, una vez más, se quedara mirando.

INDIRA VARMA (Ellaria Arena): En el guion, Yara invitaba a Theon a unirse a ellas diciendo: «Quizá no tenga el aparejo, pero seguro que puede dar placer». ¡Tuvieron que cambiarlo porque en la serie hay tantos eunucos que ya habían utilizado esa frase con otro! Así que se reescribió un poco.

GEMMA WHELAN: Indira y yo somos bastante intrépidas. El guion no requería que nos besáramos, era todo más sugerente. Pero nos pareció que era lo que debíamos hacer. Así que tomamos la iniciativa, ya lo creo, y entonces se convirtió en algo mucho más sexual de lo que imaginábamos. Pero parecía lo adecuado. ¿Quién no querría besar a Indira? Es que, ¡a ver! Yara miraba a Theon como diciendo: «Oye, una chica tiene que hacer lo que tiene que hacer». Y entonces se le daba la vuelta a la tortilla, por utilizar una expresión apropiada.

El ataque de Euron provocaba una violenta sacudida en el barco. Pero Whelan se había lesionado la espalda durante el rodaje hacía un tiempo, así que una doble sustituyó a la actriz en el papel de Yara cuando el plano del impacto.

INDIRA VARMA: Así que tuve que ponerme a besar a esa pobre doble de acción, ¡y la chica estaba aterrorizada! Fue muy divertido, pobrecita. No creo que la hubieran puesto nunca en una tesitura así. Estaba acostumbrada a caerse de los sitios, a que la atacaran y tal, pero que la besara una actriz la superaba un poco.

El barco de Euron, el *Silencio*, se acopló a su objetivo. Tres de las defensoras del barco eran Nymeria con sus látigos, Obara con sus lanzas y Tyene con sus dagas. Era el principio de las últimas apariciones de las Serpientes de Arena en la serie, pero Nymeria estuvo a punto de no volver nunca más. Tras rodar la sexta temporada de *Juego de tronos*, a la actriz Jessica Henwick la reclutaron para la serie de Marvel *Iron Fist* (un ejemplo de por qué los productores de *Juego de tronos* recelaban de añadir más actores de los que podían permitirse mantener en nómina constante). Marvel accedió a que Henwick rodara *Juego de tronos* durante solo dos semanas aprovechando sus vacaciones de Navidad. A pesar de que su presencia en la séptima temporada fue breve y de que la batalla marítima se rodó en el prosaico escenario naval que tenían en el aparcamiento, Henwick declaró que la experiencia tuvo lugar en «el escenario más loco en el que había estado en la vida».

MARK MYLOD: Lo lees sobre el papel y piensas: «¡Qué guay, una batalla en el agua!», pero luego resulta que tienes que rodar en un aparcamiento de Irlanda del Norte. No hay ningún libro acerca de cómo dirigir una batalla marítima; solo puedes ver otras batallas de ese tipo. Así que intentas encontrar tu propia forma de hacerla. Euron tenía una naturaleza tan turbia y virulenta que me pareció una buena manera de enfocar el tratamiento de la pelea: hacerla realmente cruel, lo contrario a organizada y pulcra. También nos inspiramos un poco en el estilo de *Mad Max: Furia en la carretera*.

GEMMA WHELAN: Ensayamos nuestros enfrentamientos en una tienda de campaña limpia, muy despacio y sin vestuario, así que todo era muy fácil. Luego te metías en el escenario y había fuego por todas partes, pirotecnia auténtica que estallaba a nuestro alrededor y ascuas que nos disparaban. Llevas puesto un disfraz pesado y todo está mojado y se mueve, y además había un montón de dobles de acción. No tenías que hacer ningún esfuerzo por actuar, porque daba miedo de verdad. Solo tenías que acordarte de tu cara de malota.

JESSICA HENWICK (Nymeria Arena): Era un puto jaleo. Fue más intenso en el escenario que en pantalla. Por lo general hay mucho efecto digital [cuando se ruedan escenas de acción] y en la pantalla ves una batalla enorme, épica, pero mientras estás rodando es todo bastante insulso. Los espectadores de *Juego de tronos* no podían sentir en la cara el calor de la pirotecnia que explotaba, ni la máquina de olas intentando hacernos perder el equilibrio, ni el sudor que nos goteaba por la cara.

MARK MYLOD: Fue una pequeña tortura. Después de cada toma teníamos que dejar que la temperatura del barco bajara hasta cierto nivel. Así que era: «Encended las antorchas, adelante con el agua ¡y acción!». Tenías treinta segundos de acción y luego te tocaba cortar. Después apagabas todo el fuego, quitabas el agua, rellenabas los tanques y dejabas que el barco se enfriara. Era todo tan metódico que costaba mantener el impulso. Las noches muy frías nos exigieron mucha paciencia. Pero las actrices de las Serpientes de Arena se adaptaron de maravilla a ese trabajo físico.

JESSICA HENWICK: A la doble de acción de Obara se le incendió la peluca; las pelucas están cubiertas de laca y son muy inflamables. Como mínimo a tres miembros del equipo se les abrió el suelo bajo los pies, porque algunas partes eran de madera de balsa para que las armas la atravesaran pero no estaban marcadas, así que de vez en cuando oías un grito cuando otro miembro del equipo se caía.

PILOU ASBÆK: Cada vez que [me contenía durante la pelea], venía un tío y me soltaba: «¿Por qué cojones finges? Tengo a trescientos tíos detrás de ti dando el trescientos por ciento, ¡y tú estás plantado delante de la cámara fingiendo, joder!». Así que no podías fingir. Estaba casi rompiéndoles las costillas a aquellos tipos.

Con saña, Euron volvía las armas de las Serpientes de Arena contra ellas mismas, pues atravesaba con su lanza a Obara y estrangulaba a Nymeria con su látigo.

JESSICA HENWICK: Hubo un accidente cuando Pilou casi me ahogó con el látigo. Luego me metieron en una carretilla elevadora y me izaron [para rodar el plano de Nymeria muerta]. Hacía frío, soplaba viento y no me gustan mucho las alturas. Querían atarme allá arriba y aplicarme presión en el cuello. Cuando lo hicieron me puse a gritar: «¡Quitádmelo, quitádmelo!». Hasta la más ligera presión en el cuello era terrible.

Durante unos momentos en plena contienda, Theon encontraba al fin su heroísmo. Pero al enfrentarse a Euron, que tenía a Yara como rehén, su *alter ego* Hediondo volvía a tomar el control y Theon saltaba del barco. Podría argumentarse que era una buena decisión, puesto que casi sin lugar a dudas Euron habría matado a Theon, pero aun así la decisión parecía más inspirada por cobardía que por estrategia.

BRYAN COGMAN: El trauma está muy arraigado. Aunque Theon se defiende bien durante la batalla, Hediondo reemerge cuando se encuentra frente a Euron. Y una escena de lucha enorme y extensa se encoge en otra que es muy personal.

PILOU ASBÆK: ¿La verdad? No creo que a Euron le importara una mierda. El objetivo principal de Euron es el poder, y Theon no tiene ninguno. Yara y Theon no significan nada para él, no son una preocupación. Creo que solo apresaba a Yara para divertirse.

La secuencia terminada fue una pieza excepcionalmente trepidante. Como casi todas las escenas de acción de la serie, la batalla marítima tenía su propio estilo y contaba una historia centrada en los personajes sin dejar de dar la sensación de que formaba parte del mundo de *Juego de tronos*.

MARK MYLOD: Estoy muy orgulloso de la secuencia, y los chicos de efectos especiales hicieron un trabajo excelente para que no pareciera que estábamos en un aparcamiento; dieron textura a toda la escena y consiguieron que pareciera que estabas de verdad en el mar.

Euron hacía prisioneras a Ellaria y a su hija Tyene y se las llevaba de vuelta a Desembarco del Rey. Acto seguido, Cersei vengaba el asesinato de su hija Myrcella de una de las maneras más retorcidas posibles: envenenaba a Tyene mientras obligaba a una Ellaria encadenada y amordazada a mirar sin poder consolar a su hija agonizante. El desesperado suplicio de Ellaria y Tyene, sumado al regodeo algo inseguro de Cersei, componían una secuencia profundamente perturbadora.

INDIRA VARMA: Lo que adoro de esa escena es que la estás leyendo y de una frase a la siguiente no sabes qué va a ocurrir, cómo va a tratar Cersei a su víctima. Me pareció que esa información se transmitía con mucha inteligencia. Sobre todo teniendo en cuenta que el beso [de la muerte] se da antes que la información.

MARK MYLOD: Lo más obvio que podíamos hacer era que Cersei se deleitara sin más en su venganza. Pero hay casi una especie de repulsión hacia sí misma en el personaje: había sucumbido a aquello y en cierto sentido se odiaba por ello, pero aun así lo hacía.

Lena siempre optaba por ese camino más pedregoso. Siempre tocaba las notas negras del teclado y te sorprendía con sus decisiones por lo inteligentes y contraintuitivas que eran. Nunca interpretó su papel como la mala de la película, sino como alguien que intentaba hacer lo que era correcto desde su punto de vista.

INDIRA VARMA: Había un montón de sangre, mocos, sudor y lágrimas. Rosabell [Laurenti Sellers] y yo llevábamos grilletes. Tuvieron el detalle de forrarlos con fieltro por dentro para que no nos magulláramos ni hiriéramos, aunque terminamos [magullándonos] igual, porque te dejas llevar por la interpretación. Los grilletes se nos salían todo el rato, así que tuvieron que apretarlos y luego no nos los podíamos quitar.

Ellaria no había aparecido demasiado en pantalla, así que era inevitable que la gente se involucrara más con Cersei. Pero está claro que nadie quiere ver cómo matan al hijo de alguien delante de sus narices. Es la peor pesadilla de todo padre, más que la peor pesadilla. Desde el punto de vista de la interpretación, fue todo un reto resultar interesante sin tener ni una frase. Fue divertido intentar transmitir rabia, resentimiento e impotencia en esa situación pero también ganas de luchar. ¿En qué momento renuncias a luchar? Querer seguir luchando por tu hijo es un instinto primario.

Daenerys enviaba una flota más a la sede de los Lannister en Roca Casterly con la intención de apoderarse de su fortaleza. Pero Jaime ya había organizado sus fuerzas y partido para atacar a los aliados de Daenerys en Altojardín, el asentamiento de los Tyrell. Jaime iba a emplear la misma estratagema que Robb Stark había utilizado contra él en la Batalla del Bosque Susurrante.

En Altojardín, Jaime se encargaba personalmente de ejecutar a Olenna, la Reina de Espinas, ordenándole que bebiera veneno. Aun así, una imperturbable Olenna reía la última al revelar que había sido ella quien había dispuesto el asesinato de Joffrey. La de Olenna fue una de las mejores frases finales de toda la serie: «Decidle a Cersei que quiero que sepa que fui yo».

NIKOLAJ COSTER-WALDAU (Jaime Lannister): Por fin a Jaime le salía algo bien. Era un hombre sobre el que habías oído hablar mucho, pero nunca lo habías visto hacer nada con éxito. Aquí lograba ganar la partida con astucia a Daenerys, y entonces se encuentra frente a esta gran potencia que es Olenna Tyrell. Esa mujer era como Cersei, solo que desde nuestro punto de vista está en el bando de los buenos. Hasta muriendo da una dentellada.

MARK MYLOD: Nikolaj entraba en esta escena con todo el poder del mundo. Acababa de diezmar un ejército, era un dios, un héroe conquistador, y sin embargo esa ancianita lo destroza en quince segundos. Lo despoja de hasta el último ápice de poder, a pesar de que está muerta. Para mí, eso es muy *Juego de tronos*. Y la franqueza de Nikolaj, que no exprime el momento pero deja ver la humanidad subyacente que ha ido desarrollándose en él, fue brillante.

NIKOLAJ COSTER-WALDAU: Jaime Lannister por fin mata a un personaje importante... ¡a una abuela y con veneno! Intentaba hacerlo con delicadeza, pero aun así la estaba matando. Es una mujer mayor, pero tiene que desaparecer. Olenna decía la última palabra y era devastadora. No tenía ninguna intención de suplicarle.

Y Diana Rigg hizo un trabajo increíble. Fue divertido estar allí cuando terminamos el rodaje y los responsables de la serie salieron a decir unas palabras para despedirse de ella. Tuvo un impacto enorme en la serie.

DAN WEISS: Olenna quizá sea el único personaje que sale victorioso de la escena de su propia muerte.

MARK MYLOD: Solo lamento que hubo cierta confusión acerca de cómo queríamos terminar esa escena. Yo quería que acabase robándole un plano a *El padrino*. Cuando Nikolaj sale, todavía se ve a Lady Olenna a través del resquicio de la puerta mientras la cámara se aleja. Al final construyeron la puerta en otro sitio, y en aquel momento eso me rompió el corazón.

Tras hacerse con el botín de guerra de Altojardín, Jaime guiaba una caravana de carretas del ejército de los Lannister de regreso hacia Desembarco del Rey. Pero una enfurecida Daenerys decidía que ya estaba harta de andarse con medias tintas y tendía una emboscada a las fuerzas Lannister con sus jinetes de sangre dothrakis y sus dragones. Por fin veíamos el potencial nuclear de los hijos adultos de Daenerys en una secuencia que se hizo con el récord de más dobles de acción envueltos en llamas de toda la industria audiovisual.

DAVID BENIOFF: Nuestro coordinador de dobles tenía muchísimas ganas de entrar en el *Libro Guinness de los récords* por eso.

ROWLEY IRLAM (coordinador de dobles de acción): Hicimos setenta y tres igniciones, lo cual ya es un récord. Ni en cine ni en televisión se ha llegado nunca a esa cifra a lo largo de toda una serie, no digamos ya en una sola secuencia. También prendimos fuego a veinte personas a la vez, otro récord. En *Salvar al soldado Ryan* incendiaron a trece en una playa, y en *Braveheart* hicieron dieciocho igniciones parciales. Dada la naturaleza de nuestros animales atacantes, tuvimos la libertad de ir más allá.

Como cabría esperar, prender fuego a una persona y quedarse un rato mirándola mientras arde es una ocupación bastante tensa. Todos los dobles de acción están protegidos por prendas ignífugas, gel refrigerante y máscara, pero el proceso sigue siendo peligroso. Una vez en llamas, el doble de acción tiene que contener la respiración hasta que la toma se haya completado y todo el fuego se haya extinguido. Incluso una toma que no pase de los treinta segundos puede parecer una eternidad si estás envuelto en llamas, sin ver, lastrado por el equipo de protección y el vestuario y corriendo de un lado a otro agitando los brazos.

ROWLEY IRLAM: No tiene nada que ver con meterte debajo del agua en la bañera y contar los segundos mentalmente. Si alguien choca contigo e inhalas por accidente, inhalarás llamas. Lo más peligroso es que se revive el fuego. Después tienen que pasar más de un minuto tendidos porque en ese momento todavía son muy inflamables.

También es complicado obtener una interpretación única de cada especialista, porque cuando una persona está en llamas tiene toda su concentración puesta en no morir. En la primera temporada hubo una escena en el Castillo Negro que requería prender fuego a un especialista cuando Jon Nieve lanzaba un farol a un espectro, pero la toma no salió según lo planeado.

DANIEL MINAHAN (director): Tuvimos que decidir qué hacía un espectro al arder, y queríamos evitar el cliché de los zombis. Lo único que yo tenía claro era que no quería que saliera corriendo y agitara los brazos, porque es lo que hace siempre la gente cuando arde. Así que ensayamos con el doble de acción: «Esto es lo que queremos que hagas». Lo preparamos todo, le pusimos la máscara y el producto químico y después le echamos el fuego encima. ¿Y qué hizo él? ¡Salir corriendo y agitar los brazos!

Una víctima de los dragones de Daenerys en el ataque a la caravana del botín quizá fuese un personaje que ni siquiera aparecía en cámara durante la secuencia. Al principio de la séptima temporada, el cantante de pop Ed Sheeran hizo un cameo como soldado cantarín de los Lannister. Más tarde, en la octava temporada, un diálogo casual curiosamente específico describía el destino de un soldado de los Lannister llamado «Eddie», «el pelirrojo» que «volvió con la cara totalmente abrasada, no tiene párpados ahora», tras el ataque de los dragones a la caravana. Los responsables de la serie nunca revelaron si el diálogo se refería al personaje de Sheeran, que fue objeto de bastante debate cuando se estrenó la temporada.

JEREMY PODESWA: Una cosa que *Juego de tronos* no hizo nunca fue dar papeles a famosos para aumentar la popularidad de la serie. Todo el mundo quería aparecer en *Juego de tronos*, pero Dan y David nunca mordieron ese anzuelo. En el caso de Ed Sheeran, a nadie de la serie le chocó porque Maisie lo conocía, estaba en el Reino Unido, necesitábamos a alguien que supiera cantar, era un papel pequeño y Sheeran ya había actuado antes. Luego, cuando llegó, resultó que era el tipo más agradable y sensato que podía existir. Hacía mucho frío y nos pasamos todo el día al aire libre en plena naturaleza. No se volvió corriendo a su caravana. Se quedó sentado con los demás extras del ejército de los Lannister, y le gustaba estar allí. Hizo un gran trabajo. Si no hubiera sido Ed Sheeran, estrella del pop, nadie habría dicho ni mu sobre quién interpretaba ese papel.

El ataque aéreo incendiario de Daenerys también provocó un debate entre los responsables de la serie; según ellos, es un ejemplo típico de sus esporádicas disputas.

DAVID BENIOFF: Tuvimos una discusión muy larga por el momento en que los dragones sobrevuelan a los dothrakis. ¿Debían asustarse los caballos? Dan decía: «Ya sabes que llevan con ella mucho tiempo...».

DAN WEISS: ¿Por qué iban a tenerles miedo?

DAVID BENIOFF: Porque son caballos y son tontos de cojones y los dragones son grandes y aterradores. Así que nos pasamos como una hora con eso.

DAN WEISS: Una hora discutiendo sobre cuatro segundos de metraje que seguramente transcurrirían mientras la mayoría de la gente miraba la hora o comprobaba si tenía mensajes.

(Los caballos de los dothrakis, por cierto, eran intrépidos.)

Con solo cuatro capítulos emitidos de la séptima temporada, las familias Martell y Tyrell ya estaban aniquiladas y las fuerzas Lannister habían sufrido un ataque durante una secuencia épica que normalmente habría sido la batalla culminante de la temporada. Entre bambalinas había cierto debate en torno a la cada vez más rápida urgencia narrativa de la serie.

NIKOLAJ COSTER-WALDAU: Yo me había adaptado a un ritmo distinto. Todo sucedía más rápido de lo que estaba acostumbrado. Las tramas se cruzaban y chocaban y todo era muy sorprendente: «¿Ya? ¿Ahora? ¿Qué?». Muchas cosas que antes habrían durado toda una temporada se resolvían en un episodio.

KIT HARINGTON: *Juego de tronos* había sido una máquina minuciosa, lenta, y se estaba convirtiendo en un drama al uso, estilo *thriller*. Si te soy sincero, a mí me preocupaba. «¿Funcionará cambiar la esencia de *Juego de tronos*?» Porque era muy distinto a lo que todo el mundo estaba acostumbrado.

DAVID BENIOFF: Llevábamos mucho tiempo hablando de «las guerras venideras». Bueno, pues la guerra ya estaba casi encima. Así que en realidad el reto estaba en buscar la forma de que la narrativa funcionara sin dar la impresión de que íbamos con prisa y otorgando a los personajes el tiempo que merecían.

DAN WEISS: Más que cualquier decisión externa, fue la urgencia de *dentro* de la propia historia lo que aceleró el ritmo. No fue un: «Vamos a hacer que las cosas avancen más rápido». Las cosas avanzaban más rápido porque en el mundo de estos personajes la guerra que habían estado esperando ya se cernía sobre ellos, tenían encima los conflictos que se habían gestado durante los seis años anteriores, y esos hechos les daban una sensación de apremio que los hacía actuar más rápido.

BRYAN COGMAN: Tomamos la decisión de ir al grano con aquella temporada. Luego la gente puede sentarse en casa y ponerse a calcular cuánto tardarían los barcos en ir desde el punto A hasta el punto B, y sí, de acuerdo, lo que te haya dado está bien. Siempre había algo que tenía que chirriarle a alguien, y supongo que esa indignación era mejor que otras.

El epicentro del debate acerca del ritmo fue «Más allá del Muro», el sexto episodio de la séptima temporada, visualmente espectacular, que seguía a Jon Nieve encabezando una expedición junto a Tormund, Beric (Richard Dormer), Gendry, el Perro, Jorah y Thoros (Paul Kaye) para capturar a un espectro y demostrar la existencia del Ejército de los Muertos.

En 2016, Alan Taylor dirigió la mayor parte de la secuencia en una cantera de Irlanda del Norte que se había caracterizado para poder ajustarla a una localización auténtica en Islandia. El «lago congelado» del escenario parecía tan real que inquietaba; cuando pisabas el «hielo», esperabas que los pies te resbalaran de inmediato.

Los actores avanzaban con dificultad por el escenario mientras tres ventiladores gigantes les lanzaban «nieve» de papel contra la cara. Quizá no fuese Islandia, pero aun así hacía un frío terrible. «Se nota cuando la gente tiene frío de verdad; se les pone *esa cara*», comentó el coproductor Dave Hill señalando el semblante rubicundo y tenso de los actores.

Entre una toma y otra, el reparto tosía papel, se frotaba los ojos y bromeaba acerca de sufrir fibrosis pulmonar por culpa de la nieve falsa. Harington intentaba hacer reír a Joe Dempsie antes de una toma en la que tenían que aparecer muy serios en pantalla. «Voy a hacerte cosquillitas en las pelotas —proclamó Harington con gravedad—. Te meteré la mano por debajo y les daré una palmadita.»

Entonces el grupo sufría el ataque de un oso polar espectro, una criatura que los responsables de la serie llevaban intentando introducir en algún punto de la historia desde la cuarta temporada. Taylor pidió a los actores que formaran un círculo para una toma cinematográfica al estilo de *Los siete magníficos*, en la que el reacio equipo comenzaría a trabajar unido por primera vez. «Tiene que parecer el ataque de un tiburón en tierra firme», indicó Taylor. El director confirió a la escena la aterradora sensación de que el oso podía atacar desde cualquier dirección (aunque en el escenario la criatura era tan solo un especialista tirando de un trineo verde).

El viaje más allá del Muro fue una solución a un problema creativo desconcertante: ¿cómo hacer que el Rey de la Noche y su ejército cruzaran hacia el sur una muralla de hielo de más de doscientos metros de altura construida ocho mil años antes precisamente para mantenerlos al otro lado?

DAN WEISS: Estábamos pensando en cómo abrir una grieta en el Muro, y hablábamos de cómo hacerlo usando las piezas que teníamos ya en el tablero, sin introducir otras nuevas a lo *deus ex machina*. ¿Qué existía ya en ese mundo que pudiera derribar el Muro de forma verosímil? No nos bastaba con que solo pasara al otro lado el Rey de la Noche; no nos bastaba con que pasaran al otro lado los caminantes blancos. Teníamos que hacer cruzar el Muro a un ejército de cien mil muertos, y eso requería un agujero enorme. Nos estrujamos las meninges para ver qué podría hacerlo. Entonces nos dimos cuenta de que en la serie habría unas cosas gigantescas —cuando se nos ocurrió la idea aún no lo eran—: los dragones. Pero llevar un dragón al norte del Muro era complicado.

El plan tenía más ventajas. Si el Rey de la Noche capturaba un dragón, sería incluso mucho más temible y haría que la supuestamente imparable Daenerys llegara más vulnerable a la última temporada.

Así pues, cuando el Ejército de los Muertos atrapaba al grupo de Jon Nieve en el lago helado, Gendry volvía corriendo a Guardaoriente para pedir ayuda a Daenerys, que volaba con sus dragones al rescate. La Madre de Dragones salvaba a Jon Nieve y a la mayoría de sus hombres, pero el Rey de la Noche mataba a Viserion y transformaba a la bestia en una criatura que se pondría al servicio de las fuerzas de la muerte.

La escena de acción que se rodó resultaba cautivadora, pero aun así suscitó quejas por los detalles prácticos del rescate y la rapidez con que llegaba Daenerys hasta Jon y los demás.

DAVE HILL (coproductor): Es evidente que nunca quieres recibir críticas de ningún tipo. Pero teniendo en cuenta todo lo que teníamos que mantener en equilibrio para preparar la octava temporada, a veces no nos quedaba más remedio que acelerar las cosas dentro de cada episodio. Hicimos un montón de cortes temporales que la inmensa mayoría de los espectadores no captaron. A veces, cuando mueves las piezas de un lugar a otro, toca hacer un poco de trampa.

ALAN TAYLOR (director): Pensé que no había problema porque en el Norte hay una especie de crepúsculo eterno. Allí arriba nunca estaba claro cuánto tiempo transcurría. Así que creí que teníamos algo de flexibilidad para determinar la línea temporal. Resultó que la mayoría de los espectadores no opinaban lo mismo, que tenían una idea propia muy clara de cuál era la cronología y de que no estábamos ciñéndonos a ella.

El caso es que mi primera reacción fue ir a lo superficial y decir: «A ver, tenemos una serie en la que hay lagartos gigantes del tamaño de un 747 volando por ahí, y a vosotros os preocupa la velocidad de un cuervo respecto al aire». Pensé que ahí yo estaba señalando el absurdo. Por otro lado, es completamente cierto que a la gente le gusta la serie porque cree que puede confiar en que seamos precisos con la velocidad de un cuervo respecto al aire. El realismo subyacente es crucial para suspender la incredulidad en el panorama general. Aprendí una lección al respecto. Fue aleccionador.

KIT HARINGTON: Había problemas naturales. A mí me encajaba que cruzaran al norte del Muro para hacerse con una prueba, porque obtener esa prueba era importante y solo había una manera de conseguirla. Y a fin de cuentas, una historia fantástica es una historia fantástica y tienen que ocurrir cosas que no existen en el mundo real. Pero durante las temporadas anteriores habíamos llevado a los seguidores de la serie a pensar que era una fantasía muy real. Engañas un poco al público si dices:

«El dragón voló toda esta distancia...». Algunos intervalos temporales, la velocidad de algunos encuentros..., costaba creerlo. Pero también es cierto que esa velocidad era necesaria para llevarnos al punto final.

Los héroes supervivientes se embarcaban de regreso a los Siete Reinos. Durante la travesía, Jon Nieve llamaba a la puerta del camarote de Daenerys Targaryen y, sin decir palabra, ambos admitían su innegable atracción mutua. Desde el pasillo, Tyrion oía lo que estaba sucediendo en el camarote y su expresión se tornaba bastante adusta. La escena se alternaba con Samwell en la Ciudadela, donde descubría la prueba que revelaba que los padres de Jon eran Lyanna Stark, la hermana de Ned Stark, y Rhaegar Targaryen, el hermano mayor de Daenerys. El misterio más importante de la serie, sobre el que Martin había interrogado a Benioff y Weiss durante aquella comida de hacía tantos años, por fin quedaba resuelto. Jon Nieve era el sobrino de Daenerys y el verdadero heredero del Trono de Hierro.

PETER DINKLAGE (Tyrion Lannister): «¡A ver, un poquito menos de ruido por ahí, que intento dormir!». No, en serio, era complicado. Como muchas cosas en el caso de Tyrion, era algo a la vez profesional y personal. Estaba claro que sentía algo por Daenerys. La amaba, o creía que la amaba. Era una mujer formidable. Tyrion se lo cuestionaba porque no tenía un buen historial de enamoramientos. Había algo de celos en aquello. Y también quería a Jon Nieve; son los dos personajes con los que tiene más en común, en cierto sentido: son marginados en su propia familia por negarse a seguir el camino que les habían marcado. Ahí Tyrion se estaba cuestionando hasta qué punto [el emparejamiento de Jon y Daenerys] era una jugada inteligente, porque la pasión y la política no hacen buenas migas, y él sabía que podía ser muy peligroso que aquellos dos se juntaran.

JEREMY PODESWA: Fue una escena interesante, porque Kit y Emilia son muy buenos amigos y tienen que ponerse a hacer algo que los amigos no suelen hacer. Pero también son actores y sabían que tenían que hacerlo. Para ellos fue una bobada divertida, pero al mismo tiempo eran muy conscientes de que no querían cruzar una frontera el uno con el otro ni hacer que el otro se sintiera incómodo. Así que me pidieron que fuera muy concreto acerca de cómo íbamos a rodarlo. «¿Cómo lo haremos exactamente? ¿Qué se verá?»

Además, desde el punto de vista narrativo, que Dany y Jon hagan el amor es algo importantísimo. Así que tenía muy claro que debían parar en plena acción y dedicar un momento a mirarse. Un momento de: «¿Deberíamos estar haciendo esto? ¿Es muy mala idea? ¿Es buena idea?». Y entonces decidir: «Este impulso es más fuerte que nosotros y no podemos evitarlo». Y eso hacía que la escena se cargara de implicaciones. Transmitía la sensación de que estaba ocurriendo algo con un halo de fatalidad épica, de inevitabilidad. Aún no sabíamos qué era, pero sabíamos que existía una fuerza mayor que ambos y que no podían detenerla.

UNA ESPECIE DE VUELTA A CASA

Juego de tronos empezaba con los Stark en Invernalia, y siempre habían estado destinados a reunirse de nuevo en el arco final de la serie. Pero cuando se está rodando un intenso drama de fantasía en el que por lo general las apuestas son a vida o muerte, ¿qué se puede hacer con una familia de héroes después de reunirlos para que pasen toda una temporada juntos en un castillo? ¿Cómo mantener el nivel de intriga habitual de la serie? La solución era centrarse en las distintas maneras en que cada uno de los Stark había evolucionado desde la primera temporada, y luego añadir a un maquinador Meñique.

«Cuando la gente se aleja físicamente, se aleja también emocionalmente, y lo que teníamos era una exageración fantástica de ese hecho —declaró Dan Weiss, uno de los responsables de la serie—. La personalidad de Bran se ha visto alterada hasta tal punto que a cualquier humano le parecería difícil sentir una afinidad con él, incluso a sus hermanas, pero ¿queda algo de su yo anterior ahí dentro? ¿Cuánto de Invernalia y cuánto de los Hombres sin Rostro hay en Arya Stark? Sansa se ha formado, para bien o para mal, bajo la supervisión de Meñique. ¿Se le ha contagiado mucho o poco de su naturaleza maquiavélica?

»Cualquiera pensaría que el reencuentro de tres hermanos que se daban por muertos mutuamente debería rezumar alegría pura... Y hasta cierto punto así fue. Pero bajo la superficie había mucha tensión y nervios, porque el espectador no sabía cómo iban a relacionarse unos con otros ahora que estaban de nuevo bajo el mismo techo.»

SOPHIE TURNER (Sansa Stark): Que los Stark volvieran a encontrarse me abrumó mucho. Estaba sentada en un rincón del escenario de otro rodaje leyendo [los guiones] en mi móvil y fue como: «¡Ahhh!». Luego llamé a Maisie. «¡Es increíble! ¡Tenemos un montón de episodios juntas!».

BRYAN COGMAN (coproductor ejecutivo): Sansa y Arya nunca habían estado muy unidas ni se caían especialmente bien, y además habían pasado por muchas cosas. Ahora tenían más en común de lo que, con toda probabilidad, cualquiera de las dos estaba dispuesta a reconocer.

SOPHIE TURNER: Nuestra primera escena juntas fue la del reencuentro. La cagamos mil veces.

MAISIE WILLIAMS (Arya Stark): Fue rarísimo. A las dos nos daba vergüenza representar nuestro papel delante de la otra. Nos costó horas ponernos serias.

SOPHIE TURNER: Éramos incapaces de no reírnos. Tenemos una relación muy estrecha, pero hasta entonces todo había sido divertirnos juntas, no trabajar juntas. Pero por lo visto salió bien, ¿no? Yo estaba nerviosa. Es como actuar para tu madre; cuando hay alguien mirándote, no lo haces tan bien. Pero a la larga nos benefició, porque podíamos ser libres con la otra al interpretar. No nos daba miedo «llegar hasta el fondo» porque estábamos muy cómodas juntas.

En el mundo real, cuando los miembros de una familia se reencuentran, es difícil no volver a caer en los patrones y suposiciones habituales, y así ocurría también en *Juego de tronos*. Sansa seguía pensando que Arya era imprudente y torpe, y Arya seguía creyendo que su hermana mayor era ambiciosa e ingenua, de manera que ambas se subestimaban.

SOPHIE TURNER: Arya continuaba viendo a Sansa como la cría presumida y remilgada que era antes de partir hacia Desembarco del Rey. No hablaban de lo que cada una de ellas había pasado, antes tampoco habían tenido nunca ese tipo de comunicación, así que cuando era fundamental que lo hicieran, no tenían esa [capacidad para comunicarse] y no se entendían.

MAISIE WILLIAMS: Si Arya hubiera pasado por lo que había pasado Sansa, estaría muerta. Y si Sansa hubiera pasado por lo que había pasado Arya, estaría muerta. A las dos se les da muy bien manejar lo que han sufrido. Si se hubieran intercambiado los papeles, no habrían durado.

Meñique intentaba enfrentar a Sansa y Arya sacando a la luz una carta que Cersei había obligado a Sansa a escribir durante la segunda temporada instando a Robb Stark a jurar fidelidad al rey Joffrey durante la Guerra de los Cinco Reyes. La carta daba a entender que Sansa había traicionado a Robb y llevaba a Arya a cuestionarse la lealtad de su hermana.

AIDAN GILLEN (Meñique): Ahí quedaba bastante claro cuál era mi jugada. Al mismo tiempo, mi personaje iba cobrando conciencia de que Sansa estaba convirtiéndose en alguien tan brillante como él y recelaba de sus manipulaciones. Se utilizaban mutuamente, disfrutaban de su compañía y se ocultaban mucho el uno al otro. Con los planes minuciosos siempre se corre un poco de riesgo. Creo que eso a Meñique le gustaba. Como buen jugador, se ponía en la cuerda floja.

Petyr Baelish había visto a Arya en una ocasión, en la segunda temporada, cuando esta trabajaba de incógnito como copera de Tywin Lannister en Harrenhal. Meñique tenía, por tanto, cierta intuición de que no debía subestimarla.

AIDAN GILLEN: El de Arya era un personaje que me despertaba recelos. Meñique no era del todo consciente de sus capacidades, de sus motivaciones, pero se hacía una idea. No quedaba claro si Meñique reconocía a Arya o no [en Harrenhal], pero yo tengo mi propia opinión: sí, la reconocía, solo que ni decía ni hacía nada al respecto.

Más adelante Turner señaló que le había costado creerse la idea de que Meñique fuera capaz de manipular a Sansa y a Arya para que se enfrentaran hasta el punto de poner sus vidas en peligro.

SOPHIE TURNER: Básicamente eran todo peleas, sospechas e intrigas. No parecía muy natural.

BRYAN COGMAN: Cuadrarlo resultó muy complicado, y esa temporada fue difícil dar con el tono. Pero las chicas lo hicieron genial.

Alan Taylor había trabajado con Williams y Turner en las dos primeras temporadas, y luego volvió en la séptima y vio cómo habían evolucionado ambas como actrices.

ALAN TAYLOR (director): En la primera temporada las dos eran casi unas niñas. Luego volví y rodé con ellas una escena de varias páginas de diálogo en la que había una lucha de poder entre las dos y afilaban las garras. Seguían partiéndose de risa, cantando canciones y haciendo el tonto por ahí. Pero cuando rodábamos una toma tras otra, los ojos empezaban a brillarles a las dos justo en el mismo instante de la escena. No era que lloraran, era la emoción acumulada. Y no fue cosa de una sola vez. Les ocurría cada vez que llegábamos a ese momento. Me pareció precioso lo mucho que habían crecido como actrices.

En cuanto a Bran Stark, su transformación en el Cuervo de Tres Ojos implicaba la reinvención del personaje, y eso exigía que el actor Isaac Hempstead Wright hiciera una interpretación más consciente.

ISAAC HEMPSTEAD WRIGHT (Bran Stark): Mentiría si dijera que durante los primeros años dominaba bien el oficio de crear un personaje. Me limitaba a decir las frases que me daban y a hacer caso al director. Y eso bastaba para Bran, porque no era más que un crío. Sobre todo estaba para añadir trocitos a la historia aquí y allá. Hasta la séptima temporada no tuve que transformarme de verdad, y me di cuenta: «Vale, ahora ya sí que tengo que hacer algo con esto», y me puse a ello. Hasta ese momento, solo me dejaba llevar tan contento y disfrutaba de la experiencia.

BRYAN COGMAN: Es lo que [Meera Reed] dice a Bran: «Moriste en la cueva». El niño inocente de gran corazón murió con Hodor. Ahora había otra cosa allí. Seguía siendo Bran y quería hacer el bien, pero se había convertido en algo más grande. Entre nosotros le pusimos el apodo de «doctor Bran-hattan».

Wright perfeccionó una expresión intensa, omnisciente para el Cuervo de Tres Ojos. Cuando estaba rodando, el actor, miope, dejó de llevar gafas o lentillas, con lo cual se quedaba «ciego por completo», según explicó el propio Wright en el programa *Jimmy Kimmel Live!* Así que mientras parecía que Bran estaba escudriñando el alma de un personaje, en realidad el Cuervo de Tres Ojos no veía nada.

ISAAC HEMPSTEAD WRIGHT: Dar repelús a todo el mundo era guay. Había pasado a ser un personaje tan raro que se convertía en el centro de cualquier escena en la que apareciera.

SOPHIE TURNER: Se te quedaba mirando. Y Sansa se sentía muy incómoda. El objetivo de Sansa era conservar la vida. Quería que todo volviera a ser como antes, y por eso se ponía tan contenta cuando regresaba todo el mundo, pero luego resultaba que Bran era alguien distinto, y Arya también. Estaba perdiendo su infancia poquito a poco, y eso le provocaba una pequeña crisis de identidad. «Entonces, ¿para qué cojones estoy aquí?»

Sin embargo, los guionistas debían ser cuidadosos con las capacidades de Bran. Tener a un personaje que conocía el pasado y el futuro podía acarrear todo tipo de agujeros en la trama y llevar a que los seguidores de la serie se hicieran preguntas sobre el argumento del tipo: «Pero entonces, ¿por qué no podía...?».

BRYAN COGMAN: No te interesa apoyarte demasiado en el viaje en el tiempo, porque entonces se convierte en una muleta. La manera en que lo solucionamos, que además venía implícita en la trama, era que el Rey de la Noche había irrumpido en su cueva. Es el clásico tropo de *El Imperio contraataca*: «Incompleto tu entrenamiento era». Bran tenía acceso a toda la información, pero le faltaban las herramientas para examinarla. Así que las cosas le venían a trompicones.

DAN WEISS (*showrunner*; creador y responsable de la serie): Una de las cosas que más nos gustaban de *Juego de tronos* desde el principio era que no es un mundo en el que la magia es el principal motor de la historia. Es un mundo en el que la psicología, el comportamiento y el deseo humanos son los que impulsan la trama, y pusimos todo el empeño para que siguiera siendo así, porque la gran mayoría del público se identifica mucho más con esas cosas que con los poderes mágicos, por muy divertidos que sean.

Un paquete de datos que el Cuervo de Tres Ojos sí logró descargarse fue el de los detalles de la traición de Meñique a Ned Stark, así como la charla de Baelish con Varys en la que proclamaba: «El caos no es un foso, es una escalera. Muchos intentan subirla y fracasan; nunca podrán hacerlo de nuevo. La caída los destroza. Pero otros, si se les deja subir, se aferrarán al reino, o a los dioses, o al amor. Espejismos. Solo la escalera es real. El ascenso es todo lo que hay».

Weiss había escrito el discurso de «el caos es una escalera» en la primera temporada y había intentado meterlo en dos escenas anteriores de Meñique antes de que las frases encontraran al fin un hueco apropiado en la tercera temporada.

DAVID BENIOFF (*showrunner*; creador y responsable de la serie): Se cortó dos veces, pero seguimos intentando introducirlo.

DAN WEISS: Lo rodamos una vez en otra escena y no funcionaba, así que tuvimos que dejarlo estar. La tercera vez que lo retomamos, David debió de pensar: «Venga ya, tío, no son más que cinco palabras, déjalas morir».

AIDAN GILLEN: Me acuerdo bastante bien de cuando rodamos la escena [original de «el caos es una escalera»]. Trabajar con Conleth Hill siempre es interesante, peligroso y divertido. Pero en realidad fue grabando audio adicional, ya en posproducción, cuando la escena cogió fuerza de verdad. Siempre me han gustado las sesiones de autodoblaje porque, como mínimo, repites lo que ya has hecho, pero también suponen una oportunidad de afinar el tono de la escena. Cuando vi el montaje, sobre todo con los cambios de plano a Sansa viendo los barcos zarpar, supe que necesitaba más intensidad y mordacidad. El productor Frank Doelger fue quien supervisaba aquella sesión, y me concedió tiempo para probar y jugar un poco. Esa frase se convirtió en el mantra de Petyr Baelish. Esa y «No es fácil ser rufián».

ISAAC HEMPSTEAD WRIGHT: Tener la oportunidad de devolverle su frase a Meñique fue uno de mis momentos favoritos de la serie. Es una línea de diálogo muy emblemática, y verlo asustarse fue muy guay.

AIDAN GILLEN: Cuando Bran le decía «El caos es una escalera» era cuando la tierra empezaba a abrirse bajo sus pies. En ese instante Meñique era consciente de que las cosas que había hecho en privado no tenían por qué ser privadas.

A Meñique le salía el tiro por la culata, pues los Stark se unían y desvelaban su ardid. Convocaban a Baelish en el gran salón, donde pasaban a ser para él juez (Sansa), jurado (Bran) y verdugo (Arya). El giro argumental también implicaba la marcha de Gillen, que había tenido el generoso detalle de comprar al equipo de *Juego de tronos* setenta botellas de whisky cada año.

DAVID BENIOFF: Meñique se convirtió en un personaje muy distinto al que imaginamos en un principio. Aidan es de esos tipos capaces de cambiar las cosas de maneras extrañas y fascinantes para mejorar el personaje. En términos relativos, si te fijas en su tiempo de aparición en pantalla es un personaje menor. Pero que la sombra de Meñique se proyecte tanto sobre la serie cuando la gente habla de ella y piensa en ella dice mucho de él. En todas las escenas en las que aparece, se las arregla para hacerte pensar en Meñique. Y en las escenas en las que él es el centro, como en la de su muerte, te cautiva por completo.

CONLETH HILL (Varys): Habría sido maravilloso rodar otro encuentro más entre Varys y Meñique. Creo que intentaron hacerlo pero no había manera. Y me fastidió no poder reaccionar a su muerte, teniendo en cuenta que era mi némesis. Después [de la sexta temporada], me sentí como si hubiera desaparecido un poco del mapa.

DAVID BENIOFF: Diana Rigg se mostró muy fiel a su personaje al final, y Meñique fue fiel a su personaje al final..., a su cobarde y horrible manera. Fue una de las llamadas de «vas a morir» más difíciles que tuvimos que hacer, pero había puteado a las chicas equivocadas.

SOPHIE TURNER: Es mi escena favorita, porque mostraba el poder de estas dos hermanas, y que juntas son más poderosas que por separado. Es un momento liberador para Sansa, porque se da cuenta de que ya no necesita a Meñique. Me alegré mucho por el personaje. Por fin se libra de su presencia manipuladora y autoritaria. La relación que mantenían nunca fue fácil. Sansa siempre ha recelado de él. Es como una graduación. Para que su familia se convirtiera en una unidad fuerte, Sansa tenía que librarse de él. Al mismo tiempo, es un momento agridulce porque él había sido su amigo; la había puesto en situaciones de mierda, pero también la había salvado de otras. Y Aidan lo clavó. Era la primera vez que se le veía ponerse emotivo.

JEREMY PODESWA (director): Los giros de la escena son muy potentes. Produce una satisfacción enorme ver que los hijos Stark se unen, y supone una venganza para Sansa, a la que, en pocas palabras, Meñique vendió a Ramsay. También resulta conmovedor y sorprendentemente poderoso ver cómo para Meñique han cambiado las tornas. Es el que siempre ha sido capaz de manipular todas las situaciones. Es un personaje al que te encanta odiar, y ahora sientes algo de empatía hacia él porque es un tipo que está luchando por su vida. Fue una de mis escenas favoritas de todas las que rodé en la serie, y también fue de las preferidas de Aidan..., aunque lo pasó mal al marcharse. Yo diría que tuvo uno de los finales más satisfactorios de todos los personajes.

Gillen señaló la perfección con que la muerte de Meñique cerraba el círculo. El rampante ascenso al poder del personaje venía provocado por el momento en que, décadas atrás, Brandon, el hermano de Ned Stark, lo había vencido en duelo por la mano de Catelyn Stark. Brandon dejaba a Meñique un corte a lo largo del torso como recordatorio de su derrota, una cicatriz que Baelish siempre mantenía oculta bajo sus túnicas de cuello alto. Entonces la hija de Catelyn lo condenaba a muerte y Bran, el sobrino de Brandon que llevaba su nombre, proporcionaba las pruebas que llevaban a su perdición, entre ellas la daga que Baelish había entregado en una ocasión a un asesino para que la usara en su intento de asesinato de Bran en la primera temporada.

AIDAN GILLEN: En el momento en que Meñique entraba en aquella sala y Arya sacaba la daga, sabía que lo habían pillado. Era un adiós emocional y una posición humillante en la que verse. Volvía a lo que siempre había sido su motivación: el rechazo por parte de Catelyn Stark, la humillación por parte de Brandon Stark.

Tenía que haber más sentimientos hacia Sansa de los que dejé traslucir. Pero no quiero hablar mucho de eso. Quiero guardármelo. No quiero poner todas mis cartas sobre la mesa.

CAPÍTULO 28

---◈---

PASEOS Y CHARLAS

Los actores de *Juego de tronos* no tenían ni idea de cómo iban a terminar sus tramas. Así que cuando, en octubre de 2017, se fijó la fecha para el primer ensayo de los seis últimos episodios de la serie, los miembros del reparto se pusieron nerviosos. La producción tenía pensado enviarles un vínculo seguro con los guiones ultrasecretos. Por fin conocerían la conclusión de la historia que llevaban una década contándole al mundo.

«A medida que avanzaban las temporadas, todos nos preguntábamos: "¿Cómo va a acabar esto?" —declaró Peter Dinklage—. ¿Quién va a quedar con vida? Si mueres, ¿cómo mueres? Para volverse loco.»

Y los actores no eran los únicos que estaban nerviosos.

DAVID BENIOFF (*showrunner*; creador y responsable de la serie): Sabíamos cuándo nuestro coordinador iba a enviar los guiones al reparto. Lo supimos en el momento preciso en que los mandó. Así que luego nos quedamos esperando a que los actores nos escribieran emails.

DAN WEISS (*showrunner*; creador y responsable de la serie): Cuando llevas diez años trabajando en algo, saber que estás escribiendo los últimos episodios se te hace más duro, porque hay mucho más peso y presión en esas escenas. La pregunta de si una frase está bien parece más importante. Por otro lado, las motivaciones que hay tras las escenas son cosas en las que llevas pensando desde hace cinco años, así que en tu cabeza los cimientos de lo que plasmas sobre el papel son más fuertes.

JOE DEMPSIE (Gendry): Los guiones llegaron el jueves anterior al domingo de la lectura conjunta. Yo estaba en el gimnasio mirando distraído el correo y, de repente, allí estaban.

EMILIA CLARKE (Daenerys Targaryen): Estaba en un avión de vuelta de unas vacaciones. Tenía muy pocos días de descanso entre *Star Wars* y *Juego de tronos* y pensé: «Seguro que cuando esté de vacaciones me envían los putos guiones y tendré que leérmelos y ponerme triste». Disfruté de las vacaciones completas y, en cuanto aterricé en Heathrow, pam, ahí estaban, perfecto. Estaba con mi mejor amiga y me volví hacia ella: «¡Madre mía! —Había perdido la cabeza por completo—. ¡Tengo que irme, tengo que irme!». Y ella: «¡Pero que tienes que recoger las maletas!».

JOE DEMPSIE: El [grupo privado del reparto en] WhatsApp empezó a echar humo: «¡Ya han llegado!». Todos iban diciendo: «¡No me lo destripéis!». Pero Jacob reconoció que había mirado el sexto episodio en primer lugar para ver si sobrevivía.

JACOB ANDERSON (Gusano Gris): Tenía ciertas sospechas. Es el final y vas a descubrir el destino de todos los participantes de la serie. «¿Cuál es el mío? ¿Dónde voy a estar?» Y la verdad es que no quería que terminara. Era la primera vez que no quería leer los guiones en cuanto llegaran, porque entonces tendría que aceptar que se había acabado.

PETER DINKLAGE (Tyrion Lannister): Fue la primera vez que no fui directo al final [para ver si Tyrion sobrevivía].

ISAAC HEMPSTEAD WRIGHT (Bran Stark): Al principio estaba convencido de que era un guion de broma, de que David y Dan habían enviado a cada actor un guion en el que su personaje terminaba en el Trono de Hierro. Vale, buen chiste. Luego me di cuenta de que era auténtico. Me entraron unas ganas enormes de salir a la calle y gritar: «¡Soy el rey, cabrones!».

LIAM CUNNINGHAM (Davos Seaworth): Yo estaba en Nueva York y los putos archivos no se abrían. ¡Tenían doble seguridad adicional! Todo el mundo pensó que yo era una especie de ludita y no sabía abrirlos. Luego llegué a Belfast y les dije: «¡Aquí tenéis!», y ellos tampoco fueron capaces de abrirlos, así que no era culpa mía.

MAISIE WILLIAMS (Arya Stark): No me di cuenta de que los habíamos recibido ya. Estaba con unos amigos de vacaciones, y Sophie en plan: «¿Los has leído?». Me dijo: «Sobre todo, entra primero en este episodio, en esta escena». Era la escena de Arya y Gendry.

SOPHIE TURNER (Sansa Stark): ¡Es verdad! Fue como: «Lee esto, ¡es alucinante!», y Maisie se puso muy contenta. Siempre terminábamos destripándonos las cosas una a la otra.

Gwendoline Christie y Nikolaj Coster-Waldau también se llevaron una sorpresa al descubrir que sus personajes se acostaban en la última temporada.

GWENDOLINE CHRISTIE (Brienne de Tarth): Recibí un mensaje de Nikolaj en el que solo se reía. Yo le contesté con un emoticono de los que vomitan. Qué moderno todo.

Mientras los responsables de la serie seguían mirando su correo electrónico y esperando, varios miembros del reparto experimentaron unas repentinas ganas de irse a dar un largo paseo.

DAN WEISS: ¿Por qué no escriben? ¿Significa que les gusta? ¿Significa que lo odian?

DAVID BENIOFF: La primera en escribir fue Sophie, que tuvo el mérito de leerse los seis guiones a toda velocidad en alrededor de una hora.

SOPHIE TURNER: Tienes muchas expectativas sobre qué va a pasar y cómo va a terminar. Yo me había imaginado como cien posibilidades distintas de lo que sucedería. Cuando por fin te pones a leerlo, y en parte por lo bromistas que son David y Dan, piensas: «¡Esto no puede ser verdad! ¿De verdad termina así? Madre mía, madre mía, madre mía».

EMILIA CLARKE: Esto va a sonar muy triste, pero espero que un megafán se enfrente al visionado de la última temporada como yo me enfrenté a la lectura de la última temporada. Fue como..., vale, me puse cómoda, con una taza de té —siempre tenía que preparar el espacio físico—, y los leí. Me afectaron profundamente. Salí de casa, cogí las llaves y el móvil y volví con ampollas en los pies porque me había pasado horas caminando.

SOPHIE TURNER: Después me quedé como aturdida y tuve que salir a caminar durante varias horas. Y lloré mucho. No lloraba por nada en concreto, solo porque se acababa. Pero me pareció que era una forma estupenda de acabar la serie.

GWENDOLINE CHRISTIE: Si has tenido la suerte de llegar hasta la octava temporada, esperas morir en la primera página. La peor opción posible es morir fuera de pantalla. Cada par de páginas pensaba que me habían matado. Es algo emocional; había puesto mi corazón y mi alma en este proyecto, y también me había volcado en él a nivel físico, algo que me había supuesto todo un reto. Durante la lectura también hubo unas cuantas veces en las que me sonrojé muchísimo. Leer algunas cosas que iban a pasar me despertó sentimientos muy intensos. Tuve que salir a dar un paseo larguísimo y me surgieron muchas preguntas.

El reparto también sintió como nunca la presión de conocer los acontecimientos de antemano. Custodiaban los códigos nucleares de la cultura pop a los que el mundo quería tener acceso, y les inquietaba meter la pata al decir algo..., incluso al hablar entre ellos.

JOE DEMPSIE: Había momentos en los que desconfiabas de ti mismo por tener todo eso en el cerebro. Estabas en posesión de algo que millones de personas querían saber. Era un sentimiento de lo más estrambótico, como si fueras espía y tuvieras un maletín lleno de secretos.

EMILIA CLARKE: La gente te decía: «Eh, colega, ¿qué pasa?». «Nada, ¿qué tal tú?». «¿Has leído algo bueno últimamente?». Y entonces te ponías paranoica y te daba pánico poner cualquier cosa en forma de texto.

Los actores que descubrieron que sus respectivos personajes no sobrevivían hasta el final reaccionaron a su destino de maneras diversas.

IAIN GLEN (Jorah Mormont): Te pasas ocho años en plan: «Por favor, por favor...». Quieres seguir en la fiesta a toda costa, quieres continuar a bordo. Esta era la temporada [para que te mataran], si al final ibas a caer. Es una muerte heroica y satisfactoria [la de Ser Jorah]. Los pobres Dan y David estaban preocupados por las reacciones de los actores, y su intuición les decía que si la palmabas, te enfadarías. Así que lo primero que hice fue enviarles un correo electrónico y decirles que me encantaban los guiones.

CONLETH HILL (Varys): En aquel momento no encontraba consuelo. No dejaba de preguntarme: «¿Qué he hecho mal?». No podías evitar pensar que habías fallado en algo, que no habías estado a la altura de alguna expectativa cuya existencia no conocías. No creo que alguien que no haya pasado por ello pueda identificarse con esa sensación. Piensan: «¿A qué viene tanto alboroto? Si la serie se nos acaba a todos». Pero te lo tomas como algo personal, no puedes evitarlo. Con un poco de perspectiva empiezas a pensar: «En fin, es buena manera de irse, es noble y para bien». Ahora ya se me ha pasado, pero entonces estaba inconsolable.

DAVE HILL (coproductor): Como no podía ser de otra manera, algunos actores decían: «Yo quería ser el rey o la reina al final», o querían un monólogo de diez páginas para su personaje. Pero todos lo aceptaron bien.

Y luego estuvo la reacción de Kit Harington..., o más bien su falta de reacción.

KIT HARINGTON (Jon Nieve): Emilia y yo íbamos sentados uno al lado del otro en el avión hacia Belfast. Le dije que no había leído los guiones.

EMILIA CLARKE: Por Dios. Eso resume a la perfección cómo es Kit y mi amistad con él. «¡Tío! ¿En serio? ¿De verdad? ¿Y no vas a...?»

KIT HARINGTON: ¿Qué sentido tiene leerlos solo, con mi propia voz en mi cabeza, cuando puedo escuchar [al resto del reparto en la lectura conjunta] y descubrirlo todo en compañía de mis amigos?

DAN WEISS: «Kit no nos escribe... Joder. ¿Será porque los detesta? Si los detesta, ¿quiere decir que nos hemos equivocado?». Dedicamos un montón de tiempo a pensar en su personaje.

Cuando lo vimos en el primer ensayo, le preguntamos: «¿Y?».

KIT HARINGTON: Entré en la sala diciendo: «No me los he leído, no me contéis...».

DAN WEISS: Llegó en plan: «Quiero experimentarlo por primera vez en esta sala». Y fue un gran alivio, porque si hubiera leído los guiones y no hubiera dicho nada, seguramente significaría que como mínimo tenía sentimientos muy encontrados.

KIT HARINGTON: Me convertí en una especie de prueba de fuego, porque estaban pendientes de todas mis reacciones, y eso hizo que fuera un día muy divertido.

PETER DINKLAGE: Tendría que habérseme ocurrido hacer lo mismo, porque fue una experiencia muy visceral.

MAISIE WILLIAMS: Antes de comenzar la lectura, todo el mundo estaba hablando del tercer episodio. Y Miguel me preguntó: «¿Te has leído ya el guion?». Y yo: «No». Y él: «Ah, pues entonces no te lo puedo contar». Y yo: «¿Nos enfrentamos a los espectros? Entonces ¿muere [el Rey de la Noche]? ¿Quién lo mata? ¿Qué pasa?». Y nadie me decía nada. ¿Por qué nadie me lo cuenta?

Durante dos días, el reparto de *Juego de tronos* leyó en voz alta los guiones de la octava temporada en una sala de reuniones.

CARICE VAN HOUTEN (Melisandre): Es como volver al colegio. Te reencuentras con todos tus amigos. Era la última vez que nos juntábamos todos. Cuando los distintos actores llegaban a su muerte, nos animábamos los unos a los otros, mostrábamos cariño y aplaudíamos. Cuando alguien llegaba a sus últimos momentos, toda la sala estallaba en vítores para apoyarlo.

KIT HARINGTON: Cuando Arya hacía caer al Rey de la Noche y le clavaba la daga, se montó un escándalo cojonudo.

RORY McCANN (Sandor Clegane, «el Perro»): Fue bastante emotivo. Estás viendo muertes, y todo sucede delante de ti y ves que la gente se disgusta. Cuando empezó la llamada Clegane Bowl [el ansiado enfrentamiento entre los dos hermanos Clegane], me llevé una trompeta y la hice sonar justo antes de pronunciar una de mis últimas frases.

El elenco llegó al momento más transcendental de la última temporada: Jon Nieve clava un cuchillo en el corazón de su amante, Daenerys Targaryen. El guion del último capítulo de la serie dice:

De pie ante el Trono de Hierro, Dany da un paso al frente y besa al hombre al que ama. Un beso perfecto, una expresión de amor y pasión puros.

Cerramos plano hacia ellos hasta que solo vemos sus caras: los ojos cerrados, la mano de Jon en la nuca de Dany, la mano de ella en la mejilla de él.

Dany abre los ojos de repente y jadea. Jon también abre los ojos, ya llenos de lágrimas. Durante un instante ninguno de los dos se mueve, como si el movimiento fuera a hacerlo todo realidad.

Desde un ángulo más amplio, vemos a Jon con la mano aún en la empuñadura de la daga que acaba de clavarle a Dany en el corazón. Ella pierde las fuerzas y se desploma sobre el mármol; él la mantiene entre sus brazos mientras cae y se arrodilla en el suelo a su lado.

Jon baja la mirada hacia lo que ha hecho. Terrible. Y necesario. Espera compartir un último instante con ella.

KIT HARINGTON: Emilia estaba sentada a la mesa frente a mí. Yo iba leyéndolo. La miré y hubo un momento de: «No, no...», y ella... [*asiente con aire triste*].

En el documental de HBO *Juego de tronos: La última guardia*, vemos que Harington se aparta de la mesa con los ojos llenos de lágrimas y se tapa la boca con la mano.

MAISIE WILLIAMS: Levantó la mirada, Emilia le hizo como un gesto de asentimiento con la cabeza y Kit lloró un poco. La verdad, fue un alivio. Todo lo que llevabas tanto tiempo esperando llegaba por fin a su conclusión, y era buena. Me había reservado el sexto episodio para la lectura conjunta, así que yo tampoco sabía cuál era el final.

KIT HARINGTON: Lloré en dos momentos. Uno fue la escena de Jon y Dany, que me resultó muy emotiva, y luego otra vez al final de todo. En cada temporada, leías al final del último capítulo: «Fin de la primera temporada», o «Fin de la segunda temporada». Aquí decía: «Fin de *Juego de tronos*». Y tú: «Joder, vale, esto está ocurriendo de verdad».

CAPÍTULO 29

LA LARGUÍSIMA NOCHE

El patio de Invernalia estaba cubierto de nieve, tierra y sangre. Ardía leña en las hogueras, que despedían calor y humo. Cadáveres rígidos con toda clase de horripilantes heridas mortales yacían en pilas desordenadas. Sobre las murallas del castillo, los estandartes de los Stark colgaban flácidos.

Ascendí por las resbaladizas escaleras, recorrí los agrietados adarves del castillo y crucé estrechos almenares. Casi encima del portón principal, en el parapeto había unos huecos que ofrecían una vista mareante del campo de batalla que se extendía a mis pies. El campo estaba lleno de descomunales trabuquetes, hondas trincheras con estacas de madera en el borde y centenares de hombres uniformados preparándose para entrar en combate. Tenía el aliento helado. La fría lluvia caía de nuevo. En algún lugar, un ayudante de dirección gritó a los extras que retomaran sus posiciones: «¡No hemos venido a tomar el té! ¡Venga!».

Ser Davos pasó caminando. «Me dijeron que esto era una serie basada en los personajes», dijo con un suspiro.

Para la primera temporada de *Juego de tronos* se había construido una recreación de Invernalia en medio de un campo de ovejas. El castillo era imponente, pero en 2017 la producción tuvo que reconstruirlo hasta casi triplicar su tamaño original para la última temporada y la gran batalla entre los vivos y los muertos. En el nuevo escenario podías perderte por donde quisieras y se mantenía la ilusión de estar en el hogar de los Stark. Era el patio de juegos definitivo de la fantasía medieval, el castillo para tortugas del joven George R. R. Martin hecho realidad.

DEBORAH RILEY (diseñadora de producción): En parte, ampliamos Invernalia para poder mostrar espacios que no se habían visto antes. Hasta entonces no sabíamos de dónde salía la comida, de dónde salía la cerveza, de dónde salía el pan; todas esas actividades de la trastienda. Para mí era una manera de entenderlo mejor como un castillo que vivía y respiraba.

Pero de haber sabido en la primera temporada hasta dónde iba a llegar la serie, habríamos levantado Invernalia en un lugar diferente, no en una pantanosa granja de ovejas. Solo conseguir que los soldados pudieran correr de un lado para el otro sin acabar con barro hasta las rodillas, y no hablemos ya de llevar maquinaria, era un auténtico calvario.

Más cerca de Belfast, otro decorado enorme de *Juego de tronos* reconstruía varias calles del casco antiguo de Dubrovnik. Se había construido para el rodaje de la *otra* gran batalla de la temporada final, la que tendría lugar en Desembarco del Rey, y era imponente pero en otro sentido: un minilaberinto de calles adoquinadas que replicaban de manera exacta las calles de la ciudad croata. Era necesario construir una copia minuciosa de una ciudad ya existente porque, como señalaba el responsable de la serie Dan Weiss, «no podemos volar Dubrovnik en mil pedazos».

Hacía mucho que los responsables de la serie habían ideado las dos batallas de la temporada final: una guerra contra los muertos y otra en la que los supervivientes se volvían unos contra otros. Ambas habrían sido impensables con el presupuesto y el calendario anteriores de la serie. Además, la producción dedicó nueve meses a rodar seis episodios en lugar de los seis meses que solía emplear para rodar diez. Para ponerlo en contexto, el rodaje de la mayoría de las películas de Hollywood suele abarcar alrededor de tres o cuatro meses.

Si añadimos a eso la cantidad de horas que el equipo de *Juego de tronos* dedicó a rodar la temporada final, la intensa labor de preparar las secuencias de acción, la presión global para entregar un final satisfactorio y las brutales condiciones de trabajo en exteriores habituales de la serie, el resultado fue que los obstáculos que afrontó el reparto y el equipo durante la octava temporada fueron, según Nikolaj Coster-Waldau, «inauditos».

«Una escena que dos años atrás habríamos rodado en un día se convirtió en cinco días de trabajo —declaró Kit Harington—. Querían que todo quedara perfecto. Querían filmarlo de todas las maneras posibles para luego tener opciones. Y al ser la temporada final de ocho, casi todas las escenas eran emotivas. La exigencia de tener las emociones siempre a flor de piel se volvió un puto agotamiento.»

Para la producción, el mayor desafío (no solo de la octava temporada, sino de toda la serie) fue el episodio titulado «La Larga Noche». La amenaza de los caminantes blancos se había insinuado ya en la escena inicial del episodio piloto. Todas las personas implicadas en *Juego de tronos* sabían que la batalla de Invernalia tendría que estar a la altura de unas expectativas acumuladas durante años.

DAVID BENIOFF (*showrunner*; creador y responsable de la serie): Llevábamos allanando el terreno para esto desde el principio, y era el enfrentamiento definitivo entre los vivos y los muertos, así que no podíamos despacharlo con una secuencia de doce minutos.

DAN WEISS (*showrunner*; creador y responsable de la serie): Desde el inicio, la idea era que teníamos una serie de disputas en marcha que parecían muy importantes y trascendentales pero que se producían sobre un trasfondo de acontecimientos mucho más amplios y cruciales que muy pocas personas, y solo quienes se movían en los márgenes de la escena política, conocían. La estructura global de la serie siempre apuntaba a que aquellos sucesos del lejano oriente y el lejano norte acabarían por colisionar y decidir el destino de todos los que estaban en medio.

En *Juego de tronos*, un episodio de batalla típico presentaba unos quince minutos de escenas de conversación, la calma antes de la tormenta previos a que se desatara el infierno. En la octava temporada, los guionistas dedicaron un episodio entero a los preparativos de los personajes para la batalla, el teatral «El caballero de los Siete Reinos» dirigido por Bryan Cogman, cuyos momentos más memorables repasaremos más adelante. De ese modo, «La Larga Noche» podría arrancar a toda máquina con la que posiblemente es la secuencia consecutiva de batalla más larga jamás filmada, un episodio de ochenta y dos minutos enteramente compuesto por secuencias de acción de diversos tipos. Por comparar, el famoso asalto a la playa de Omaha que abre la película *Salvar al soldado Ryan* dura veintisiete minutos, y la batalla del Abismo de Helm en *Las dos torres*, cuarenta minutos. Para comandar el proyecto, los productores recurrieron una vez más al veterano de «Casa Austera» y «La Batalla de los Bastardos», Miguel Sapochnik.

MIGUEL SAPOCHNIK (director): Había bastantes nervios porque flotaba en el ambiente esa expectativa de superarnos a nosotros mismos, cosa que detesto.

DAVID BENIOFF: Rodar la batalla más enorme posible no suena muy emocionante. Suena bastante aburrido. Parte de nuestro desafío, en realidad del desafío para Miguel, era ser capaces de mantenerla absorbente. Si no hay más que humanos repartiendo estopa a espectros durante cuarenta y cinco minutos, el aburrimiento no tardará en llegar.

MIGUEL SAPOCHNIK: Llega un punto en que agotas al público. Vi *Las dos torres* y en realidad son tres batallas distintas en tres lugares distintos, intercaladas. Quería hacerme una idea de cuál es el momento en que te cansas. Se me ocurrió que la única manera de enfocar bien el episodio era aislar cada secuencia y preguntarme: «¿Por qué, como espectador, querría seguir mirando?».

El arma no tan secreta para la batalla era el elenco de personajes tan queridos con el que contaba la serie. El equipo supuso que si el episodio se centraba en los personajes favoritos del público lidiando con todo tipo de aventuras en el marco de la batalla, esa variedad de historias impulsadas por personajes llevarían de la mano al espectador a través de toda la requerida estopa.

Davos Seaworth (Liam Cunningham) llora a Jon Nieve mientras Fantasma duerme.

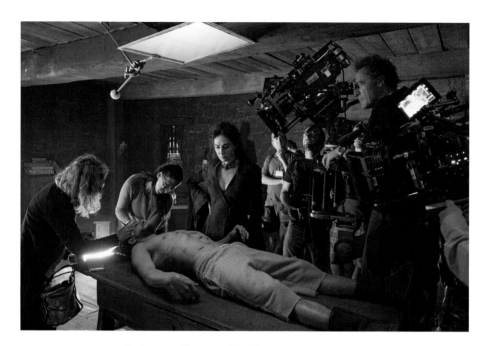

Carice van Houten y Kit Harington se preparan
para la escena de la resurrección.

El retorno de Jon Nieve.

Gusano Gris (Jacob Anderson) y Missandei (Nathalie Emmanuel)
comparten un par de momentos tiernos.

Sophie Turner y Alfie Allen ríen juntos entre tomas en la sexta temporada.

La «Reina de Espinas»,
Olenna Tyrell (Diana Rigg).

Hodor (Kristian Nairn) aguanta el portón.

El gigante del pueblo libre Wun Weg Wun Dar Wun (Ian Whyte) entre las tropas desplegadas de Jon Nieve para la Batalla de los Bastardos.

Jon Nieve ataca al ejército de los Bolton en la Batalla de los Bastardos.

El ejército de Jon Nieve atrapado entre la muralla
de escudos de los Bolton y la pila de cadáveres.

Jon Nieve se esfuerza por salir a la luz en la Batalla de los Bastardos.

Kit Harington revisa su última toma durante el rodaje de la batalla.

Peter Dinklage mira a un «dragón» en un
acantilado durante el rodaje en España.

Jaime Lannister carga contra un dragón.

Daenerys Targaryen, te presento a Jon Nieve.

Drogon diezma el ejército Lannister.

Pilou Asbæk interpreta a Euron Greyjoy en plena furia asesina
durante el rodaje de la batalla marina de «Nacida de la Tormenta».

Isaac Hempstead Wright, Maisie Williams y
Sophie Turner actúan junto al arciano de Invernalia.

Joe Dempsie, Rory McCann, Kristofer Hivju, Kit Harington, Richard Dormer y Paul Kaye descansan en el rodaje de «Más allá del Muro».

El rodaje del ataque de los espectros en «Más allá del Muro» sobre un lago helado falso en Irlanda del Norte.

Daenerys lucha junto a Ser Jorah Mormont (Iain Glen) durante «La Larga Noche».

Emilia Clarke cabalga concentrada el simulador de dragón
(alias «la Tortuga Verde») en la suite de captura de movimiento.

Arya estrangulada por el Rey de la Noche un momento
antes de pasarse la daga a la mano derecha.

Cersei y Jaime Lannister pasan juntos sus últimos momentos.

La sala del trono en ruinas durante el rodaje de «El Trono de Hierro».

Rodaje del episodio final de la serie, «El Trono de Hierro».

El rey Bran I el Roto con Arya y Sansa.

La última charla de *Juego de tronos* en la Comic-Con de 2019.

DAN WEISS: Lo que hace avanzar la acción son los personajes, no la cantidad de lanzas y espadas que puedan blandirse en plano. Por suerte, habíamos dedicado más de setenta horas a explicar quién era quién. Teníamos una gran cantidad de historias individuales que meter en esa situación.

DAVE HILL (coproductor): Que la mayoría de las batallas en el cine ocupen los últimos quince minutos de una película no es casualidad. La gente pierde el interés. De modo que sí, tendríamos una gran batalla a campo abierto. Pero también tendríamos a Arya en una secuencia de casa encantada en la biblioteca. Y a Tyrion y Sansa en la cripta para lo que acabaría siendo una pequeña peli de terror. Y a Dany y Jon en los dragones. Cada historia tenía distintas texturas que servían para diferenciarlas entre ellas.

MIGUEL SAPOCHNIK: El proceso de reducción del guion llevó mucho más tiempo esta vez porque David y Dan querían conservarlo todo. Todos lo queríamos todo, pero teníamos delante la realidad de lo que podríamos lograr. Y una de las cosas que me parecieron interesantes fue que cuanta menos acción, cuanta menos pelea dejáramos en una secuencia, mejor. Además, íbamos cambiando de género, del suspense al terror, de la acción al drama, para no encasillarnos en mostrar una muerte tras otra, porque entonces la gente se insensibiliza y todo pierde significado.

El plan de producción original para «La Larga Noche» era dividir el rodaje en pequeños segmentos, lo cual requeriría la presencia de menos miembros del reparto y el equipo en cada momento. Pero esto obligaba a una filmación muy estructurada y limitaba la capacidad de improvisación de Sapochnik y el número de planos con grupos numerosos de actores. Sapochnik había aprendido en «Casa Austera» y en «La Batalla de los Bastardos» que nada salía del todo según el plan, y menos rodando en exteriores bajo un clima hostil, y por lo tanto era esencial que pudiera maniobrar rápido en reacción a esas circunstancias cambiantes.

MIGUEL SAPOCHNIK: Construimos una parte nueva y enorme de Invernalia y pensamos: «Rodaremos esto *aquí* y esto otro *allí*». Básicamente, lo dividimos en tantas partes que aquello iba a parecer una película de Marvel, sin flujo ni improvisación. También en *Star Wars* construyen ciertas partes del escenario y luego añaden enormes elementos de pantalla verde. Todo quedaría repartido en pequeños fragmentos que habría que juntar. Y es perfectamente comprensible. Es un método eficiente. Pero cuando lo haces así, hay algo que se pierde. Pierdes la espontaneidad de poder mover la cámara por cualquier parte. Y yo me paseaba por el escenario pensando: «Esto es genial, puedo caminar y encontrar ángulos que nunca habría podido ver de antemano».

Así, Sapochnik propuso un calendario alternativo consistente en once semanas de rodaje nocturno consecutivo.

MIGUEL SAPOCHNIK: Fui a los productores y les dije: «Sé que es una mierda y que hará frío. No quiero rodar de noche durante once semanas, y los demás tampoco. Pero si seguimos por este camino, perderemos lo que mola de *Juego de tronos*: esa sensación de realidad, por mucho que haya elementos sobrenaturales y salgan dragones.

Juego de tronos ya había rodado numerosas secuencias de acción nocturnas a lo largo de los años, pero las batallas del Aguasnegras y del Castillo Negro, ambas bajo una fuerte lluvia, habían ocupado unas tres semanas cada una. Que los productores supieran, ninguna otra película o serie había intentado nunca un calendario de rodaje semejante.

LIAM CUNNINGHAM (Davos Seaworth): Nos reunieron a todos en una tienda y nos dieron la noticia. Pasaron una previsualización del episodio, que es como un *storyboard* pero con algo de animación, en formato visual. Vimos una serie de imágenes extraordinarias. Miguel nos explicó que íbamos a rodarlo a lo largo de cincuenta y cinco noches y hubo mucho intercambio de miradas entre la gente. Algunos ya habíamos participado en «La Batalla de los Bastardos», que había durado menos de la mitad y se había rodado de día. Al momento pensé: «Hostia. Esto va a ser una pesadilla. Parece un intento deliberado de mandarlo todo a la mierda». Sobre el papel, era una locura. Pero querían que todo el mundo fuera muy consciente de la mierda en la que iban a meternos, que nadie dijera luego que no estaba avisado.

DAVE HILL: Miguel envió un email a todo el reparto: «Por favor, adoptad el horario de noche lo más pronto posible, porque el cansancio, el frío y la humedad van a ser tan extremos que necesitaréis toda la ventaja que podáis acumular».

GWENDOLINE CHRISTIE (Brienne de Tarth): Pedí una reunión con Miguel. Para mí era muy importante que quedara bien reflejada la relación entre Jaime y Brienne durante la batalla. Debíamos ver que la relación ha continuado y se ha ido solidificando a lo largo de mucho tiempo, que se encuentran en la infrecuente situación de poder confiar completamente y depender uno del otro. Estás llevando una relación compleja y sólida a una guerra brutal, alucinante, apocalíptica. ¿Eso los separará o los unirá todavía más?

MAISIE WILLIAMS (Arya Stark): Me había perdido todas las batallas año tras año, cosa rara porque Arya es el personaje que más ha estado entrenándose. Entonces Miguel me llamó un año antes y me dijo: «Ponte ya a entrenar, porque esto va a ser muy duro». Y yo dije: «Claro, claro...».

El episodio iba a incluir la muerte de varios personajes, como Theon Greyjoy, que por fin protagonizaba un momento altruista y heroico al intentar proteger a Bran del Rey de la Noche...

BRYAN COGMAN: Fue difícil para Alfie, porque había cierto grado de trabajo físico de especialistas y efectos y demás que quedaban fuera de su control. Y tener que interpretar sus momentos finales en medio de todo aquel caos y aquella locura fue tremendamente exigente para él. La noche en que rodamos, aquella era solo una de las muchas cosas que teníamos que hacer. Pero cuando hubimos terminado nos dimos cuenta de la angustia y de la magnífica sutileza de su interpretación, y también de la catarsis que representa que Theon se vaya en paz, protegiendo a Bran. Se habla de las redenciones de muchos personajes, cumplidas o no, y la suya sin duda se cumple totalmente.

... y Jorah Mormont, que moría protegiendo a Daenerys del Ejército de los Muertos.

IAIN GLEN (Jorah Mormont): O tu personaje tiene una conclusión, o sobrevives hasta el final y entonces la gente trata de imaginar cuál será el futuro de ese personaje, que nunca conocerás. Yo me alegré de tener esa conclusión. Es muy propio de él sacrificar su propia vida para que ella pueda triunfar. En cierto modo, obtiene la conclusión que estaba buscando.

DAVE HILL: Durante mucho tiempo quisimos que Ser Jorah estuviera también en el Muro al final de todo. Los tres personajes que iban a salir del túnel [en la escena final de la serie] eran Jon, Jorah y Tormund. Pero habríamos tenido que retorcer muchísimo la lógica para enviar a Jorah hacia el Muro y que abandonara a Dany justo antes [de su triste final]. No puedes hacer una cosa así a la ligera, y era justo que Jorah obtuviera la noble muerte que tanto ansiaba, defendiendo a la mujer a la que ama.

Otra baja era la joven Lyanna Mormont. En un principio habían contratado a la actriz Bella Ramsey para un solo capítulo en la sexta temporada, pero robaba las escenas con tanta ferocidad que los responsables de la serie la hicieron volver en repetidas ocasiones. (La frase favorita de Ramsey entre los peleones diálogos de su personaje era: «Me da igual que sea un bastardo. ¡La sangre de Ned Stark corre por sus venas!».)

BRYAN COGMAN: La primera escena de Bella podría haber sido un desastre. Podría haber terminado en el suelo de la sala de montaje si la hubiera hecho la primera chica mona que hubiera entrado por la puerta. Pero Bella estuvo creíble hasta la médula. En un momento dado, Kit se equivocó en una frase y ella se la chivó porque había memorizado todos los diálogos de la escena.

MARK MYLOD (director): Kit dijo: «Ojalá me hubiera aprendido mejor los diálogos. ¡Me está poniendo en evidencia!». Fue uno de esos momentos en que gritas: «¡Corten!» y todo el mundo se pone a aplaudir espontáneamente.

En «La Larga Noche», Lyanna se enfrenta a un zombi gigante. El monstruo la estruja dentro de su puño, pero aun así ella consigue abatirlo clavándole su daga en el ojo.

BELLA RAMSEY (Lyanna Mormont): Miguel me dijo una cosa que no creo que vaya a olvidar nunca. No estaba segura de si Lyanna debía estar muy asustada o solo un poco. Lo probamos de varias maneras. Y él me dijo: «Es como si le hubieran eliminado el gen del miedo». Y fue una directriz estupenda. Tal vez su historia tuviera potencial para crecer, pero iba a tener que morir en algún momento, porque todo el mundo lo hace, y el modo en que muere Lyanna es el mejor posible. Yo quería o bien acabar en el Trono de Hierro o bien tener una buena muerte. Así que estoy contenta.

Melisandre fallecía también. La mujer roja regresaba para ayudar a los héroes a derrotar a las fuerzas de la oscuridad y luego se arrancaba el collar que le confería la juventud eterna y caminaba hacia el amanecer mientras su cuerpo envejecía y acababa engrosando los montones de muertos.

CARICE VAN HOUTEN (Melisandre): Les había sacado las castañas del fuego, así que al final se convierte un poco en heroína, cosa que mola porque durante mucho tiempo la había odiado todo el mundo. En esa pieza orquestal tan grandilocuente, me gustó ser las suaves notas finales de piano. Por fin descubrimos para qué había ido hasta allí, y era para completar su viaje: ya me puedo ir, mi trabajo está hecho. Traté de interpretar la escena mostrando agotamiento pero también alivio.

A veces la última frase de un personaje, por sencilla que sea, puede ser la más difícil de pronunciar. Una vez que hayas pronunciado esas palabras, ya no volverás a meterte en un papel que has interpretado durante tantos años.

CARICE VAN HOUTEN: No era capaz de clavar mi última frase. Tenía que decir a Liam: «No hay necesidad de ejecutarme, Ser Davos. Habré muerto antes del alba». Me cabreé un poco. Me daba la sensación de haber hecho ya sesenta tomas de esa frase. No conseguía clavarla. No sé por qué.

Sin embargo, probablemente el hecho más crucial fuera la muerte del Rey de la Noche. Arya eliminaba al líder de los caminantes blancos con su daga de acero valyrio, que aparecía ya en la primera temporada de la serie cuando un asesino la utilizaba para atacar a Bran Stark. La daga pasaba a manos de Catelyn, luego de Meñique, luego de Bran y por último a manos de Arya, que ya la había utilizado para matar a Meñique en la séptima temporada. Dado que el Rey de la Noche no aparece en los libros de Martin, el modo en que debía morir era una decisión culminante que recayó en los creadores de la serie. Al principio barajaron a varios héroes candidatos para terminar con el mayor villano de la historia.

DAVID BENIOFF: Debía ser alguien que tuviera un acceso creíble al acero valyrio. No queríamos que fuese Jon porque siempre estaba salvando a todo el mundo. En un momento dado hablamos de que fuera el Perro, pero preferíamos reservar su gran momento para la Clegane Bowl. Visto con perspectiva, no habría quedado bien de haber sido Jon, Brienne o el Perro.

DAN WEISS: Pero en el libro que lee Sam en la Ciudadela explicábamos que el vidriagón se había utilizado para adornar instrumentos cuyos usuarios ni siquiera sabían con qué estaban trabajando, y aparecía una imagen de la daga de Arya.

DAVID BENIOFF: La daga estaba establecida desde el principio, y sabíamos que Arya terminaría haciéndose con ella al final de la séptima temporada para matar a Meñique. Tenía que ser Arya. Todo se remonta a la famosa frase de «Hoy no».

DAN WEISS: «¿Qué se le dice al dios de la muerte?» Bueno, pues el Rey de la Noche es lo más cercano a una personificación del dios de la muerte.

También estaba la frase premonitoria que pronunciaba Arya en la segunda temporada: «Se puede matar a cualquiera».

MIGUEL SAPOCHNIK: Mi intención era hacer una secuencia antes de que ella lo matara en la que aparecerían todos los personajes de la historia luchando para abrirse paso hacia el momento final. Iba a rodarla para ir intercalando sus planos y que todos empezaran a convertirse en el mismo personaje. Me interesaba la idea de que todos descienden de reyes y están destinados a desempeñar este papel, incluido el Rey de la Noche. Él es producto de algo que salió mal con los niños del bosque. La escena iba a culminar con la misma composición para todos los personajes. Pero eso lo recortamos.

Luego pensé: «Es que si el espectador ve correr a Arya, sabrá que va a hacer algo». Así que la idea fue casi perderla de la historia y luego recuperarla por sorpresa. La gente esperaría que lo hiciera Jon, porque siempre es él quien salva la papeleta. Por eso lo seguíamos a él todo el rato. Queríamos que el público pensara: «Lo va a hacer Jon, lo va a hacer Jon...», y entonces *falla*. Falla en el último momento.

DAN WEISS: Queríamos mostrar que la superioridad numérica era abrumadora y que nadie iba a poder llegar a espadazos. Los obstáculos que había entre los héroes y el Rey de la Noche eran insuperables, a no ser que contaras con alguna ventaja mágica, cosa que Arya poseía. Era una persona a la que el Rey de la Noche no tendría en cuenta y, con un poco de suerte, el público tampoco estaría pensando en ella en ese momento.

MAISIE WILLIAMS: Fue increíblemente emocionante. Pero enseguida pensé que a la gente no iba a gustarle, que el personaje no se lo merecía. Se lo conté a mi novio y él me dijo: «Hum, bueno, pero en realidad debería hacerlo Jon, ¿no crees?». Y eso tampoco me dio demasiada confianza. Lo más difícil en cualquier serie es ir construyendo un villano que parezca imposible de vencer y luego vencerlo. De pronto llega una chavala de cincuenta kilos y lo apuñala. Eso tienes que hacerlo con inteligencia.

La percepción de Williams sobre el giro argumental cambió después de filmar la escena junto a Van Houten en la que Melisandre recuerda a Arya lo que le había dicho en la tercera temporada: «Veo una oscuridad en ti. Y en esa oscuridad, unos ojos que me devuelven la mirada. Ojos pardos. Ojos azules. Ojos verdes. Ojos que cerrarás para siempre. Volveremos a vernos». La escena sugería que Arya estaba destinada a destruir al Rey de la Noche, aunque el orden de los colores de ojos se cambió para que concluyera con «ojos azules» cuando Melisandre repetía la frase.

CARICE VAN HOUTEN: Me sentí como el típico secundario de la película que da un último empujón al protagonista para que triunfe, como en un partido de fútbol.

MAISIE WILLIAMS: Estaba rodando la escena con Melisandre, y esa conversación recuerda a Arya todo por lo que ha estado esforzándose las últimas seis temporadas. Era todo para llegar a ese preciso momento. Así que entonces pensé: «Jódete, Jon, me lo cargo yo».

De modo que Melisandre no solo aportó a Arya la confianza suficiente para atacar al Rey de la Noche, sino que convenció también a Williams de que su personaje era capaz de lograrlo. Por supuesto, que Arya estuviera destinada de verdad a destruir al Rey de la Noche o que Melisandre simplemente motivara a la persona adecuada en el momento justo es algo que, como sucede con todas las profecías de *Juego de tronos*, no queda nada claro. Pero miles de años antes los niños del bosque habían creado al demonio perforando el corazón de un prisionero con vidriagón, y la joven Stark se las ingeniaba para apuñalarlo más o menos en el mismo sitio. El Caballero de la Noche perece tal como fue creado.

KIT HARINGTON (Jon Nieve): ¡Creía que iba a ser yo! Pero me gusta porque da sentido al entrenamiento de Arya. Es mucho mejor que lo haga ella. Para parte del público será una decepción, porque Jon lleva tiempo persiguiendo al Rey de la Noche y todos esperan un combate épico que no llega a hacerse realidad, pero eso es muy propio de *Juego de tronos*.

ISAAC HEMPSTEAD WRIGHT (Bran Stark): En el momento anterior, cuando Bran ve que el Rey de la Noche está a punto de atacarlo, interpreté que Bran debería mirarlo con compasión, porque sabe cómo fue creado. No es un monstruo, es un arma que se ha torcido horriblemente. Es un hombre inocente con un trozo de cristal metido en el corazón. Y terminamos dándole ese enfoque, en plan: «Siento que te haya pasado esto».

En la batalla participan también dragones, gigantes y el lobo huargo de Jon Nieve, Fantasma. Pero los productores descartaron incluir las legendarias arañas de hielo que la Vieja Tata había descrito tan misteriosamente en la temporada uno, al contar la leyenda de la Larga Noche.

DAN WEISS: «Grandes como perros». ¿No hablamos de eso durante unos treinta segundos? Suena bien. Quedaría bien en la portada de un disco de heavy metal. Pero cuando empiezan a moverse, ¿qué aspecto tiene una araña de hielo? Lo más probable es que no mole demasiado.

A pesar de todas las advertencias de Sapochnik, el calendario de rodaje del episodio resultó mucho más duro de lo que cualquier miembro del reparto o del equipo había imaginado. El proceso comenzó con dos semanas de tomas nocturnas en diciembre. Luego vinieron otro par de semanas de rodajes nocturnos esporádicos a comienzos de año. Después, cincuenta y cinco noches seguidas de filmación nocturna. Y por último, alrededor de dos meses de rodaje diurno en el interior de un estudio.

Estas cincuenta y cinco noches emparedadas en medio de un calendario que ya era exigente de por sí se convirtieron en una especie de versión en la vida real de un eterno invierno sobrenatural y devastador. La producción tuvo la mala suerte adicional de sufrir el asedio de dos tormentas del vórtice polar, bautizadas por la prensa como «la Bestia del Este», como si los caminantes blancos hubieran irrumpido literalmente en el escenario. Las tormentas provocaron temperaturas extremadamente bajas y, según los informes meteorológicos de la zona, la sensación térmica llegó a ser de siete grados bajo cero. «Una noche teníamos que rodar a Jorah defendiendo a Dany junto a un trabuquete en llamas, pero tuvimos que suspenderlo porque hacía tanto frío que las barras de fuego de gas no se encendían», recordaba Dave Hill.

La ola de frío llegó acompañada por una lluvia helada, un viento huracanado y un esfuerzo físico y técnico agotador que se alargaba desde principios de la tarde hasta la madrugada. El equipo de *Juego de tronos* siempre se había jactado de su resistencia, pero «La Larga Noche» estuvo a punto de destrozarlos. Los actores tuvieron que convertirse también en atletas, soportando semana tras semana durísimos desafíos de resistencia a la vez que seguían ofreciendo sus habituales y aclamadas interpretaciones.

IAIN GLEN: No creo que la gente pueda llegar a comprender los efectos que once semanas de rodaje nocturno continuado tienen sobre el cuerpo y el cerebro humanos. Te destruye el organismo y te impide pensar. Teníamos que empaparnos y ensuciarnos y congelarnos y repetirlo una y otra vez, tanto que fue sin duda la experiencia más dura de las ocho temporadas para todos los departamentos. Por mucho que intentáramos mantener el humor negro, fue absolutamente brutal.

En términos narrativos, tenía sentido por el personaje al que se enfrentan. Pero fue una prueba muy dura. Te jode por completo el reloj corporal. No tienes vida aparte de eso. Cuando ruedas durante el día, puedes salir a cenar por la noche y hacer alguna cosa distinta. Con el rodaje nocturno, esas horas de descompresión desaparecen. Te acuestas a las siete de la mañana y te levantas a mediodía y ya no tienes tiempo de hacer nada. Fue la experiencia más desagradable de todo *Juego de tronos*.

JACOB ANDERSON (Gusano Gris): Gusano Gris no habla demasiado, por lo que tuve que dar mucho sentimiento y expresión a su manera de combatir. Intentaba transmitirlo todo con la cara pero a la vez recordar los detalles técnicos, y luego había que repetirlo todo veinte veces.

JOE DEMPSIE (Gendry): Todas las noches había un momento crítico, hacia las dos de la madrugada, en el que todo el mundo empezaba a comportarse un poco raro.

GWENDOLINE CHRISTIE: Era una locura. Yo lo sentía sobre todo por el equipo técnico. Ellos eran los que de verdad se enfrentaban a un sufrimiento brutal por lo implacable que era el calendario.

RORY McCANN (Sandor Clegane, «el Perro»): Todo el mundo reza por no tener que volver a hacer eso nunca más. [Durante el día] reconocías a los miembros del equipo que trabajaban en ello porque estaban demacrados.

LIAM CUNNINGHAM: No fue un ejercicio de creatividad. Fue una lección de disciplina. No cansarte, no aburrirte, porque si te aburres apartas la vista del objetivo y la cagas.

MAISIE WILLIAMS: Era imposible prepararse para el esfuerzo físico que tuvimos que soportar. Era noche tras noche, una y otra vez, y no parabas nunca. Además, no podías ponerte enfermo. Tenías que cuidarte porque había mucho que hacer y nadie iba a hacerlo por ti. Estás mojada y a las cuatro de la madrugada empieza a soplar el viento y el traje de cuero está empapado y tienes que seguir adelante. Se hacía muy raro, porque cuando ves esas cosas en películas parece todo muy glamuroso. Y a veces sí que lo es. Pero otras veces se va tanto hacia el otro lado que casi no parece ni el mismo oficio. Hay momentos en que estás al límite como ser humano y lo único que quieres es llorar.

CHRISTOPHER NEWMAN (productor): Lo peor era lo implacable de saber cada día que ibas a tener que trabajar con aquel frío hasta las cinco de la madrugada. Luchas contra tu cerebro e intentas ir paso a paso. La persona a la que más admiras es el director, porque él no puede ir paso a paso y limitarse a hacer su trabajo. Él es quien está componiendo el rompecabezas sin poder mirar el dibujo de la caja.

DAVE HILL: No sé cómo lo consiguió Miguel, porque yo no estaba en mi sano juicio y no tenía que estar arreglando cosas a cada segundo de cada día. Te conviertes en el cascarón de una persona.

IAIN GLEN: Cómo fue capaz Miguel de mantener las riendas escapa a mi comprensión.

RORY McCANN: Hay directores que no hablan mucho. Mientras hagas tu trabajo, no te dirigen la palabra. A veces, después de una escena, en los actores más jóvenes ves una sensación como de anhelo en su cara: «¿Lo he hecho bien?». Y algunos directores no les ofrecen ni una palabra, ni siquiera un gesto. El director no está pensando en ti, sino en sus otras cincuenta tareas.

Miguel, en cambio, incluso cuando no creías que tuvieras mucho papel en una escena, se acercaba a cada actor y le decía: «¿Sabes dónde estás?». Estabas en plena batalla, y él se acercaba y te preguntaba: «¿Por qué estás aquí?». Vaya, ¿por qué estoy aquí? Te obligaba a pensar. Luego se acercaba a otro actor y le decía: «¿Por qué estás luchando?». Estoy luchando por la vida. Estoy luchando por el bien.

JOHN BRADLEY (Samwell Tarly): Miguel hacía hincapié en que tuviéramos en cuenta el recorrido completo de nuestra propia narrativa. ¿Qué le está pasando a tu personaje cuando la cámara no lo enfoca? Es posible que lleves diez minutos sin salir en plano, pero algo te ha ocurrido en esos diez minutos, has estado luchando sin parar, has estado huyendo o has estado escondido. ¿Cómo se ha desarrollado tu historia en el campo de batalla? Debes tener en mente lo que te ha pasado desde la última vez que te vimos. Miguel tiene un sentido forense del detalle, es capaz de retener en su cabeza los puntos de vista de cada uno de los personajes y saber qué significa para ellos cada acontecimiento.

MIGUEL SAPOCHNIK: Muchas cosas que yo había rodado antes se basaban en la perspectiva de Jon. Allí tenía a veinticuatro actores, y a todos ellos les gustaría que la escena fuese suya. De modo que fue complicado, porque en mi opinión las mejores secuencias de combate son las que tienen un punto de vista potente. Aquí el punto de vista era objetivo incluso cuando lo hacías subjetivo, porque vas de la historia de una persona a la de otra, no paras de cortar de un lado para el otro, así que todo se vuelve objetivo quieras o no. Y yo no paraba de pensar: «¿De quién estoy explicando la historia ahora mismo? ¿Y qué restricciones me impone eso a las que pueda sacar buen resultado?».

Hubo un momento en el estudio, después de los rodajes nocturnos, en que Sapochnik corría de un lado a otro supervisando tres unidades diferentes que rodaban al mismo tiempo: una escena que captaba la acción en las trincheras ardiendo, otra con Daenerys y su aparato que simulaba un dragón y otra más de las muchas en el campo de batalla. Pero incluso Sapochnik, que también dirigió el quinto episodio de la última temporada, «Las campanas», llegó a su límite.

BERNADETTE CAULFIELD (productora ejecutiva): Al principio, Miguel quería dirigir los episodios tres, cuatro y cinco. Yo le dije: «Eso es una locura. Ya lo pasaremos bastante mal si diriges dos episodios». Y él no paraba de gritar: «¡Se suponía que iba a tener más descanso [entre episodios]!». Pero como más lo recuerdo es diciendo: «No quiero que ninguna otra persona se encargue de la otra batalla».

DEBORAH RILEY: Estaba *tan* agotado... Yo intentaba que Miguel se concentrara en tomar decisiones para «Las campanas» mientras rodaba «La Larga Noche», pero ya no podía.

Al delirante calvario que suponía realizar «La Larga Noche» se añadía el agravante de que el director David Nutter estuviera rodando al mismo tiempo el episodio cuatro, «Los últimos de los Stark», utilizando *también* el escenario de Invernalia. Por tanto, el equipo de *Juego de tronos* no solo estaba haciendo turnos de noche, sino que funcionaba las veinticuatro horas del día, y muchos trabajadores esenciales debían dar servicio tanto a la unidad nocturna como a la diurna. Algunos miembros del equipo acumulaban hasta cuarenta mil pasos en sus podómetros, caminaban unos treinta kilómetros al día.

DEBORAH RILEY: Se habla mucho de que el equipo tuvo que rodar de noche, pero encima estábamos trabajando en dos episodios a la vez. Algunas personas, como yo, participábamos en ambos rodajes. Debíamos tener el escenario entero preparado para Miguel por la tarde, y luego a las cuatro de la madrugada ya empezábamos a recibir emails detallando cómo teníamos que cambiarlo todo para David Nutter. Intentas mantenerte siempre por delante del tren en marcha, pero hubo momentos en que tuve la sensación de que el tren iba a arrollarnos. La octava temporada nos chupó cada gramo de energía que nos quedaba.

CHRISTOPHER NEWMAN: Fue como librar una batalla. Es por pura fuerza de voluntad que dices a la gente: «Esto es lo que va a pasar». En cuanto alguien sospecha que no sabes lo que estás haciendo, te vas a pique. No puedes permitir, por ejemplo, que un coordinador de especialistas ponga los ojos en blanco cuando oye lo que tiene que hacer. No puede haber flaqueza a ningún nivel, todos lo que están por debajo de ti tienen que seguirte. En el momento en que notan que tu determinación no está a la altura, eso se propaga como el cáncer.

En medio del agotamiento, todas las decisiones eran importantes. Aquí va un ejemplo del nivel de detalle que se llegaba a dedicar a solo unos pocos tajos con la espada. En una escena de «La Larga Noche», Samwell Tarly luchaba contra los espectros. Al ver la escena en la tienda de producción, le dije a Cogman: «Sam es un tipo duro». Cogman puso cara de preocupación. «¿Habéis oído lo que ha dicho? —preguntó Cogman a los otros productores—. Ahí está el problema. Sam no tiene que parecer un tipo duro.»

Pidieron a Bradley que ajustara la interpretación para parecer algo más inseguro y desconcertado. En esa segunda toma retrocedía encogido cada vez que lo atacaba un espectro. Después de otra toma, Weiss afinó todavía más la interpretación de Bradley. «Siempre está encarado hacia donde debe, en cada ataque, como si se lo esperara», señaló Weiss, y recordó a Bradley que Sam no sabe por dónde aparecerá el próximo espectro. Fue entonces cuando todo encajó y Bradley se convirtió a la perfección en un héroe de acción novato y atemorizado que reacciona ante una avalancha impredecible de espectros.

JOHN BRADLEY: A veces, cuando ruedas estas grandiosas secuencias de combate, te dejas llevar un poco. Te ves a ti mismo [en el monitor] y quieres quedar lo mejor posible. Miguel tenía que decirme continuamente: «Recuerda tu personaje. No es tan bueno en esto. Sé que quieres demostrar que a ti sí que se te da bien, que eres mejor que Sam en esto. Pero tienes que interpretarlo a él, porque así es como quedará creíble. ¡Así que deja de hacerlo tan bien!». De todos modos, nunca quedas tan bien como creías. Siempre piensas que una escena lo cambiará todo. Y luego la ves y eres tú, sin más.

No obstante, hubo un actor al que, a diferencia del resto de las personas entrevistadas para este libro, sí le *gustaron* los rodajes nocturnos.

No es muy difícil adivinar de quién se trata.

KRISTOFER HIVJU (Tormund Matagigantes): ¡Me encantaron los rodajes por la noche! Se crea un ambiente especial. Hace frío y está oscuro y hay casi mil personas despiertas toda la noche para hacerlo realidad. Hay gente que hace de cadáver durante doce horas. Fue algo mágico. Maté a un montón de zombis. Siempre había soñado con matar zombis.

No todos los actores de «La Larga Noche» tuvieron un horario tan extenuante. Los intérpretes cuyos personajes estaban en las criptas de Invernalia, como Peter Dinklage, Nathalie Emmanuel y Sophie Turner, se ahorraron la peor parte.

SOPHIE TURNER (Sansa Stark): Solo tuve dos rodajes por la noche. En realidad no habría sido propio de Sansa [participar en la batalla]. Pero tenía muchas ganas de trabajar con los especialistas, un equipo que ha ganado varios premios Emmy, y solo podía actuar con ellos cuando me abofeteaban o me golpeaban, que no era tan divertido. Pero, claro, de haber tenido escenas de acción, seguramente me habría tocado rodar durante setenta noches, o sea que supongo que mejor así.

Durante el rodaje de las escenas de estudio, el reparto estaba mucho más calentito. Pero crear la «niebla de guerra» del episodio, una enorme ventisca neblinosa que invoca el Rey de la Noche, requería máquinas de humo o efectos generados por ordenador. Como es natural, *Juego de tronos* optó por el humo real, lo que significaba quemar parafina y aceite de pescado en el interior del estudio. Al inhalar ese humo día tras día, el equipo técnico empezó a toser cera de pescado. Las mascarillas respiratorias se multiplicaron sobre las caras en el escenario. Tuvieron que llevar al menos a un miembro del equipo al hospital por un ataque de asma. Las enormes puertas del hangar del estudio se abrían de manera periódica para limpiar el aire, y los miembros del equipo, con los ojos rojos, salían precipitadamente a la lluvia y al frío de Belfast buscando alivio ante las «comodidades» del estudio.

Una sala del estudio era la suite de captura de movimiento (también conocida como «*mo-co*»). Harington y Clarke se iban turnando en el simulador de dragón, que parecía un enorme toro mecánico verde que se inclinaba y se balanceaba ante una pantalla verde. Allí, Sapochnik trataba de encontrar formas de añadir elementos narrativos a lo que los actores consideraban el trabajo más monótono delante de una cámara, y lo que un director bautizó «la minimontaña rusa de Emilia».

MIGUEL SAPOCHNIK: Colocas al actor en un cacharro que da vueltas y le disparas viento a la cara y está en un plató de pantalla verde, así que lo último en lo que piensa es en que tiene que actuar. Yo me concentraba en obtener una interpretación de los actores para que su historia avanzara aunque estuvieran montados en un dragón.

KIT HARINGTON: Me cabreó un poco que me subieran a un dragón. Lo que yo quería era luchar en medio de la gente. En cierto modo, igual que Jon, mi deseo era volver al suelo. El hecho de que pudiera volar en dragón significaba que tenía que hacerlo, pero su lugar está ahí abajo, entre los espadachines.

MIGUEL SAPOCHNIK: Propuse diseñar unos planos que en realidad se habrían podido rodar en la vida real [y consulté] metraje de los Spitfire Supermarine de la Segunda Guerra Mundial en acción. También insistí en permitir que los dragones salieran constantemente de plano. Es decir, encuadrar los planos algo más pequeños que el tamaño del dragón para que así pareciese fauna salvaje filmada sobre la marcha. Los dragones deberían ser tan grandes y rápidos que costara seguirles el ritmo.

Tal como Williams señalaba, el reparto y el equipo no podían permitirse el lujo de ponerse enfermos. Pero algunos, por descontado, enfermaron de todos modos.

EMILIA CLARKE (Daenerys Targaryen): A *mo-co* lo llamaban «la enfermería» porque todo el mundo pilló una gripe fortísima. En la sala estaban todos jodidos. Yo estaba muy enferma a lomos del dragón. Me movían en todas direcciones a lomos de aquel dragón y yo: «¡Aaaaaa-chús!». Luego el dragón empezó a fallar un poco y yo me agarraba como podía. Me gusta decir que Kit se lo cargó.

Con toda seguridad, la filmación de «La Larga Noche» ocupó el mayor número de horas que se han dedicado nunca a un solo episodio de televisión. Tras completar el rodaje, hubo una enorme sensación de logro entre el equipo de *Juego de tronos*, aunque algunos afirman haber necesitado seis meses para recuperarse completamente del rodaje. Los miembros del equipo lucían orgullosos unas chaquetas con el lema: «Yo sobreviví a la Larga Noche».

MAISIE WILLIAMS: La sensación de logro tras un día de rodaje es distinta a cualquier otra. [Incluso] en aquellas jornadas tan duras, sabes que va a formar parte de algo legendario y que va a quedar genial. En esta serie, el trabajo duro da resultado.

IAIN GLEN: Éramos una pandilla de actores jodidos a lo grande, y en pantalla se transmite esa horrible sensación de suciedad, oscuridad y frío. No es por ponerme muy en plan actor de método, pero esas cosas se filtran en pantalla.

DAVID BENIOFF: Puede que mi momento de mayor orgullo en esta serie fue cuando proyectamos «La Larga Noche» en el Teatro Chino de Mann. Cuando Arya se carga al Rey de la Noche, el teatro entero estalló. Yo estaba sentado con mi mujer y su mejor amiga, Sarah Paulson. Mi esposa me agarraba el brazo y Sarah chillaba. Nunca olvidaré esa sensación.

La reacción de la crítica al episodio fue bastante positiva, si bien menos efusiva de lo que el equipo había esperado. «"La Larga Noche" en efecto cumplió las expectativas de ser la reyerta más descomunal de la serie hasta la fecha, y resultó extremadamente eficaz —escribió James White en *Empire*—. Sentimos el impacto emocional de los que murieron, aclamamos a los que se salvaron en el último segundo y contemplamos cómo el conflicto evolucionaba entre escaramuzas, grandes contiendas y algunos momentos terroríficos de verdad acechando en cada rincón.»

En sus casas, sin embargo, a muchos espectadores se les hizo cuesta arriba la penumbra intencionada del episodio, ideada para dramatizar de manera literal una larga noche. Es probable que el efecto se intensificara en la primera emisión del episodio por la compresión de vídeo (algunos proveedores de televisión por cable reducen de manera apreciable la resolución del contenido, sobre todo durante los picos de uso). Un visionado posterior del episodio, sobre todo en Blu-ray y en un televisor bien calibrado, muestra con claridad la acción. Pero también es justo afirmar que los seguidores no deberían necesitar una señal de vídeo de máxima calidad ni cambiar la configuración del televisor para poder ver su serie favorita.

Fuentes de *Juego de tronos* señalan que la producción siempre ha utilizado la «iluminación de fuente», es decir, una luz justificada por la fuente de iluminación visible en la escena (como la luz del sol, la de la luna, velas o antorchas). Muchas escenas oscuras anteriores de la serie estaban iluminadas justo de la misma manera que los planos de «La Larga Noche», pero nunca antes hubo tantas en un solo episodio.

BRYAN COGMAN: Circula una historia muy famosa sobre el director de fotografía de *El señor de los anillos*. Sean Astin le preguntó acerca de una escena [en la guarida de Ella-Laraña]: «¿De dónde viene esa luz?». Y él respondió: «Del mismo sitio que la música». Una respuesta muy válida. Y si ves *Las dos torres*, la luz viene de todas partes, la batalla está iluminada como un árbol de Navidad. Y eso está muy bien, no lo critico. Pero nunca ha sido el estilo de *Juego de tronos*. Si escribes una batalla nocturna, así es como la iluminas.

También hubo quejas por la duración de la temporada final: hubo quienes habrían deseado un mayor número de episodios para dar más cuerpo a los arcos narrativos finales de la historia. Los trabajadores de la serie insistían en que no habrían podido rodar más horas para la octava temporada, sobre todo después de producir «La Larga Noche». Año tras año, el equipo de *Juego de tronos* había ido forzando sus límites. En la temporada final, los alcanzaron.

CAROLYN STRAUSS (productora ejecutiva y expresidenta de programación de HBO): La gente decía: «Vaya, deberían haber rodado más». Pero lo cierto es que tardamos tanto en crear los episodios que hicimos que no sé si habría sido físicamente posible. Influyen muchos factores, a nivel práctico y de narración. Esta gente hizo un trabajo magistral a la hora de tener en cuenta todas estas cuestiones.

¿Podría haber tenido la serie una novena temporada, en lugar de más episodios en la octava? Además de la opinión de los responsables de la serie de que la historia no daba para otro asalto, había quienes afirmaban que conseguir un espectáculo como el de la octava temporada solo había sido posible porque el reparto y el equipo sabían que era la última.

BERNADETTE CAULFIELD: Algunos de nuestros heroicos protagonistas nos dijeron: «He estado a punto de abandonar». La gente estaba dispuesta a ir un poco más allá para la octava temporada porque sabían que iba a ser la última y que tenía que ser espectacular.

NIKOLAJ COSTER-WALDAU: De no haber sido la última temporada, a mitad de los rodajes nocturnos se habría producido un motín.

BERNADETTE CAULFIELD: David y Dan no se cortaron. Escribieron los guiones más grandiosos que pudieron. Tratamos de reducir algunas cosas, pero David, Dan y Miguel reaccionaban con: «Ni hablar, esto lo necesitamos». Forzamos todos los departamentos mucho más allá de lo debido. Por ejemplo, tuvimos dos equipos de efectos visuales —cosa inaudita hasta entonces— trabajando siete días a la semana durante un año, intentando mantener el ritmo de la lista de planos. Todo el mundo decía: «No quiero volver a hacer esto nunca más». Fue lo más duro que todos hemos hecho nunca. Era sin duda lo máximo que podíamos hacer.

NIKOLAJ COSTER-WALDAU: George R. R. Martin dijo en su día que esto iba a ser imposible. Y ahí estábamos nosotros, rodándolo.

CAPÍTULO 30

LAS COSAS QUE AMAMOS SIEMPRE ACABAN POR DESTRUIRNOS

Daenerys de la Tormenta, de la Casa Targaryen, tras muchos años de penalidades y duras lecciones en el liderazgo y el amor, regresó a Poniente con sus ejércitos de Inmaculados y dothrakis. Forjó alianzas cruciales con los Stark, los Greyjoy y los Tyrell. En la Batalla de Invernalia, Daenerys ayudó a encabezar el victorioso ataque que destruyó al Rey de la Noche y su Ejército de los Muertos.

A continuación Daenerys condujo sus fuerzas hacia el sur, a Desembarco del Rey. A lomos del temible Drogon, la Madre de Dragones hizo explotar las almenas y aterrorizó a la Guardia de la Ciudad y a los mercenarios de la Compañía Dorada. Las fuerzas defensoras de la ciudad se rindieron y los soldados de Daenerys tomaron el control de la capital. Daenerys ocupó su legítimo lugar en el Trono de Hierro con Tyrion Lannister como su leal Mano.

En los días posteriores, Daenerys I Targaryen, la primera de su nombre, ordenó ejecutar a Cersei Lannister por alta traición en las ruinas del Septo de Baelor. El castigo de Cersei tuvo lugar en el mismo punto donde Ned Stark había sido injustamente asesinado muchos años antes. Los Stark supervivientes presenciaron el final de Cersei. Jaime Lannister, dado su espinoso historial mixto de heroísmo y brutalidad, fue condenado a pasar el resto de sus días en la Guardia de la Noche. A Sansa Stark se le concedió la venia para gobernar el Norte como reino independiente.

En cuanto a Jon Nieve, su ascendencia Targaryen se mantuvo en el más absoluto secreto por el bien del reino. Daenerys lo legi-

timó formalmente como Jon Stark y se casaron en una bonita ceremonia junto al mar.

Aunque Daenerys nunca llegó a tener hijos (por lo menos humanos), gobernó Poniente en paz durante décadas, acompañada
por su leal y valiente marido.

Ojalá.

D urante siete temporadas, Daenerys parecía destinada a llegar a ese tipo de final del viaje del héroe. Es el camino lineal
que dibujaría la típica historia de fantasía. Pero dado que *Juego
de tronos* era cualquier cosa menos típica, Daenerys no iba a ocupar el Trono de Hierro. En ocasiones, Martin concedía a sus lectores esperanzadores atisbos de un camino seguro y confortable
para sus personajes, para virar luego en la dirección más inesperada y llevarnos a un lugar más oscuro, más peligroso y más acor-
de con las complejidades de la naturaleza humana. En palabras de
Ramsay Bolton: «Si os creéis que habrá un final feliz, es que no
habéis prestado atención».

Cuando Emilia Clarke recibió los guiones de la séptima temporada que detallaban el descenso de Daenerys hacia la locura y
el asesinato en masa, la revelación estalló en su mente como una
detonación nuclear. Clarke había fraguado un vínculo especialmente fuerte con su personaje en *Juego de tronos*. Cuando estaba
inmersa en sus problemas de salud, extraía fuerzas de su personaje. Luego, en el rodaje, canalizaba la fortaleza que había obtenido
al superar sus obstáculos personales de vuelta hacia Daenerys.

EMILIA CLARKE (Daenerys Targaryen): Cuando leí los guiones me eché
a llorar. Fue un puto suplicio. Mi primera reacción fue muy visceral, y
la segunda, un milisegundo más tarde, fue: «¿Qué va a pensar la gente
de esto?». Yo tenía mi propia opinión al respecto, aliñada por mis sentimientos hacia Emilia. Estaba la evolución del personaje y mi propia
evolución en paralelo. La identificación había llegado a tal punto que la
gente me decía: «No están hablando de ti, Emilia, están hablando del
personaje». Salí a caminar y tardé horas en volver porque estaba en plan:
«¿Cómo lo voy a hacer?».

Clarke reevaluó todas las escenas anteriores de Daenerys y se dio cuenta de que ella misma había ayudado a sentar las bases del giro del personaje sin ser consciente de ello siquiera, como, por ejemplo, en la glacial reacción de Daenerys a la muerte de su hermano en la primera temporada.

DAN WEISS (*showrunner*; creador y responsable de la serie): No conocimos los detalles hasta la tercera temporada, pero la trayectoria de Dany estaba ya implícita en la primera. El público la apoya muchísimo porque la ve en una posición muy espantosa. Pero Emilia habría podido interpretar de un millón de maneras diferentes la escena en la que presencia la muerte de su hermano, y la interpretó con la ausencia emocional propia de una asesina a sangre fría. El personaje tiene corrientes oscuras en su interior. Lo cual no es tan raro cuando Viserys, la única persona a la que conoció de pequeña, era un sociópata.

En el episodio final de la primera temporada, Daenerys hacía una promesa a los dothrakis: «Yo soy la hija del dragón, y os juro una cosa: que quienes quieran dañaros morirán gritando».

En la segunda temporada, Daenerys advertía a los líderes de Qarth: «Cuando mis dragones crezcan, recuperaremos todo lo que me arrebataron y destruiré a quienes me maltrataron. Devastaré ejércitos enteros y abrasaré ciudades hasta los cimientos».

Un par de temporadas más tarde, Daenerys crucificaba a ciento sesenta y tres amos de esclavos en venganza por haber hecho ellos eso mismo a niños. Otro Amo afirmaba después que su padre había sido un buen hombre que luchaba contra la esclavitud y no merecía aquel destino. De manera similar, después de que a Ser Barristan lo asesinaran los terroristas Hijos de la Arpía, Daenerys quemaba vivo a un Amo para enviar un mensaje. Desconocía si el hombre era culpable o inocente, y no le preocupaba demasiado.

En la sexta temporada, Daenerys preguntaba a sus seguidores dothrakis, haciéndose eco de las palabras de Khal Drogo: «¿Mataréis a mis enemigos con sus trajes de hierro y derribaréis sus casas de piedra?».

Y en la penúltima temporada hacía caso omiso a las súplicas de Tyrion y ordenaba a Drogon que prendiera fuego al padre de Samwell Tarly, Randyll, y a su hermano Dickon después de que estos combatieran junto a los ejércitos Lannister y se negaran a hincar la rodilla. Esta escena en particular pretendía ser una pista bastante clara para los espectadores de que Daenerys no estaba bien. Pero los fans llevaban ya tantos años en el Equipo Reina Dragón que estaban acostumbrados a que Daenerys ejecutara a quienes percibía como sus enemigos.

BRYAN COGMAN (coproductor ejecutivo): Para nosotros, la escena de Randyll Tarly era bastante perturbadora. Pero luego vi el episodio con un grupo numeroso de gente en casa de un amigo y todo el mundo se puso a jalearla. Era raro, pero al público le daba igual. Adoraban a Dany.

PETER DINKLAGE (Tyrion Lannister): Tyrion piensa: «Vale, de acuerdo, mata al padre, pero ¿es necesario que matemos al hijo? ¿Tenemos que matarlos a los dos? Matar al hijo no tiene sentido...».

GWENDOLINE CHRISTIE (Brienne de Tarth): Las señales siempre habían estado ahí. Pero estaban ahí de tal manera que parecían errores o decisiones controvertidas. *Juego de tronos* ha sido siempre una serie sobre el poder, y eso era una manera interesante de ilustrar que las personas [sedientas de poder] pueden ser muy diferentes entre ellas y que es preciso cuestionarlo todo.

KIT HARINGTON (Jon Nieve): Ha hecho cosas horribles. Ha crucificado a gente. Ha quemado vivas a personas. No ha sido cosa de un día para otro. De modo que teníamos que decir al público: «Con esta mujer también vosotros estáis en fase de negación. Sois culpables de alentarla. Sabíais que algo no iba bien».

BRYAN COGMAN: Hoy en día existe una tendencia muy peligrosa a evitar que el arte y la cultura popular provoquen reacciones fuertes a la gente. Yo no creo en eso. Esta historia está diseñada para inquietarte y desafiarte y hacerte pensar y cuestionar las cosas. Creo que esa era la intención de George con «Canción de hielo y fuego», y David y Dan buscaban lo mismo con la serie: no querían que el público estuviera relajado y tranquilo.

A lo largo de los años, los productores habían ido pasando notas a Clarke sobre cómo interpretar un momento concreto, conduciendo así al personaje hacia su tiránico destino.

EMILIA CLARKE: Hubo una cuantas veces en que pensé: «¿Por qué me pasáis esta nota?». Por regla general soy una persona muy colaborativa, pero hubo momentos en que pensaba: «No me digáis lo que tengo que hacer con mi chica. ¡Ya sé lo que tengo que hacer!». Era como si la tarjeta de visita de Daenerys tuviera que ser esa fría inexpresividad. Yo siempre quería insuflar en eso algo de humanidad, porque nadie es así todo el tiempo. A veces me rebelaba un poco: «Entiendo que tiene que ser dura, implacable y poderosa. Pero en este momento también es un puñetero ser humano. De modo que voy a daros eso y rezaré para que sobreviva al montaje».

Otros muchos miembros del equipo creativo tampoco tenían ni idea de que Daenerys se encaminase a un destino tan sombrío.

ALEX GRAVES (director): Lo cierto es que no sabía que estábamos contando la historia de cómo Daenerys sigue los pasos de sus antepasados. Pensaba que contábamos la historia de cómo *no* lo hace.

Porque, por descontado, también había bondad en Daenerys. Podía actuar con benevolencia y contención. Su odio hacia la esclavitud era genuino y altruista. Daenerys era un personaje que *prefería* hacer lo correcto, siempre que hacer lo correcto no chocara del todo con su propia ambición ni socavara la legitimidad para gobernar que creía merecer. Cuando Daenerys topaba con esos conflictos, eran sus consejeros quienes solían empujarla hacia la elección moral, para lo que debían aportar argumentos pragmáticos que explicaran que hacer lo correcto también era lo mejor para ella. Jon Nieve, en cambio, siempre hacía lo correcto, pero casi siempre a tontas y a locas y sin tener en cuenta las consecuencias.

EMILIA CLARKE: Te aseguro que hice lo que te voy a explicar. Me da muchísima vergüenza, pero lo voy a reconocer. Llamé a mi madre y le dije: «He leído los guiones y no quiero decirte lo que va a pasar, pero necesito que me animes un poco. Vuelvo ahora de dar un paseo y estoy llorando. Me ha dejado muy tocada». Luego empecé a hacer preguntas muy raras a mi madre y a mi hermano, y ellos decían: «¿Por qué nos preguntas esto? ¿Cómo que si creemos que Daenerys es buena persona? ¿Por qué quieres saber eso? ¿Qué más te da lo que la gente piense de Daenerys? ¿Te encuentras bien?». Y yo: «¡Estoy bien! Pero ¿hay alguna cosa que Dany pudiera hacer por la que la odiarais?».

La temporada final empezaba en Invernalia, donde Daenerys tenía sus encontronazos con Sansa Stark, pese a las buenas intenciones de la reina.

EMILIA CLARKE: Me recuerda a *Los padres de ella*: «Espero caerles bien, este tío es una pasada, lo que tenemos está muy bien, me ha tocado el premio gordo, estamos destinados a la grandeza, la dominación mundial está a nuestro alcance».

SOPHIE TURNER (Sansa Stark): Sí, a Sansa no se la mete en el bolsillo. Sansa ha encontrado su lugar seguro y no quiere que nadie se acerque. No le sienta nada bien que aparezca una persona que se mete otra vez en su casa, su lugar feliz, el único lugar que le importa, y que a grandes rasgos toma las riendas y aparta a Jon del Norte. Aunque Sansa se siente capaz de gobernar el Norte, también sabe que Jon y ella lo harán mucho mejor juntos que ella sola. Así que se muestra protectora hacia Jon y hacia el Norte, sobre todo teniendo en cuenta el historial de los Targaryen, que no son una familia especialmente cuerda. Y luego está la frustración que le causa que Jon al principio no confíe en que Sansa pueda gobernar el Norte y en cambio sí confíe en una forastera cuyo antepasado, para colmo, era el Rey Loco.

EMILIA CLARKE: «¿Sansa, quieres que te trence el pelo? ¡Ven aquí, pequeña Arya, ¡juguemos al cricket!». Y en un periquete pasamos de eso a: «Un momento, ¿son imaginaciones mías o todo el mundo me odia?». Lo cierto es que Dany empieza con las mejores intenciones y de verdad desea que no haya nada allí que amenace sus grandes planes. El problema es que a ellos no les cae bien y ella se da cuenta y piensa: «Vale, una sola oportunidad». Les da esa oportunidad y no sale bien.

Samwell revelaba a Jon que el bastardo de los Stark era en realidad Aegon Targaryen, el legítimo heredero del Trono de Hierro. La revelación llevaba a Jon Nieve (el personaje) a hacer lo mismo que había hecho Emilia Clarke (la actriz) después de leer los guiones de la última temporada: reevaluar todo lo que había hecho a lo largo de la serie.

JON BRADLEY (Samwell Tarly): Él sabe que Jon prefiere oírlo de Sam que de otra persona, porque confía en Sam y él se lo dirá con más compasión. Pero Jon tiene la sensación de que Sam está ensuciando el nombre de una de las personas más nobles que ha conocido. Interpreta que Sam le está diciendo básicamente que su figura paterna, el hombre que ha dado sentido a toda su vida, es una farsa. Jon tiene ocasión de revisar su vida entera y lo ve todo de un modo muy distinto y más siniestro, por mucho que las cosas se hicieran con buen motivo. Todo lo que ha hecho queda en entredicho.

KIT HARINGTON: Esto es lo que más me gusta del personaje de Jon, su pureza. No lo quiere saber de ninguna manera. Si pudiera retroceder en el tiempo y decir a Sam: «Lo que estés a punto de contarme, no me lo cuentes», lo haría. Preferiría permanecer en la ignorancia. No quiere esa puta información. No ambiciona llegar al trono.

Jon se sentía en la obligación de confiar a Daenerys lo que acababa de descubrir, y esperaba ingenuamente que su falta de ambición la tranquilizaría.

EMILIA CLARKE: ¡Tú ni siquiera lo quieres! Así que apóyame. Es mi turno.

Y luego, claro, estaba todo el asunto del incesto.

EMILIA CLARKE: Para ella, eso de estar emparentados es lo más normal del mundo. Se podría haber casado con su hermano sin pensárselo dos veces. El problema ahí lo tiene Jon, pero olvidémonos de eso. Lo importante es que los dos éramos candidatos al mismo ascenso y yo me había pasado mi existencia entera trabajando para ello.

KIT HARINGTON: Es lo más perturbador que le puede pasar. Tal vez el fin del mundo esté a punto de llegar, pero por lo menos está enamorado de alguien y por fin sabe quién es. Pero entonces llega el mazazo.

En la que tal vez sea la mejor escena de Clarke en toda la serie, Daenerys suplicaba a Jon que guardara en secreto su derecho de nacimiento. No importaba que Jon no quisiera ser rey: su legitimidad socavaría y tal vez derrocaría la pretensión de ella. Una reina solo es legítima si sus súbditos creen que lo es. Daenerys alterna entre mostrar amor, autoridad, desesperación y furia.

DAVID NUTTER (director): Nunca he trabajado con una actriz mejor que Emilia. Se la ve diferente con los distintos humores y tonos que tiene para el personaje. Muta cada vez a un estado emocional distinto. En esta escena yo quería que se movieran por el escenario para que hubiera momentos de aislamiento y también momentos de unión. Se besan, y él se aleja de ella. Luego ella se sienta en dirección opuesta. En ese instante están muy separados. Luego él se arrodilla de repente y dice: «Eres mi reina». Era un material muy potente.

Emilia Clarke: Aquello era toda mi existencia. ¡Desde el día en que nací! Literalmente, cuando viene al mundo le dicen: «¡Corre!». Esos cabrones lo han jodido todo, y ella asume como la misión de su vida rectificar esas muchísimas cosas. Ha visto y ha sido y ha pasado por muchas cosas, y ha perdido y presenciado y sufrido mucho. Y de pronto esa gente se vuelve hacia ella y le dice: «No te aceptamos». Ha ido demasiado lejos; ha matado ya a mucha gente.

KIT HARINGTON: La situación entre Jon y Dany es compleja, porque ella se está convirtiendo en alguien que a él no le gusta. Jon cerraba los ojos ante el ansia de poder y la brutalidad de Daenerys, pero cuando la besa no puede dejar de pensar que son parientes. [El director Miguel Sapochnik] habló largo y tendido conmigo y con Emilia sobre esto, y su punto de vista era interesante: Jon es religioso y ella es práctica. Ella dice: «¿Por qué no podemos mentir?». Pero Jon no puede mentirse a sí mismo. No puede echar tierra encima al asunto. No puede no decírselo a su hermana. En ocasiones, esto lo frustra muchísimo. Y cuando la besa, no puede olvidar que ella es su tía. Cada vez que se besan después de eso, es él quien para.

En palabras de Clarke, lo que seguía era una sucesión de «cuerdas que se cortan» para Daenerys. Tras su victoriosa batalla contra el Ejército de los Muertos, Daenerys perdía a su querido Ser Jorah. Y cuando Varys se enteraba de la legitimidad de Jon, actuaba en contra de su reina e intentaba manipular la situación de modo que Jon pudiera ocupar el Trono de Hierro en lugar de ella. Daenerys, que ya se sentía aislada y paranoide, ordenaba ejecutar a Varys con fuego de dragón. Y eso, a su vez, hacía que Tyrion y Jon se plantearan su lealtad hacia ella.

DAN WEISS (*showrunner*; creador y responsable de la serie): El mayor error de Tyrion es atreverse por fin a creer en alguien. Su equivocación es algo que todas las personas deseamos. Encontrar a alguien en quien poder confiar para guiarnos.

CONLETH HILL (Varys): Varys cumple siempre con su palabra a lo largo de la serie. Lo único que quería era ver en el trono a la persona adecuada, y a una persona justa. Lo dice muchas veces en los guiones, que no tiene la distracción del amor ni del deseo ni de nada de eso. Y las dos personas que necesita que vean las cosas con claridad están enamoradas. De modo que tiene todo el sentido del mundo. Sabe que debe intentar detenerla a toda costa y que es muy posible que lo maten.

EMILIA CLARKE: Todos adoramos a Varys. Yo adoro a Conleth. Pero siempre está cambiando de bando. Ella se lo advierte, joder. En el fondo, esa era mi única opción.

CONLETH HILL: Como siempre, es eficaz. Tal vez no vaya a vivir para ver el resultado de esta eficacia, pero lo que hace es importante. Tiene una muerte digna y muy guapa, y juraría que el dragón se lo piensa dos veces antes de matarlo.

Jaime Lannister era encarcelado tras intentar colarse en Desembarco del Rey para salvar a Cersei del ataque inminente de Daenerys. Tyrion, sintiendo que no tenía más alternativa que salvar a su hermano, traicionaba a Daenerys y lo liberaba.

PETER DINKLAGE: Daenerys y sus dragones son nitroglicerina. Él sabe que ella va a hacer del mundo un lugar mejor y comprende su pasión. Él ha antepuesto muchas veces su pasión a sí mismo y se ha dejado llevar. Así que está intentando descubrir quién es el propio Tyrion en realidad. Le parece bien sentirse un traidor a Cersei y a Tywin, pero entonces casi empieza a sentirse un traidor a su propio hermano. Y lo de Varys no puede tomárselo como algo más personal. Varys era su mejor amigo aparte de Jaime. Su muerte es muy difícil de pasar por alto.

Mientras tanto, en el mar, Euron lograba abatir a Rhaegal, dejando a Daenerys con un único dragón, Drogon. El pirata también capturaba a la querida amiga y consejera de la reina, Missandei, y la llevaba ante Cersei. Eso provocaba una tensa escena a las puertas de Desembarco del Rey, con la vida de Missandei pendiendo de un hilo y Cersei negándose a rendirse.

DAVID NUTTER: Aquel muro tan alto era un decorado de tamaño real, pero no podías pretender que los actores se quedaran tan arriba mucho tiempo. Las caras solo se veían cuando los actores estaban allí arriba sujetos con correas; en el resto de las tomas utilizamos a los dobles. En cuanto a Missandei, soy de la opinión de que cuando un actor rueda su escena final tiene derecho a lucirse por última vez. Dejo que lo repitan hasta que consideran que ha salido a su entera satisfacción.

Missandei, consciente de que su fin era inevitable, veía a Daenerys a lo lejos. Desafiante, le grita una última palabra en valyrio para que todos la oigan: «¡Dracarys!».

NATHALIE EMMANUEL (Missandei): Aquí se cierra el círculo respecto a la primera escena que rodé, en la que Daenerys y yo hablábamos de cómo podría morir. Missandei siempre ha dicho que está dispuesta a entregar su propia vida, pero todos deseábamos que no tuviera que hacerlo. Ya he dicho en muchas entrevistas que no me importaba morir, que simplemente me encanta estar aquí, formar parte de la serie. Pero sí quería que molara mucho, que fuese un momento que la gente recordara. Creo que me concedieron ese momento. Ella había hecho las paces con su destino.

JACOB ANDERSON (Gusano Gris): Me partió el corazón. En esta serie existe como una cruel inevitabilidad por la que a cualquiera que encuentre la felicidad se la arrebatarán. Así que ya suponía que o bien Gusano Gris o bien Missandei iban a perder al otro. La verdad, creía que iba a morir Gusano Gris. Incluso llegué a pensar: «¡Llevadme a mí!». El enfoque que le dieron de cómo afecta a Dany y a Gusano Gris lo vuelve todavía más triste. Parece que al morir ella, Gusano Gris muere también y queda reducido otra vez a un robot, a una máquina de matar.

NATHALIE EMMANUEL: Por mucho que no llegue a blandir nunca una espada, ella es valiente y demuestra toda su fuerza y su coraje. Sabe lo que hace y se siente segura de sí misma y feroz. Yo no quería que el personaje llorara. Cree en su reina y cree en la causa. Quería que fuese fuerte en ese momento, cosa muy difícil cuando te sientes tan emocionada. Fue una escena fantástica. Se respira una tristeza real por el hecho de que el personaje no vaya a continuar. Ella es un catalizador del ataque de furia enloquecida de Dany.

Cuando vi morir a mi personaje en pantalla, me puse muy triste. Puede que hasta se me escapara alguna lágrima. Sentí mucho su pérdida.

Emmanuel ha declarado en algunas entrevistas que lamentaba que Missandei no hubiera tenido una escena a solas con Daenerys en la octava temporada, o tal vez una conversación con Cersei durante su cautividad. En temporadas anteriores, *Juego de tronos* solía aprovechar los nuevos emparejamientos de personajes y darles por lo menos una conversación juntos.

DAVID NUTTER: Creo que al no pertenecer Missandei a la realeza, estuvo bien que lo hiciéramos de este modo, porque Cersei la trata como a un peón. Fue lo más apropiado. Cualquier otra cosa habría sido divertida de ver, pero no honesta con la serie.

La muerte de Missandei enfurecía a Daenerys, que se preparaba para atacar Desembarco del Rey. Una vez más, se volvía hacia Jon Nieve en busca de amor y comprensión.

EMILIA CLARKE: El chico es el último hilo al que se aferra. Creo que me ama, y eso es suficiente. ¿Es suficiente? ¿Lo es? Tiene la esperanza, la voluntad y el deseo de que por fin exista alguien que la acepte con todo lo que ha sido y con todas las decisiones que ha tomado a lo largo de su vida. Alguien que la vea tal como es y le diga: «Voy a hacer esto a tu lado». Y al final *no lo hace, joder*.

Lo cual llevaba al quinto episodio de la temporada final, «Las campanas», y al momento más discutido de la serie. Daenerys arrasaba las defensas de Desembarco del Rey, la flota de Euron y el ejército mercenario de la Compañía Dorada. Las campanas de la ciudad tañían en señal de rendición. El Trono de Hierro era suyo. Montada sobre Drogon, Daenerys alcanzaba a ver la Fortaleza Roja en la distancia. Cersei esperaba su destino en la ventana de una torre. Daenerys podría haber ordenado a sus ejércitos que ocuparan Desembarco del Rey con un mínimo de derramamiento de sangre. Pero prefiere hacerlo de otro modo. Lanza un ataque devastador, con Drogon abrasando a soldados y civiles sin distinción, castigándolos a todos por los pecados de su reina.

NATHALIE EMMANUEL: Me partió el alma. Sabía que había perdido la razón, pero hasta que lo ves en todo su esplendor y te das cuenta de la devastación que provoca, no alcanzas a comprenderlo del todo. No estoy segura de que Missandei se refiriera a eso al gritar «Dracarys». Missandei, desde el cielo, debía de pensar: «Aquí te estás pasando un poco. Me refería a que te cargaras a Cersei, no a..., bueno, *a todo el mundo*».

El asesinato en masa como castigo a un enemigo desafiante que se esconde en un castillo tenía precedentes en la familia Targaryen. Cuando Aegon el Conquistador invadió Poniente, el rey Harren el Negro se negó a doblar la rodilla y se refugió con sus hijos, soldados y criados en los enormes torreones del castillo de Harrenhal («Los construí de piedra —había dicho Harren—, y la piedra no arde»). Utilizando a su dragón, Balerion el Terror Negro, el Targaryen destruyó las cinco torres de Harren con una cantidad tan ingente de calor que convirtió los impenetrables muros del castillo en un horno que asó a todos los que se encontraban en su interior. «Los señores de los Ríos que aguardaban fuera del castillo relataron después que las torres de Harrenhal resplandecían, rojas contra la noche, como cinco grandes cirios —escribió Martin en *Fuego y sangre*—. Y, al igual que los cirios, empezaron a retorcerse y menguar a medida que ríos de piedra derretida corrían por sus costados.»

Aegon no solo terminó con la Casa Harren, sino que la utilizó a modo de advertencia. Los señores de Poniente se rindieron rápidamente y juraron fidelidad a Aegon. Tras la destrucción de Harrenhal, Aegon construyó una nueva ciudad junto al mar para utilizarla como sede del poder del reino. La ciudad recibió el nombre de Desembarco del Rey.

DAN WEISS: Hay que tener en cuenta lo mucho que le ha costado llegar hasta allí y todo lo que ha perdido para conseguirlo (dos de sus tres dragones y a su mejor amiga). Ahora contempla la Fortaleza Roja, con el logotipo de los Lannister donde debería estar la estrella de siete puntas de su familia. La misma gente que derrocó su linaje era la que le había hecho todo aquello a ella.

DAVID BENIOFF (*showrunner*; creador y responsable de la serie): Y a pesar de todas esas injusticias, ella se esforzaba por hacer las paces con Cersei en interés del país, y la traicionaban.

433

DAN WEISS: Además, en el norte había sacrificado a personas a las que juró proteger. La mitad de ellas murieron porque ella tomó la decisión de portarse bien, y entonces [Jaime] se volvió contra ella y desertó. Era una tormenta perfecta de mierdas muy chungas dando vueltas dentro de su cabeza.

DAVID BENIOFF: A lo largo de su carrera ha tenido a gente a su lado capaz de atemperar sus peores impulsos, ya fuera Ser Jorah, Tyrion o Missandei, personas que podían sugerirle una vía alternativa. Ahora, en cambio, o bien ya no están o bien ha dejado de confiar en ellas.

DAN WEISS: Existen docenas y docenas de factores que se remontan a su nacimiento y conducen a lo que ahora contempla a un par de kilómetros de distancia y a cómo le hace sentir, y todos esos factores inclinan la balanza hacia una decisión terrible. Muchas personas a las que admiramos y cuyas estatuas vemos en las plazas tomaron también esas decisiones, a veces de manera fría y racional y a veces en el fragor de la batalla, y sus decisiones alteraron horriblemente la vida de miles de personas o acabaron con ellas.

NATHALIE EMMANUEL: Me entristeció mucho que se volviera loca. Yo era muy fan de Daenerys. Era un icono femenino. Partiendo de la nada, se hizo a sí misma y reunió su propio ejército. Para una parte de mí, fue una decepción. Pero si lo piensas bien, ha perdido a todo aquel que significaba algo para ella. Es comprensible. Me habría encantado que hubiera matado solo a sus enemigos y se hubiera sentado en el trono como reina de toda la creación.

PETER DINKLAGE: Adoramos a Daenerys. Todos los fans adoran a Daenerys. Y las cosas que hace son por un bien mayor. Ese «bien mayor» lo ves últimamente en los titulares cuando meten a alguien en el mismo saco que otro que ha hecho cosas mucho peores, y entonces pensamos: «Por el bien mayor, todas estas personas tendrán que estar en primera línea y responsabilizarse de sus actos». Es lo que sucede en nuestra serie, en términos de purificar ese lugar. Para liberar a todos por el bien mayor, vas a hacer daño a inocentes, por desgracia. Así es la guerra. David y Dan nos hablaron de las decisiones que se toman en tiempo de guerra, como [el bombardeo atómico de Hiroshima y Nagasaki por parte de Estados Unidos en 1945]. ¿Hicimos lo correcto? ¿Cuánto se hubiera alargado la guerra de no haberse tomado aquella horrible decisión? Nunca lo sabremos.

CONLETH HILL: Uno de los temas de la última temporada era la futilidad de la guerra y el conflicto. Si tienes que quedarte con una cosa de toda la serie, quédate con esa.

BRYAN COGMAN: Dany es una figura trágica en un sentido muy shakesperiano/griego. Emilia camina maravillosamente por esa cuerda floja. La suya fue la tarea más dura de aquella temporada.

Daenerys vencía. Conquistaba la capital. Cersei y Jaime Lannister quedaban enterrados entre los escombros. Y la nueva gobernante de Poniente pronunciaba un discurso autoritario prometiendo muchas más guerras en el futuro: «¡No bajaremos las lanzas hasta liberar a todos los pueblos del mundo! —proclamaba Daenerys en valyrio ante sus ejércitos—. De Invernalia a Dorne, desde Lannisport hasta Qarth, de las Islas del Verano al Mar de Jade. Mujeres, hombres y niños han sufrido demasiado bajo la rueda. ¿Romperéis la rueda conmigo?». El discurso no era tan distinto a los que Daenerys había pronunciado en el pasado. La diferencia es que antes su retórica había sido hipotética y... ¿tal vez exagerada? De pronto, su promesa de fuego y sangre se había hecho demasiado real.

KIT HARINGTON: Jon es testigo del discurso. Él no habla valyrio. David y Dan me dijeron: «Haz ver que conoces el idioma». Su modo de hablar y de comportarse ya le dice todo lo que necesita saber.

Tyrion acababa encarcelado por liberar a Jaime, y Jon Nieve lo visitaba en su celda. Tyrion había sido muchas veces un consejero ineficaz y había cometido numerosos errores estratégicos a lo largo de los años. Pero en la escena de la celda con Jon Nieve actuaba extraoficialmente como Mano del verdadero rey de Poniente y, por una vez, su consejo era eficaz, correcto y devastador.

«Hay veces que el deber es la muerte del amor —decía Tyrion a Jon, una referencia a cuando el maestre de la Guardia de la Noche Aemon Targaryen le había dicho que el amor era la muerte del deber—. Eres el escudo que guarda el reino de los hombres. Siempre has tratado de obrar rectamente. Pese al coste, has tratado de proteger a la gente. ¿Cuál es la mayor amenaza para el pueblo ahora? Es terrible lo que te estoy pidiendo. Aunque también es lo recto. ¿Crees que yo seré el último a quien ejecutará?».

Daenerys entraba en las ruinas de la sala del trono de la Fortaleza Roja y veía caer nieve sobre el Trono de Hierro, como en su profética visión de la segunda temporada. Posaba la mano sobre el trono y, cuando estaba a punto de sentarse en él, entraba Jon Nieve. No llegaba decidido a matar a su amante. Antes suplicaba a su reina que entrara en razón, pero ella insistía en que sus planes eran por el bien mayor. «¿Qué hay de los demás? —preguntaba Jon—. Todos los que no saben aún que esto es bueno.» Y Daenerys respondía: «No tienen elección». Esa declaración guiaba la mano de Jon.

KIT HARINGTON: Es la segunda mujer de la que se ha enamorado que muere en sus brazos, y la acuna del mismo modo. Es horrible. En cierta manera a Ygritte también le hizo lo mismo al adiestrar al chico que la mata. Esto lo destruye.

La elección de palabras de Harington es bastante apropiada. Posiblemente la mejor frase de las novelas de Martin que no se trasladó a la serie sea la advertencia que el Lord Comandante Jeor Mormont ofrece a Jon Nieve: «Las cosas que amamos siempre acaban por destruirnos». Es una cita profética que se hizo realidad para varios personajes de la serie, como Jon, Daenerys, Ygritte, Drogo, Jaime y Robb. Aunque Clarke también ofreció su propia visión humorística sobre el giro argumental.

EMILIA CLARKE: Lo que pasa es que no le gustan las mujeres, ¿no crees? Siempre las mata, joder. Si yo estuviera en su lugar, no sé qué otra cosa podría hacer, aparte de..., no sé, ¿hablar de ello? ¿Preguntarme mi opinión? ¿Advertirme? Es como estar en plena conversación telefónica con tu novio y te cuelga y ya no te llama nunca más. «Ah, me ha pasado una cosa muy graciosa hoy en el trabajo... ¿Hola?» Y eso fue hace nueve años.

KIT HARINGTON: El rodaje duró una semana. Fue difícil porque tenías que mantener la emoción a cierto nivel durante mucho tiempo y volver a ella una y otra vez. Pero la sensación fue la hostia de épica.

EMILIA CLARKE: La repetimos más veces que ninguna otra. Era toda una papeleta, y a nivel logístico fue muy complicado. Ahí está la sala del trono, que está destrozada, hay un poco de pantalla verde, hay un dragón, hay nieve. Y yo quería que ese último momento fuera de una inocencia infantil, porque ya no le queda ningún otro sitio adonde ir. En el penúltimo episodio, tuve la sensación de chocar contra el muro de lo maníaca o loca que puede volverse. ¿A qué otro lugar podrías ir aparte de regresar al principio?

Ya sé que suena completamente ridículo porque es de mentira, pero nunca me habían matado en cámara. Tengo una comprensión innata de la muerte porque he estado muy cerca de ella en dos ocasiones y luego perdí a mi padre. De modo que con la muerte de Daenerys estaban saliendo muchas de esas cosas a la superficie. Era como volver a llorar mis derrames cerebrales, llorar otra vez a mi padre, llorar lo que Daenerys podría haber sido y llorar el amor que sentía por la serie, por Kit, por David y Dan, por Jon Nieve y por los dragones. En ese momento me asaltó el dolor de mil muertes y pensé: «Dios mío, me cuesta respirar».

El furioso Drogon dirigía su ira hacia el Trono de Hierro y destruía la sede del poder. El Trono de Hierro había sido forjado por Aegon I Targaryen, que ordenó a su dragón que fundiera las espadas de sus enemigos derrotados. Al igual que el Rey de la Noche, el Trono de Hierro desaparece del mismo modo en que fue creado. El acto de Drogon queda sin explicarse. Pero teniendo en cuenta la fuerte conexión de Daenerys con su dragón, cabe suponer que la criatura comprende que su madre estaba obsesionada con ese objeto en particular y que de algún modo la había llevado a la perdición. Drogon recogía el cuerpo de Daenerys y se alejaba volando. No se nos decía adónde.

EMILIA CLARKE: La gente me ha preguntado mucho sobre esto. Tengo tendencia a hacerme la graciosa y decir: «Bueno, a Hawái». Pero la verdad, si tengo que ponerme seria, creo que Drogon sigue volando con el cuerpo de Daenerys hasta que se descompone. De verdad pienso que no para de volar hasta que ya no puede volar más. Sigue llorando su muerte.

En la visión de Daenerys de la segunda temporada no llegaba a tocar el Trono de Hierro, sino que se marchaba de la sala y era transportada a las tierras de la noche. Allí se reunía con Khal Drogo —de quien Drogo había tomado su nombre—, que la esperaba junto al hijo de ambos.

JASON MOMOA (Khal Drogo): Esta mujer se ha pasado la vida buscando el amor. Si te fijas en su recorrido, es evidente que su familia la maltrata, ves que luego tiene un marido del que se enamora, y entonces le arrebatan a su hijo y al final tiene que matar a su marido. Y luego están las personas y los dragones y las cosas a los que ha querido... Ha recibido palos de todas partes y está destrozada. Explota contra todos. Es muy triste.

BRYAN COGMAN: Jon pregunta: «¿Acerté en lo que hice?». Y Tyrion le responde: «Pregúntamelo en diez años». Cosa que me parece válida.

EMILIA CLARKE: Después de diez años esforzándose por conseguir aquello, lo que sucede era lo lógico para Dany, porque ¿qué otra cosa iba a hacer, si no? Es un giro lógico de los acontecimientos. Porque es imposible que Dany de repente se ponga en plan: «Vale, voy a poner el hervidor de agua y haré unas galletitas en el horno y nos sentaremos y lo pasaremos la mar de bien y tendremos bebés». No iba a pasar eso. Es una Targaryen. Y nuestra infancia y nuestra crianza afectan una barbaridad a las decisiones que tomamos en la vida. A ella la criaron con el Trono de Hierro como único objetivo. Para poder decir: «Lo he hecho por mi familia, por mí, fui allí y conquisté». Para que ningún miembro de su familia hubiera muerto en vano. Para que su vida no fuera inútil. Para que sus esfuerzos no fueran en vano. Estuvo a punto de obtener ese sello de aprobación, eso que todos deseamos en secreto. Es un factor que pesa mucho en por qué termina así.

Pero, dicho todo lo que acabo de decir..., estoy con Daenerys. ¡Estoy con ella! No podría no estarlo.

CAPÍTULO 31

MUCHAS DESPEDIDAS

De la supervivencia a la aniquilación, de encontrar el amor a soportar la ruptura, del ascenso al exilio, los personajes que aún seguían en *Juego de tronos* experimentaron una gran variedad de tramas en la temporada final. Como sucedía con Daenerys, el destino de cada personaje reflejaba su viaje, bien como recompensa a sus habilidades y a su crecimiento, bien como consecuencia de sus flaquezas.

Brienne de Tarth era nombrada caballero por parte de Jaime Lannister en Invernalia, la víspera de la batalla del Ejército de los Muertos. Esta conmovedora escena surgía sin venir a cuento de nada, cuando Jaime tomaba la repentina decisión de recompensar a Brienne con una legitimidad oficial hasta entonces inimaginable para alguien de su género y su categoría social en Poniente. Al principio, Brienne creía que Jaime se burlaba de ella, como tantas otras veces. Pero entonces la intensidad del instante se apoderaba de ella.

BRYAN COGMAN (coproductor ejecutivo): Queríamos pillar al público por sorpresa. No es una escena ceremoniosa en un acantilado, con la puesta de sol y las capas al viento. Sucede casi de pasada. Algunos de los presentes creían incluso que era una broma, y entonces se dieron cuenta enseguida de que no lo era. Es una escena monumental. Un momento de gracia y belleza en medio de una pesadilla.

GWENDOLINE CHRISTIE (Brienne de Tarth): Ella estaba en la Guardia Real de Renly, pero oficialmente no formaba parte de ella. Por mucho que consigas hacerte un hueco al margen de las cosas, hay algo en la aceptación de las personas a las que quieres que es insustituible. Eso es lo que representa ese momento. También sirve para transmitir que existe una posibilidad de igualdad entre tanta lucha y de hacer lo que es honorable. En ese instante, ella siente el reconocimiento y sabe que no importa el cuerpo que tenga, que lo relevante son sus actos y su comportamiento.

NIKOLAJ COSTER-WALDAU (Jaime Lannister): Jaime comprende a Brienne y conoce el sentimiento de sentirse forastero, de que los demás tengan ideas preconcebidas sobre ti. Lo que la gente piensa de ella —«Es una mujer, no puede combatir, mira qué grandota es»— son las cosas que él utilizó para atacarla cuando se conocieron. Ahora comprende su dolor y sabe que solo necesita reconocimiento.

DAVID NUTTER (director): Nikolaj nos contó que había abandonado su cuerpo durante esa escena. Lo dijo al terminar: «No sé qué me ha pasado». Por un instante se había convertido en Jaime Lannister. Para un actor, esas son las mejores interpretaciones.

Tras luchar codo con codo en la batalla de Invernalia, Brienne y Jaime pasaban la noche juntos en la cama.

GWENDOLINE CHRISTIE: Compartir la experiencia de sobrevivir juntos a la guerra y de salvarnos continuamente la vida, momento a momento, resulta ser una combinación muy embriagadora. A menudo lo físico libera emoción. Trabajar juntos los desencalla. Si te enfrentas a la muerte y sobrevives, quieres experimentar todo lo que la vida te ofrece. No sería humano no explorarlo. Es una mujer y por tanto tiene impulsos sexuales, así que ¿por qué no tendría que hacerlo?

NIKOLAJ COSTER-WALDAU: Nunca pensé que fuera a suceder. Han sobrevivido. Se celebra una fiesta. Entierran a los muertos. El alivio es tremendo. Lo hemos conseguido. Hay bebida y felicidad. Y también hay un flirteo y ella se va y él la visita en sus aposentos y de pronto ocurre.

GWENDOLINE CHRISTIE: Para mí es importante saber cómo surgen estas cosas. Me parecía importante mostrar el momento de la elección por parte de Brienne, el instante en que decide hacerlo. Que nosotros sepamos, Brienne no ha tenido nunca un encuentro romántico o sexual. En los libros es un personaje que duerme con la armadura puesta para protegerse. Por eso me gustó que, si sucedía algo entre ella y otro personaje, ella lo quisiera así.

NIKOLAJ COSTER-WALDAU: [El rodaje de la escena] fue muy raro. Embarazoso. Yo intentaba reírme y Gwendoline me decía: «¡No te rías, hostia!».

GWENDOLINE CHRISTIE: Sí, hubo varias conversaciones. «Bueno, ahora tendréis que ser muy profesionales...» Yo tenía tanta estima por el personaje que necesitaba que lo trataran bien, y creo que así fue. Pero... ¿a nivel personal? Mi ilusión era verla juntarse con Dany.

Hablando de Daenerys, Jaime se enteraba de que la Reina Dragón estaba preparándose para atacar Desembarco del Rey. El Lannister tomaba la trascendental decisión de abandonar a Brienne e intentar rescatar a su hermana gemela, el amor de su vida.

GWENDOLINE CHRISTIE: Me sentó fatal por Brienne. Ya sé que solo es un personaje y yo soy una actriz que tiene la suerte de hacer su trabajo. Pero fue muy triste. Así es *Juego de tronos*, ¿verdad? Cuando piensas que las cosas van a ir bien, te atiza un puñetazo más fuerte aún en el estómago. Noté cómo se rompían un millón de corazones.

NIKOLAJ COSTER-WALDAU: Te preguntas si ha cambiado y si ha huido de esa relación tan destructiva. Pero sigue muy ligado al código de honor de «la familia primero», y tiene un lazo muy fuerte con Cersei a todos los niveles. Tiene que volver. Ella está sola. No tiene a nadie más. Debe intentar salvarla. Es lógico, aunque no quieras que lo sea.

GWENDOLINE CHRISTIE: Yo creo que Jaime se va porque no ha estado muy a la altura [*risas*].

NIKOLAJ COSTER-WALDAU: Habría sido maravilloso que Brienne y él pasaran el resto de su vida juntos. Pero como él mismo le dice al marcharse: «¿Tú has huido de alguna lucha?». Tengo que hacerlo. ¡Las cosas que hace uno por amor!

DAVID NUTTER: Quería que ella sintiera algo inesperado. Por eso pedí a Nikolaj que [al marcharse] dijera una frase que no estaba en el guion. Pilló a Gwen con la guardia baja y se desmoronó. Fue increíble.

La cruel frase fuera de guion que Jaime dijo a Brienne no se incluyó en la escena, pero fue desvelada en los comentarios del episodio en DVD: «No te quiero. Nadie te quiere».

Jaime regresaba a Desembarco del Rey, donde no tardaba en sufrir el ataque de Euron Greyjoy. Si bien Jaime vencía en el combate, con toda probabilidad resultaba herido de muerte. Se podría argumentar que el Matarreyes no muere en el posterior colapso de la Fortaleza Roja, como vemos más tarde en pantalla, sino a manos de Euron. Sin duda, así es como Euron y el actor Pilou Asbæk prefieren verlo.

PILOU ASBÆK (Euron Greyjoy): El único personaje que muere con una sonrisa soy yo. Dije a Dan y a David: «No voy a morir. No me veréis hacer [*emite un estertor*]». Ellos dijeron: «Pero sí que vas a morir». Y yo: «No, qué va. No pienso interpretarlo». El final de Euron Greyjoy es un final feliz.

Jaime localizaba a Cersei e intentaba escoltarla hasta un lugar seguro. Ambos quedaban enterrados bajo el derrumbamiento de la Fortaleza Roja, en cuyas ruinas los encontraba después Tyrion. Su muerte era un reflejo de su nacimiento, los gemelos abandonaban la vida igual que habían entrado en ella. Lo que Martin tenga planeado para los personajes no está claro, pero en sus libros hay un indicio de algo similar, cuando Jaime piensa en cierto momento: «Nacimos juntos y moriremos juntos».

NIKOLAJ COSTER-WALDAU: Me pareció un final estupendo para la pareja. Ella no iba a rendirse en ningún caso. Bronn había preguntado a Jaime en la temporada cuatro cómo querría morir. «En brazos de la mujer que amo.» De modo que existía este presagio, y así es como ocurrió. Por lo menos, hay un momento en que sí conectan: «Mírame, mírame a los ojos, nada más importa...».

LENA HEADEY (Cersei Lannister): Para mí fue una temporada rápida. Trata más del resto de los personajes, de sus objetivos. Me habría encantado que mi personaje tuviera una gran escena de lucha contra alguien. Pero Nikolaj y yo lo estuvimos hablando y cuanto más lo hablábamos más perfecto me parecía el final. Han llegado juntos a este mundo y ahora se irán juntos.

CHRISTOPHER NEWMAN (productor): Algunos dicen que la muerte de los hermanos es ignominiosa. Pero Tywin moría en un retrete. En la vida no hay muertes heroicas.

LENA HEADEY: Lo importante de la última escena que comparten es que Jaime ha tenido una oportunidad para ser libre, para zafarse por fin de ella, pero al final están destinados a acabar juntos. Cersei se da cuenta de cuánto lo ama y cuánto la ama él. Es la conexión más auténtica que ha tenido nunca en una relación. Tal vez sea la primera vez que Cersei está en paz.

Para mí, el último día de rodaje consistió en subir y bajar las escaleras veinte mil veces. Durante una escena dije a Nikolaj: «Nunca te había visto tan cariñoso y sentimental», y él: «¿Qué me está pasando?». No parábamos de abrazarnos y decir: «Te quiero...».

Brienne rellenaba las páginas de Jaime Lannister en el Libro Blanco de la Guardia Real. En la cuarta temporada, Joffrey se había burlado de Jaime por su falta de logros en el libro. La entrada final en la página del hombre antes conocido como el Matarreyes reza: «Murió protegiendo a su reina».

NIKOLAJ COSTER-WALDAU: La escena en que Gwen llena las últimas páginas [del Libro Blanco] es también la última escena de Jaime. Fue preciosa. Era una manera muy bonita de contar la historia de ambos y de cómo seguimos vivos después. Dejamos huella en este mundo por medio del impacto que causamos en otras personas.

Tras ser coronado rey, Bran Stark nombraba a Brienne comandante de la Guardia Real en la capital y le concedía un escaño en el Consejo Privado. Así se consumaba por fin su objetivo de convertirse en caballero al servicio de una causa justa.

GWENDOLINE CHRISTIE: Me encanta que no se hunda cuando él se va. Regresa al trabajo. Porque siempre le ha gustado trabajar. Es un enfoque refrescante: una mujer puede ser feliz sin un compañero. Elige hacer lo que le gusta, dedicar su vida al servicio. Eso es lo que me encanta del personaje. Las mujeres no tienen que definirse por su compañero.

Sandor «el Perro» se enfrenta a su abusivo hermano Ser Gregor «la Montaña» Clegane en una escalinata de la Fortaleza Roja. Es un enfrentamiento que había ido fermentando desde la primera temporada, en que nos enteramos que Gregor había desfigurado a Sandor cuando eran pequeños. «Sabes quién viene a por ti —advierte Sandor a su hermano en la séptima temporada—. Siempre lo has sabido.»

El Clegane Bowl fue una de las últimas escenas importantes rodadas para *Juego de tronos*, y cuando los actores, Sapochnik y el equipo se pusieron a trabajar en la muy esperada secuencia del combate, todos los implicados estaban tan medio muertos como la Montaña. Fue un combate extenuante incluso para el forzudo Hafþór Björnsson, que había batido varios récords del mundo en hazañas de fuerza.

HAFÞÓR BJÖRNSSON (Gregor Clegane, «la Montaña», temporadas 4-8): El islandés moderno es con diferencia el idioma nórdico que se acerca más a la lengua vikinga original. Tenemos un refrán, «Bræður munu berjast», que significa literalmente: «Los hermanos lucharán». Nunca ha sido más cierto que en esta escena. Fue uno de los trabajos más duros que he tenido que hacer nunca. Perdí más de trece kilos durante la pelea. El maquillaje comenzaba a las cuatro de la madrugada y se alargaba durante horas. Tenía gran parte del cuerpo cubierta de prótesis y llevaba lentillas. Iba con armadura completa, una armadura auténtica que pesaba mucho. Trabajábamos hasta dieciocho horas al día, la mayor parte del tiempo rodando la pelea: la misma escena, repitiendo los mismos movimientos una y otra vez. Fue genial trabajar con Rory McCann, y me siento orgulloso de haber formado parte de una de las escenas de lucha más épicas que se han creado nunca.

MIGUEL SAPOCHNIK: Fue mi experiencia menos favorita de *Juego de tronos*. Escenario difícil, equipo cansado. Los actores estaban exhaustos, aunque Rory salvó la papeleta. Hubo muchos detalles que no se notan cuando ves la lucha, pero fue una auténtica pesadilla.

El combate entre hermanos se llevaba la vida de ambos.

RORY MCCANN (Sandor Clegane, «el Perro»): Me gusta mucho el modo en que termina la historia del Perro, muchas gracias. Mis últimos días de rodaje fueron el combate. Estoy absolutamente seguro de que voy a cojear durante meses. Es una muerte gloriosa. Él se ríe de ella. Ha comprobado que no puede matar a la Montaña clavándole una daga en el ojo. Tiene que quemarlo. De entre todas los cosas que podría tener que hacer Clegane, le toca arrojarse al fuego. Ese es el sacrificio. Pero el dolor ha terminado.

Yara Greyjoy, tras ser rescatada del cautiverio por su hermano Theon, regresaba a su hogar en las Islas de Hierro, que se reincorporaban a los Reinos con Yara como gobernante.

GEMMA WHELAN (Yara Greyjoy): Me habría encantado que Yara matara a Euron. Pero mucha gente desearía haber podido matar a Euron. Me alegro de haber llegado hasta el final, aunque no siempre haya espacio para que todos los personajes puedan ver la verdad de sus tramas argumentales consumada como les gustaría. Pero Yara consigue lo que, en mi opinión, debe ser suyo, y acierta al obtenerlo con elegancia.

Tras la ejecución de Missandei, Gusano Gris sufre una regresión a su anterior estado de máquina de matar que obedece órdenes sin ningún remordimiento. En el episodio final decide abandonar la carrera militar y cumplir la promesa que hizo a su amada viajando a la tierra natal de Missandei, Naath, una isla en el mar del Verano. Aunque no llegue a aparecer nunca en la serie, Naath

se describe como una tierra tropical de arenas blancas y altos árboles.

JACOB ANDERSON (Gusano Gris): Llega un punto en que Gusano Gris
dice: «Ya he tenido bastante». Por eso se va. Todos sus seres queridos han
muerto, y justo acababa de aprender a tener seres queridos. Está en un
lugar violento, y no creo que quisiera seguir llevando ese tipo de vida.
Cumpliendo la promesa que le hizo a Missandei, se dedica a beber piñas
coladas en la playa y a proteger a los demás.

El último día de rodaje para Anderson fue también el último
de Kit Harington y Liam Cunningham (cuyo Lord Davos Seaworth terminará sirviendo en el Consejo Privado de Bran como
consejero naval).

LIAM CUNNINGHAM (Davos Seaworth): El último día de rodaje fue la
escena en la que Jacob iba a matar a los guardias de Desembarco del
Rey. Fue increíblemente difícil porque, visto con frialdad, era como cualquier otro día de trabajo. Pero Jacob, Kit y yo, durante los descansos, nos
quedábamos mirando el puto suelo. Si nos mirábamos a los ojos no conseguíamos aguantar la mirada porque sabíamos lo trascendental que era
aquel momento. Sabíamos que al final de la jornada David y Dan ven-
drían para regalarnos alguna mierda. Fue muy raro; teníamos que ser
profesionales pero al mismo tiempo teníamos ganas de arrancarnos los
ojos.

En el documental *Juego de tronos: La última guardia* vemos
que Dan Weiss se dirigió a Harington tras su última toma y le
dijo: «Tu guardia ha terminado y ha sido una guardia tremenda».
A su vez, Harington pronunció un discurso de despedida, real en
esa ocasión: «Adoro esta serie —dijo al reparto y al equipo con
lágrimas en los ojos—. Para mí nunca ha sido un trabajo. Siempre
será lo más grande que haga jamás».
Ser Jorah alcanzaba el descanso eterno tras la Batalla de Invernalia, con Iain Glen, entre otros actores, yaciendo en piras fu-
nerarias.

IAIN GLEN (Jorah Mormont): En aquel momento estaba despidiéndome con el oído, escuchando cómo trabajaba el equipo. Se había convertido en una maquinaria gigantesca y bien engrasada, y oír aquella combinación orquestada... Me sumergí en los recuerdos. Pensé en todo lo que habíamos hecho en la última década. Intenté desconectar de todo.

Pero cuando Daenerys iba a despedirse de su fiel amigo, se inclinaba hacia delante y le susurraba algo al oído. En el guion, sus palabras se describen como «algo que Jorah nunca oirá y que nosotros nunca sabremos». Por lo tanto, es lógico que Iain Glen se negara a desvelar lo que le dijo Emilia Clarke.

IAIN GLEN: Fue algo del todo sincero y adecuado para aquel momento, algo que nunca olvidaré. Siempre lo atesoraré porque es algo que nunca sabrá nadie más que ella y yo. Y eso es un recuerdo al que aferrarse.

Samwell Tarly fue tal vez el superviviente más inesperado de la serie, un personaje que parecía condenado desde el momento en que hacía un torpe esfuerzo por levantar una espada en la primera temporada y luego, de algún modo, consigue ir superando viajes y batallas. A pesar de eso, Samwell tenía el que quizá fuese el final más feliz de todos. Se quedaba con Gilly y tenían un hijo, Sam. Y además se unía al consejo de Bran como gran maestre, un puesto en el que su erudición y su amable sabiduría por fin serían apreciados y bien utilizados.

JOHN BRADLEY (Samwell Tarly): Sam desea una felicidad doméstica y tranquila. Así que para él es un final espectacular, porque las probabilidades de que sucediera eran escasísimas. Es de los pocos personajes que ha sido infeliz desde el principio de su vida. Ha sufrido y ha pasado por momentos muy sombríos, y llegas a pensar que nunca va a ser feliz.

Una cosa que me gusta de la escena final en el Consejo Privado es que los dejamos riñendo entre ellos. Han establecido un espacio un poco más cómico. Te dan ganas de quedarte con ellos.

Tyrion Lannister había servido como Mano del Rey para Joffrey y luego como Mano de la Reina para Daenerys. Ambos puestos le resultaron complicados, pues su compasión y su pragmatismo chocaban con los planes egoístas de sus señores. Bran Stark volvía a nombrar Mano del Rey a Tyrion. El puesto era en parte un honor y en parte un castigo, una oportunidad para corregir fracasos anteriores.

PETER DINKLAGE (Tyrion Lannister): Estamos muy acostumbrados a la fórmula habitual de que los malos mueran y los buenos sobrevivan. David y Dan reservaron un toque final bonito y amable para algunos personajes y un toque duro para otros. Me rondaban toda clase de ideas por la cabeza [en cuanto al destino de Tyrion], y al final termina cumpliéndose una versión de una de ellas. Desea enmendar lo que ha hecho mal.

DAN WEISS (*showrunner*; creador y responsable de la serie): Tyrion es el tío más listo y divertido y uno de los más pragmáticos de la serie. ¿No sería genial que quedara al mando de todo? Al final, como muchas personas que gozan de sus cualidades, ha cometido muchos errores. Era un modo divertido de hacer que Tyrion quedara al mando de las operaciones diarias sin tener que ocupar el Trono de Hierro, cosa que por razones que él mismo explica no habría sido demasiado factible. Para bien o para mal, siempre estuvo destinado a no ser la persona que se sentara en él. Siempre iba a ser la persona que no sale en los libros de historia pero que tomó muchas decisiones que determinaron el futuro.

Brandon Stark se corona como Bran el Roto, Primero de su nombre y Señor de los Seis Reinos. Una cuestión central que *Juego de tronos* planteaba desde el principio es: «¿Quién terminará ocupando el Trono de Hierro?». Muchos seguidores querían que su héroe favorito gobernara los Siete Reinos porque el Trono de Hierro se consideraba en general un premio. El departamento de marketing de HBO también aprovechó esa idea y tentó al público presentando a distintos personajes sentados en el puesto de poder definitivo.

Pero a lo largo de sus ocho temporadas, *Juego de tronos* siempre había retratado el poder como una carga, no como una recompensa. El Trono de Hierro es la versión en Poniente del Anillo Único de *El Señor de los Anillos*: un objetivo que muchos buscan por buenas o perversas razones, pero cuyo poder corrompe hasta a los mejor intencionados. El Trono de Hierro y el Anillo Único comparten también el mismo destino, ya que ambos terminan destruidos por el fuego mítico que los forjó. Por eso Daenerys no era la persona adecuada para el trono, porque lo deseaba demasiado, y por eso el Cuervo de Tres Ojos podría ser bueno para ocuparlo, aunque la elección resulte insatisfactoria.

DAVID BENIOFF (*showrunner*; creador y responsable de la serie): Quién va a gobernar al final era una cuestión importante. Debe ser alguien que se lo haya ganado con las experiencias por las que ha pasado, pero también queríamos a alguien que pudiera llegar a ser un buen gobernante, es decir, alguien que no ejerciera el poder por los motivos equivocados. Siempre tratamos de evitar las conversaciones sobre temática, pero si hay un tema en esta serie, es el poder. El poder corrompe a las personas, y la falta de poder también te perjudica. A Bran no le interesa el poder.

ISAAC HEMPSTEAD WRIGHT (Bran Stark): No me imagino su reinado como un camino de rosas. Será bastante difícil. Y me temo que, a todos los efectos, Poniente es ahora un estado sometido a vigilancia, porque Bran sabe lo que hace todo el mundo. Tal vez se echará en falta un líder emotivo de verdad, que es una cualidad útil en un rey o una reina. Pero al mismo tiempo, no puedes llevarle la contraria. Te dirá: «No sigas, lo sé todo».

DAVID BENIOFF: Como dice Bran en esa escena: «¿Por qué crees que vine hasta aquí?». Llevábamos mucho tiempo siguiendo su línea argumental. Hemos visto que Arya desempeña un papel importantísimo al destruir al Rey de la Noche. Y Sansa pasa a ser Reina en el Norte. ¿Adónde han conducido las experiencias de Bran? Todas las cosas por las que ha pasado deben de tener algún propósito. Hemos intentado evitar las profecías en su mayor parte. Pero en Bran hay algo inevitable. Ha elegido ser el Cuervo de Tres Ojos, pero, ¿con qué objeto? Si eso no tuviera unas consecuencias importantes, sería decepcionante.

ISAAC HEMPSTEAD WRIGHT: Cuanto más lo pensaba, más sentido le encontraba. Es la persona ideal para controlarlo todo. Por definición, tiene la cabeza en su sitio, es imparcial y cuenta con un conocimiento completo de la historia, cosa muy útil. Creo que será un rey estupendo.

DAVID BENIOFF: Es el fruto de las esperanzas que tenía Varys desde siempre. ¿Quién va a pensar en qué es mejor para el reino? Para que un rey esté tan poco interesado en sí mismo y su familia, el puesto casi requiere a alguien que no sea humano. Porque todos tenemos defectos y flaquezas.

Hacía mucho que Sansa Stark buscaba la seguridad y la estabilidad para sí misma, para su hogar y para el Norte. Por eso resulta bastante apropiado que se la nombre Reina en el Norte, que pasa a ser un reino independiente, y se la corone en Invernalia.

SOPHIE TURNER (Sansa Stark): Desde el final de la primera temporada, Sansa ya no ha estado obsesionada con la capital y con ser reina. Sabe que su lugar está en el Norte y se siente capacitada para gobernar a los pueblos del Norte como señora de Invernalia. No tiene ningún deseo de gobernar los Siete Reinos. Probablemente sería capaz de hacerlo con la ayuda de su familia y de consejeros como Tyrion, pero creo que a ella sola el cargo la abrumaría. Me parece un modo excelente de terminar.

BRYAN COGMAN: En el episodio piloto, la función principal de Sansa era informar a los miembros de su familia y al espectador de que su principal objetivo es irse de Invernalia, vivir en la gran ciudad y llegar a ser reina, solo que una reina muy distinta a la que al final termina siendo. Es decir, la trama argumental de Sansa siempre había estado destinada a terminar con una nota triunfal, sobre todo si tenemos en cuenta lo que ha tenido que soportar en la parte central de la serie. Resulta apropiado que al final se cierre el círculo. Es la única Stark que queda en Invernalia, y gobernará el Norte en este nuevo capítulo. Ella es la mejor esperanza para el futuro del Norte.

SOPHIE TURNER: Me habría gustado quedarme el collar, el negro con una cadena que cae. Como no me dejaron, me quedé con el corsé, el objeto que tanto dolor me había provocado. Es lo único que tenía que me había acompañado a través de toda esa experiencia hasta el final.

En uno de mis últimos días de rodaje, caminaba vestida de Sansa por el patio de Invernalia y pensaba: «Esta es una de las últimas veces que estaré aquí, en el papel de Sansa, en mi hogar». Fue un momento muy emotivo y potente, en el que aprecié de verdad el personaje y *Juego de tronos* en su conjunto.

La víspera de la batalla de Invernalia, Arya Stark pasaba la noche con su antiguo compañero de viajes y amigo Gendry, para gran sorpresa de él.

MAISIE WILLIAMS (Arya Stark): Pensé que el guion era una broma, pero me dijeron: «Esto es lo que falta en esta temporada». ¡Mierda, mierda! ¿Cuándo voy a rodarlo? Tengo que ir al gimnasio. David y Dan me dijeron: «Es el fin del mundo. ¿Qué otra cosa quieres que haga Arya?». Puede que ese fuese un momento en que Arya aceptaba que tal vez muriera al día siguiente, algo que ella nunca hace. «Hoy no.» Así que era un momento en el que pensaba: «Es probable que mañana muramos. Quiero saber qué se siente antes de eso». Fue interesante ver a Arya siendo un poco más humana, hablando un poco más de las cosas que dan miedo a la gente, y eso allanaba el camino para el resto de su historia.

JOE DEMPSIE (Gendry): Fue un poco raro para mí, claro, porque conozco a Maisie desde que ella tenía once o doce años. Pero, al mismo tiempo, no quería ser condescendiente con ella. Era una mujer de veinte años, así que nos divertimos mucho rodándolo y punto.

MAISIE WILLIAMS: David y Dan me dijeron: «Puedes enseñar tanto o tan poco como quieras [en la escena]». Así que decidí guardar bastante el recato. No creo que fuese importante que Arya enseñara las tetas, y la escena en realidad no iba de eso. Además, en la serie ya las había enseñado todo el mundo, así que... ¡no era necesario que lo hiciera yo también!

Al empezar [el rodaje de la escena], todo el mundo fue muy respetuoso. Nadie quería que te sintieras incómoda, con lo cual te sientes más incómoda, porque nadie quiere mirar nada que no debería mirar y a su vez eso te hace sentir fatal porque todo el mundo está en plan... [*desvía la mirada*]. Lo que quieres es que la gente actúe con más normalidad.

Al final, como había prisa por terminar la escena, David Nutter dijo: «Muy bien, ahora entras y haces esto y aquello y luego te quitas la parte de arriba», y se largó. Y yo: «Vale, pues hagámoslo».

Arya viajaba a Desembarco del Rey con la intención de matar a Cersei y tachar un nombre importante de su lista de la muerte. En varios aspectos, Arya había recorrido un camino similar al de Daenerys. Ambas eran jóvenes heroínas que habían sufrido horribles tragedias y cada vez eran más expertas en sobrevivir, pero también más violentas y apáticas. Cuando Arya envenenaba el banquete en el asentamiento de la Casa Frey para vengar la Boda Roja, al principio de la séptima temporada, no era tan distinto de cuando Daenerys crucificaba a los amos de esclavos. Es cierto que son malvados como grupo, sí, pero ¿y como individuos? ¿Todos los participantes en el banquete merecían el mismo final? Arya evita que una criada beba de su vino envenenado, pero ¿y si no hubiera estado justo a su lado en ese momento?

BRYAN COGMAN: A las dos chicas Stark las habían llevado al extremo, donde puede perderse la humanidad. Llegan hasta el borde del precipicio y luego regresan. Para Arya, la temporada final consistía en deconstruir esa personalidad oscura que había tenido que adquirir y redescubrir un poco de su humanidad perdida.

La última conversación que tenía Arya era con el Perro. Tras presenciar tantos horrores y tanta devastación, cambiaba de opinión sobre ir a por Cersei. Tomaba la elección opuesta a Daenerys —anteponer la vida a la muerte— casi exactamente en el mismo momento en la serie. No era un giro que diera a los fans lo que querían, pero puede argumentarse que dio a Arya lo que necesitaba.

MAISIE WILLIAMS: Yo quería que Arya matara a Cersei aunque tuviera que morir haciéndolo. Hasta cuando ella está con Jaime, pensaba que él se arrancaría la cara [y revelaría que en realidad era Arya], y entonces morirían las dos. Creía que esa había sido siempre la motivación de Arya.

LENA HEADEY: Yo también viví esa fantasía [de un enfrentamiento entre Arya y Cersei] hasta que leí el guion. Eran escenas fragmentadas, muy distintas a las que había soñado. Tuve un poco de bajón, pero no queda otra que aceptar que no estaba destinado a suceder.

MAISIE WILLIAMS: El Perro me decía: «¿Quieres ser como yo? ¿Es eso lo que quieres, quieres vivir tu vida como yo?». En mi cabeza la respuesta era sí. Pero supongo que al acostarse con Gendry y ver a Jon, se da cuenta de que ya no está luchando por sí misma, sino por su familia. Hay un montón de emociones humanas que no ha experimentado durante mucho tiempo. Cuando el Perro le hace esa pregunta, Arya se da cuenta de que tiene otra opción. De pronto, hay muchas más cosas en mi vida por las que vivir, cosas que hacer, cosas que ver. Para mí era una conmoción. Me di cuenta de que había otras cosas que podía interpretar, de que podía volver a ser una chica de dieciséis años.

Arya se despedía de un enamorado Gendry y rechazaba su ofrecimiento de llevar una vida doméstica. «No es lo mío.»

MAISIE WILLIAMS: Arya siempre había sido una loba solitaria. Siempre se ha sentido un poco desarraigada en su propia familia. No creo que se sintiese más cómoda o más realizada por tener un compañero. Supongo que acabarán viéndose en la boda de un amigo o algo y dirán: «Eh, hola, me alegro de verte...».

En lugar de quedarse con Gendry, Arya se embarcaba con rumbo a lo desconocido para averiguar «qué hay al oeste de Poniente». Es una mujer joven adentrándose en terreno hostil, pero sabemos que podrá cuidar de sí misma.

MAISIE WILLIAMS: No es un final a lo *Juego de tronos*. Es como un final feliz para ella. Me permitió llevar a Arya a un lugar al que nunca pensé que volvería con ella. Espero que no suene demasiado gilipollas ni demasiado de actriz.

Jon Nieve podría haberse convertido en rey de Poniente. Para muchos espectadores, la revelación de su misterioso parentesco, insinuado desde el primer episodio, debería haber tenido un mayor impacto en el argumento de la temporada final.

BRYAN COGMAN: Fue una subversión de las expectativas. Cuando tu «personaje principal» descubre que le corresponde ser rey, en cualquier otra serie habría acabado en el trono. Pero nuestra serie no es así. Nunca estuvo destinado a serlo. Pero la revelación de su ascendencia sí que afecta a las piezas de dominó de la temporada y a cómo van cayendo. Su capacidad de montar en dragón es un factor clave en la destrucción del Rey de la Noche. No el factor definitivo, de acuerdo, pero en la guerra contra los muertos todo el mundo tenía un papel esencial para llevar a Arya al lugar adecuado, y si quitas cualquier elemento, el Rey de la Noche habría vencido. Y su parentesco es un factor en la cadena de acontecimientos que llevan a Daenerys a su trágico final.

Bran Stark estaba de acuerdo en que castigar a Jon Nieve era la única forma de mantener la paz con los Inmaculados. Así, Jon Nieve era condenado a servir durante el resto de sus días en el Muro, en la Guardia de la Noche. Al igual que Gusano Gris al cumplir la esperanza frustrada de Missandei viajando a Naath, Jon Nieve cumplía el sueño de Ygritte al adoptar una vida libre de las restricciones y las responsabilidades de Poniente. Dejaba su puesto en el Castillo Negro y, junto con su amigo Tormund Matagigantes y el pueblo libre, marchaba hacia más allá del Muro para no volver a arrodillarse jamás.

KIT HARINGTON (Jon Nieve): No hay traumas ni aclamaciones. Su viaje concluye. Esa conclusión no es necesariamente alegre para él. Solo es el fin de algo. Hay cierta satisfacción en ello. No es un sentimiento de alegría. «Por lo menos esto ha terminado, aunque me seguirá hiriendo para siempre. Pero está hecho y ahora necesito soltar lastre.» Todo el mundo le había dicho que su lugar era el verdadero norte y ahora por fin viajará hasta allí. No creo que vaya a volver nunca.

BRYAN COGMAN: En definitiva, esta es una serie sobre una familia, una familia que se ha separado, y sobre cómo encontrar el modo de volver a reunirla. No creo que fuese casualidad que David y Dan concluyeran la serie con ese montaje de Jon, Sansa y Arya partiendo en direcciones diferentes en sus nuevos viajes.

ISAAC HEMPSTEAD WRIGHT: Uno de los aspectos más inteligentes de ese final es que no lo concluye todo de un modo muy definitivo. El reino está sumido en el caos. Arya se marcha para iniciar su propio viaje. Sansa es ahora la Reina en el Norte. Bran es ahora rey. Los Stark quedan inacabados. No hay un punto final. No hay un se acabó. Es casi como si el mundo de *Juego de tronos* siguiera existiendo, todavía, en algún lugar.

CAPÍTULO 32

Y AHORA LA GUARDIA HA TERMINADO

Los fans no paraban de abuchear. La cosa pintaba mal.

Los miembros del reparto de *Juego de tronos* esperaban ansiosos entre bastidores de la Comic-Con de San Diego, preparados para salir delante de seis mil personas y celebrar la temporada final de la serie. El último episodio se había emitido apenas dos meses antes. HBO había programado una última charla de *Juego de tronos* para la Comic-Con en la gigantesca Sala H del Centro de Convenciones de San Diego y se había hecho con los servicios de un incauto periodista (el que esto escribe) para actuar como moderador. En las semanas previas al evento, algunos fans disgustados con la temporada final se habían regodeado publicando en las redes sociales detallados y creativos planes para sabotear la charla con protestas en la inmensa antesala.

Consciente de estas amenazas, un directivo de la Comic-Con tomó la iniciativa poco habitual de salir al escenario antes de que comenzara la sesión para recordar al público que el espíritu de la convención siempre había sido apoyar a las series, independientemente de lo que opinaran los fans sobre ellas. Fue entonces cuando empezaron los abucheos. «Esta charla se va a la mierda», pensé, y ya me veía saliendo a escena con los fans coreando: «¡Vergüenza! ¡Vergüenza! ¡Vergüenza!».

Las luces del escenario se atenuaron.

Se proyectó una bobina con momentos estelares de *Juego de Tronos*.

Había llegado el momento de enfrentarse al público...

Juego de tronos emitió su episodio final, «El Trono de Hierro», el 29 de mayo de 2019. El broche de oro de la serie, de setenta y nueve minutos de duración, estaba dividido en dos partes marcadamente distintas. La primera describía las consecuencias sombrías y postapocalípticas del ataque de Daenerys a Desembarco del Rey y el auge y la posterior caída de su régimen fascista (podría decirse que daba la sensación de ser unos «vientos de invierno»). La segunda retomaba la historia meses después de la muerte de Daenerys y mostraba el renacimiento de Poniente a medida que los supervivientes determinaban el rumbo del reino y se adaptaban a sus nuevos papeles y destinos («un sueño de primavera»).

Con cada episodio de la temporada final, el caudal de discusión entre los seguidores de la serie había ido en aumento. Cada pequeño detalle de la serie se discutía con ardor. Tal vez el mejor ejemplo de este nivel extraordinario de escrutinio fuera una taza actual de café que apareció por error en el plano de una escena ambientada en Invernalia, apenas visible, pero que motivó titulares a escala global.

DAVID BENIOFF (*showrunner*; creador y responsable de la serie): No me lo podía creer. Cuando recibimos el email al día siguiente, de verdad pensé que era una broma, porque otras veces la gente nos había dicho cosas como: «¡Eh, mirad ese avión en el fondo!», y resultaba que alguien lo había colocado con Photoshop. Pensé: «Es imposible que salga una taza de café». Pero entonces lo vi en la tele y pensé: «¿Cómo es posible que no la viera?».

DAN WEISS (*showrunner*; creador y responsable de la serie): Habíamos visionado ese plano mil veces, pero siempre nos fijábamos en las expresiones y en cómo encajaba con los planos contiguos. Parecía que estuviéramos participando en un experimento psicológico, como esos en que no ves a los gorilas que corretean por detrás porque estás contando las canastas de baloncesto. Hay anécdotas de este tipo en todas las producciones que existen. En *Braveheart* se ve a un miembro del equipo; en

Espartaco hay un actor que lleva reloj. Pero ahora la gente puede rebobinar y todo el mundo lo comenta a tiempo real. Así que alguien vio la taza de café, rebobinó, y enseguida todo el mundo hizo lo mismo.

La temporada final tuvo casi cuarenta millones de espectadores en Estados Unidos y decenas de millones más alrededor del mundo. Tim Goodman, de *The Hollywood Reporter*, declaró que la serie «termina todo lo bien que una epopeya tan desbocada, extensa y complicada puede terminar», y Rob Bricken escribió en *io9* que «la historia tiene el "mejor" final que la gente podría esperar. Las cosas acaban asombrosamente bien para todos menos para Daenerys y Jon, y eso es precisamente en lo que *Juego de tronos* tenía que acertar».

Pero muchos críticos, así como una vociferante masa de fans, quedaron bastante disconformes. «Raro en cuanto a tono, forzado en cuanto a lógica y flojo en cuanto a emociones», escribía Spencer Kornhaber en *The Atlantic* sobre el episodio final. Y Jeremy Egner, de *The New York Times*, opinaba: «Podría haber funcionado mejor si en las dos últimas temporadas no hubiera habido tantas prisas por llegar a unos objetivos predeterminados. Muchas cosas que han enfurecido a los fans esta temporada se habrían podido evitar con toda probabilidad dejándoles un poco más de espacio para respirar». En comparación con las de los años anteriores, las puntuaciones de la temporada en Rotten Tomatoes e IMDb cayeron en picado, y miles de fans firmaron una petición para que HBO rehiciera la octava temporada.

La decisión de terminar la serie en su momento álgido de popularidad, combinada con la revelación de los finales a menudo trágicos y poco convencionales de docenas de personajes muy queridos por el público en apenas seis episodios, iba a provocar de manera inevitable una avalancha de frustración y controversia, además de los elogios y las felicitaciones. Aun así, la cantidad de reacciones negativas superó con mucho lo previsto.

Muchas fuentes de la serie opinaban que un buen porcentaje de las críticas eran consecuencia de que *Juego de tronos* se hubiera convertido en un icono de la cultura popular y hubiera alcanzado un nivel de expectativas que ninguna serie dramática iba a poder satisfacer. Además, la serie tenía la consecuencia añadida de que su final marcaba el fin de una era. Con más de quinientas series de televisión emitidas en 2019 y el público cada vez más proclive a ver seguidos todos los episodios o aplazar el visionado en lugar de ver las cosas en directo, *Juego de tronos* no solo puso fin a una serie de televisión, sino que terminó con una sensación de comunidad global en un momento en que las personas se sentían cada vez más aisladas. «*Juego de tronos* es la última gran serie que nos une a todos —se lamentaba Emily Dreyfuss en *Wired*—. Tal vez por eso todo el mundo parece tan molesto con esta última temporada.»

O, en palabras de Nikolaj Coster-Waldau: «¿Cómo podría ser bueno algún final... si no quieres que termine?».

CAROLYN STRAUSS (productora ejecutiva y expresidenta de programación de HBO): Hagas lo que hagas, en la era de Twitter te van a crucificar. Siempre habrá alguien en su cómoda butaca que tenga el mejor final de todos. Era muy difícil de equilibrar, y había muchos factores prácticos y narrativos que nunca tiene en cuenta la gente que se dedica a proponer finales alternativos. Si esas personas tienen una idea mejor, en fin, que lo hagan ellas mismas.

GEORGE R. R. MARTIN (autor, coproductor ejecutivo): Me llegan opiniones de los dos extremos. Algunos detestan la serie y dicen: «George, escribe tus libros y "arregla" las cosas». Y otros adoran la serie y dicen: «Ya paso de la versión de George, es una novelización, es *fan-fiction*, a quién le importa». Cuando termine mis libros, la gente podrá discutir de lo que está bien, lo que está mal y de cuál es la historia «real». Ninguna de las historias es la real. Son personajes de ficción. A ti, ¿cuál de ellas te toca más la fibra?

DAVID BENIOFF: Sin lugar a dudas, hubo cosas [a lo largo de la serie] que ahora haríamos de un modo distinto. Pero no sé si querría comentar alguna en público.

DAVID WEISS: Prince dijo una vez algo sobre que, detrás de cada disco que escuchas y te parece malísimo, siempre hay alguien que se ha dejado la piel para hacerlo. Hay muchas personas trabajando duro en cada uno de los aspectos de una obra. Por eso, cuando haces una crítica, puede parecer que estás echando la culpa a otra persona. Y en realidad los únicos a los que puede culparse es a nosotros. Y te aseguro que yo no pienso culparnos.

CHRISTOPHER NEWMAN (productor): No me arrepiento de nada de la última temporada. Creo que fue el mejor trabajo que hicimos nunca. Cuando haya pasado toda la ira de internet, la gente se dará cuenta de que escribieron escenas fabulosas. Las críticas no parecen tener en cuenta con justicia el logro extraordinario que representó. Cuando la gente dice: «No me gustó el final», yo pienso: «Si hubieras escrito el final que querías, ¡seguro que tampoco le habría gustado a nadie!».

MICHAEL LOMBARDO (expresidente de programación de HBO): La mayoría de la gente opinó que había sido una temporada televisiva increíble. Yo estaba en HBO cuando termino *Los Soprano* y todo el mundo se indignó. Hoy en día se considera un final perfecto. Cuando *Seinfeld* terminó, parecía que se acabaría el mundo. No es fácil hacer aterrizar esos aviones. Han dejado un legado increíble. Solo el tiempo podrá juzgarlos.

En una decisión sin precedentes, HBO encargó el desarrollo de los guiones de cinco precuelas de *Juego de tronos*, todas a cargo de guionistas distintos, con la esperanza de encontrar una serie que pudiera convertirse en digna sucesora. A partir de uno de estos guiones, el de Jane Goldman (*Kick-Ass*), hasta se llegó a rodar un episodio piloto en 2019. El proyecto estaba protagonizado por Naomi Watts y ambientado miles de años antes de los sucesos narrados en *Juego de tronos*, en los tiempos que desembocaron en la Larga Noche original. HBO decidió no seguir adelante con esa serie, quizá demostrando una vez más lo difícil que puede ser llevar a la vida el mundo de Martin. Pero HBO no ha claudicado. La cadena dio luz verde a producir como serie otro proyecto, *House of the Dragon*, basado en el libro de Martin sobre la historia de la familia Targaryen, *Fuego y sangre*. Martin se siente bastante optimista respecto a la nueva serie, y la cadena, en una decisión prometedora, ha reclutado al veterano de *Juego de tronos* Miguel Sapochnik como director y corresponsable del proyecto (junto con el guionista de *Colony*, Ryan Condal). Mientras el resto de los proyectos de precuela permanecen en desarrollo, el estreno de *House of the Dragon* está previsto para 2022.

Y ahora, volvamos a aquella charla de la Comic-Con.

Una tras otra, siete estrellas de *Juego de tronos* (Maisie Williams, Nikolaj Coster-Waldau, Conleth Hill, Isaac Hempstead Wright, Liam Cunningham, Jacob Anderson y John Bradley) fueron saliendo al escenario.

La multitud que llenaba la Sala H *aulló...* de amor. Los fans se rieron con los chistes («¿Que qué robe? ¡Las escenas en las que participaba!», bromeó Hill). Cada participante tenía una taza de café delante, en un guiño a la metedura de pata de la taza. Todos dieron emotivos discursos que provocaron aplausos y lágrimas. Y al terminar el evento, la mesa recibió una ovación con el público puesto en pie. No hubo abucheos, no hubo protestas ni gritos de «vergüenza». Por supuesto, no todos los presentes en la Sala H estaban entusiasmados con los últimos episodios. Pero sus reacciones sí sugerían que su amor general por *Juego de tronos*, y sobre todo por el trabajo de su reparto, había perdurado.

Un par de horas después de terminar la charla, los actores salieron juntos a cenar. Una pregunta silenciosa pendía sobre la mesa. Era la misma pregunta que se había cernido sobre todas las reuniones de participantes de *Juego de tronos* desde que la serie dio por terminado el rodaje. «¿Alguna vez volveremos a estar todos juntos?».

Para el reparto, el final de la serie significó perder muchas cosas: trabajar con amigos, formar parte de una sensación global, tener un empleo fijo y bastante lucrativo y, tal vez lo más importante, interpretar a unos personajes que les encantaban en un mundo tan completo que había obtenido su propia realidad y permanencia.

IWAN RHEON (Ramsay Bolton): Lo que más echaré de menos es el momento en que leía el guion y siempre había una escena, en todas las temporadas, en que pensaba: «Muchas gracias, esto es precioso».

LENA HEADEY (Cersei Lannister): Cada vez que hacías la última escena con un personaje pensabas: «Ya está, esto se acabó». Había una gran sensación de pena, de que ibas a tener que buscar nuevos pastos. Y también una sensación de pérdida, de que nada de aquello volvería a suceder. Es probable que no vuelva a estar nunca en escenarios tan grandiosos como aquellos. Había una cantidad enorme de gratitud.

JACOB ANDERSON (Gusano Gris): La gente piensa que debía de ser un lugar muy sofocante y sombrío en el que trabajar. Pero yo me lo pasé muy bien. Tengo una mentalidad muy caótica y puedo ser un tío muy inquieto. Tiendo a ser presa del pánico. Y a veces, durante los cinco o diez minutos de una escena, podía ser ese personaje tan controlado y tranquilo. La posibilidad de hacer eso ha sido algo muy poderoso para mí.

KRISTIAN NAIRN (Hodor): Para mí, aún no ha terminado de verdad. Me cuesta mucho hablar de *Juego de tronos* en pasado. Todavía tengo la sensación de estar esperando la siguiente temporada.

NATALIE DORMER (Margaery Tyrell): Me tocó la lotería. Vi la primera temporada como fan. Me subí al carro en la segunda temporada y formé parte de un viaje maravilloso y loco y tuve una preciosa trayectoria de cinco años. Luego salí al exterior y he podido aprovechar la notoriedad que me dio, y estoy muy agradecida por ello. Y luego pude ver el final de la serie otra vez como fan. Siempre llevaré una pequeña rosa amarilla en mi corazón.

JOHN BRADLEY (Samwell Tarly): En cierto modo, es más fácil para la gente que ya tenía una carrera antes de *Juego de tronos*. Para gente como Charles Dance o Diana Rigg, esto es solo parte de una carrera más amplia. Pero para mí y para muchos otros miembros del reparto, esta será la primera vez que soy un actor profesional sin trabajar en *Juego de tronos*. Nunca me habían arrojado al abismo. Daba igual si el trabajo que tenía la primera mitad del año no me gustaba demasiado, porque al menos sabía que regresaría a *Juego de tronos* en verano y volvería a estar con esa familia y todas esas caras conocidas. Trabajar en *Juego de tronos* siempre era como volver a casa.

MAISIE WILLIAMS (Arya Stark): Hay un montón de historias que quiero contar. Hay un montón de historias que quiero interpretar. Me preocupa que nadie vaya a querer que lo haga. Será agradable volver a la normalidad. También voy a lanzar una aplicación para móviles que espero que ayude a la gente. Tengo una productora y hay un par de películas que nos gustaría hacer. Quiero dirigir. No hay muchas oportunidades en las que puedas hacer de todo con un personaje, y [en *Juego de tronos*] tuve ocasión de interpretar mucha parte del espectro. Pase lo que pase después, esto ha sido para bien.

RORY McCANN (Sandor Clegane, «la Montaña»): Soy marinero y llevaba toda la vida queriendo remodelar barcos. Estoy pensando en navegar hacia la puesta de sol. Ese es mi sueño. Tengo un viejo queche de madera. Dos mástiles, todo de madera, cuarenta y cinco años. Una preciosidad con un fuego de leña en el interior. Creo que me gustaría hacer un viaje de un par de años.

A la pregunta de adónde tiene pensado navegar McCann, el actor respondió con el típico ladrido del Perro: «Eso es asunto mío, joder».

KIT HARINGTON (Jon Nieve): El objetivo de actuar es conseguir algún reconocimiento y fama. Pero ya no busco eso. *Juego de tronos* me dio libertad para probar a hacer las cosas que quiero. Producir un poco, tal vez intentar dirigir y probar papeles que no verá tanta gente pero que me darán satisfacción. Tal vez hacer algo totalmente distinto. Birlé unas cervezas de la nevera de David y Dan y les dejé una nota que decía: «Os debo dos birras y una carrera». Así es como me siento.

LIAM CUNNINGHAM (Davos Seaworth): Por su carácter atemporal y porque es una historia de fantasía y por lo buena que es, creo que *Juego de tronos* resistirá los próximos cincuenta años y la gente la seguirá descubriendo. Ha sido un gran honor formar parte de esta serie. Cada día era un placer ir a trabajar. Echaré de menos la elegancia de la producción y trabajar con personas que son las mejores en su campo.

GWENDOLINE CHRISTIE (Brienne de Tarth): Me encanta que Brienne, en su última escena, esté trabajando. Me encanta que su última frase sea:

«Creo que todos coincidimos en que los barcos son más prioritarios que los burdeles». Así es como quiero que se me recuerde y así quiero que se recuerde a Brienne: como un icono feminista y una mujer práctica.

PETER DINKLAGE (Tyrion Lannister): Lo echaré mucho de menos, pero tienes que pasar al siguiente capítulo de tu vida. Ya voy acercándome a los cincuenta. Cuando empecé en la serie tenía treinta y tantos. Como tantas otras personas de la serie, me he casado y he tenido hijos durante este tiempo. Tienes que dejar espacio a lo nuevo. Te parte el corazón. Es el mejor papel que he tenido nunca y he trabajado con unas personas geniales que además son la hostia de encantadoras.

EMILIA CLARKE (Daenerys Targaryen): Hubo muchas risas, hubo muchas fiestas y hubo mucha bebida. Cada vez que salíamos juntos, me sentía como si volviera de trabajar en la mina. No todo lo relacionado con la serie fue tan glamuroso, y por eso nadie se trataba con mucha ceremonia. Es probable que fuera el entorno de trabajo más honesto que jamás vaya a conocer.

NATHALIE EMMANUEL (Missandei): No tengo palabras para expresar lo que la serie y las personas involucradas en ella significaron para mí. A menudo la gente concede todo el mérito a los actores, pero es importante hablar de las cientos, cuando no miles, de personas que han sido responsables de la creación de esta serie y que han dedicado tantas horas a ella. Cada persona que estuvo ahí la convirtió en lo que fue. Espero que lean este libro y sepan que les estaré eternamente agradecida.

SOPHIE TURNER (Sansa Stark): Estoy bastante triste. Esto es lo único que había conocido. Este ha sido mi hogar. He pasado más tiempo aquí que en mi casa. Lo más triste es que nunca más volveré a ser Sansa, Maisie no volverá a ser Arya. Ya no veré a Maisie con su traje, no me podré poner el mío e interpretar al personaje. No podremos interactuar a ese nivel, lo cual es triste, porque su relación es una parte muy importante de lo que Maisie y yo somos.

CONLETH HILL (Varys): Esta serie se inició a los diez años del proceso de paz en Irlanda del Norte, tras treinta años de conflicto. De lo que es-

467

toy más orgulloso es de todas las personas distintas (jóvenes, viejos, gais, heterosexuales, negros, blancos, varones, hembras, musulmanes, judíos, cristianos) que trabajaron juntas tan bien y con tan buen resultado. Y en cuanto a mi tierra natal, se ha demostrado lo bella que es y que podemos trabajar juntos en paz. No podría estar más orgulloso de que en buena parte la serie se rodara en el lugar del que procedo.

IAIN GLEN (Jorah Mormont): Lo que hacemos como actores es efímero. Nos perdemos en algo y luego nos marchamos a perdernos en otra cosa. Pero vivir ahí metido durante una década fue lo mejor en lo que he estado involucrado nunca. Hasta el día en que muera, será mi experiencia más excepcional. Pertenecer a algo de tanto éxito es una sensación estupenda. Lo que no puedes hacer es planear el futuro y decir: «Quiero más que eso», porque no va a suceder. Es algo único en la vida.

Tienes un último plano, una última alfombra roja, un último de todo. Existe incluso un último «¿Cómo te sientes ahora que ha terminado?». A mí no me pegó demasiado fuerte. Solo ahora, cuando miro atrás, me entra a veces el escalofrío de: «No volveré a hacerlo nunca más». Muchas veces estoy haciendo cualquier cosa, normalmente de trabajo, y de pronto me asalta un recuerdo del mundo de *Juego de tronos*. Teníamos un respaldo maravilloso, el equipo más estupendo, unas amistades geniales y un montón de amor por lo que estábamos haciendo, donde todo era posible. Es algo incomparable. Nunca nada volverá a ser como eso, jamás.

DAVID BENIOFF: Tras la fiesta de fin de rodaje, el reparto regresó a la casa que Dan y yo habíamos alquilado. Estuvimos allí hasta el amanecer. Había una colina con una pendiente muy pronunciada que bajaba hasta la orilla y todos los actores jóvenes rodaban borrachos colina abajo. Recuerdo estar ahí sentado, mirándolos mientras amanecía y pensar: «Hemos hecho un buen trabajo».

Sin más palabras ya por escribir, formulé la pregunta tradicional que suele hacerse cuando concluye algo tan popular e influyente: ¿Cuál es su legado? Seguramente sea imposible resumir la contribución que ha hecho *Juego de tronos* al mundo. La serie tuvo un impacto enorme y muy variado en muchos millones de personas. Pero la búsqueda de lo imposible siempre fue el objetivo.

BRYAN COGMAN (coproductor ejecutivo): ¿El legado de la serie? Es demasiado pronto para decirlo. Cuando escribas un apéndice para la décima edición de esta historia oral, podrás contarlo.

DAVID BENIOFF: Sería divertido que pasara como cuando ves *Aquel excitante curso*, que la gente siguiera viendo la serie al cabo de veinte años y dijera: «Mira, ahí está Alfie Allen de joven», o: «Ahí está Sophie Turner de joven». Sería divertido, a nivel personal, saber que ayudamos a lanzar esas carreras y que a otros actores no tan jóvenes les dimos un espaldarazo.

DAN WEISS: Espero que la gente siga viendo la serie. Espero que los chicos que tienen la edad de nuestros hijos ahora se hagan mayores y vean la serie y saquen de ella lo que saquen de ella. Nadie es propietario del futuro de lo que ha hecho. Cuando lo haces público, deja de ser tuyo. Tampoco pertenece a la gente que lo está viendo ahora. Dentro de veinte años habrá un grupo nuevo de gente y o verán la serie o no la verán. Si lo hacen, es posible que su reacción sea muy distinta a la tuya. Así que espero que la vean y espero que les guste.

GEORGE R. R. MARTIN: Durante un tiempo fuimos la serie más popular del mundo. Batimos el récord en la mayoría de las categorías de los premios Emmy, y eso ya es un legado. Pero los récords están para batirse, y hace doce años había otra serie que era la más popular del mundo y yo no sé cuál era. Te diré lo que me gustaría respecto al legado: que hayamos establecido la fantasía adulta como un género viable en televisión. Ahora todo el mundo busca «el próximo *Juego de tronos*». ¿Habrá algo que sea «el próximo *Juego de tronos*»? ¿Pueden serlo nuestras precuelas? No lo sé. Si fracasan todas, pasarán diez años hasta que alguien vuelva a intentar una serie de género fantástico. Eso sería triste. Me gustaría ver cómo la fantasía se convierte en un género permanente, como las series de abogados o las series de policías. Hay buenas series de policías y series de policías de mierda, pero siempre salen series de policías. Y da igual que una serie de polis sea buena o mala, porque siempre llegará otra. Eso es lo que me gustaría ver, que cada año salieran una o dos series nuevas de género fantástico. Ese es el legado que me gustaría para *Juego de tronos*.

NATHALIE EMMANUEL: Fue un fenómeno cultural. Afectó a toda una generación. Fue la sustancia de la que se hacen los sueños. Si no vuelvo a trabajar nunca más, diré: «¿Sabéis qué? Yo salí en el puto *Juego de tronos*».

AGRADECIMIENTOS

---◇---

ESCRITO EN TINTA Y SANGRE

C omo la propia *Juego de tronos*, este libro refleja más de
una década de pasión y en muchas ocasiones me pareció
una tarea irrealizable que solo podía salir adelante con la
ayuda de muchas otras personas.

Quiero dar las gracias a mis antiguos y actuales editores en
Entertainment Weekly, en particular a Henry Goldblatt (que
aprobó la mayoría de mis visitas al rodaje), a Jess Cagle (que hizo
un acto de fe al contratarme) y a mi actual editor, JD Heyman (por
su paciencia y apoyo en este proyecto). En una época en que gran
parte del periodismo del mundo del espectáculo se reduce a citar
tuits de famosos, *EW* sigue sin tener rival en su dedicación a los
reportajes sobre el terreno en escenarios de cine y televisión de
todo el mundo. Querría animar a los lectores que hayan disfru-
tado de este libro a que se planteen suscribirse a *EW* y a visitar
EW.com con regularidad para conocer noticias actualizadas sobre *Juego de tronos* y otras franquicias populares.

Gracias también a la expublicista de HBO Mara Mikialian,
que me acompañó en cada una de mis ocho visitas al rodaje de
Juego de tronos y aguantó impertérrita bajo la lluvia y el frío a
que yo hiciera la enésima entrevista. Gracias también a David
Benioff y a Dan Weiss, que me permitieron ir a los escenarios ultrasecretos de la serie y contestaron centenares de preguntas in-
discretas. Gracias a George R. R. Martin por las maravillosas
charlas, así como por su contribución inconmensurable al mundo de la fantasía. Gracias a la «tercera cabeza del dragón», Bryan

Cogman, por sus magníficas reflexiones sobre la producción y el proceso creativo (y por su propio libro sobre las interioridades de la serie, *El libro oficial de Juego de tronos*). Gracias también al jefe de licencias de HBO Jeff Peters por aprobar este libro como proyecto de HBO, proporcionarnos las fotos y cumplir la promesa que me había hecho su empresa de que el manuscrito tendría independencia creativa. Gracias también a mi agente Rick Richter por proponer la idea. Gracias especialmente a mi editora de Dutton, Jill Schwartzman, que se arriesgó con un autor novato. Gracias también a mi antigua editora Kristen Baldwin (y a Hula) por una revisión muy útil, y a mi antigua jefa en *THR* Nellie Andreeva por dejarme escribir aquel reportaje sobre el episodio piloto de *Juego de tronos* que terminó desencadenando este libro. Gracias a mis comprensivos amigos Dan Snierson, Stephanie Mark, Scott Barnett, Hannah Vachule, Caryn Lusinchi y Keith Goode por aguantarme tan estresado a cuenta de mi libro. Por último, gracias al reparto y al equipo de *Juego de tronos*, que respondieron a tantas preguntas mías a lo largo de los años, en especial a Emilia Clarke, Nikolaj Coster-Waldau, Liam Cunningham y Kit Harington, que fueron de los primeros entre los protagonistas de la serie en conceder entrevistas expresamente para este proyecto, dándole así la legitimidad que quizá necesitaba para arrancar.

La mayoría de las citas que aparecen en este libro proceden de entrevistas realizadas entre junio de 2019 y abril de 2020. Otras están extraídas de entrevistas llevadas a cabo entre 2011 y 2019 y publicadas con anterioridad en *Entertainment Weekly*, excepto las que se atribuyen directamente en el texto a otros medios. Descubrí algunas citas externas gracias al bien documentado libro de Kim Renfro *The Unofficial Guide to Game of Thrones*. Las citas están editadas para ajustar su longitud, su gramática, su claridad, su uso de pronombres (por ejemplo, sustituir «ella» por «Brienne») y la consistencia de sus tiempos verbales, y también están reordenadas buscando la coherencia narrativa siempre que no alterara el significado que el orador pretendía darles.

En cierto momento de este libro, Clarke formula de pronto una pregunta bastante existencial: «¿Qué es Daenerys?». Lo mismo podría plantearse sobre la serie. ¿Qué es *Juego de tronos*? Existen muchas respuestas correctas: una adaptación, una serie de televisión, un relato fantástico, una apuesta corporativa, una instantánea del mundo del entretenimiento en una época de transiciones sísmicas en la industria y la cultura.

Yo siempre he visto la serie como un sueño en apariencia imposible hecho realidad. *Juego de tronos* fue el equivalente fílmico al día en que Roger Bannister bajó de los cuatro minutos en la distancia de la milla: una demostración de que, con suficiente determinación y sacrificio, una empresa creativa humana puede llegar a plasmar los confines más alejados de nuestra imaginación narrativa y, al hacerlo, cautivar al mundo entero.

JAMES HIBBERD,
Austin, Texas, 30 de julio de 2020

ÍNDICE ALFABÉTICO

Nota: Los personajes de *Juego de tronos* aparecen por orden alfabético según su nombre de pila.